Wolfgang Kraushaar

Die blinden Flecken der RAF

Klett-Cotta

MIX
Papier aus verantwortungsvollen Quellen
FSC® C014496
www.fsc.org

Klett-Cotta
www.klett-cotta.de

Dieses Werk wurde vermittelt durch die Literarische Agentur Michael Gaeb

Printed in Germany
Cover: Rothfos & Gabler, Hamburg
unter Verwendung eines Fotos von akg-images/AP
Gesetzt von Dörlemann Satz, Lemförde
Gedruckt und gebunden von GGP Media GmbH, Pößneck
ISBN 978-3-608-98140-7

Bibliografische Information der Deutschen Nationalbibliothek
Die Deutsche Nationalbibliothek verzeichnet diese Publikation in der Deutschen Nationalbibliografie; detaillierte bibliografische Daten sind im Internet über http://dnb.d-nb.de abrufbar.

Inhaltsverzeichnis

Einleitung

Wer vierzig Jahre nach dem »Deutschen Herbst« des Jahres 1977 und damit nach der Geschichte der RAF fragt, nach ihrer Herausforderung wie ihrer Bewältigung, der muss sich auch umgekehrt die Frage gefallen lassen, welche Bedeutung der damalige und 1998 nach fast dreißig Jahren beendete linke Terrorismus für die Gegenwart überhaupt noch haben soll. Worum geht es, wenn nach so langer Zeit noch einmal Verbrechen unter die Lupe genommen werden, die in manchen Fällen zwar immer noch ihrer strafrechtlichen Aufklärung harren, politisch aber längst bedeutungslos geworden sind? Oder zugespitzter gefragt: Was macht eigentlich die vom Kapitel RAF noch immer anhaltende Irritationskraft aus? Und worin sollte die Aufgabe bestehen, dieses besser als bisher zu begreifen?

Spätestens seit den Terroranschlägen vom 11. September 2001 ist der Terror ja zu einer furchterregenden Konstante des politischen Lebens geworden. Was an Schreckensmeldungen früher eher punktuell auftrat, das ist seither zu einem regelrechten Kontinuum geworden. Kaum ein Tag vergeht, ohne dass uns Nachrichten von angsteinflößenden Terroranschlägen erreichen. Allein in der irakischen Hauptstadt Bagdad explodieren durchschnittlich vier Bomben am Tag. Das allein ist unseren Medien inzwischen schon längst keine Zeile mehr wert. Und selbst wenn es Anschläge mit mehr als zwanzig oder dreißig Todesopfern gibt, die zudem rein zivile Ziele wie Schulen, Krankenhäuser oder etwa Hochzeitsfeiern treffen, dann fällt die Berichterstattung hierzulande sehr begrenzt aus. Die einzige Frage, die in diesem bedrohlichen Zusammenhang bleibt, lautet, wie nah das Unheil inzwischen bereits gekommen ist.

Und gerade im letzten Jahr hat sich gezeigt, dass die Anschlagspraxis von Dschihadisten auch auf Deutschland übergegriffen hat. Was sich zuerst in Bayern abgezeichnet hatte, das wurde dann auf einem Weihnachtsmarkt in Berlin schreckliche Wirklichkeit. Und was im Sommer bereits in Nizza passiert war und 86 Unschuldigen das Leben gekostet hat, dass sich ein Terrorist eines Lkws bemächtigt hatte, um wahllos möglichst viele Menschen umbringen zu können, das geschah nun auch in der deutschen Hauptstadt und hat sich inzwischen mit weiteren Stationen in London und Stockholm fortgesetzt. Spätestens seitdem weiß auch jeder Bundesbürger – oder sollte es wissen –, dass es einen überall treffen kann.[1] Denn das primäre Ziel der Gewalttäter besteht ganz offenbar darin, möglichst viele Menschen, egal ob Christen oder Muslime, ob Einheimische oder Touristen, in den Tod zu reißen.

Inzwischen ist die RAF zu einer Art Referenzsystem des gegenwärtigen Terrorismus geworden. Fast immer, wenn hierzulande vom verharmlosend als »Islamismus« bezeichneten islamischen Terrorismus die Rede ist,[2] wird rasch die Frage aufgeworfen, wie es denn im Vergleich dazu mit dem RAF-Terrorismus, vor allem dem seiner ersten Generation in den siebziger Jahren, ausgesehen habe. Dabei zeichnet sich seit Längerem die Tendenz ab, die Unterschiede zwischen dem damaligen und dem heutigen Terrorismus einzuebnen. Nicht wenige Kommentatoren folgen in dieser Hinsicht den Anschauungen von Terrorismusexperten wie dem französischen Politikwissenschaftler Olivier Roy,[3] für den festzustehen scheint, dass Dschihadisten von heute und die Mitglieder der »Baader-Meinhof-Bande« von damals »denselben Ansatz« verfolgen.[4]

Doch die Differenzen zwischen dem aktuellen, religiös begründeten und dem alten, politisch gerechtfertigten Terrorismus sind gewaltig.[5] Obwohl die Unterschiede eigentlich auf der Hand liegen sollten, so wird dennoch vielfach behauptet, dass es nicht nur eine Nähe zwischen beiden mörderischen Gewaltphänomenen gebe, sondern sogar eine bis hin zu einer partiellen Identität reichenden Ähnlichkeit in ihren jeweiligen Strukturelementen. Angesichts dieser, von fragwürdigen Experten vollzogenen Einebnung der Differenzen ist es von Bedeutung, diese in ihrem Stellenwert nicht nur zu benennen, sondern auch näher zu beschreiben und entsprechend hervorzuheben:

Ein geradezu gigantisch anmutender Unterschied liegt in der Anzahl der Opfer. Bei einem einzigen Anschlag im Irak, Afghanistan oder Pakistan werden häufig mehr Menschen ermordet als von der RAF in ihrer beinahe drei Jahrzehnte andauernden Existenz insgesamt. Wenn bereits die Opferzahl der Anschläge vom 11. September 2001, bei denen rund 3000 Menschen ihr Leben verloren haben, mit einem einzigen Schlag die von mehreren Jahrzehnten Terrorismus in den Schatten zu stellen vermocht hat,[6] dann wird diese erschreckende quantitative Dimension noch einmal überboten von der nach dem Irakkrieg im Frühjahr 2003 ausgelösten Serie unablässig fortwährender terroristischer Anschläge und Attentate. In Syrien, im Irak oder in Afghanistan ist es längst keine Seltenheit mehr, dass an einem einzigen Tag über hundert Menschen bei Anschlägen umkommen. Während des gesamten 20. Jahrhunderts soll es dagegen lediglich vierzehn Terroranschläge gegeben haben, bei denen mehr als hundert Menschen ihr Leben verloren.[7] Angesichts dieser quantitativen Dimension erscheint es durchaus gerechtfertigt zu sein, von einer massenmörderischen Dimension des islamisch geprägten Terrorismus zu sprechen. Wie selbstverständlich der Umschlag dieser tödlichen Dimension in eine neue »Qualität« mittlerweile offenbar geworden ist, lässt sich auch an einem ganz anderen Indiz ablesen. Inzwischen ist es in der Terrorismusforschung mehr oder weniger üblich geworden von einem eigenen »terrorism lethality index«, also der durchschnittlichen Anzahl von Todesopfern bei terroristischen Anschlägen, zu sprechen.[8] Es kann jedenfalls kein Zweifel daran existieren, dass seit 9/11 die »Letalitätsrate« im Terrorismus außerordentlich stark angestiegen ist und zum Datenbestand moderner Gesellschaften – beinahe wie etwa die Rate von Opfern im Straßenverkehr – einfach hinzugezählt wird.

Hinzu kommt eine weitgehende Beliebigkeit der Opfer. Im Grunde genommen kann es jeden treffen – egal ob im Nahen Osten, in Asien, Afrika, Nordamerika oder Europa und zuletzt auch in Deutschland. Obwohl sich die Attacken des *Islamischen Staats*, *Al-Qaidas* oder etwa *Boko Harams* so sehr gegen den Westen und seine »Ungläubigen« richten, stärker noch richten sie sich gegen Muslime und damit letztlich gegen Angehörige der eigenen Religion. Sunniten bekämpfen etwa Schiiten und umgekehrt. Dabei wird zumeist keinerlei Rücksicht darauf genommen, ob man es mit Kindern, Frauen und älteren Menschen zu tun hat. Für den politischen Terrorismus ist dagegen die spezifische Auswahl derer, gegen die sich die Attacken richteten, charakteristisch gewesen. Als integraler Bestandteil seiner Rechtfertigungsformen galt, dass keine »Unschuldigen« getroffen werden durften.[9] Anschlagsziele waren US-amerikanische Militärs, Angehörige von Polizei und Justiz, hochrangige Repräsentanten des als feindlich definierten Systems aus den Bereichen Politik, Wirtschaft und Finanzen. Die Auswahl erfolgte also entlang einer ideologisch weitgehend vordefinierten Linie. Arbeiter, Angestellte, abhängig Beschäftigte oder die Bevölkerung als solche galten regelrecht als Tabu. Schließlich handelte es sich ja bei ihnen gerade um diejenigen, die es als vermeintlich Unterdrückte und Ausgebeutete für die eigenen Revolutions- und Umsturzpläne zu gewinnen galt. Eine Verletzung dieses Grundsatzes führte deshalb auch nur zu häufig zu einer Infragestellung der ideologischen Voraussetzungen terroristischer Praxis. So löste etwa die Tatsache, dass bei dem im Mai 1972 von der RAF verübten Bombenanschlag auf das Gebäude des Axel Springer Verlags vor allem Arbeiter und Angestellte verletzt wurden, erhebliche Unruhe in der Gruppe aus. So sah sich Andreas Baader als Führungsfigur der RAF unmittelbar nach Bekanntwerden des Anschlags dazu veranlasst, dessen Urheberin, Ulrike Meinhof, zur Ordnung zu rufen. Arbeiter als Objekte eines Anschlags und damit als Opfer auszuwählen, stand in einem unmittelbaren Widerspruch zur deklarierten Absicht, den »bewaffneten Kampf« doch gerade für die Arbeiterklasse durchführen zu wollen. Man befürchtete daher, dass mit Opfern unter den »zu interessierenden Dritten« (Rolf Schroers) die Rechtfertigungslogik terroristischer Aktionen öffentlich in Zweifel gezogen werden konnte. Zu den Charakteristika des islamischen Terrorismus zählt hingegen, dass die Opferziele immer wahlloser ausgefallen sind. Inzwischen geht es um eine völlige Entgrenzung in der Wahl der Adressaten.

Ebenfalls in Betracht zu ziehen ist die weitestgehende Unkalkulierbarkeit der von Dschihadisten verübten terroristischen Anschläge. Während die der RAF für die bundesdeutschen Sicherheitsbehörden zwar nicht in jeder Hinsicht vorhersehbar waren, so galten ihre Aktionen doch bis zu einem bestimmten Punkt als kalkulierbar. Man besaß damals eine ziemlich genaue Kenntnis von den am meisten gefährdeten Personen. Schließlich wusste man ja, dass insbesondere Exponenten politischer, wirtschaftlicher oder anderer Eliten ins Fadenkreuz genommen worden waren. Der damalige Präsident des Bundeskriminalamtes, Horst Herold, glaubte sich so sicher zu sein, dass er es fertigbrachte, dem damaligen Generalbundesanwalt Siegfried Buback bei ihrem letzten Zusammentreffen Fotos von gesuchten RAF-Mitgliedern mit den Worten vorzulegen, dass dies ihre »künftigen Mörder« seien.[10] Angesichts der Tatsache, dass auch nach vierzig Jahren immer noch nicht geklärt ist, wer Buback erschossen hat, mag das etwas forsch gewesen sein. Herold aber dürfte den Kreis, aus dem sich die beiden Attentäter rekrutierten, in der Tat genau gekannt haben. Offen war für ihn eigentlich nur noch, wann und wo die Attentäter zuschlagen würden.

In der Figur des Selbstmordattentäters gibt es nun einen terroristischen Akteur, der die meisten dieser neuartigen Differenzpunkte in sich vereinigt und damit geradezu personifiziert. In der Regel geht ja fast jeder Terrorist ein nicht unerhebliches Risiko ein, wenn er eine Aktion verübt, jedoch begibt er sich dabei nicht ohne Weiteres auf ein Himmelfahrtskommando. Er kann seine Risiken vorab einschätzen und hat zumeist nicht unerhebliche Chancen, sein Unternehmen körperlich unversehrt zu überstehen und sich dem Zugriff von Polizei und Justiz zu entziehen. Ganz anders ist es, wenn der Terrorist seinen eigenen Körper als Mordinstrument einsetzt. In einem solchen Akt kommt es zu einer Verbindung zweier Rollen, genauer zur Fusion zwischen einem Attentäter und einem Selbstmörder. Der Selbstmord ist mit dem Attentat und das Attentat mit dem Selbstmord identisch, das eine kann nicht ohne das andere umgesetzt werden. Die Selbstauslöschung wird zur Bedingung der Möglichkeit, andere auslöschen zu können. Da die Selbstmordattentäter über nichts verfügen, womit sie ihren Feinden einen empfindlichen Schaden zufügen können, greifen sie auf sich selbst zurück. Sie setzen ihre Existenz nicht aufs Spiel, sie setzen sie zielgerichtet als Waffe ein. Die Selbstmordattentäter verwandeln sich in lebende Sprengkörper, in Bomben auf zwei Beinen, und nutzen ihren Körper in einer einzigen, finalen Tat. Indem sie aus ihrem Leib eine Waffe machen, kompensieren sie zugleich ihre Unterlegenheit und versuchen sich auf diese Weise zu einem ernst zu nehmenden Gegner zu potenzieren. Die staatliche Todesdrohung wird durch den bewussten Einsatz des eigenen Lebens hinfällig. Damit stoßen die Sanktionsmöglichkeiten des Staates zugleich ins Leere. Im politisch gerechtfertigten Terrorismus der siebziger Jahre gab es die Figur des Selbstmordattentäters überhaupt noch nicht. Erst mit dem Aufkommen des islamischen Terrorismus breitete sie sich immer mehr aus und wurde schließlich zum Inbegriff eines antizivilisatorischen und menschenverachtenden Terrors.

Noch etwas anderes kommt hinzu. Die Verwendung des Terrorismusbegriffs ist angesichts der Verwischung der Unterschiede sehr viel inflationärer geworden als das früher bereits der Fall war. Sie gehorcht kaum noch nachvollziehbaren und rechtsstaatlich überprüfbaren Kriterien. In Wirklichkeit wird er in autoritären Regimen zur Abstempelung vermeintlicher politischer Gegner verwendet. Für Staatspräsidenten wie Wladimir Putin oder Recep Tayyip Erdoğan ist es inzwischen gang und gäbe, nicht-akzeptierte Minderheiten, oppositionelle und missliebige Personen als »Terroristen« zu bezeichnen und sie damit zu diskriminieren. In der Türkei etwa ist diese Entwicklung mittlerweile soweit gediehen, dass sich beinahe jeder Wahlbürger, der es gewagt hat, beim verfassungsändernden Referendum gegen die angestrebte Ein-Mann-Herrschaft ihres Präsidenten zu votieren, gefallen lassen musste, als »Terrorist« verunglimpft zu werden.

Andererseits gilt es bei derartigen Überlegungen in Rechnung zu stellen, dass der Typus des hierzulande am stärksten mit der RAF in Verbindung gebrachten Linksterrorismus in mancher Hinsicht immer noch stark unterbelichtet ist. Ungeklärte Fragen gibt es zuhauf. Fast alles, was etwa mit der sogenannten dritten Generation der RAF zusammenhängt, gilt als weitgehend unaufgeklärt. Insbesondere über jener Phase, die sich zwischen 1985 und 1993 abgespielt hat, liegt auch nach so vielen Jahren noch immer eine große Nebelschwade, die bislang weder von den zuständigen Ermittlern, noch von Journalisten oder Historikern hat gelüftet werden können. Aber selbst wenn man sich die beiden anderen Generationen und damit die Zeitspanne zwischen 1970 und 1982 vornimmt, stößt man auf derartig viele Lücken und Scheinwahrheiten, dass man nach wie vor einräumen muss, dass in dem Kapitel RAF die ungeklärten gegenüber den wirklich als geklärt anzusehenden Fällen überwiegen.

Eine der größten Schwierigkeiten besteht ganz unzweifelhaft darin, dass die ehemaligen RAF-Mitglieder bislang keinen Anlass oder Grund gesehen haben, ihr Schweigen zu brechen.[11] Und nicht wenige von ihnen würden ja auch durchaus etwas riskieren, wenn sie damit begännen, auszupacken. Denn sie müssten befürchten, wenn sie den einen oder anderen unter ihren Ehemaligen belasten, dass sie im Gegenzug selbst der Begehung von Verbrechen beschuldigt und in der Folge vor Gericht gestellt und verurteilt werden könnten. Um diesen Mechanismus zu durchbrechen, hat die Autorin Carolin Emcke vor ein paar Jahren den Vorschlag unterbreitet, nach südafrikanischem Vorbild eine »Wahrheitskommission« zu gründen.[12] Doch in unserem Rechtssystem sind die dafür erforderlichen Voraussetzungen nicht gegeben.[13]

Das andere ist ein höchst problematischer Umgang des Staates und insbesondere der Bundesanwaltschaft und der Gerichtsjustiz mit dem Linksterrorismus. Mittlerweile hat sich herumgesprochen, dass eine nicht unerhebliche Zahl an Gerichtsurteilen wenig bis gar nichts über die konkreten Tathergänge und vor allem nichts über die dafür in Frage kommenden Täterinnen und Täter verrät. Dieses Defizit hat Michael Buback, der Sohn des im April 1977 in einer reinen Racheaktion erschossenen Generalbundesanwalts, deutlich gemacht.[14] Er wollte als Angehöriger, wie er immer wieder aufs Neue betonte, nichts anderes wissen, als wer seinen Vater ermordet hatte. Und auf diese ebenso simple wie elementare Frage hat er auch nach einer jahrelangen öffentlichen Debatte, die schließlich immerhin dazu führte, dass es mit über dreißigjähriger Verspätung zu einem Gerichtsverfahren gegen die Tatverdächtige Verena Becker kam, keine Antwort erhalten. Keines der drei wegen des Buback-Attentats verurteilten RAF-Mitglieder, Brigitte Mohnhaupt, Knut Folkerts und Christian Klar, kommt für die unmittelbare Ausführung des Mordanschlags in Frage. Lediglich der Letztgenannte war weitergehender in das Geschehen verwickelt, weil er offenbar das Fluchtfahrzeug gefahren hat, in das der Motorradfahrer und die auf dem Sozius sitzende Todesschützin, mutmaßlich eine Frau, umgestiegen sind.

Warum es nicht nur in diesem, sondern auch in einer Reihe von anderen Fällen zu einer problematischen, wenn nicht gar defizitären und in mancher Hinsicht sogar irreführenden Rechtsprechung hat kommen können, liegt an einem einfachen Umstand: der Annahme einer Kollektivität derartiger terroristischer Straftaten. Nach Ansicht von Bundesanwaltschaft und Gerichten waren angeblich alle RAF-Mitglieder in die Planungen und Vorbereitungen ihrer Aktionen eingeweiht und hätten sie damit auch gebilligt. Zu dieser fragwürdigen Einschätzung hatte sich die bundesdeutsche Rechtsprechung verstiegen, weil sie in den RAF-Prozessen vor einem grundlegenden Problem stand: Die Gerichte waren meistens nicht dazu in der Lage, die geforderten konkreten Tatbeiträge der Angeklagten beizubringen und konnten sie deshalb auch nicht entsprechend aburteilen.

Aus dieser misslichen Lage suchte man einen Ausweg und glaubte ihn in der im August 1976 vorgenommenen Erweiterung des Paragraphen 129 StGB zu finden, der sich ja auf kriminelle Vereinigungen im Allgemeinen bezieht, zum Paragraphen 129a, durch den eine Spezifizierung im Hinblick auf terroristische Vereinigungen vorgenommen wurde. Wegen der damaligen Einführung des Begriffs »terroristische

Vereinigung« in die deutsche Rechtsprechung wird der Paragraph, der im Übrigen nicht nur die Bildung einer und die Mitgliedschaft in einer solchen Vereinigung unter Strafe stellt, sondern auch deren Unterstützung und Werbung, von Kritikern als »Lex RAF« bezeichnet.

Der »Vorteil«, dass seitdem Angeklagte der RAF und anderer bewaffneter Gruppierungen wie der *Bewegung 2. Juni* und der *Revolutionären Zellen* fortan wegen ihrer bloßen Zugehörigkeit zu ihren Organisationen abgeurteilt werden konnten, hat die Rechtsprechung beschädigt und erheblich mit dazu beigetragen, die historische Aufklärung irrezuführen oder aber zumindest zu behindern. Einer der wichtigsten RAF-Historiker, der in der Forschungsabteilung der Stasi-Unterlagen-Behörde tätige Tobias Wunschik, hat deshalb festgestellt, dass das »größte analytische Defizit« in den RAF-Verfahren im »Postulat einer vermeintlichen Kollektivität« bestehe.[15] Die diesbezügliche Rechtsprechung unterliege deshalb »einem folgenschweren Irrtum«.[16] Diese beiden Faktoren – das Schweigekartell der RAF und die Kollektivitätsannahme der Strafverfolger – stellen jedenfalls die Hauptschwierigkeiten dar, im Prozess der Aufklärung weiter voranzukommen.

Eine andere nicht unwesentliche Ursache für die nur unzureichende Aufklärung des bundesdeutschen Linksterrorismus dürfte in der seinerzeitigen Praxis von Nachrichtendiensten und der Tendenz des Staates liegen, diese allen bekannt gewordenen Fragwürdigkeiten zum Trotz im Nachhinein zu schützen.

Geheimdienste haben ja zunächst einmal eine Gemeinsamkeit mit terroristischen Organisationen: Sie versuchen im oder aus dem Verborgenen heraus zu operieren. Und diese Einstellung gilt zumeist auch für die Zeit danach. Ebenso wie sich Geheimdienstagenten zumeist sträuben, später über ihr Handeln Auskunft zu geben, so weigern sich ehemalige Terroristen fast ausnahmslos, sich über ihre eigenen Taten oder die von Kampfgefährten zu äußern und damit irgendetwas preiszugeben. Was diese sie miteinander verbindende Dimension der Heimlichkeit und Intransparenz anbetrifft, gibt es jedoch auch einen bemerkenswerten Unterschied. Terroristische Organisationen sind im Gegensatz zu staatlichen Diensten zumindest für einen Moment darauf aus, ein Höchstmaß an Öffentlichkeit zu erzielen. Ihr aus dem Untergrund erfolgendes Handeln ist darauf angelegt, durch Gewaltaktionen Angst und Schrecken zu verbreiten. Um das zu erreichen, bedürfen sie möglichst spektakulärer Taten wie Überfällen, Entführungen, Mord- und Sprengstoffanschlägen.

Die Bundesrepublik verfügt bekanntlich über drei Nachrichten- beziehungsweise Geheimdienste: den Bundesnachrichtendienst, der für die Auslandsspionage zuständig ist, den Militärischen Abschirmdienst, der für die Sicherheit des Militärs verantwortlich ist, und den Verfassungsschutz, der die Republik vor verfassungsfeindlichen Bestrebungen im Inland, auch vor Terrorismus, schützen soll. Von dieser Logik her kommt eigentlich nur der Verfassungsschutz für die Überwachung terroristischer Belange in Frage. Dass es angesichts der Transnationalität vieler terroristischer Operationen hin und wieder zu Grenzüberschreitungen der Dienste kommt und etwa der Bundesnachrichtendienst deshalb auch im Inland aktiv ist, dürfte nicht weiter überraschen.

Will man sich jedoch auf den Verfassungsschutz konzentrieren, der bekanntlich über keine polizeilichen Handlungskompetenzen verfügt, dann ist es wichtig zu wissen, mit welchen Personen beziehungsweise Rollenmustern er im Zusammenhang mit dem Linksterrorismus operiert. Zunächst ist zwischen V-Leuten (»V« steht für Vertrauen oder Verbindung, gemeint sind also Vertrauens- oder Verbindungspersonen) und Undercoveragenten, sogenannten UCAs, zu unterscheiden. Erstere sind vom Verfassungsschutz angeworbene Informanten aus den entsprechenden Organisationen, Bewegungen und Milieus. Bei Letzteren handelt es sich dagegen um Bedienstete des Verfassungsschutzes selbst, die ausgebildet sind und als verdeckte Ermittler versuchen, die entsprechenden Gruppierungen und Strukturen zu infiltrieren, und trotz ihrer oftmals zwiespältigen Praxis legal handeln und damit dem Rechtsstaat verpflichtet bleiben sollen. Hinzu kommen aber noch zwei weitere Rollenspezifizierungen – die des V-Mann-Führers und die des Agent Provocateur. Der Erstere ist, wie die Bezeichnung bereits nahelegt, der zuständige Verfassungsschutzbeamte, der die entsprechenden V-Leute (V-Männer oder V-Frauen) anwirbt, beauftragt, mit ihnen verdeckt kommuniziert und sie nach Möglichkeit auch kontrolliert. Letztere sind UCAs oder V-Leute, die Gewalttäter direkt oder indirekt zu Straftaten anstiften. Der Einsatz solcher Lockspitzel stellt einen Grenzfall dar, der zwar gesetzlich reglementiert sein soll, aber nur allzu häufig gegen bestehende Gesetze verstößt.

Die Rolle des Verfassungsschutzes stellt zumindest hinsichtlich der Staatsbehörden so etwas wie die Achillesferse der RAF-Aufklärung dar. Das betrifft insbesondere die Person des 1971 von der Bildfläche verschwundenen und 2011 angeblich in Kalifornien verstorbenen Peter Urbach. Um kaum jemand anders haben sich so viele Gerüchte gerankt wie um den einstigen Undercoveragenten des Westberliner Landesamtes für Verfassungsschutz. Seit dem Beginn der Studentenrevolte im Frühjahr 1967 hatte er in der entscheidenden Zeit, in der militante Kleingruppen damit begannen, sich in erste terroristische Kommandogruppen zu transformieren, eine Doppelrolle gespielt, indem er, ein ausgebildeter Klempner, sich der *Kommune I* als Mädchen für alles andiente. Dabei reparierte er nicht nur zum Inventar gehörende Hausgeräte, um währenddessen Gespräche abhören zu können, sondern deponierte in diesen Räumen auch Sprengkörper, deren Entdeckung durch die Polizei einen willfährigen Anlass bot, einzelne Kommunarden nicht nur festzunehmen, sondern auch – wie im März 1969 geschehen – wochenlang in Untersuchungshaft zu behalten. Das waren also regelrechte Fallen zur gezielten Diskreditierung von Aktivisten. Noch weitergehender allerdings war die von zahlreichen Zeugen bestätigte gezielte Verführung von Aktivisten zum Gebrauch von Brandflaschen, Waffen und Sprengstoff. So hat sich Urbach etwa am Abend des Dutschke-Attentates am 11. April 1968 mit einem Weidenkorb ausgestattet, in dem sich eine ganze Reihe von Molotow-Cocktails befanden, unter die Demonstranten gemischt, die voller Wut zum Springer-Hochhaus an der Berliner Mauer gezogen waren. Einige der Protestierenden zögerten nicht lange und ließen sich von dem Agenten verführen, griffen zu und schleuderten die Brandsätze auf Lieferfahrzeuge des Verlags, die daraufhin ausbrannten. Das ging so weit, dass Urbach ihnen erst einmal demonstrieren musste, wie solche Pkws am besten Feuer fingen.

Der »APO-Anwalt« Horst Mahler, der beim Gründungsakt der RAF zu ihrer ersten Schlüsselfigur werden sollte, wurde in diesem Zusammenhang schließlich als Rädelsführer angeklagt und vor Gericht gestellt. Seine erste Schusswaffe will er seinen eigenen Worten nach aus Urbachs Händen erhalten haben. Und die Bombe, die bei der ersten Aktion von deutschen Stadtguerilleros am 9. November 1969 im Jüdischen Gemeindehaus in der Charlottenburger Fasanenstraße während einer Gedenkveranstaltung für die Opfer des Judenpogroms von 1938 deponiert wurde, stammte ebenfalls aus den Beständen des Verfassungsschutzes. Urbach hatte sie gezielt an Kommunarden in der Erwartung abgegeben, dass sie diese bei passender Gelegenheit auch einsetzen würden. Allerdings – und das gehört zu dieser Geschichte mit dazu – waren die Sprengkörper so mit Fehlern behaftet, dass sie eigentlich kaum explodieren konnten.[17] Noch in einer anderen Hinsicht ist Urbach in eines der Anfangskapitel des »bewaffneten Kampfes« verstrickt. Er hatte dem späteren RAF-Anführer Andreas Baader eine Falle gestellt, die dessen Verhaftung zur Folge hatte. Durch seinen Hinweis hatte er Baader und andere dazu gebracht, am 4. April 1970 in einer nächtlichen Aktion auf einem Friedhof nach einem angeblichen Waffenversteck zu graben. Als der Trupp nach vergeblicher Suche wieder zurückfahren wollte, geriet er in eine von Urbach »bestellte« Verkehrskontrolle der Polizei. Da Baader sich mit gefälschten Papieren auswies, für die er keine vollständigen Auskünfte geben konnte, wurde er festgenommen und nach seiner Identifizierung dem Haftrichter vorgeführt. Seine Inhaftierung wiederum stellte den Grund für jene Befreiungsaktion am 14. Mai 1970 dar, die dann nachträglich zum Gründungsdatum der RAF erhoben wurde.

Urbachs Undercoverrolle ist niemals wirklich aufgeklärt worden. Allerdings trat – nachdem er gezwungen worden war, sich als Zeuge einer Anhörung vor Gericht zu stellen – im Mai 1971 der Ausschuss für Sicherheit und Ordnung des Berliner Abgeordnetenhauses zusammen, um in einer vertraulichen Sitzung zu klären, ob es in seinem Zusammenhang zu irgendeinem Fehlverhalten gekommen sei. Der Senator für Inneres, der Sozialdemokrat Kurt Neubauer, wies dabei alle gegen Urbach erhobenen Vorwürfe zurück. Mit einer einzigen Ausnahme wurden kurz darauf die gegen den VS-Agenten eingeleiteten Ermittlungsverfahren eingestellt. Bei der Ausnahme ging es darum, dass Urbach angeblich ohne Wissen des Verfassungsschutzes ein Jagdgewehr an eine nicht genannte Person weitergegeben hatte. Deshalb wurde er schließlich zu einer Geldstrafe verurteilt. Das sollte vermutlich den Anschein erwecken, dass rechtsstaatlich alles mit rechten Dingen zugegangen sei.

Doch die eigentliche Frage, die immer noch unbeantwortet geblieben ist, lautet: Was sollte mit der vom Verfassungsschutz geduldeten oder aber in Auftrag gegebenen Verteilung von Waffen und Sprengstoff bezweckt werden? War es nicht nur illegal, sondern in demokratischer ebenso wie in rechtsstaatlicher Hinsicht nicht auch völlig kontraproduktiv, besonders Militante aus der linken Szene, die zu jener Zeit gerade darauf aus waren, politische Probleme mit Gewalt zu lösen und zu diesem Zweck gefährlichere Waffen in ihre Hände zu bekommen, genau damit auszustatten? Und das obendrein noch im geteilten Berlin, jener brandgefährlichen Nahtstelle des Ost-West-Konflikts. Die plausibelste Annahme stellt wohl die Vermutung dar, dass entweder die politisch verantwortlichen Kräfte um Senator Neubauer oder die in Berlin seit 1945 stationierten Kontrollmächte, in diesem Fall die drei Westalliierten, das Ziel verfolgten, die radikalen Kräfte am Ausgang der 68er-Bewegung durch quasi-terroristische Aktionen dazu zu bringen, sich in aller Öffentlichkeit zu diskreditieren und damit ihre politischen Effekte zu neutralisieren. In diesem Zusammenhang könnte unter Umständen also auch der Viermächtestatus Berlins von Bedeutung gewesen sein. Der Verfassungsschutz war ja nicht nur dem Senator für Inneres unterstellt, sondern hing, wie das einmal ein linker Rechtsanwalt behauptet hat, »an der Leine der Alliierten«. Verbindungsoffiziere der drei Westalliierten sollen im Senat gesessen und die Praxis von Undercoverleuten durchgängig kontrolliert haben. Ohne Erlaubnis der US-Amerikaner, der Briten und der Franzosen habe keiner der Agenten damit beginnen können, eine der militanten Gruppe zu infiltrieren. Inwieweit das auch eine Rolle beim Untertauchen Urbachs in den USA gespielt haben könnte, würde ebenfalls einer genaueren Untersuchung bedürfen.

Über den Fall Urbach hinaus, für dessen Klärung bereits damals die Einrichtung eines parlamentarischen Untersuchungsausschusses vermutlich die einzige angemessene Form gewesen wäre, sind aber noch eine Reihe anderer Namen mit der zumindest in Teilen dubiosen Rolle des Verfassungsschutzes zu nennen.

Es sind dies vor allem der des Westberliner Verfassungsschutzbeamten und V-Mann-Führers Michael Grünhagen, der unter diversen Decknamen erhebliche Teile der linksterroristischen *Bewegung 2. Juni* aufsuchte und sie für den Verfassungsschutz als Informanten zu gewinnen versuchte. Erfolgreich war dessen 1972 erfolgter Vorstoß im Falle Harald Sommerfelds, der eine entsprechende Verpflichtung einging. In einem Stasi-Dokument heißt es, dass seit demselben Jahr auch Verena Becker von bundesdeutschen Diensten »bearbeitet bzw. unter Kontrolle gehalten« würde.[18] Dem ist später vom Bundesamt für Verfassungsschutz zwar widersprochen worden, es musste aber einräumen, dass die Terroristin nach einer Teilverbüßung ihrer Haftzeit zu Beginn der achtziger Jahre als Informantin zu Diensten gewesen sei.

- Der Fall des von Grünhagen als V-Mann angeworbenen Studenten Ulrich Schmücker, der eine Subzelle der *Bewegung 2. Juni* ausspionierte und – nachdem das in deren Kreisen bekannt geworden war – von einem Femegericht »zum Tode verurteilt« und unter nie geklärten Umständen am 4. Juni 1974 erschossen worden war, konnte trotz vier Gerichtsverfahren nicht geklärt werden.
- Der für das hessische Landesamt für Verfassungsschutz in der linksradikalen Szene operierende V-Mann Siegfried Nonne nannte im Mordfall des Bankchefs Alfred Herrhausen vier angebliche

RAF-Leute als Täter und galt deshalb eine Zeit lang als Kronzeuge, widerrief dann aber seine Aussage und verhedderte sich schließlich in so viele Widersprüche, dass man zunächst die Glaubwürdigkeit des physisch labilen Informanten aufhob, bevor dieser selbst einen Widerruf seines Widerrufs formulierte und die Behörden ihn dann doch wieder als glaubwürdig einzustufen versuchten.

- Dem seit 1985 für das Landesamt Rheinland-Pfalz in der linksautonomen Szene agierenden V-Mann Klaus Steinmetz gelang es, bis in die Kommandoebene der dritten RAF-Generation vorzudringen. Er schaffte es am 27. Juni 1993, die GSG 9 auf dem Bahnhof von Bad Kleinen an die beiden RAF-Mitglieder Birgit Hogefeld und Wolfgang Grams heranzuführen. Dieser Einsatz führte bekanntlich zu einem Desaster mit zwei Todesopfern, einem erschossenen Polizeibeamten und dem unter umstrittenen Umständen zu Tode gekommenen Grams, sowie zum Rücktritt des damaligen Generalbundesanwalts Alexander von Stahl und des Bundesinnenministers Rudolf Seiters (CDU).

Diese Aufzählung, die alles andere als vollständig ist, zeigt, in welchem Zwielicht Teile des Verfassungsschutzes – schon lange bevor im November 2011 die Mordserie des rechtsterroristischen *Nationalsozialistischen Untergrunds* (NSU) aufflog und in der Folge die Machenschaften des Verfassungsschutzes zu einem Staatsskandal ersten Ranges wurden – in der RAF-Zeit steckten und wie sehr seine Rolle von einer Wolke des Verdachts überschattet ist.

Ein ganz besonderer Winkelzug offenbarte sich, als im Frühjahr 2000 das Berliner Landesamt für Verfassungsschutz als eigenständige Behörde auf einmal aufgelöst und als Abteilung in die Innenverwaltung des Senats integriert wurde. Diese Entscheidung war von Eckart Werthebach getroffen worden, dem ehemaligen Präsidenten des Bundesamtes für Verfassungsschutz, der auf den Posten des Senators für Inneres gewechselt war. Ganz offenbar sollte das Berliner Landesamt in seiner alten Form, Struktur und Funktion nicht mehr aufrechterhalten werden. Angeblich sind im Zuge dieser institutionellen Umbettung alle Akten entsorgt worden. Für Historiker wie Journalisten ist es jedenfalls seitdem nicht mehr möglich, an Dokumente des Landesamts für Verfassungsschutz aus der Zeit zuvor, im Kern der Ära des Kalten Krieges, zu gelangen. Als sich das Hamburger Institut für Sozialforschung 2009/2010 mehrfach an die Behörde mit der Bitte wandte, ihm Auskunft über die Gründe dieses folgenreichen Schrittes zu informieren, wurde die Sache ein ums andere Mal hinausgezögert, um letzten Endes eine so elementare Information ganz schuldig zu bleiben.

Eine besondere und von Anfang an nicht unumstrittene Rolle spielte dabei die Figur des Kronzeugen. Bereits zu Beginn der siebziger Jahre wurde zwar mit damals verhafteten RAF-Mitgliedern wie Karl-Heinz Ruhland und Gerhard Müller in der Öffentlichkeit wiederholt von angeblichen »Kronzeugen« gesprochen, in einem strafrechtlich relevanten Sinne wurde diese Zeugenfigur zur Klärung von terroristischen Straftaten aber erst 1989 in der Ära von Bundeskanzler Helmut Kohl in die Strafprozessordnung eingeführt. Dass das überhaupt geschah, hatte vor allem damit zu tun, dass seit 1982 kein einziges Mitglied aus der Kommandoebene der RAF mehr hatte verhaftet werden können.

Die Lage von Polizei und Justiz gegenüber dem Linksterrorismus schien so hoffnungslos geworden zu sein, dass man nach der aus der britischen Rechtsprechung stammenden Kronzeugenregelung, die dem deutschen wie dem kontinentaleuropäischen Recht insgesamt immer bis zu einem gewissen Grad fremd geblieben war, wie nach einem letzten Strohhalm griff. Man erhoffte sich durch ihre Inanspruchnahme erkennbare Vorteile in der Terrorbekämpfung. Für Aussagen, die zur Ergreifung eines Täters führten, eine Straftat umfassend aufklärten oder aber künftige Straftaten hätten verhindern können, wurde entweder völlige Straffreiheit oder zumindest Strafmilderung in Aussicht gestellt, die beispielsweise in einem Mordfall für den Angeklagten das Strafmaß von lebenslänglich bis auf ein Minimum von drei Jahren reduzieren konnte. Weil die Kronzeugenregelung in RAF-Kreisen von Anfang an jedoch als »staatliche Verführung zum Verrat«

stigmatisiert, aber auch in Kreisen der linksliberalen Öffentlichkeit nicht unumstritten war, schien die zunächst ohnehin nur für einen drei Jahre befristeten Zeitraum gültige Regelung kein wirksames Mittel zu sein, um Ehemalige aus dem Schweigekartell der RAF herauszubrechen.

Das änderte sich aber, zumindest vorübergehend, als im Juni 1990 zur allgemeinen Überraschung zehn ehemalige RAF-Mitglieder, nach denen ein Jahrzehnt lang von Interpol gefahndet worden war, auf dem Gebiet der noch existierenden DDR verhaftet werden konnten. Unter ihnen befand sich mit Werner Lotze ein ehemaliges RAF-Mitglied der zweiten Generation, für den als Ersten die Kronzeugenregelung wirksam wurde. Da ihm eine Strafminderung versprochen wurde, gab er zu, dass er 1978 einen Polizeibeamten erschossen hatte und beim missglückten Attentat auf die Wagenkolonne des NATO-Oberbefehlshabers Alexander Haig im Jahr darauf beteiligt gewesen war. Trotz einer vollendeten und einer versuchten Mordtat sowie einer Reihe anderer Straftaten wurde er als Kronzeuge zu einer Freiheitsstrafe von elf Jahren verurteilt.

Als Kronzeuginnen und -zeugen folgten ihm mit entsprechender Minderung des Strafmaßes Susanne Albrecht, Henning Beer, Sigrid Sternebeck, Ralph Baptist Friedrich, Monika Helbing, Silke Maier-Witt und Inge Viett, die den Deal mit der Stasi und den DDR-Behörden eingefädelt hatte. Mit Hans-Joachim Klein kam später auch ein Mitglied der *Revolutionären Zellen* in den Genuss dieser Regelung. Da der 1975 am Überfall auf das OPEC-Treffen in Wien beteiligte Terrorist später ausgestiegen war und durch seine Hinweise entscheidend dazu beitrug, dass mehrere antisemitische Anschläge verhindert wurden, kam er 2001 trotz seiner Beteiligung an drei vollendeten Mordtaten, eines Mordversuchs und der Geiselnahme von 62 Personen, darunter elf Mitgliedern verschiedener OPEC-Staaten, mit einer Freiheitsstrafe von neun Jahren davon. Doch das war bereits eine Ausnahme.

Die Kronzeugenregelung, die nach heftigen Kontroversen zweimal verlängert worden war, lief – die RAF war anderthalb Jahre zuvor aufgelöst worden – in der rot-grünen Bundesregierung unter Gerhard Schröder mit dem Ende des Jahres 1999 wieder aus. Die Bedrohung durch die RAF war vorüber, nach den spektakulären Anschlägen vom 11. September 2001 erhob der Terrorismus jedoch erneut sein Haupt, diesmal nicht unter politischen, sondern unter religiösen Vorzeichen. Unter dem Eindruck erneuter terroristischer Gefährdungen wurde von der großen Koalition unter Angela Merkel erneut eine Kronzeugenregelung verabschiedet, die zum 1. September 2009 in Kraft trat. Das heißt, dass für ehemalige RAF-Mitglieder – wenn sie denn aussagewillig gewesen wären – die Kronzeugenregelung nur in bestimmten Zeitphasen hätte in Frage kommen können. Doch es war, von wenigen Ausnahmen einmal abgesehen, nur eine bestimmte Gruppe, die der in der DDR untergetauchten Ex-RAF-Mitglieder, die unter bestimmten Bedingungen, die mit denen der anderen inhaftierten Mitglieder nur schwer vergleichbar waren, von dem Angebot Gebrauch machte.

Obwohl der DNA-Nachweis eines Tatverdächtigen nicht allein über dessen Schuld oder Unschuld entscheidet, so gilt der genetische Fingerabdruck wegen seiner unter einem Prozent liegenden Fehlerquote mittlerweile doch als die Krone der Beweismittel. Da das DNA-Verfahren erst 1984 entdeckt und vier Jahre später in der Bundesrepublik erstmals vor Gericht im Rahmen eines Strafverfahrens zugelassen wurde, kam es für die Mehrzahl der RAF-Verbrechen schlicht zu spät. Ironischerweise richtete das Bundeskriminalamt im April 1998 eine eigene DNA-Analysedatei fast auf den Tag genau ein, als die RAF ihre Auflösungserklärung bekannt gab. Viele Spurensammlungen waren in der Zwischenzeit schon längst – wie zum Beispiel die auf Anweisung des damaligen Generalbundesanwalts Kay Nehm 1994 entsorgte Spurenakte des Buback-Attentats – vernichtet worden.

Wenn auch nicht gleich bei jeder dieser vermutlich voreilig durchgeführten Aktionen Absicht unterstellt werden sollte, so muss es doch mehr als sonderbar erscheinen, dass etwa im Falle Verena Beckers exakt jene Haarprobe, die man in einem der beiden Täterhelme entdeckt und als von ihr stammend identifiziert hatte, aus unerfindlichen Gründen verschwunden ist. Und das von dem Täter-Duo verwendete Motorrad der Marke Suzuki 750 GS hatte man obendrein an einen privaten Interessenten verkauft, der es dann umspritzte und nach jahrelanger Benutzung schließlich 2013 dem Stuttgarter Haus der Geschichte für eine RAF-Ausstellung veräußerte.

Wie wertvoll sich auch noch nach Jahren DNA-Spuren hätten erweisen können, zeigte sich 2001, als ein an einem Frottee-Handtuch befindliches Haar auf die mögliche Mittäterschaft eines ehemaligen RAF-Mitglieds hinwies. Gentechnikern des beim Wiesbadener Bundeskriminalamt angesiedelten Kriminaltechnischen Instituts gelang es damit noch ein Jahrzehnt nach dem Rohwedder-Attentat, den 1993 in Bad Kleinen zu Tode gekommenen Wolfgang Grams zu identifizieren.[19] Auch wenn dieses Indiz nicht ausreicht, um eine unmittelbare Tatbeteiligung zu beweisen, so deutete es doch darauf hin, dass der Hogefeld-Gefährte mit diesem Handtuch in Berührung und insofern mit hoher Wahrscheinlichkeit auch in das Verbrechen verstrickt gewesen sein musste.

In der Geschichte der alten Bundesrepublik gibt es wohl keine andere Situation, die es an Dramatik und Brisanz mit dem sogenannten »Deutschen Herbst«, also der Zeit der Schleyer-Entführung, aufnehmen könnte. Die 44 Tage im September/Oktober 1977 waren, wie man im Nachhinein feststellen konnte, der Scheitelpunkt des RAF-Terrorismus und die krisenhafteste Zuspitzung staatlicher Sicherheitspolitik durch innere Gefährdungsprozesse. Der damalige Bundeskanzler Helmut Schmidt hat diese Zeitspanne später einmal als »die schwerste Krise des Rechtsstaats seit Bestehen der Bundesrepublik Deutschland« bezeichnet.

Auf die Nachricht, dass der Arbeitgeberpräsident Hanns Martin Schleyer von einem RAF-Kommando entführt und dessen Begleiter allesamt erschossen worden seien, reagierte er mit einer von Anfang an kompromisslosen Haltung. Er wollte dieser mörderischen Erpressungsaktion, mit der die Stammheimer RAF-Gefangenen hätten freigepresst werden sollen, auf keinen Fall nachgeben. Der Staat sollte sich dem Terrorismus gegenüber als unnachgiebig und standhaft erweisen. Nicht noch einmal dürfte ihm passieren, was im März 1975 geschehen war. Damals war die Bundesregierung in Reaktion auf die Entführung des Berliner CDU-Vorsitzenden weich geworden und hatte fünf verurteilte und in Haft befindliche Terroristen freigelassen, die dann allesamt wieder Verbrechen bis hin zu Mordaktionen begingen.

Um sein Handeln abzusichern, schuf oder bediente er sich mehrerer Instrumente. Als Erstes zweier Exekutivorgane, die von der Verfassung nicht vorgesehen waren und insofern weder legal noch legitim waren: den kleinen und den großen Krisenstab, in denen während der Schleyer-Entführung alle Entscheidungen getroffen wurden. Die Hauptfunktion dieser beiden Machtinstrumente bestand darin, das Handeln der SPD/FDP-Koalition durch die Einbindung der Opposition, in diesem Fall der CDU/CSU, nach innen wie nach außen als das einer Einparteienregierung erscheinen zu lassen. Im Gegensatz dazu war das Parlament mit seinen Beratungs- und Kontrollfunktionen weitgehend ausgeschaltet; hinzu kam eine Nachrichtensperre, der sich die öffentlichen Organe von Presse, Funk und Fernsehen zu unterwerfen hatten, was sie – von wenigen Ausnahmen abgesehen – auch freiwillig taten. Damit war die sogenannte vierte Gewalt bis zu einem erheblichen Grade zu einem Erfüllungsgehilfen der Politik geworden. Ein weiteres Instrument war das im Eilverfahren verabschiedete Kontaktsperregesetz, mit dem die Kommunikation zwischen inhaftierten RAF-Mitgliedern und deren Anwälten systematisch unterbunden wurde. Damit wollte man die von der Regierung vermutete Steuerung terroristischer Aktionen aus den Zellen heraus verhindern. Um das zu erreichen, musste ein Grundrecht, die Unantastbarkeit der Beziehung zwischen Inhaftierten und Verteidigern, gebrochen werden.

Wenn man diese Handlungsinstrumente betrachtet, wird deutlich, dass die damalige Bundesregierung ebenso wie die führenden Oppositionspolitiker nicht nur dazu bereit waren, die Exekutivmacht über Gebühr zu strapazieren, sondern ihr Handeln auch so weit vom Parlament abzukoppeln, dass es kaum noch eine Möglichkeit der Wahrnehmung der ihr obliegenden Kontrollfunktion gab. Damit war die verfassungsrechtlich gebotene Gewaltenteilung ernsthaft gestört. Der Bundeskanzler war nicht nur an die Grenzen des Rechtsstaates gegangen, er hatte diese insofern auch überschritten und sie in Anbetracht der genannten Aspekte insgesamt in Richtung auf einen Ausnahmestaat verschoben, einen Staat autoritärer Prägung, der nur davor zurückschreckte, den »Notstand« auszurufen und sich der für einen solchen Fall vorgesehenen Notstandsrechte zu bedienen.

Zumindest was die Schlüsselsituation des »Deutschen Herbstes« überhaupt anbetraf, die Befreiung der als Geiseln in der »Landshut«-Maschine der Lufthansa festgehaltenen Passagiere und Crew-Mitglieder durch die GSG 9 in Mogadischu, äußerte sich Schmidt im Januar 1979 in einem *Spiegel*-Interview in einer Weise, die den vorhandenen Zweifeln an der Rechtmäßigkeit seiner Entscheidungen weitere Nahrung bot: »Ich kann nur nachträglich den deutschen Juristen danken«, erklärte er darin, »dass sie das alles nicht verfassungsrechtlich untersucht haben.«[20] In seiner Rolle als Hamburger Innensenator während der Flutkatastrophe vom Februar 1962 hatte er weniger rechtsstaatliche Skrupel gezeigt und erklärt: »Wir haben damals das Grundgesetz und die Hamburgische Verfassung und andere Gesetze übertreten, wissentlich und willentlich.«[21] Warum hätte es eigentlich im Herbst 1977 ganz anders gewesen sein sollen?

Bei der Beurteilung des während der Schleyer-Entführung an den Tag gelegten staatspolitischen Handelns müssen aber noch zwei andere Gesichtspunkte berücksichtigt werden. Da sich die Bundesregierung unter Helmut Schmidt in einer regelrechten Zwickmühle befand, war sie systematisch überfordert. Sie konnte tun und lassen, was sie wollte, letztlich war ihr Handeln in einem der beiden entscheidenden Punkte falsch und anfechtbar. Sie konnte nicht gleichzeitig das Leben des Entführten retten und andererseits eine Verlängerung und vielleicht sogar eine weitere Ausbreitung des RAF-Terrorismus verhindern. Das eine schloss das andere aus. Schmidt, seine Minister, ebenso wie seine Kollegen seitens der in die Verantwortung integrierten Opposition, machten sich insofern mit am Tode Schleyers schuldig. Das hat Schmidt im Übrigen selbst so gesehen und später auch explizit eingeräumt.

Hinzu kommt, dass die führenden Politiker der damaligen Bundesrepublik – wie Willy Brandt, Hans-Dietrich Genscher, Franz Josef Strauß und Helmut Schmidt – sich auch selbst als gefährdet ansehen mussten. Wie Dokumente belegen, gehörten sie ebenfalls zum Kreis der Entführungs- und damit zugleich auch potentiellen Todeskandidaten. Da sie das wussten und ihr Personenschutz auch daraufhin abgestellt wurde, ohne aber letztlich irgendeine Form der Sicherheit garantieren zu können, agierten sie in dem Bewusstsein, nicht nur staatliches Handeln in einer rechtsstaatlich verfassten Demokratie legitimieren zu müssen, sondern zugleich auch ihre ganz persönliche Gefährdung möglichst auf ein Minimum zu reduzieren. Diese beiden Punkte mögen das exekutive Handeln subjektiv zwar nachvollziehbarer machen, nicht jedoch ihre unzureichenden rechtlichen Voraussetzungen kompensieren.

Wenn im Folgenden nun »Die blinden Flecken der RAF« thematisiert werden, dann soll von ihnen hier weniger in einem kriminologischen Sinne die Rede sein. Wer sich also in diesem Band eine Fortsetzung der üblicherweise von staatlichen Ermittlern zu leistenden Arbeit erwartet, der dürfte eher enttäuscht werden. Es gehört schließlich nicht unbedingt zum Aufgabenbereich von Autoren wie Historikern und anderen Sozialwissenschaftlern, sich die nicht zu Ende geführten, gescheiterten oder unbeachtet gebliebenen und vielleicht sogar absichtlich ignorierten Aufgabenstellungen vorzunehmen und sich im Nachhinein daran abzuarbeiten. Für einen Autor, der als Historiker und Politikwissenschaftler arbeitet, kann es also nicht darum gehen, die Rolle von Kriminalkommissaren und Staatsanwälten ein- und damit etwa die unerledigten Fälle selbst übernehmen zu wollen. Worum es stattdessen geht, ist nichts anderes, als sich die Defizite in der Analyse, Deutung und Interpretation des RAF-Terrorismus vorzunehmen. Die Aufsätze dieses Bandes kreisen dementsprechend um die folgenden Aspekte:

- die Anfänge des aus der 68er-Bewegung hervorgegangenen linksradikalen Terrorismus,
- zwei ebenso tragische wie absurde Fälle auf den Stationen von Flucht und Inhaftierung,
- die Faktoren, die die Anwälte, die Frauen und die Religion innerhalb der RAF gespielt haben,
- die Bedeutung, die die nur unzureichend aufgearbeitete NS-Vergangenheit für sie besaß[22] und
- die Beantwortung der Frage, wie es überhaupt zum Ende der RAF kam und was nach ihrer Auflösung aus einem Gebäudekomplex wie der JVA Stammheim eigentlich werden soll, die nicht nur der Ort des Hauptverfahrens gegen die RAF-Spitze, sondern auch der Schauplatz ihres Todes war.

Wer die Aufmerksamkeit aufbringt, sich den hier vorgelegten Texten zu widmen, der wird wohl nur wenige der in einem kriminalistischen Sinne noch offenen Fragen beantworten können, dafür aber vielleicht einige der Strukturen, Schlüsselereignisse und -figuren besser verstehen, die dabei eine Rolle gespielt haben. Das jedenfalls ist die Hoffnung ihres Autors.

1.
Anfänge

1968 und die Anfänge des linken Terrorismus

Die Überzeugung, dass es eine scharf gezogene Grenze zwischen der 68er-Bewegung und dem Terrorismus der *Roten Armee Fraktion* (RAF) gegeben habe, ist immer noch weit verbreitet. Dies hat nicht zuletzt der Streit gezeigt, der vor einiger Zeit um die Frage entbrannt ist, ob mit Rudi Dutschke jener Mann, der auf tragische Weise zur Personifikation der 68er-Revolte geworden ist, in einem Wirkungszusammenhang anzusiedeln ist, der letztlich in den Terrorismus geführt hat.[1]

Die Tatsache, dass es einen wie auch immer gearteten Zusammenhang zwischen der 68er-Bewegung und der RAF gegeben haben muss, wird jedoch auch von jenen kaum noch bestritten, denen es vor allem darum geht, bei Dutschke die Relevanz des Moralischen für das politische Handeln unter Beweis zu stellen und damit zugleich die Unvereinbarkeit mit den Handlungsmaximen der RAF vor Augen zu führen. Wie dieser Zusammenhang jedoch genauer zu bestimmen ist, dürfte allerdings nicht so einfach zu klären sein und vermutlich noch für längere Zeit in der Faktorenbestimmung, Ausdifferenzierung und Gewichtung umstritten bleiben.

Bereits 1971 hatte Ulrike Meinhof im Namen der RAF die seinerzeit verbreiteten Zweifel mit einer Feststellung aus dem Weg zu räumen versucht: »Die Rote Armee Fraktion leugnet im Unterschied zu den proletarischen Organisationen der Neuen Linken ihre Vorgeschichte als Geschichte der Studentenbewegung nicht, die den Marxismus-Leninismus als Waffe im Klassenkampf rekonstruiert und den internationalen Kontext für den revolutionären Kampf in den Metropolen hergestellt hat.«[2]

Markige Worte, fast wie bei einer Kommandoerklärung. Die Studentenbewegung als Vorgeschichte der RAF? Vielleicht ist es ja genau umgekehrt gewesen und die RAF hat eher zur Nachgeschichte der Studentenbewegung gehört und war nichts anderes als eines von mehreren Partikeln, die nach der Hochphase der Bewegung übrig geblieben waren?

Bis vor ein paar Jahren herrschte jedenfalls die Überzeugung vor, dass die bundesdeutsche Adaption einer Form der Stadtguerilla ein Produkt der auseinanderfallenden Studentenbewegung gewesen sei. Inzwischen hat sich jedoch die Einschätzung durchzusetzen begonnen, dass dieser Schritt weitaus früher begonnen haben muss und bis in die Vorzeit der Studentenbewegung reicht.

Im Grunde existieren ja zwei diametral entgegengesetzte Auffassungen, was das Verhältnis zwischen der 68er-Bewegung und dem RAF-Terrorismus anbetrifft:

zum einen die Vorstellung, die RAF sei allein aus dem Zusammenbruch der 68er-Bewegung zu erklären, es habe sich um nichts anderes als um eine Inversion, also um eine durch Isolation, Verzweiflung und Depression bedingte Umkehrung, gehandelt;

zum anderen die Vorstellung, die 68er-Bewegung sei das Konstitutions- beziehungsweise Kräftefeld gewesen, aus dem die RAF hervorgegangen sei. Es habe sich demnach um einen gemeinsamen Zusammenhang, den einer Konstitution gehandelt.

Zugespitzt formuliert geht es also darum, ob es bei dieser Beziehung um eine Inversion oder um eine Konstitution gegangen ist.

Um diese Frage beantworten zu können, ist es notwendig, die Struktur der Beziehung zwischen der 68er-Bewegung und der RAF genauer herauszuarbeiten. Und um diese Relation genauer bestimmen zu können, wird hier zwischen drei verschiedenen Bezugsebenen unterschieden:

1. Ideologien und Theorien,
2. Akteuren und Akteursgruppen und
3. Aktionsformen.

Danach soll die Frage nach einer angemessenen historischen Interpunktion beantwortet werden.

Zunächst einmal erscheint es jedoch erforderlich, die von verschiedener Seite immer noch als problematisch angesehene Einordnung der RAF unter den Terrorismusbegriff zu erörtern.

Auf der einen Seite ist diese ja identisch mit der Aufkündigung jeglicher Legitimationsfähigkeit, auf der anderen Seite ist die Vermeidung des Begriffs aber auch ein mögliches Indiz für die Gefahr einer nachträglichen Rechtfertigung legitimationsunfähigen Handelns. In der internationalen Politik fungiert der Terminus Terrorismus normativ als ein »Ausschließungsbegriff«.[3] Das Anliegen von Akteuren, die so apostrophiert werden, gilt gemeinhin als nicht verhandelbar. Terroristisches Handeln mag einerseits an politischen Zielen orientiert sein, es bricht andererseits mit grundlegenden Prinzipien des Politischen. Ihm mangelt es zuvorderst an der für politisches Handeln erforderlichen Kompromissfähigkeit.

Im Fall der RAF lässt sich zeigen, warum sich eine Gruppierung, die bis auf eine Ausnahme selbst nicht als terroristisch bezeichnet werden wollte, in kürzester Zeit in einer Dynamik verfing, die sie mehr oder weniger zwangsläufig zu einer terroristischen Organisation werden ließ. Nachdem sich gezeigt hatte, dass die Bombenanschläge der RAF politisch folgenlos geblieben waren, weil sich ihr Adressat – im weitesten Sinne die lohnabhängige Bevölkerung – der selbst ernannten Guerilla hartnäckig verweigerte, sahen sich ihre Akteure mehr und mehr auf sich selbst zurückgeworfen. Aus der Guerilla wurde zunehmend eine Frage der Identität und aus dem Anspruch, den Staat stürzen und die Gesellschaft umwälzen zu wollen, eine mehr und mehr selbstbezügliche, wenn nicht gar autistische Verfallsform.[4]

Die Ausnahme stellte übrigens das Gründungsmitglied Horst Mahler dar, der den Begriff »Terrorismus« zur Kennzeichnung der von ihm propagierten Praxis nicht pejorativ, sondern affirmativ verwendet hat. In seinem Konzeptpapier »Über den bewaffneten Kampf in Westeuropa« schrieb er: »Der revolutionäre Terror richtet sich ausschließlich gegen Exponenten des Ausbeutungssystems und gegen

Funktionäre des Unterdrückungsapparates, gegen die zivilen und militärischen Führer und Hauptleute der Konterrevolution [...]. Die Herrschenden bedienen sich der Angst, die sie durch Terror erzeugen, um sich das Proletariat gefügig zu halten. Was spricht dagegen, dass sich die Unterdrückten ebenfalls der Angst bedienen, die sie durch Terror ihren Feinden einjagen, um sich endlich zu befreien?«[5] Dies ist das deutlichste Beispiel dafür, dass der Begriff »Terrorismus« von einem RAF-Mitglied adaptiert und als Selbstbezeichnung ausgegeben worden ist.

Um genauer zu wissen, um welche Bezugsgrößen es geht, ist es empfehlenswert, im Vorhinein genauer zu klären, welche Gruppierungen gemeint sind, wenn von terroristischen gesprochen wird. Denn die Reduktion des Kapitels »linker Terrorismus« auf das Kürzel RAF ist nicht ganz unproblematisch. Die Abkürzung RAF täuscht jedenfalls eine Geschlossenheit vor, die es in Wirklichkeit so nicht gegeben hat. Für dieses Feld gilt in einem besonderen Maße, dass Namen nicht einfach Schall und Rauch sind. Es sind halbe Kommandoerklärungen mit programmatisch angelegten Selbstinszenierungseffekten. Zugleich kaschieren diese Selbstbezeichnungen allerdings auch Wesentliches. Sie täuschen in einem nicht unerheblichen Maße darüber hinweg, wie unterschiedlich die sozialen Voraussetzungen und die personalen Beziehungsmuster im Einzelnen ausfallen konnten.

Im Frühjahr 1970 gab es zwischen den beiden rivalisierenden Strömungen um Horst Mahler und Dieter Kunzelmann regelrechte Kooptierungsversuche: Wer schluckt wen? Die *Tupamaros West-Berlin* die sich formierende *Rote Armee Fraktion* oder umgekehrt? Und nachdem klar war, dass es zwei unterschiedliche, zum Teil miteinander konkurrierende Gruppierungen – die *Rote Armee Fraktion* und die spätere *Bewegung 2. Juni* – geben würde, fanden gleichwohl Austauschprozesse statt. Mitglieder wechselten von dieser zu jener Organisation und umgekehrt. Wenn hier also von der RAF die Rede ist, dann sollten zugleich auch die wichtigsten anderen beiden bewaffneten Gruppierungen – die *Bewegung 2. Juni* und außerdem die *Revolutionären Zellen* (RZ) – mitgedacht werden.

Warum neben der *Bewegung 2. Juni* auch die RZ? Nachdem die Gründungsmitglieder der RAF im Juni 1972 verhaftet worden waren, schien das Kapitel »Stadtguerilla in der Bundesrepublik Deutschland« bereits gescheitert zu sein. Baader, Ensslin, Meinhof, Meins und Raspe saßen im Gefängnis und warteten auf ihre Prozesse. Die politische Auseinandersetzung verlagerte sich zunehmend auf die Frage, wie es gelingen könnte, die RAF-Gefangenen wieder freizubekommen.

In dieser Situation zerbrach sich Wilfried Böse, die Schlüsselfigur der späteren RZ, offenbar den Kopf darüber, wie es gelingen könnte, den von den bundesdeutschen Behörden mittlerweile geschaffenen Fahndungsapparat ins Leere laufen zu lassen. Er griff dabei auf eine alte kommunistische Tradition zurück und konzipierte eine Organisation, die die Gefahr, interne Kenntnisse weiterzugeben, auf ein Minimum reduzieren sollte.

Die Grundidee bestand darin, ein Geflecht lose miteinander verbundener Zellen aufzubauen, die jeweils nur durch ein einziges Mitglied untereinander in Verbindung standen. So konnte die Gefahr, dass bei einer Verhaftung durch Druck oder Erpressung gleich die gesamte Organisationsstruktur preisgegeben werden könnte, gering gehalten werden.

Würde man Struktur, Kohäsion und Binnendynamik als Kriterien für eine Charakterisierung dieser Gruppen festhalten wollen, dann könnte man die drei genannten Organisationen nur schwer auf eine Ebene stellen.

Während die RAF nicht nur in ihrer Gründerzeit eine relativ fest gefügte, hierarchisch gegliederte Organisationsstruktur aufwies, war die *Bewegung 2. Juni* eher eine Sammelbezeichnung für unterschiedliche Subzellen, die schon bei den Tupamaros mal als »Wieland-Kommune«, mal als »Zentralrat der umherschweifenden Haschrebellen« und mal als »Berliner Blues« bezeichnet worden waren.

Die *Revolutionären Zellen* blieben dagegen lange Zeit so gut wie unsichtbar und wurden aus der Schwierigkeit der Ermittlungsbehörden heraus, greifbare Ergebnisse vorzulegen, deshalb von Journalisten häufig als »Feierabendterroristen« bezeichnet. Sie entstanden im

Sommer 1972 und versuchten mit einer veränderten Organisationsform auf das Versagen der RAF-Gründer und die Fahndungserfolge des BKA zu reagieren. Später spaltete sich die RZ in zwei Flügel auf, in einen nationalen und einen internationalen.

Ideologien und Theorien

Die ideologischen Bezüge zwischen dem *Sozialistischen Deutschen Studentenbund* (SDS) als der treibenden Kraft der 68er-Bewegung und der späteren RAF sind vielfältiger Natur gewesen. Zunächst einmal ist zu erwähnen, dass es der Fraktion, die sich selbst als antiautoritäre bezeichnete, im September 1967 mehrheitsfähig wurde und mit Karl Dietrich Wolff den Bundesvorsitzenden stellte, auch um eine Rehabilitierung des klassischen Anarchismus im Bakuninschen Sinne ging. Um dies zu erreichen, scheute man sich auch nicht, die von Marx am Individualanarchismus geübte Kritik zurückzuweisen. Unter den Voraussetzungen des Monopolkapitalismus, der das Bewusstsein der abhängig Produzierenden vernebele, so wurde argumentiert, gäbe es eine neue Ausgangsbasis für anarchistische Aktionen. Bakunin wurde für aktuell erklärt – man legte dessen verstreute und nur schwer zugängliche Schriften wieder auf und tagte im November 1968 auf der vorletzten SDS-Delegiertenkonferenz in Hannover unter dem Konterfei des bärtigen Russen, der bereits 1848 zusammen mit Richard Wagner in Dresden auf den Barrikaden gestanden hatte.

Ein nächster Schritt bestand darin, die Durchführung direkter Aktionen zu propagieren, mit denen angeblich die Verpanzerungen des Alltagsbewusstseins gesprengt und die Chancen zu einer Mobilisierung verbessert werden sollten. Insbesondere Dutschke war davon überzeugt, in der Forcierung von Demonstrationstechniken, die schrittweise zu illegalen Aktionsformen führen sollten, eine Art Dialektik zwischen Aktion und Aufklärung in Gang bringen zu können. Dies alles war jedenfalls als integraler Bestandteil einer Eskalationsstrategie gedacht, mit der die bestehenden Verhältnisse attackiert und Schritt für Schritt transformiert werden sollten.

Am aufschlussreichsten ist in diesem Zusammenhang jedoch, dass der Begriff »Stadtguerilla« im deutschen Sprachraum erstmals von Rudi Dutschke verwendet worden ist. Er war davon überzeugt, dass es besonders gewaltsamer, zum Teil auch militärischer Aktionsformen bedürfe, um die Aussichten auf eine revolutionäre Veränderung der bestehenden Verhältnisse zu verbessern. Mit einer Adaption von Che Guevaras Focus-Theorie, die er im Anschluss an die illegale Plakataktion »Amis raus aus Vietnam« propagierte, zielte er, wie seine im Nachlass aufgefundenen Notizen belegen, bereits im Februar 1966 auf den Aufbau einer spezifischen Form einer städtischen Guerilla.[6]

Öffentliche Verwendung fand dieser Begriff allerdings erst anderthalb Jahre später auf jener bereits erwähnten SDS-Delegiertenkonferenz in Frankfurt, auf der sich der antiautoritäre Flügel erstmals durchzusetzen vermochte. Zusammen mit Hans-Jürgen Krahl hatte Dutschke das sogenannte Organisationsreferat verfasst, in dem die SDS-Mitglieder im September 1967 dazu aufgerufen wurden, sich künftig existentiell zu organisieren und als »Sabotage- und Verweigerungsguerilla« zu formieren.[7] Die Vorstellung, eine »rurale«, also ländliche Guerilla in der Dritten Welt, durch eine »urbane Guerilla« in den »Metropolen« zu ergänzen, gründete nachweislich in der Focus-Theorie Che Guevaras ebenso wie in Carl Schmitts »Theorie des Partisanen«.[8]

Auch wenn diese Adaption der Guerilla-Idee nicht mit der späteren RAF in eins gesetzt werden darf, so ist ihre Propagierung der vermutlich wichtigste Hinweis darauf, dass sie aus dem Zentrum der 68er-Bewegung, der antiautoritären Fraktion im SDS, stammte, der in den siebziger Jahren eine praktizierte Form der Stadtguerilla folgen sollte.

Akteure und Akteursgruppen

In einem strengen, objektiven Kriterien genügenden Sinne ist es nur schwer möglich, die Akteure und Akteursgruppen der 68er-Bewegung genauer zu bestimmen. Am ehesten wäre das noch mit dem SDS und anderen linken Studentengruppen wie dem *Liberalen Studenten-*

bund Deutschlands (LSD) und dem *Sozialdemokratischen Hochschulbund* (SHB) möglich. Derartige Untersuchungen, die vor allem nach Fakultäten und Studienfächern unterschieden, sind bereits 1968 angestellt und zum Teil in der Presse veröffentlicht worden. Sie sind hier jedoch nicht weiter von Interesse.

Wichtiger ist es, zwischen den beiden seinerzeit im SDS vorhandenen Fraktionen zu unterscheiden, der traditionalistischen und der antiautoritären. Während die eine sich nicht zuletzt aus Mitgliedern der illegalen KPD rekrutierte und sich am Politikverständnis von Wolfgang Abendroth und der sogenannten Marburger Schule orientierte, ist die letztere aus der avantgardistischen Gruppierung *Subversive Aktion* hervorgegangen und hat ihr theoretisches Selbstverständnis maßgeblich aus den Theorien der Frankfurter Schule, insbesondere denen Herbert Marcuses, bezogen. In etwas überspitzter Weise kann festgehalten werden, dass sich im SDS damit orthodoxe Kommunisten und undogmatische Sozialisten, zum Teil auch explizite Anarchisten gegenüberstanden.

Die Konfrontation zwischen diesen beiden Ausrichtungen war bereits im März 1966 auf einer einwöchigen Konferenz im Taunus offen aufgebrochen, bei der es um die Geschichte der Arbeiterbewegung und die Frage nach dem revolutionären Subjekt gegangen war.[9] Während der Weltjugendfestspiele im Sommer 1968 in Sofia war der Streit zwischen diesen beiden Flügeln so sehr eskaliert, dass ein halbes Dutzend traditionalistisch eingestellter Mitglieder ausgeschlossen wurde. In der Folge gründete sich dann der *MSB Spartakus* und die traditionell marxistische Strömung ging in Teilen in der neugegründeten DKP und ihren Neben- und Unterorganisationen auf.

Im Gegensatz zum SDS ist die APO ein Sammelbecken ganz unterschiedlicher Personengruppen wie Gewerkschaftlern, Christen und Jungarbeitern gewesen. In ihr versammelten sich vor allem jene, die von der Tatsache, dass die SPD bereit war, mit der Union eine große Koalition einzugehen, tief enttäuscht waren und einen politischen Ausweg durch eine externe Korrektur des sozialdemokratischen Kurses auf dem Wege außerparlamentarischer Kampagnen oder durch die Gründung einer sozialistischen Partei suchten. Auf Grund ihrer Heterogenität lässt sich jedenfalls von ihrer personellen Zusammensetzung, ihrer ideologischen Ausrichtung und den von ihnen artikulierten Interessen her nur schwer eine verallgemeinerbare Verbindung zum gewaltbereiten Milieu herstellen, aus dem dann die Gründung der ersten bewaffneten Gruppierungen zustande gekommen ist.

Das RAF-Führungsquartett bildeten zweifelsohne Horst Mahler, Ulrike Meinhof, Gudrun Ensslin und Andreas Baader. Ein Rechtsanwalt, eine Journalistin, eine Doktorandin und – ganz nach dem jeweiligen Betrachtungswinkel – ein Anschluss suchender Dandy, Desperado oder Kleinkrimineller. Keiner von ihnen zählte zu den zentralen Akteuren der 68er-Bewegung und niemand war mehr in einem formellen Sinne Mitglied im SDS. Insbesondere die beiden zuletzt Genannten gehörten zur Peripherie: Sie waren im Sommer 1967 so etwas wie »Satelliten der Kommune I«, wo sie im Übrigen auch das Stichwort Warenhausbrandstiftung aufgeschnappt hatten.

Deutlicher wird der Zusammenhang zwischen der 68er-Bewegung und dem Projekt »Stadtguerilla«, wenn man sich der ersten Gruppierung zuwendet, die im Herbst 1969 in den Untergrund gegangen ist. »Untergrund« ist hier nicht etwa in einem übertragenen Sinne als vage Metapher misszuverstehen. »Untergrund« meint Bildung einer geheim operierenden Gruppe, deren Mitglieder Waffen tragen, Decknamen benutzen und sich in konspirativen Wohnquartieren aufhalten. Genau diese Merkmale trafen auf eine aus der Berliner und der Münchner Subkultur entstandene Gruppierung zu – die aus der Bewegung der Haschrebellen hervorgegangenen *Tupamaros*, genauer die *Tupamaros West-Berlin* (TW) und die *Tupamaros München* (TM).[10]

Die Köpfe dieser beiden ersten terroristischen Organisationen waren mit Dieter Kunzelmann und Fritz Teufel zwei der drei führenden Angehörigen der *Kommune I.* Zu den *Tupamaros* zählten außerdem Georg von Rauch, Thomas Weisbecker, Michael »Bommi« Baumann, Ingrid »Ina« Siepmann, Irmgard Möller, Brigitte Mohnhaupt und andere mehr. Die Berliner Kerngruppe war zuvor mehrere Wochen im Nahen Osten und hatte sich dort von *El-Fatah*-Kommandeuren an Waffen, dem Umgang mit Sprengstoff sowie dem Bau und der Deponierung von Bomben ausbilden lassen. Am Beispiel dieser beiden Gruppierungen lässt sich die Transformation von einer Keimzelle der antiautoritären Bewegung, der *Kommune I*, in ein subkulturelles Milieu und die anschließende Abkapselung zu terroristischen Kleingruppen am genauesten studieren. Das alles hatte sich bereits ein halbes Jahr vor Gründung der RAF abgespielt. Im Nachhinein lässt sich sagen, dass es sich um eine Vorstufe der späteren *Bewegung 2. Juni* gehandelt hat.

Die mit Abstand wichtigste Person für die Gründung der RAF war Horst Mahler.[11] Er bewegte sich in der Konstitutionsphase wie die Spinne im Netz und zog die Fäden, einen nach dem anderen. Ob er dies auf eigene Rechnung oder im Auftrag getan hat, muss immer noch als offen gelten. Am 1. Mai 1969 hatte er noch zusammen mit Klaus Eschen und Christian Ströbele das *Sozialistische Anwaltskollektiv* gegründet.[12] Im September 1969 flog er nach London, um dort Rudi Dutschke dazu zu überreden, eine bewaffnete Organisation mit aufzubauen. Dieser lehnte jedoch ab.[13] Ab November hielt er engsten Kontakt mit den bereits im Untergrund befindlichen *Tupamaros* um Dieter Kunzelmann und Georg von Rauch. Die Kommunikation wurde zumeist im SAK abgewickelt, zum Teil aber auch an Orten außerhalb, immer jedoch nach bestimmten Regeln der Konspiration. Dies war umso erforderlicher, weil es dem Berliner Landesamt für Verfassungsschutz gelungen war, dort eine Mitarbeiterin als Sekretärin zu platzieren. Im Dezember 1969 (oder Januar 1970) flog Mahler nach Italien und überredete Baader und Ensslin, die nach Angaben Bommi Baumanns gerade dabei gewesen sein sollen, sich einen VW-Bus zu besorgen, um damit in Richtung Indien aufzubrechen, nach West-Berlin zurückzukehren.

Wenn hier die Rolle von Akteuren erörtert wird, dann sollte auch eine Frage nicht ausgespart bleiben, die die staatliche Seite berührt. Um kaum jemand anders ranken sich derartig viele Gerüchte wie um Peter Urbach, jenen Mann, der lange Zeit eine Doppelrolle spielte, indem er als Undercoveragent bereits in der *Kommune I* agierte und sich insofern näher als irgendjemand sonst von staatlicher Seite im Zentrum jener Strömungen befand, die sich auf ihrem Weg in den Untergrund mehr und mehr abgeschottet hatten. Der ausgebildete Klempner arbeitete ebenfalls für das Westberliner Landesamt für Verfassungsschutz.[14] Er diente sich der Szene als Techniker an und spionierte sie dabei nicht nur aus, sondern instruierte einige von deren Protagonisten auch für gewaltsame Aktionen und versorgte sie für derartige Zwecke mit Waffen und Sprengstoff.

Seine Zeit war endgültig vorüber, als er am 5. Mai 1971 nicht mehr umhin kam, im Prozess gegen Horst Mahler, der wegen Beihilfe zur Gefangenenbefreiung Andreas Baaders angeklagt war, vor dem Moabiter Kriminalgericht als Zeuge aufzutreten. An diesem Tag wurde der damals 30-jährige Urbach von Mahlers Verteidiger, Rechtsanwalt Otto Schily, ins Kreuzverhör genommen. Kurt Neubauer, ein alter Intimfeind Mahlers aus gemeinsamen SPD-Zeiten, hatte seinem Verfassungsschutzagenten eine auf drei Tage beschränkte Aussagegenehmigung erteilt. Was dann folgte, war ein Wortwechsel, der in seiner Absurdität eher an ein Theaterstück Ionescos oder Becketts als an eine Zeugenaussage vor Gericht erinnerte.

Rechtsanwalt Schily: »Haben Sie persönlich im Kreis der Linken Waffen angeboten, Pistolen, Maschinenpistolen, ja sogar Mörser mit Phosphorgranaten?«

Urbach: »Ich darf die Frage nicht beantworten.«

»Haben Sie eine Bombe bei der Kommune I hinterlegt?«

»Ich darf die Frage nicht beantworten.«

»Kamen die Bomben vom Verfassungsschutz?«

»Darüber darf ich nichts sagen.«

»Haben Sie bei den Beisetzungsfeierlichkeiten für Paul Löbe vor dem Rathaus Schöneberg an einem Kommune-Happening teilgenommen und einen selbstgebastelten Sarg mitgetragen?«

»Darüber darf ich nichts sagen.«

»Haben Sie anlässlich der Springer-Demonstration 1968 Fahrzeuge in Brand gesetzt?«

»Darauf darf ich keine Auskunft geben.«

»Haben Sie einen Brandanschlag auf einen Polizeipferdestall verübt, wobei das Pferd ›Zerline‹ schwer verletzt wurde?«

»Darauf kann ich nicht antworten.«[15]

In diesem Stil einer stereotyp wiedergekäuten Aussagegenehmigung, die in Wirklichkeit eine glatte Aussageverweigerung war, setzte sich die Posse vor dem Moabiter Kriminalgericht fort.

Die Tatsache, dass in der Anfangszeit der bewaffneten Gruppierungen kaum eine der Bomben gezündet hatte, dürfte im Nachhinein als ein mögliches Indiz dafür gewertet werden, dass die Sprengkörper in der Tat von staatlichen Stellen zur Verfügung gestellt worden waren. Die Maxime könnte demnach gelautet haben, militanten Gruppierungen innerhalb der APO Bomben zur Verfügung zu stellen, um diese insgesamt in der Öffentlichkeit leichter kriminalisieren, auch isolieren und insofern ihrer politischen Wirkung berauben zu können. Im Worst-Case-Fall einer Aufdeckung der eigenen Machenschaften hätte man ja immer noch darauf verweisen zu können, dass die Sprengkörper nicht funktionstüchtig gewesen seien.

Nach seinem denkwürdigen Auftritt im Mahler-Prozess war der Undercoveragent Urbach für den Verfassungsschutz nicht mehr zu verwenden. Er soll, wie es später hieß, nicht nur West-Berlin, sondern Europa verlassen haben, um sein Leben unter einer neuen Identität möglichst ungefährdet fortführen zu können.

Die ersten Bomben stammten, daran kann es jedenfalls kaum einen Zweifel mehr geben, wie anfangs nur vermutet und Jahre später von einem Nachfolger Kurt Neubauers als Senator für Inneres schließlich eingeräumt werden musste, von dem sich im Umfeld der *Kommune I* bewegenden Undercoveragenten Peter Urbach, in Wirklichkeit wohl eher einem Agent Provocateur. Wie allerdings dessen Bedeutung für die Entstehung des Terrorismus zu bewerten ist, muss so lange unklar bleiben, wie diesbezügliche Akten der Forschung unzugänglich sind und seine tatsächliche Rolle deshalb nicht weiter aufgeklärt werden kann.

Aktionsformen

Nach dem 2. Juni 1967 war die Zeit der Petitionen, Appelle und Rituale erst einmal vorbei. Die friedliebende Ostermarschbewegung setzte nach der Transformation der Studenten- in eine Jugendbewegung und ihrer Ausbreitung von West-Berlin auf die Bundesrepublik für ein Jahrzehnt lang aus. Angesichts der nach dem Tod von Benno Ohnesorg freigesetzten Dynamik gaben deren Organisatoren schließlich im Frühsommer 1969 resigniert auf und stellten ihr pazifistisches, von Kräften der illegalen KPD und damit zugleich der SED befördertes Demonstrationsritual auf unabsehbare Zeit ein.

Nun begann zunächst eine Übergangsphase der begrenzten Regelverletzungen. Danach wurde Gewalt gegen Sachen propagiert. Mit dem Latenzcharakter der Gewalt in den sogenannten »Metropolen« und ihrer mangelnden Erfahrbarkeit hing es zusammen, dass Dutschke und seine Gefährten ständig auf der Suche nach Aktionsformen waren, die die Verpanzerung der Verhältnisse aufreißen und ihren gewaltsamen Kern freilegen sollten. Das Schlagwort, von dem am häufigsten Gebrauch gemacht wurde, lautete deshalb »direkte Aktion«. Ihnen kam es darauf an, durch möglichst genau geplante Einzel- oder Gruppenaktionen solche Nervpunkte zu treffen, durch die im Gegenzug das Gewaltpotential der Polizei und damit das des »autoritären Staates« herausgekitzelt werden konnten. Dutschke schrieb deshalb häufig von einer »Offensivtheorie« und einer »Eskalationsstrategie«. Die Universität bildete in seinen Augen »das schwächste Glied« im herrschenden System. Von ihr aus versuchte er operative Basen aufzubauen, die es ihm ermöglichen sollten, die Eskalation der Gewalt weiter voranzutreiben. Am Horizont stand bereits damals der bewaffnete Aufstand.

Es dauerte nicht lange, bis die ersten Anschläge – zunächst mit Brandflaschen, sogenannten Molotowcocktails, dann mit Bomben – verübt wurden. Bevorzugte Ziele waren US-amerikanische Politiker und Einrichtungen. Wie rasch sich das steigerte, lässt sich an der Wahrnehmung zweier Gelegenheiten ablesen, die im Kontext der

Gegnerschaft zum Vietnamkrieg der USA begriffen werden müssen. Während auf Vizepräsident Hubert H. Humphrey im April 1967 noch ein »Pudding-Attentat« verübt werden sollte, ging es beim Antrittsbesuch von Präsident Richard Nixon im Februar 1969 bereits um einen Bombenanschlag. Dass die auf einem Baugerüst deponierte Bombe am Rand der Wegstrecke, die Nixons Wagenkolonne passieren musste, nicht zündete, hing offenbar nur damit zusammen, dass wegen des zu dieser Zeit herrschenden Frostes die Batterie zu schwach war, um den Zündmechanismus auszulösen.

Diese stufenweise Entgrenzung der Gewalt erfolgte noch im Laufe des Zeitraumes, der für die 68er-Bewegung anzusetzen ist, also zwischen dem Sommer 1967 und dem Herbst 1969. Die schrittweise Eskalation wurde jedoch nur von einer Minderheit innerhalb der Bewegung vollzogen. Die forcierenden Kräfte lagen zunächst zweifelsohne im Zentrum des Berliner SDS, breiteten sich dann aber rasch über andere SDS-Hochschulgruppen in Frankfurt, München, Heidelberg und anderen Städten aus. Es war so, als habe jemand an einer unsichtbaren Schraube gedreht.

Eine neue Dimension hatte sich bereits kurz vor dem Dutschke-Attentat und der darauffolgenden explosiven Entladung während der Springer-Blockaden an Ostern 1968 mit der Warenhausbrandstiftung in Frankfurt angekündigt. Womit die Mitglieder der *Kommune I* nur gespielt hatten, einen Anschlag auf den US-Vizepräsidenten mit Pudding zu verüben, das setzten nun Baader, Ensslin, Söhnlein und Proll als von der Peripherie der Bewegung stammende Akteure in Wirklichkeit um, allerdings nicht gegen eine Person, sondern gegen ein Gebäude, einen »Konsumtempel« gerichtet. Auch wenn es nur um Sachschaden ging, so war damit eine weitere Grenze überschritten worden.

Erst nach der Gründung der RAF im Mai 1970 folgten dann Einbrüche, Banküberfälle, Waffenraubaktionen, Bombenanschläge, später auch Entführungen und gezielte Attentate. Tiefpunkt in dieser Entwicklung ist zweifelsohne anderthalb Jahrzehnte später die funktionalistisch begründete Ermordung eines US-amerikanischen Soldaten gewesen. Durch den Tod des GI Edward F. Pimental im August 1985 in Wiesbaden wollte man sich in den Besitz von Ausweispapieren bringen, die man zur Durchführung eines Bombenanschlags auf die Rhein-Main-Airbase benötigte.

Die ebenso häufig zitierte und kaum weniger häufig wegen ihrer Unhaltbarkeit kritisierte Unterscheidung zwischen »Gewalt gegen Sachen« und »Gewalt gegen Personen« war eine Zeit lang für Dutschke und den SDS maßgeblich. Doch bereits nach kurzer Zeit wurde sie hinfällig. Vor, hinter und neben den Objekten standen häufig Polizeikräfte, die einen dazu zwangen, zu entscheiden, ob eine offensive Aktion abzubrechen oder trotz zu erwartender gewaltsamer Auseinandersetzungen durchzuführen sei. Um zu legitimieren, was in einem solchen Falle passieren könne, bediente sich Mahler damals der Metapher vom »platzenden Autoreifen«. So wie ein Wagenlenker immer damit rechnen müsse, dass ein platzender Reifen einen Unfall und damit einen Personenschaden verursachen könne, so müsse sich auch ein Revolutionär darüber im Klaren sein, dass es im Zuge seiner Handlungen zu »Personenschäden«, also auch zu Verletzten und zu Todesopfern, kommen könne.

Anders als allgemein angenommen, stammen also, was die Ideologien und Theorien anbetrifft, einige der wichtigsten Denkfiguren der späteren Untergrund-Gruppierungen aus dem Arsenal einiger führender SDS-Mitglieder, insbesondere von Rudi Dutschke. Zu nennen sind hier die Idee der direkten Aktion, die Adaption von Guevaras Focus-Theorie und insbesondere die Propagierung einer spezifischen Form der Stadtguerilla, einer – wie es im »Organisationsreferat« heißt – »Sabotage- und Verweigerungsguerilla«. Der Schritt zur Gründung einer bewaffneten Organisation ist zumindest in konzeptioneller Hinsicht nicht mehr weit.

Und was nun die Frage nach den personellen Verbindungen anbetrifft, so ist eine pauschale Zuordnung zwischen der 68er-Bewegung und dem linken Terrorismus nicht statthaft. Erst auf dem Wege einer doppelten Ausdifferenzierung ist es möglich, jene Akteure und Akteursgruppen ins Blickfeld zu bekommen, die den Schritt in den Untergrund vollzogen haben. Aus dem umfassenden Zusammenhang geht es zunächst einmal um den SDS und darin wiederum um die antiautoritäre Fraktion, aus der eine Ingroup um Dutschke auf eine Eskalation der Gewalt gedrängt und diesen Weg schließlich auch eingeschlagen hat. Obgleich es sich hier einerseits nur um die Minorität innerhalb einer bestimmten Fraktion gehandelt hat, so ist andererseits das Gewicht der betreffenden Einzelakteure besonders groß gewesen.

Die Wurzel des bundesdeutschen Terrorismus lag, woran es inzwischen kaum noch einen Zweifel mehr geben kann, in einer kleinen avantgardistischen Gruppierung – der aus München-Schwabing stammenden *Subversiven Aktion*. Sie hatte als Erste das Konzept einer umfassenden Revolutionierung verfolgt.

Beim berühmten Treffen am bayerischen Kochelsee im Juli 1966 war es um zwei Seiten gegangen – eine mikro- und eine makrologische. Nach innen sollte die bürgerliche Familie destruiert werden, um die erneute Herausbildung eines autoritären Gesellschaftssystems zu verhindern und an deren Stelle eine neue Sozialform zu etablieren – die Kommune. Nach außen sollte der Imperialismus zerstört werden, um an dessen Stelle ein sozialistisches System zu etablieren – durch die Guerilla. Der Kommunarde und der Guerillero wurden als zwei Seiten einer Medaille gedacht. Der erste bundesdeutsche Linke, der den Anschluss an eine Guerilla-Gruppierung suchte, war im Übrigen ein SDS-Mitglied und früherer Mitstreiter der *Subversiven Aktion*, Lothar Menne.[16] Der Sohn jenes Textilfabrikanten, in dessen Villa das Treffen am Kochelsee stattfand, reiste im Herbst 1966 über New York und Mexiko-City nach Guatemala und schloss sich dort vorübergehend den *Fuerzas Armadas Rebeldes* (FAR) an.

Als Che Guevara im Sommer 1967 im bolivianischen Dschungel in immer größere Bedrängnis geriet, weil er und seine Gefährten, darunter die Ostdeutsche Tamara Bunke, kurz »Tanja« genannt, unter US-amerikanischer Anleitung von speziellen Einsatzgruppen verfolgt wurden, starteten mehrere Europäer eine Hilfsaktion. Unter ihnen der italienische Verleger Giangiacomo Feltrinelli, der französische Philosophiedozent Regis Debray, der Sekretär der *Russell-Peace-Foundation* Ralph Schoeman, die beiden Herausgeber der Zeitschrift *New Left Review*, Perry Anderson und Robin Blackburn, der britische, ursprünglich aus Pakistan stammende Studentenführer Tariq Ali und eben jener Lothar Menne, der in Alis vor zwei Jahrzehnten erschienenen Erinnerungen *Street Fighting Years* erwähnt wird,[17] später als Lektor beim S. Fischer Verlag arbeitete und zuletzt Leiter von Hoffmann und Campe in Hamburg und Ullstein in Berlin war. In La Paz mussten sie miterleben, wie der Mailänder Verleger und später selbst in den Untergrund gehende Feltrinelli, der großspurig ankündigte, er werde die Reste der Guerilla durch den Kauf von Waffen und Arzneimitteln unterstützen, zusammen mit einer Begleiterin innerhalb kurzer Zeit des Landes verwiesen wurde.

Verhindern konnten sie die sich anbahnende Tragödie nicht. Zunächst wurde Tamara Bunke erschossen, dann Debray verhaftet und schließlich auch Guevara gefasst. Über die Ermordung des Gefangenen am 9. Oktober 1967 und die obszöne Zurschaustellung seines Leichnams sind inzwischen Dutzende von Filmen gedreht und unzählige Bücher veröffentlicht worden. Debray entging um Haaresbreite der zunächst befürchteten Todesstrafe und wurde von einem bolivianischen Gericht zu einer 30-jährigen Haftstrafe verurteilt, von der er jedoch nur drei Jahre absitzen musste. In dieser Zeit wiederum kamen in dessen leer stehender, auf der Île de la Cité in Paris gelegenen Wohnung auf Vermittlung von Daniel Cohn-Bendit für einige Wochen die auf der Flucht befindlichen Warenhausbrandstifter Andreas Baader und Gudrun Ensslin unter, denen sich zudem Astrid Proll, die Schwester eines weiteren Kaufhausbrandstifters, angeschlossen hatte.

Die Schlüsselfiguren im Übergang von der 68er-Bewegung zum bewaffneten Kampf waren Rudi Dutschke und Dieter Kunzelmann, zwei der wichtigsten Akteure aus dem Führungspersonal der antiautoritären Bewegung: die Ikone der 68er-Revolte und das sogenannte »Alphamännchen« der *Kommune I*.[18] Während es der Erstgenannte ja abgelehnt hatte, sich am Aufbau einer Untergrundorganisation zu beteiligen, war der Zweite im Herbst 1969 so weit gegangen, sich von den Palästinensern militärisch ausbilden zu lassen, sich zu bewaffnen und dann in den Untergrund abzutauchen.

In der Frage der im Kontext der 68er-Bewegung verwendeten Aktionsformen sind zwei Momente unübersehbar – das der Steigerung und das der Grenzüberschreitung. Zum einen hat sich innerhalb eines nur kurzen Zeitraumes eine ständige Eskalation der Gewaltmittel vollzogen, die bereits vor dem Dutschke-Attentat im April 1968 so weit vorangeschritten war, dass Rudi Dutschke, der charismatische Wortführer der 68er-Bewegung, sich nicht davon abhalten ließ, mit einer Bombe im Handgepäck eine Flugreise anzutreten, um einen Anschlag auf einen AFN-Sendemasten zu ermöglichen.[19] Zum anderen ging es nach einer kurzen Phase der begrenzten Regelverletzungen, in der noch Methoden des gewaltfreien Widerstands – wie etwa Sit-ins – praktiziert wurden, nicht nur um illegale Aktionen, sondern zugleich um solche, die als terroristisch qualifiziert werden können.

Zusammenfassend lässt sich also festhalten, dass bereits auf dem Höhepunkt der 68er-Bewegung Linien erkennbar sind, die in den Untergrund erster konspirativ operierender terroristischer Gruppierungen führten. Diese Linien repräsentieren jedoch nicht die 68er-Bewegung in ihrer Gesamtheit, auch nicht den SDS als vergleichsweise singuläre Gruppierung und nicht einmal dessen antiautoritäre Fraktion als solche, sondern nur einzelne Wortführer und deren unmittelbares persönliches Umfeld. Insofern sollte sich jede Pauschalisierung verbieten – sowohl im Hinblick auf eine völlige Verleugnung des thematisierten Zusammenhanges als auch im Hinblick auf eine undifferenzierte Bestätigung.

Andererseits aber muss man sich heute – ein halbes Jahrhundert später – dem Faktum stellen, dass das, was die RAF praktiziert hat und was aus einer Perspektive der Rechtfertigung als Guerilla und aus einer anderen als Terrorismus bezeichnet worden ist, Wurzeln hat, die bis in die Mitte der sechziger Jahre zurückreichen und die wohl wirkungsmächtigste Strömung in SDS und APO betreffen.

Kurz bevor die bayerische Landeshauptstadt München im Februar

1970 Zentrum einer Serie terroristischer Anschläge und Flugzeugentführungsaktionen geworden war, hatte Fritz Teufel programmatisch erklärt: »Der Clown ist tot.«[20] Und auf die Nachfrage, ob er nicht damit rechnen müsse, eine Haftstrafe abzusitzen, antwortete er, dies sei im Vergleich zu dem, was er zu machen gedenke, eine Lappalie. Doch schon bald wurde er ebenso wie Dieter Kunzelmann verhaftet – der eine im Juni 1970 in München, der andere einen Monat später in West-Berlin.

Die nachfolgende Geschichte des linken Terrorismus ist dann so sehr von der RAF dominiert worden, dass die Erinnerung an seine Anfänge und ihre Wurzeln in *Subversiver Aktion* und *Kommune I* zunehmend verblasste. Seitdem herrscht ein gespaltenes Bild vor: auf der einen Seite die »böse« RAF und auf der anderen die »gute« beziehungsweise harmlose »Spaßguerilla«. Einer weiteren Legendenbildung ist seitdem Tür und Tor geöffnet.

Terrorismus und Avantgarde

Von der Subversiven Aktion zur Kommune und von der Kommune zu den Tupamaros

Nicht wenigen Fernsehzuschauern stockte Anfang der achtziger Jahre der Atem, als ein zu einer Talkshow eingeladener Bürgerschreck der ersten Stunde eine Pistole herauszog und damit auf einen ihm gegenübersitzenden Mann, den damaligen sozialdemokratischen Finanzminister Hans Matthöfer, zielte. Als der Angreifer abdrückte, kam aus dem Lauf jedoch keine Kugel, sondern lediglich ein Tintenstrahl heraus. Die Pistole war, wie bereits im selben Augenblick klar wurde, lediglich aus Plastik.

Der ebenso erschrockene wie verwirrte Minister zögerte einen Augenblick lang, griff dann nach dem vor ihm stehenden, bis an den Rand gefüllten Rotweinglas und leerte es kurz entschlossen über dem Angreifer aus. Doch während die hässlichen Rotweinflecken in dessen Kleidung haften blieben, verschwanden die Tintenkleckse auf dem Ministeranzug bereits nach wenigen Minuten spurlos. In der Spielzeugpistole war eine sogenannte, unter Kindern besonders beliebte Zaubertinte, die sich nach einiger Zeit wieder auflöst. Der Minister, ein erklärter Linker, zeigte sich anschließend seiner Unbeherrschtheit wegen beschämt.

Dieser Bluff, der von dem Ex-Kommunarden und späteren angeblichen »Spaß-Geriljero« Fritz Teufel wirkungsvoll in Szene gesetzt worden war, trägt die Handschrift einer Bewegung, die mitunter clownesk war. Die ebenso simple wie raffinierte Aktion lief darauf hinaus, einen staatlichen Repräsentanten zu einer Reaktion zu provozieren, die dessen vermeintlich hinter seiner Höflichkeitsfassade verstecktes Aggressionspotential sichtbar machen sollte.

Wenn nach dem politischen Selbstverständnis der antiautoritären

Bewegung gefragt wird, die den traditionellen Politikbegriff massiv in Frage gestellt hat, dann kann nur bedingt auf die Ideen- und Organisationsgeschichte des SDS zurückgegriffen werden. Spuren lassen sich zuallererst in einer zwar kleinen, letztlich aber umso wirkungsmächtigeren Gruppierung ausfindig machen.

Ihr Name *Subversive Aktion* war zugleich ihr Programm. Aus der Münchner Künstlergruppe *SPUR* zu Beginn der sechziger Jahre hervorgegangen, die sich in der Tradition der *Situationistischen Internationale* begriff, bestand die *Subversive Aktion* aus dem Zusammenschluss mehrerer Intellektuellenzirkel, sogenannten Mikrozellen, die sich in München, Stuttgart, Tübingen, West-Berlin und Frankfurt gebildet hatten. Zu ihren wichtigsten Mitgliedern zählten Frank Böckelmann, Dieter Kunzelmann, Karl-Heinz Neumann, Günther Maschke, Johanna Ensslin, Christofer Baldeney und Rodolphe Gasché sowie die beiden DDR-Flüchtlinge Rudi Dutschke und Bernd Rabehl.

Schon in ihren Publikationen, die mal »Unverbindliche Richtlinien«, mal »Suchanzeige«, mal »Anschlag« hießen, drückte sich ein strikt antikategorischer und aktivistischer Duktus aus, mit dem die Aporien einer intellektuellen Textproduktion in politisches Handeln aufgelöst werden sollten. Charakteristisch war die vehemente Ablehnung aller totalisierender Theorien, die Abwehr einer Kanonisierung der eigenen Analysen und Aktionen und die Überzeugung, dass es genauso unmöglich geworden sei, sich in tradierten globalen Erklärungszusammenhängen zu bewegen wie auf eine intakte Arbeiterbewegung zu hoffen. In bissig ironischen Persiflagen auf die versteinerten Verhältnisse am Ende der Adenauer-Ära durchbrach die *Subversive Aktion* die Grenzen der Ideologiekritik, indem sie in öffentlichen Manifestationen staatliche, kirchliche und kulturelle Institutionen gleichermaßen provokativ bloßstellte.

Ausgangspunkt war die Überzeugung, dass nur in der Befreiung der innersten Triebe und Strebungen die Möglichkeit zum Ausbruch aus dem Repressionszusammenhang der Gesellschaft liege. Stichpunkt innerer wie äußerer Unterdrückung sei die Sexualität, Auseinandersetzungsobjekt die Doppelmoral der Kirche und ihre verschwiegene Herrschaftsfunktion. Kristallisationspunkte der Kritik waren gewohnte Denkformen in schablonenhaften Klischees und tief verinnerlichte Verhaltensstrukturen wie ein zwanghaft gesteigertes Konsumverhalten, die als Spurenelemente einer unverwirklichten Utopie begriffen und als solche zurückgerufen werden sollten. Die Demaskierung des Tabuierten, Domestizierten sollte eine Rebellion der unterdrückten Wünsche auslösen, mit der das Vakuum des ungelebten Lebens durchbrochen werden könne. Die Subversion sollte nichts weniger als eine Lunte an das Unbewusste in der sogenannten Wohlstandsgesellschaft sein.

Solche Anschauungen blieben von der Form her den Denkmodellen der Situationisten eng verhaftet, vom Gehalt her setzten sie jedoch auch auf Ideen der Kritischen Theorie, insbesondere was ihre Verknüpfungsversuche von Marxismus und Psychoanalyse anging. Es war insofern alles andere als Zufall, dass von dieser Gruppe nicht nur die frühen Schriften Max Horkheimers, sondern auch die eines Außenseiters wie Wilhelm Reich wiederentdeckt und in ersten Raubdrucken neu aufgelegt wurden. Das Intime und scheinbar Unpolitische – die Sexualität – wurde hier als das entscheidende Politikum aufgefasst. Eine gesellschaftliche Befreiung schien nur dann möglich zu sein, wenn sie das Triebleben aus den Fesseln der bürgerlichen Zwangsinstitutionen herauslöste und es zur Basis aller Emanzipation machte.

Um den »Repressionszusammenhang bürgerliche Kleinfamilie« aufzubrechen, entwickelten die Subversiven im Juli 1966 am Kochelsee das »Projekt revolutionärer Kommunen«. Wenngleich dieser Plan zunächst noch in einem theoretischen Rahmen verblieb, so wurde hier der Grundstein für jene Entwicklung gelegt, die zur Gründung der *Kommune I* führte. Wie weit der Bogen mit diesem zentralen Projekt gespannt wurde, das lässt sich am exemplarischsten in Kunzelmanns »Notizen zur Gründung revolutionärer Kommunen in den Metropolen« ablesen.[21] Dort wird die »Mikrozelle Kommune« in den globalen Zusammenhang einer antiimperialistischen, die Länder der

Dritten Welt einbeziehenden Strategie gestellt. Ein wahrlich größenwahnsinnig anmutendes Unterfangen.

Das Kommune-Projekt, als dessen populärste Protagonisten bald Fritz Teufel und Rainer Langhans galten, war nichts weniger als die Keimzelle der antiautoritären Bewegung. Was dann als antiautoritäre Erziehung, Kritische Universität, Freie Schule und anderes mehr experimentell erprobt wurde, das strahlte von dieser Idee einer psychosozialen Umwälzung der elementarsten Lebenszusammenhänge aus. Die antiautoritäre Haltung war gegen die Keimzellen des autoritären Charakters in den Institutionen gerichtet. Der viel beschworene antifaschistische Kampf wurde triebgesteuert umdefiniert – das Subpolitische sollte zum Politikum werden. Gerade die deutsche Geschichte hatte in den Augen der Aktivisten der *Subversiven Aktion* so nachhaltig gelehrt, dass eine Revolutionierung ohne eine Befreiung des Trieblebens in die Barbarei führen müsse. Aus dieser Überlegung schien das Kommune-Projekt seine subpolitische Brisanz zu gewinnen.

Das aktionistische Motiv hat die politische Biographie Dieter Kunzelmanns von Anfang an durchzogen. Ob als Situationist, als Subversiver, Kommunarde oder Haschrebell – es ging ihm immer darum, jedenfalls solange er nicht eine rote Linie überschritten und als *Tupamaro* im Herbst 1969 zum Terroristen geworden war, zu provozieren.[22] Bereits in der Gruppe *SPUR* tendierte seine Praxis mehr und mehr dazu, Skandale auszulösen. Wegen des von ihm verfassten Textes »Der Kardinal, der Film und die Orgie« handelte er sich seitens der Münchner Staatsanwaltschaft den Vorwurf der »Pornographie und Gotteslästerung« ein.[23] Am 9. November 1961 wurden nicht nur alle sechs Ausgaben der gleichnamigen Gruppenzeitschrift beschlagnahmt, sondern auch Hausdurchsuchungen durchgeführt und daraufhin vier *SPUR*-Mitglieder später vor Gericht gestellt. Die Anlässe für die Provokationen schienen austauschbar zu sein. Die Hauptsache bestand offenbar darin – die Öffentlichkeit soll sich aufregen, die Polizei möglichst über die Stränge schlagen und die Justiz auf den Plan gerufen werden. Und wenn die Presse unzureichend von den Aktionen berichtete, dann war spätestens die von Anfang an erwartete Gerichtsverhandlung ein geeignetes Forum, um den eigenen Ideen die nötige Aufmerksamkeit zu geben. Mit der Gründung der *Subversiven Aktion* war die Provokation endgültig zum entscheidenden Formprinzip erhoben worden.

Was das bedeutete, beschrieb Kunzelmann im Januar 1964 im Anschluss an einen Besuch in West-Berlin in einem an seinen Mitaktivisten Frank Böckelmann gerichteten Brief: »Hier in Berlin wurde mir zum ersten Mal bewusst, dass wir in ein paar Jahren einige Hundert Leute zählen können und uns schon z.B. folgendes leisten könnten. Wir provozieren Monsterprozesse, durch die wir unsere ganzen Ideen publik werden lassen. Wir stürmen z.B. ein Kaufhaus, nehmen alle Güter und verteilen sie auf der Straße; der folgende Prozess müsste so frech-geschickt geführt werden, dass die Lüge der freien Wirtschaft selbst dem letzten Trottel bewusst wird. Oder wir inszenieren mitten auf dem Stachus eine Vögel-Szene (Du und Marion), und im Prozess treten wir dann auf: ›Warum nicht?‹ In dem Moment, wo wir viele Leute zählen, können wir auf ein paar immer verzichten, die eben dann im Gefängnis die Bücher lesen müssen, die sie bis jetzt zu faul waren zu lesen.«[24] Diese Rechnung, durch gezielte Provokationen Aufregung zu erzeugen, Anhänger zu mobilisieren und damit zugleich das eigene Potential an Akteuren zu erweitern, schien in den Jahren darauf tatsächlich aufzugehen. Mitentscheidend dafür war sicherlich, dass sich Kunzelmann dazu entschied, von München nach West-Berlin zu wechseln. Erst in der Insel des Kalten Krieges, der so häufig nicht ganz zu Unrecht eine Frontstadtatmosphäre nachgesagt wurde, zündeten die Provokationen dank kräftiger Unterstützung aus dem Hause Springer so richtig. Für Kunzelmann war die geteilte Stadt ein »geradezu idealtypisches Provokantenparadies«.[25]

Der Titel jener Zeitschrift, in der neben Kunzelmann, Böckelmann und anderen auch Rudi Dutschke und Bernd Rabehl – wegen der Furcht, ihre Stipendien zu verlieren, zunächst unter Pseudonym – ihre Gedankenmodelle vorgestellt hatten, wurde nun zur Bezeichnung ihrer sich neu formierenden Gruppierung: der *Anschlag*-Gruppe.

War es bis dahin noch um Anschläge auf das gegangen, was in der Ideologiekritik der Kritischen Theorie als »falsches Bewusstsein« bezeichnet worden war,[26] ging es nun mehr und mehr darum, eine Eskalationsstrategie zu verfolgen und illegale Aktionen durchzuführen. Anführer war dabei jedoch Dutschke und nicht Kunzelmann. Zwar hatten beide ursprünglich vor, sich an dem Kommune-Projekt zu beteiligen, allerdings sprang Ersterer – vermutlich auf Druck seiner Ehefrau – noch in letzter Sekunde ab. Während die von Dutschke initiierten Aktionen wie die sogenannte Plakat-Aktion »Amis raus aus Vietnam« immer direkter ausfielen, folgten die Kommunarden der subversiven Tradition und bewegten sich weiter auf dem Gebiet der Zweideutigkeiten. Ihre Aktionen, über die sich die Presse und ein großer Teil der Berliner Bevölkerung ereiferte und die schon bald zum Ausschluss der *Kommune I* aus dem SDS führte, waren durchweg von einem »Als-Ob« gekennzeichnet. Auf den zweiten Blick erschienen sie zumeist als etwas anderes, als sie beim ersten Blick vorgegeben hatten.

Diese Ambiguität, das Schwanken zwischen einer symbolischen und einer faktischen Tat, war für die *Kommune I* ganz charakteristisch. Ihren Aktionen wohnte durchweg ein Irritationseffekt inne. Die Unsicherheit, wie eine Aktion zu bewerten sei, hatte es ja bereits beim »Pudding-Attentat« der Kommunarden im April 1967 gegeben.

Als mit Hubert H. Humphrey der Vizepräsident der USA der »Frontstadt« West-Berlin einen Besuch abstatten wollte, nutzten die medienstrategisch begabten Kommunarden diese Gelegenheit aus, um auf sich aufmerksam zu machen. Sie planten einen »Schein-Angriff auf den Konvoi des Vizepräsidenten« (Kunzelmann), um den zweiten Mann der stärksten und in Südostasien gerade in kriegerische Handlungen verstrickten Macht lächerlich zu machen. Als sie einen Tag zuvor im Grunewald Wurfübungen durchführten, kam die Polizei ihrer Aktion zuvor und nahm die Beteiligten fest. Der Verfassungsschutz hatte Wind von dem geplanten »Anschlag« bekommen.[27]

Die Zeitungen überschlugen sich mit Meldungen auf das angeblich bevorstehende »Attentat«. Die Schlagzeile der *Bild*-Zeitung lautete: »Geplant: Bombenanschlag auf US-Präsidenten – Elf Verschwörer gefaßt«.[28] Selbst die *New York Times* ließ sich nicht lumpen und brachte eine ähnliche, obgleich im Tonfall wesentlich vorsichtigere Meldung, in der von einer »angeblichen Verschwörung« die Rede war, auf ihrer Titelseite. Obwohl die Festgenommenen dem Ratschlag ihres Anwalts Horst Mahler zunächst nicht folgen wollten, gestanden sie – Kunzelmann an der Spitze – schließlich kleinlaut ein, dass die von ihnen vorbereitete Mischung nicht dazu geeignet gewesen wäre, eine Explosion auszulösen. Kurz darauf begaben sich die Kommunarden noch einmal in den Grunewald und demonstrierten vor der laufenden Kamera eines Polit-Magazins, welche Effekte mit einer Mischung aus Pudding und Mehl bestehenden Wurfkörpern zu erzeugen waren. Als die Fernsehzuschauer den Hokuspokus zu sehen bekamen, war der Spott groß. Einen Teil erinnerte das Ganze an einen klassischen Studentenstreich, ein anderer glaubte darin anspruchsvoller ein »Polit-Happening« erkennen zu können.

Der Ausdruck »Pudding-Attentat«, der künftig wie ein insgeheimes Erkennungszeichen für die im Kern angeblich bloß spaßigen Aktionen der Kommunarden fungierte, bürgerte sich damit jedenfalls ein. Die augenzwinkernde Bezeichnung brachte das Ganze auf einen Nenner – gemeint war ein Attentat, das keines war, ein Pseudo-Attentat. Das »Pudding-Attentat« war gleichbedeutend mit einer Blamage von Polizei, Verfassungsschutz und einschlägig ausgerichteten Presseorganen. Die Kommunarden hatten ihre Aktion von vornherein als eine Öffentlichkeitsfalle geplant, in die ein Teil der Presse dann auch umgehend gestolpert war. Seitdem jedenfalls war unter den Berichterstattern Vorsicht angesagt. *Kommune*-Aktionen schienen immer mit so etwas wie einem doppelten Boden ausgestattet zu sein. Kein zweites Mal mehr wollten sich Ordnungshüter und Journalisten, als Trottel vom Dienst einträchtig vereint, vorführen lassen.

Dennoch stolperten Polizisten und Journalisten nur wenige Wochen darauf erneut in eine von den Kommunarden aufgestellte Falle. Diesmal ging es in einem indirekten beziehungsweise in einem übertragenen Sinne ebenfalls um einen Anschlag, es ging um die Flugblatt-Aktion »Burn, ware-house, burn!«.[29] Als im Mai 1967 bei einem Brand in dem Brüsseler Kaufhaus *À l'innovation* mehr als 300 Menschen umkamen, griffen die Kommunarden die Schreckensmeldung auf und verteilten zwei Tage darauf vor der Freien Universität in West-Berlin Flugblätter, mit denen sie suggerierten, dass es sich bei dem Unglück um eine gezielte Brandstiftung belgischer Anarchisten handle. Unter der Überschrift »Neue Demonstrationsformen in Brüssel erstmals erprobt« schrieben die Kommunarden zunächst im Sprachstil eines fingierten Zeitungsberichtes: »In einem Großhappening stellten Vietnamdemonstranten für einen halben Tag kriegsähnliche Zustände in der Brüsseler Innenstadt her.«[30] In einem weiteren Flugblatt vom selben Tag hieß es dann im Stile einer fingierten Reklameseite gar: »Ein brennendes Kaufhaus mit brennenden Menschen vermittelte zum ersten Mal in einer europäischen Großstadt jenes knisternde Vietnamgefühl (dabeizusein und mitzubrennen), das wir in Berlin bislang noch missen müssen.«[31] Und in einem dritten Flugblatt, das angeblich von Dieter Kunzelmann verfasst worden war, hieß es unter der Überschrift »Wann brennen die Berliner Kaufhäuser?« in einer nochmaligen Zuspitzung: »Wenn es irgendwo brennt in der nächsten Zeit, wenn irgendwo eine Kaserne in die Luft geht, wenn irgendwo in einem Stadion die Tribüne einstürzt, seid bitte nicht überrascht. Genauso wenig wie beim Überschreiten der Demarkationslinie durch die Amis, der Bombardierung des Stadtzentrums von Hanoi, dem Einmarsch der Marines nach China. Brüssel hat uns die einzige Antwort darauf gegeben: burn, ware-house, burn!«[32] Auf Folgen dieser gezielten Provokation musste nicht lange gewartet werden.

Die Polizei zeigte sich alarmiert, sie hielt einen Kontakt der Flugblattschreiber mit den (lediglich in der Phantasie existierenden) Brandstiftern für durchaus wahrscheinlich und nahm umgehend Kontakt mit den Ermittlungsbehörden in der belgischen Hauptstadt auf. Und die *BZ*, der die radikalen Studenten bereits seit Langem ein Dorn im Auge waren, bezeichnete die Verfasser als »gemeingefährlich« und forderte Polizei und Staatsanwalt auf, wegen Verherrlichung und Aufforderung zu einer gemeingefährlichen Straftat eine Fahndung nach den Urhebern der Flugblätter einzuleiten: »Leute, die die Brüsseler Brandkatastrophe mit ihren fast 400 Toten als ›Happening‹ bezeichnen, sind gemeingefährlich! Wer diese Katastrophe, die möglicherweise auf linksradikale Brandstiftung zurückgeht, verherrlicht und zur Nachahmung empfiehlt, gehört hinter Schloss und Riegel!«[33]

Dieser Schritt war zwar überflüssig, weil bekannt war, wer zur *Kommune I* zählte und wo diese untergebracht war, jedoch erhob der Generalstaatsanwalt beim Moabiter Landgericht kurz darauf Anklage wegen Aufforderung »zur Begehung strafbarer Handlungen«, genauer »zum vorsätzlichen Inbrandsetzen« von Kaufhäusern. Da in der Anklageschrift nur Rainer Langhans und Fritz Teufel genannt wurden, reagierten Kunzelmann und drei andere Kommunarden mit einer Selbstanklage. Der Verteidiger der Kommunarden, Rechtsanwalt Horst Mahler, holte schließlich unter Schriftstellern und Literaturwissenschaftlern Stellungnahmen zu den inkriminierten Flugblättern ein.

Die gutachterlichen Äußerungen hätten kaum unterschiedlicher ausfallen können. Während der Jurist und Filmemacher Alexander Kluge den Verfassern bescheinigte, dass sie sich in ihren Schriften einer in der modernen Literatur gebräuchlichen Methode bedienten, indem sie Unrecht durch Vergleiche radikalisierten, um damit den Gewöhnungsprozess der Bürger zu durchbrechen, lehnte es der Schriftsteller Günter Grass kategorisch ab, die Flugblätter als »Schwarzen Humor« zu verharmlosen; den Kommunarden attestierte er schlicht »Unzurechnungsfähigkeit«. Scheinbar eine Mittelposition nahm Walter Jens ein. Der Tübinger Ordinarius glaubte in den Texten zwar auch einige Elemente der modernen Literatur wiedererkennen zu können, jedoch nur in dilettantischer Form. Die Flugblätter dokumentierten »abgesunkenes Kultur-Gut«, »Gammler-Theorie in der Wohlfahrtsgesellschaft«, »pubertären Anarchismus« – jedoch nichts, wofür Gerichte zuständig seien.

Als Gutachter vor Gericht traten schließlich die Literaturwissenschaftler Peter Szondi, Fritz Eberhard und Peter Wapnewski sowie der Philosoph und Religionswissenschaftler Jacob Taubes auf. Sie waren sich trotz unterschiedlicher Argumentationslinien darin einig, dass die Anklageerhebung auf einem Missverständnis beruhe. Szondi etwa vertrat die Ansicht, dass es sich bei den Texten um Übertreibungen handle, die mit den Mitteln der »satirischen Parodie« den Sprachduktus von Zeitungsmeldungen und Reklamespots hätten ad absurdum führen wollen.[34] Der Generalstaatsanwalt verkenne offenbar die »ironische Struktur« der Texte. Als Einziger stellte Taubes die Kommunarden in die Tradition der europäischen Avantgarde. Ihre Vorläufer müssten im Dadaismus und Surrealismus zu suchen sein. Bei den Flugblättern, die in ihrer Übertreibung und Maßlosigkeit auf die Erzeugung eines Schocks abzielten, handle es sich um »surrealistische Dokumente«. Die von den Surrealisten ebenso wie den Kommunarden programmatisch vertretene »Vernichtung der bürgerlichen Welt« stehe »außerhalb von Geschichte und Politik« und stelle deshalb nichts anderes als »eine poetische Fiktion« dar. Am Ende seines Gutachtens zog er die Schlussfolgerung: »Die Kommune I ist ein Objekt für die Religionsgeschichte und Literaturwissenschaft, aber nicht für Staatsanwalt und Gericht.«[35] Das Gericht wollte sich den Argumenten der Gutachter nicht grundsätzlich anschließen, sprach die Angeklagten jedoch schließlich frei.

Das Verfahren wäre vermutlich anders ausgegangen, wenn sich ein paar Monate vorher ereignet hätte, was sich in der Nacht vom 2. zum 3. April 1968 in der Frankfurter Innenstadt abspielte. Eine unbekannte Frau rief am späten Abend im Büro der Deutschen Presse-Agentur an und teilte lediglich die Worte mit: »Gleich brennt's bei Schneider und im Kaufhof. Es ist ein politischer Akt.«[36] Kurze Zeit später alarmierte ein Fußgänger über einen Notruf das Polizeipräsidium. In zwei an der Haupteinkaufsstraße Zeil gelegenen Kaufhäusern waren Brände ausgebrochen. Wenige Minuten vor Mitternacht begann es im dritten und im ersten Obergeschoss des Kaufhauses Schneider zu brennen, zehn Minuten später auch in dem nur hundert Meter entfernten Kaufhof an der Hauptwache. Der Feuerwehr gelang es erst nach anderthalb Stunden, alle drei Brandherde unter Kontrolle zu bekommen. Zwar

war niemand verletzt worden, der angerichtete Schaden betrug jedoch 2,2 Millionen DM.

Bereits am Abend des darauffolgenden Tages verhaftete die Polizei in einer im Universitätsviertel gelegenen Wohnung vier Personen unter dem Verdacht der menschengefährdenden Brandstiftung. Es waren, wie sich schon bald herausstellte, die Täter: die 27-jährige Germanistik-Studentin Gudrun Ensslin, der 26-jährige Student Thorwald Proll, der 25-jährige Schauspieler Horst Söhnlein und der 24-jährige Andreas Baader, der als Berufsbezeichnung Journalist angab. Mit Ausnahme von Söhnlein, der beim Münchner »action-theater« um Rainer Werner Fassbinder mitgespielt hatte, stammte die Gruppe aus der West-Berliner APO. Mit ihrer Tat wollten sie ein Fanal gegen den Kapitalismus, die Unterstützung des US-Krieges in Vietnam und den »Konsumterror« setzen. Der SDS, der diese Motive durchaus teilte, distanzierte sich jedoch von der Warenhausbrandstiftung und bezeichnet sie als »unbegründbare Terroraktionen«.

Ende Oktober verurteilte das Frankfurter Landgericht die vier Kaufhausbrandstifter wegen versuchter menschengefährdender Brandstiftung zu einer Zuchthausstrafe von jeweils drei Jahren. Der Gerichtsvorsitzende stellte in seiner Urteilsbegründung allerdings fest, dass es sich bei den Angeklagten um »keine kriminellen Typen« handle. Ihnen seien »gewisse ideelle Motive« nicht abzusprechen. Aus den bei den Angeklagten aufgefundenen Notizen gehe hervor, dass sie mit ihrer Brandstiftung ein »Fanal« hätten setzen wollen.

Gudrun Ensslin, die von Beobachtern als der intellektuelle Kopf der Gruppe bezeichnet wurde, hatte während der Verhandlung erklärt: »Wir haben es aus Protest gegen die Gleichgültigkeit gegenüber dem Krieg in Vietnam gemacht.«[37] Ihre Tat, fügte sie noch hinzu, sei »ein Fehler und ein Irrtum« gewesen. Darüber werde man mit anderen reden müssen. Sie könnten jedoch feststellen, dass es Ohnmacht sei, die ihrer Tat zugrunde liege. Aber häufig stehe »auf der Seite der Ohnmacht das Recht«.

Nur wenige Tage später widmete die Journalistin Ulrike Meinhof ihre Kolumne dem Urteilsspruch des Frankfurter Landgerichts. Unter der Überschrift »Warenhausbrandstiftung« stellte sie Überlegungen an, was gegen und was für einen solchen Gewaltakt hätte sprechen können. Gegen eine solche Brandstiftung spreche, schrieb sie, dass dabei Menschen hätten gefährdet werden können und dass ein solcher Angriff auf die Konsumwelt diese nicht aus den Angeln hätte heben können. »So gesehen, ist Warenhausbrandstiftung keine antikapitalistische Aktion, eher systemerhaltend, konterrevolutionär. Das progressive Moment einer Warenhausbrandstiftung liegt nicht in der Vernichtung der Waren, es liegt in der Kriminalität der Tat, im Gesetzesbruch.«[38] Am Ende ihres Kommentars berief sie sich auf Fritz Teufel. Dieser hatte auf einer SDS-Delegiertenkonferenz, eine Plastik-MG am Leib baumelnd, die von den Brandstiftern aufgeworfene Frage mit dem Bonmot bedient, es sei »immer noch besser«, ein Warenhaus anzuzünden, als eines zu betreiben.

Mit geradezu innerer Notwendigkeit schien die surrealistische Provokation in die Propaganda der Tat, das Happening in den Sabotageakt und die direkte Aktion in den terroristischen Gewaltakt zu münden. Waren damit die Gutachten der FU-Professoren nicht dementiert worden? Hatten sie sich nicht unendlich blamiert, indem sie so arglos waren, den studentischen Provokateuren zu attestieren, sie hätten nichts anderes als eine »poetische Fiktion« im Sinn gehabt? Doch das historische Bild ist immer auch eine Post-Festum-Konstruktion.

In das gleiche Horn wie Taubes stieß auch der Literaturwissenschaftler Karl Heinz Bohrer. Im *Merkur* hob er mit kaum zu bremsender Emphase zu einer Eloge auf den in den diskriminierten Flugblättern gepflegten Stil an. Was dort zu lesen sei, wäre »eine bis dahin in der deutschen Literatur unerhörte Sprache«. Dergleichen habe es seit den zwanziger Jahren in Deutschland nicht mehr gegeben. Das Flugblatt vom 22. Mai 1967 – Bohrer betonte ausdrücklich das Datum, weil er darin offenbar so etwas wie den Beginn einer neuen Epoche eingeläutet zu sehen glaubte – habe den Widerspruch von Literatur und Leben in sich aufgenommen, wie er schon »das wesentliche Merkmal des surrealistischen Traktats« gewesen sei.

Bohrer ging sogar so weit, die von Taubes geäußerte Ansicht, dass es sich bei diesem Text um eine »surrealistische Provokation« gehandelt habe, als unzutreffend zurückzuweisen. »Das Flugblatt war in dem Grade ernst, das heißt wortwörtlich gemeint,« versucht er den Fachmann für Hermeneutik richtigzustellen, »wie eine literarische Form das sein kann, die nicht Befehl, Aufruf und Kommando ist, sondern auf literarische Weise versucht, politische Zusammenhänge darzustellen, dabei aber nicht nur mit Information arbeitet, sondern gleichzeitig mit dem unterschwelligen Reiz, dadurch einen ›surrealistischen‹ Vollstreckungsbefehl zu erteilen, der weiß, dass er nicht vollstreckt werden kann: Der surrealistische Zynismus terrorisiert die Nerven des moralisch Ansprechbaren. Die Technik der Satire ist um jenen Grad weitergedreht, wo sie ein Gefühl von blutigem Ernst um sich zu verbreiten vermag.«[39] Bohrer trieb in seinem offenkundigen Bestreben, einen Traktat nicht bereits dadurch zu entkräften, indem er für ihn eine Sonderschutzzone »Kultur« reserviert, den bereits von Taubes herausgearbeiteten Widerspruch endgültig auf die Spitze: Einerseits sollte es dabei immer noch um eine Satiretechnik gehen, andererseits damit aber ein »Gefühl von blutigem Ernst« vermittelt werden. In diesem Grenzbereich, in dem das Literarische angeblich in die Sphäre des Außerliterarischen überging, schien der Widerspruch von Literatur und Leben für einen Moment aufgehoben zu sein.

Bohrer berief sich in seiner Interpretation neben Walter Benjamin auf André Breton. Mit Breton hatte die Vaterfigur des Surrealismus bereits 1930 ein Plädoyer für einen mehr als nur symbolischen Akt der Gewalt formuliert. In dem von ihm verfassten zweiten surrealistischen Manifest bekannte er, dass sich der Surrealismus »einzig von der Gewalt« etwas verspreche: »Die einfachste surrealistische Handlung besteht darin, mit Revolvern in den Fäusten auf die Straße zu gehen und blindlings so viel wie möglich in die Menge zu schießen. Wer nicht wenigstens einmal im Leben Lust gehabt hat, auf diese Weise mit dem derzeit bestehenden elenden Prinzip der Erniedrigung und Verdummung aufzuräumen – der gehört eindeutig selbst in diese Menge und hat den Wanst ständig in Schusshöhe.«[40] Dieser Gedanke ist vermutlich häufiger zitiert worden als jeder andere aus dem Arsenal der surrealistischen Bewegung. Der Amoklauf hatte damit Eingang in die Kultur gefunden.

Bretons Figur des Amoklaufes als Akt der Freiheit hatte allerdings bereits eine längere Vorgeschichte. Sie bezieht sich auf einen Ausdruck, der aus der französischen Literatur stammt. André Gide hat in einem 1914 erschienenen Roman eine Tat, mit der er das erstarrte Moralsystem des 19. Jahrhunderts der Gedankenlosigkeit zu überführen versucht, als »acte gratuit« bezeichnet.[41] Im Zentrum seines Werkes *Die Verliese des Vatikan* steht ein Immoralist, der junge, verführerisch wirkende Lafcadio.[42] Während einer Zugfahrt von Neapel nach Rom begeht er aus einer Laune heraus ein Verbrechen, eine durch nichts begründete Tat. Er stößt einen Mitreisenden, einen einfältigen Apotheker, der sich einbildet, er müsse den Papst vor einer Verschwörung der Freimaurerloge retten, aus der Tür und damit in den sicheren Tod.

Ein Vorläufer der Surrealisten, Jacques Vaché, nimmt sich diesen unmoralischen Helden aus Gides Roman zum Vorbild und ist nahe daran, aus der literarischen Figur eine reale zu machen und die Fiktion in eine Form der Wirklichkeit zu übertragen. Mitten im Ersten Weltkrieg stürzt er während der Vorführung eines Stückes von Guillaume Apollinaire in ein Pariser Theater, fuchtelt, sich auf den »acte gratuit« berufend, mit einem Revolver in der Luft herum und droht damit, in die verängstigte Zuschauermenge zu schießen.

Und auch nach dem Erscheinen von Bretons *Zweitem Surrealistischen Manifest* macht die Figur des »acte gratuit« weiter Furore. Kurz vor dem Schriftstellerkongress zur Verteidigung der Kultur 1935 in Paris beruft sich der Surrealist René Crevel auf Gides provokative Figur: »Man kann sich der Einsicht nicht entziehen, dass Lafcadio, als er den Ballast jenes Bündels Mensch aus dem Zug wirft, eines Menschen übrigens, der sich in perfekter Übereinstimmung mit der Gesellschaft befindet, nicht bloß ein elendes kleines Paket Bourgeoisie beseitigt, sondern es als Herausforderung eben dieser herrschenden

Bourgeoisie ins Gesicht schleudert.«[43] Am Abend vor der Eröffnung des Kongresses begeht Crevel zum Entsetzen der Teilnehmer Selbstmord. Sein sich anti-bourgeois gerierendes Plädoyer für eine politische Adaption des »acte gratuit« ist sein letztes Wort.

Vaché, Breton, Crevel – niemand anders hat die surrealistische Verherrlichung des »acte gratuit« schärfer verurteilt als Albert Camus. Aus seiner Sicht mündet die von den Surrealisten erhobene Forderung nach absoluter individueller Freiheit in die ebenso grund- wie zwecklose Handlung. Seit 1933, schreibt Camus auf die Machtergreifung der Nazis anspielend in *Der Mensch in der Revolte*, müsse Breton sein Wort von der mit einem Revolver auszuführenden einfachsten surrealistischen Tat bereuen. Darin triumphiere der Irrationalismus: »Was kann denn diese Verteidigung des Mordes in einer sinn- und ehrlosen Welt bedeuten, außer dass nur die Seinsbegierde in all ihren Formen berechtigt ist? Der Drang des Lebens, der Antrieb des Unbewussten, der Aufschrei des Irrationalen sind die alleinigen reinen Wahrheiten, die gepflegt werden müssen. Alles, was sich der Begierde in den Weg stellt, und vor allem die Gesellschaft, muss daher gnadenlos vernichtet werden.«[44] Für Camus verrät sich in der Anbetung des »acte gratuit« als einer vermeintlichen Grundfigur revolutionären Handelns nichts anderes als ein nihilistischer Konformismus.

Die Anti-Figur zum »Menschen in der Revolte« ist für Camus der nihilistische Terrorist. Kein anderer hat ihn in seinen Augen so sehr verkörpert wie der russische Anarchist Netschajew, ein abtrünniger Schüler Bakunins. Netschajew schreckte in seinem Zynismus nicht einmal davor zurück, einen Kampfgefährten, den Studenten Iwanow, weil dieser Zweifel an den Entscheidungen des Zentralkomitees geäußert haben soll, in einen Hinterhalt zu locken und ihn umzubringen. »Keine Revolution hatte bisher an den Kopf ihrer Gesetzestafeln geschrieben, dass der Mensch ein Werkzeug sein könne. Die Rekrutierung wendete sich üblicherweise an den Mut und an die Opferbereitschaft. Netschajew entscheidet, dass man die Zögernden erpressen oder terrorisieren und dass man die Vertrauenden täuschen darf. Auch diejenigen, die nur in ihrer Einbildung Revolutionäre sind, können nützlich sein, wenn man sie nämlich systematisch in die gefährlichen Aktionen hineintreibt.«[45]

Bohrer bezeichnete den surrealistischen Amoklauf einerseits als einen »literarisierten Gemeinplatz der Anarchisten«, andererseits aber als »Inbegriff aller provokativen Handlungen«, die die Surrealisten begangen hätten. Die Frage war jedoch nicht nur, wie Bohrer meinte, ob er sich wiederholen lassen würde, sondern wo der Ausgang aus der provokativen Figur zu suchen war. Spätestens in dem Moment, als einer aus der post-surrealistischen Strömung nach Palästina reiste und sich von Angehörigen der *El-Fatah* an Sprengstoff und Waffen ausbilden ließ, war das Projekt der europäischen Avantgarde, das Bohrer von den Kommunarden auf ingeniöse Weise fortgesetzt sehen wollte, in der Wirklichkeit angekommen oder aber selbst zerstört, je nach Sichtweise war es realisiert oder annihiliert.

Aus dem Kopf einer post-avantgardistischen Strömung war der Kopf einer terroristischen Gruppierung geworden und dieser Kopf war niemand anders als Dieter Kunzelmann. Auch wenn er versuchte, aus dem Verborgenen heraus zu agieren, wurde seine für die Anschlagsserie im Winter 1969/70 maßgebliche Rolle in der Szene von Anfang an wahrgenommen. Spätestens mit seiner Verhaftung im Juli 1970 und den dabei ans Tageslicht gebrachten Verkleidungs- und Täuschungsmanöver-Utensilien fügten sich die in Umlauf befindlichen Splitter zu einem ganz bestimmten Bild zusammen, zu dem des anarchistischen Bombenlegers.

Wie kaum ein anderer bot sich Kunzelmann geradezu physiognomisch dafür an, diese Rolle zu spielen. Die Abbildungen, die von ihm zu Beginn der siebziger Jahre in der Presse zu sehen waren, wirkten wie Zitate aus dem Klischeerepertoire der Boulevardzeitungen – mit rötlichem Vollbart, wirrem Haarschopf und stechendem Blick sah er aus wie die Reinkarnation des Bomben legenden Anarchisten aus dem 19. Jahrhundert. Die Karikatur eines Solidarisierungsaufrufs mit dem Moabiter Häftling brachte es auf einen Nenner: Kunzelmanns Kopf hat die Form einer Bombe angenommen, an dem eine Lunte glimmt. Wie kein Zweiter erschien er in dieser Zeit als die pure Verkörperung des Bombenlegers. Und es ist nicht auszuschließen, dass er das selbst beabsichtigt und daran sogar Gefallen gefunden haben könnte.

Als die Bezeichnung »Bombenleger« jedoch anderthalb Jahrzehnte später von dem Journalisten Stefan Aust in dessen Buch über die RAF explizit verwendet wurde, klagte Kunzelmann dagegen. Und das zuständige Gericht gab ihm Recht. Aust hatte übersehen, dass Kunzelmanns Verurteilung wegen der Bombe im Gesellschaftshaus am Funkturm in der Berufungsinstanz aufgehoben worden war.

Abschließend lassen sich fünf Thesen zum Verhältnis von Avantgarde und Terrorismus formulieren:

Eine der wichtigsten Wurzeln des bundesdeutschen Terrorismus liegt in einer kleinen avantgardistischen Gruppierung – der aus München-Schwabing stammenden *Subversiven Aktion*. Sie verfolgte als Erste das Konzept einer umfassenden Revolutionierung. Beim berühmten Treffen am Kochelsee im Juli 1966 ging es um zwei Seiten – eine mikro- und eine makrologische: Nach innen sollte die bürgerliche Familie destruiert werden, um an deren Stelle eine neue Sozialform zu etablieren – die Kommune. Nach außen sollte der Imperialismus zerstört werden und an dessen Stelle ein sozialistisches System etabliert werden – durch die Guerilla. Der Kommunarde und der Guerillero wurden als zwei Seiten ein- und derselben Medaille gedacht. Der erste bundesdeutsche Linke, der den Anschluss an eine Guerilla-Gruppierung suchte, war ein Mitglied dieser *Subversiven Aktion*. Er schloss sich im Herbst 1966 vorübergehend den *Fuerzas Armadas Rebeldes* (FAR) an, einer Guerilla-Organisation in Guatemala, die später – im Frühjahr 1970 – auch hierzulande Aufsehen erregte, weil sie den bundesdeutschen Botschafter von Spreti entführte und ermordete.

Zwei der Schlüsselfiguren im Übergang von der antiautoritären Bewegung zum bewaffneten Kampf waren Dieter Kunzelmann und Rudi Dutschke – das »Alphamännchen« (Ulrich Enzensberger) der *Kommune I* sowie die Ikone der 68er-Revolte, mit anderen Worten zwei der wichtigsten Akteure aus dem Führungspersonal der antiautoritären Bewegung, beides ehemalige Mitglieder der *Subversiven Aktion*. Während der Erstgenannte so weit ging, in den Untergrund abzutauchen, zog es der durch das auf ihn verübte Attentat Schwerverletzte vor, nach seiner Genesung weiterhin in der Öffentlichkeit zu agieren.

Die beiden ersten terroristischen Gruppierungen in Deutschland waren die *Tupamaros Westberlin* (TW) und die *Tupamaros München* (TM). Sie entstanden im Anschluss an die Rückkehr einer Fünfer-Gruppe aus einem palästinensischen Trainingscamp im Herbst 1969. Anführer dieser beiden Gruppierungen waren zwei aus der Tradition der *Subversiven Aktion* – die beiden Kommunarden Dieter Kunzelmann und Fritz Teufel. Bevor die bayerische Landeshauptstadt im Februar 1970 Zentrum einer Serie von Anschlägen wurde, verabschiedete sich Teufel in der ARD-Sendung *Monitor* von seiner Rolle, das in der Öffentlichkeit gehätschelte Lieblingskind der APO zu spielen, und erklärte programmatisch: »Der Clown ist tot.« Und auf die Nachfrage, ob er nicht damit rechnen müsse, eine Haftstrafe abzusitzen, antwortete er, dies sei im Vergleich zu dem, was er nun zu machen gedenke, eine Lappalie.

Die Entstehung der *Roten Armee Fraktion* (RAF) im Mai 1970, also ein halbes Jahr nach Gründung der beiden *Tupamaro*-Gruppen, ist vor allem auf Horst Mahler zurückzuführen, einen Mann, der – wie seit 1998 bekannt ist, als er sich als Neonazi outete – sich für keinerlei Art von Extremismus zu schade ist. Er hatte engen Kontakt mit den *Tupamaros Westberlin*, überwarf sich jedoch mit Kunzelmann. Da ihm dessen aus den umherschweifenden Haschrebellen hervorgegangene, bereits im Untergrund operierende Gruppe zu unberechenbar erschien, ergriff er die Initiative, eine regelrechte terroristische Kaderorganisation aufzubauen. Er reiste nach Italien und bewegte die beiden auf der Flucht befindlichen Warenhausbrandstifter Baader und Ensslin dazu, nach West-Berlin zurückzukehren. Außerdem reiste er nach London, wo er – allerdings vergeblich – versuchte, Rudi Dutschke ebenfalls für den Aufbau der RAF zu gewinnen.

Obwohl mit Teufel und Kunzelmann die beiden wichtigsten Repräsentanten der avantgardistischen Strömung in den ersten sich formierenden Guerilla-Organisationen bereits im Juni und Juli 1970 verhaftet wurden, erwies sich der mit der Gründung der beiden *Tupamaro*-Gruppen gesetzte Impuls als so stark, dass er in die *Bewegung 2. Juni* mündete, die bis 1980 als eine Art Gegenentwurf zur RAF firmierte. Wollte man deren Entwicklung skizzieren, so käme man nicht daran vorbei, das Thema »Avantgarde und Subkultur« zu behandeln. Dies jedoch wäre ein anderes Kapitel, eines, das mit dem hier nachgezeichneten zwar in Verbindung steht, jedoch mit diesem nicht in eins gesetzt werden darf.

Faszinosum Militanz

Nach Marx basiert die dem Untergang geweihte bürgerlich-kapitalistische Gesellschaft auf Gewalt. Deshalb erschien ihm proletarische Gewalt als eine legitime Form der *Gegen*gewalt, eingesetzt mit dem Ziel, die ursprüngliche abzuschaffen und in der Folge für die Einrichtung gewaltfreier Gesellschaftsverhältnisse zu sorgen. In seinen Augen war die revolutionäre Gewalt nichts anderes als der Geburtshelfer einer neuen Gesellschaft, die Hebamme neuer sozialer und politischer Verhältnisse, der klassenlosen Gesellschaft.[46] Gewalt war für ihn ein Mittel, besser vielleicht noch ein Medium, um dieses durchzusetzen. Sie war eine Art Geburtshilfe. Das hieß aber vor allem: Sie war kein Selbstzweck.

Für Lenin hingegen war die Gewalt schon etwas erheblich anderes. Sie war für ihn ein Instrument in den Händen einer revolutionären Kaderorganisation. Mit ihr sollte das bestehende System nicht nur gestürzt, sondern die Macht erobert und ein eigener Staat aufgebaut werden.[47] Die Herrschaft des bürgerlichen Staats ohne Gewaltanwendung zu überwinden, erschien ihm undenkbar. In dieser Auffassung liegen bereits die Wurzeln für die Etablierung der Sowjetunion als einem auf einer exzessiven Form von Gewalt basierenden Regime, das in der Folge unter Stalins Despotismus nur zu leicht in einen totalitären Staat übergehen konnte. Das führte einerseits zur Entwicklung antistalinistischer Strömungen und Organisationen innerhalb der Linken, änderte sich maßgeblich aber erst nach dem Zweiten Weltkrieg vor allem in Lateinamerika, genauer mit dem Erfolg der kubanischen Revolution.

Durch Che Guevara kam mit der Focus-Theorie ein stark subjektives Moment hinzu.[48] Da den Revolutionären der *Bewegung des 26. Juli* die sozialen und ökonomischen Widersprüche selbst in einer

Diktatur wie der Fulgencio Batistas nicht reif genug zu sein schienen, um einen Umsturz des Systems herbeizuführen, galt es nun, sie durch den gezielten Einsatz von Gewaltmitteln »reif« zu machen. Wo die Bedingungen objektiv betrachtet nicht entwickelt genug waren, um einen Angriff auf die Bastionen der militärischen, wirtschaftlichen und politischen Macht zu eröffnen, konnte sich die Guerilla einschalten, um durch die Entfachung einzelner Brandherde, sogenannter »foci«, ein Kampfareal zu eröffnen und schließlich einen Flächenbrand auszulösen, der sich über immer größere Teile des gesamten Landes erstreckte und eine realistische Aussicht auf Umsturz, auf einen Erfolg der Revolution, bot. Durch bewaffnete Aktionen sollten die vorhandenen Widersprüche sichtbar und zugleich zugespitzt werden. Die Kunst der Guerilla bestand letztlich darin, durch ein hohes Maß an Flexibilität und Entschlossenheit ihre eigene militärische Unterlegenheit zu kompensieren.

Mit dem Franzosen Régis Debray gab es einen europäischen Bewunderer der kubanischen Revolution, der diesen Ansatz in seiner Schrift *Revolution in der Revolution?* weiter zu theoretisieren versuchte. Für ihn war entscheidend, dass in einem Land die bewaffneten Gruppen die Initiative ergreifen und sich als Avantgarde herausschälen müssten, anstatt sich auf Wahlen und die übliche Konkurrenz mit Parteien einzulassen.[49] Dieses Konzept, in dem einer militärischen Avantgarde der Vorrang vor einer politischen eingeräumt wurde, besaß einen nicht unerheblichen Einfluss auf einige Kerngruppen der bundesdeutschen Studentenbewegung.

Kein anderer als ihr Wortführer Rudi Dutschke war es, der es sich zu eigen machte und als Erster in Unterscheidung von einer Landguerilla bereits 1966 von einer *Stadt*guerilla zu schwärmen begann.[50] In den damals von ihm angefertigten Notizen heißt es, dass die Universität ein »Focus« sei, von dem »kleinste homogene Guerilla-Einheiten« ihren Ausgang nehmen müssten. Diese »Guerilla-Einheiten« sollten in seinen Augen »das treibende Moment der Gesamtsituation« darstellen und in einem lang anhaltenden Prozess die »Aufstandsphase der Revolution« einleiten. Dafür müsse ein »urbaner militärischer Apparat« aufgebaut werden. Das war selbst unter jenen, die sich als Revolutionäre begriffen, ein Wagnis gleich in doppelter Hinsicht. Zum einen, weil er damit auf eine völlig unkalkulierbare Eskalation der Gewalt setzte, und zum anderen, weil er sich damit ohne irgendeine Problematisierung das der Focus-Theorie innewohnende Willkürelement zu eigen machte.

Der Einsatz von Gewaltmitteln unter politischen Vorzeichen war in den ersten beiden Jahrzehnten der Bundesrepublik verpönt. Einen solchen zu propagieren, galt als selbst-diskreditierend. Keine politische Gruppierung, Organisation oder gar Partei hätte es sich leisten können, zu Gewaltaktionen aufzurufen; sie wäre damit Gefahr gelaufen, ihren eigenen Ruf nachhaltig zu schädigen.

Gleichwohl gab es vereinzelt gewaltsame Zusammenstöße von Demonstranten mit der Polizei. Diese waren aber eher ein Indiz für die repressive Grundeinstellung der staatlichen Ordnungskräfte als für die Gewaltbereitschaft der Protestierenden. Es hing vor allem damit zusammen, dass es in der Adenauer-Ära, also zwischen 1949 und 1963, das erklärte Ziel der Ordnungshüter war, kommunistische oder auch nur als kommunistisch verdächtige Gruppen – und unter einem solchen Generalverdacht stand seinerzeit im Grunde die gesamte Linke – an der Ausübung ihres Demonstrationsrechts zu hindern.

So war es etwa am 11. Mai 1952 während einer Demonstration in Essen zu systematischen Verfolgungsszenen von Polizisten, die mit gezückten Schusswaffen Jagd auf Gegner der Wiederbewaffnung machten, gekommen, in deren Verlauf es das erste Todesopfer im Kontext eines Protestgeschehens gegeben hatte.[51] Der 21-jährige Münchner Gewerkschaftler Philipp Müller war von einem der sie verfolgenden Polizeibeamten mit einem in den Rücken abgegebenen Schuss getötet worden. Dieses Szenario war allerdings alles andere als die Regel, sondern über viele Jahre hinweg eine große Ausnahme. Die frühe Bundesrepublik mochte zwar antikommunistisch sein und es geduldet haben, dass zahlreiche aus der NS-Zeit belastete Beamte – insbesondere im Polizeidienst, in der Justiz, in den Geheimdiensten und bis in die Bundes- und Landeskabinette hinein – ihre Karrieren kaum gebremst fortsetzen konnten, sie war jedoch von Anfang an ein Rechts- und kein Polizeistaat. In der zweiten Hälfte der fünfziger Jahre wurde eine völlig unpolitische, gleichwohl aber in soziokultureller Hinsicht signifikante Form der kollektiven Gewalt charakteristisch. Die Rede ist von den sogenannten Halbstarkenkrawallen, die zwischen 1955 und 1959 in zahlreichen Großstädten zumeist über Tage hinweg für aufruhrähnliche Szenen sorgten.[52] Auslöser war der Rock 'n' Roll, vor allem eine Band: Bill Haley & his Comets. Fast jedes Mal, wenn Haley zusammen mit seiner Band irgendwo in der Bundesrepublik oder anderen westeuropäischen Ländern ein Konzert gab und »Rock Around The Clock« spielte, kam es anschließend zur Randale. Und wenn er gerade nicht auf Tournee war, dann reichte es aus, dass sein Film – nomen est omen – *Außer Rand und Band* im Kino lief. Dann spielten sich wie nach einem insgeheimen Drehbuch die immer gleichen Szenen ab: Kaum, dass die Vorstellung vorüber war, strömten etwa in den Innenstädten von West-Berlin, Dortmund, Bremen und Hamburg Hunderte durch die Einkaufsstraßen und begannen damit, den Verkehr lahmzulegen und dadurch Polizeieinsätze zu provozieren. Diese wiederum wurden von den jungen Leuten als Bestätigung dafür angesehen, ihr gegen das in Familien, Schulen und Betrieben damals an den Tag gelegte Spießertum gerichtete juvenile Lebensgefühl zum Ausdruck zu bringen.

Etwas durchaus Ähnliches spielte sich ein knappes Jahrzehnt später, genauer am 30. September 1965 in West-Berlin, ab, als die Rolling Stones mit ihrem damaligen Hit »(I Can't Get No) Satisfaction« auf der Waldbühne auftraten. Im Anschluss daran wurde noch wie zu Bill Haleys Zeiten das Mobiliar zertrümmert und die Innenausstattung von S-Bahn-Zügen systematisch demoliert. Für eine Clique gewaltbereiter Jugendlicher um Michael Baumann und Ralf Reinders wurde das im Nachhinein als Startschuss für den bewaffneten Kampf in der *Bewegung 2. Juni* angesehen.[53]

Eine ähnliche Szenerie wie beim sagenumwobenen Waldbühnen-Konzert der Stones sollte sich ein knappes Jahr später beim Auftritt der Beatles in der Hamburger Ernst-Merck-Halle zeigen, als es nach dessen Ende rund um den Bahnhof Dammtor zu Zusammenstößen mit der Polizei gekommen war. Wer sich den Polizeifilm über die damaligen Krawallszenen ansieht, glaubt unwillkürlich Aufnahmen aus der Zeit der bald danach beginnenden Studentenbewegung vor Augen zu haben: Steine werfende junge Leute, Gummiknüppel schwingende Polizeibeamte, aus allen Düsen spritzende Wasserwerfer und die damals noch üblichen Reiterstaffeln der Polizei.

All das, was sich im spielerischen Aufruhr der Bill Haley-, Rolling Stones- und Beatles-Anhänger Ausdruck verschaffte, wurde von Politik und Medien zumeist als Krawall und als Randale abgetan, in Wirklichkeit jedoch waren es Vorboten einer Zeit, in der Formen expressiver Gewalt in den Vordergrund rückten. Ohne es selbst zu ahnen, spielten die Halbstarken, die Enthusiasten der Beat- und Rockmusik die Rolle einer Avantgarde. Was ihnen noch fehlte, war die Einbindung ins Politische.

Gewalterfahrungen aus einer Position der Passivität heraus waren für die Entstehung der Studentenrevolte wie die der 68er-Bewegung insgesamt von zentraler Bedeutung. An erster Stelle ist in diesem Zusammenhang nach wie vor Benno Ohnesorg zu nennen, der am 2. Juni 1967 als völlig Unschuldiger bei einer Demonstration erschossen worden ist. Die Umstände, die zu seinem Tod geführt haben, sind bis auf den heutigen Tag immer noch nicht ganz geklärt. Als im Mai 1967 der Schah von Persien in der Bundesrepublik eintraf, hatte wohl niemand die Folgen des Besuchs vor Augen. Doch der von der Regenbogenpresse bereits im Vorfeld gefeierte Staatsbesuch setzte eine ungeahnte Dynamik in Gang. Eingeladen hatte Bundespräsident Heinrich Lübke, der wegen seiner unfreiwilligen Bonmots nicht nur zum Gespött der Studenten geworden war. Die Sicherheitsvorkehrungen waren exorbitant. Insgesamt über 30 000 Polizisten kamen bundesweit zum Einsatz. Ganze Autobahnabschnitte mussten wegen der Fahrtroute des hohen Gastes gesperrt werden. Und in Bayern wurden aus Sicherheitsgründen Dutzende von iranischen Studenten gezwungen, das Bundesland zu verlassen und sich während der gesamten Besuchsdauer woanders aufzuhalten – nicht ohne durch tägliches

Aufsuchen des jeweiligen Polizeireviers vor Ort ihre eigene Unschuld unter Beweis zu stellen.

Nachdem schon in München gegen den Schah protestiert und zuvor dessen Regime von dem Exil-Iraner Bahman Nirumand auf einem Teach-in im Auditorium Maximum der Freien Universität analysiert worden war, demonstrierten an jenem 2. Juni 1967 in West-Berlin mehr als 3000 Menschen, vor allem Studierende, vor dem Schöneberger Rathaus. Studenten hatten Handzettel verteilt, auf denen der Schah des Mordes bezichtigt wurde.

Als beim Eintreffen des Schahs Unruhe entstand und auch Rauchkerzen sowie einige Eier flogen, prügelten sogenannte Jubelperser mit Holzlatten und Stahlrohren auf die Demonstranten ein. Einige Zeit später kam es dann vor der Deutschen Oper zu schweren Auseinandersetzungen mit der Polizei. Uniformierte wie zivile Greiftrupps verfolgten flüchtende Demonstranten. Dabei wurde der 26-jährige Germanistik-Student Benno Ohnesorg auf einem Parkhof von dem Kriminalobermeister Karl-Heinz Kurras von hinten erschossen.

Obwohl die Polizei den Todesfall zunächst zu vertuschen versuchte und der Senat ein generelles Demonstrationsverbot erließ, trafen sich einen Tag später 6000 Hochschulangehörige auf dem Gelände der Freien Universität und diskutierten über die Erschießung Ohnesorgs und den »nicht erklärten Notstand« in West-Berlin. Der Tod des unschuldigen Studenten hatte inzwischen eine Welle der Empörung an allen bundesdeutschen Universitäten ausgelöst. Fast überall wurden Solidaritätsresolutionen verfasst und Trauerkundgebungen veranstaltet. Der 2. Juni wurde zum Startsignal einer Studentenbewegung, die auf die gesamte Bundesrepublik übergriff, sich rasch zu einer außerparlamentarischen Opposition ausbreitete und für die sich Jahre später die Redeweise von der 68er-Bewegung eingebürgert hat.

Wie sehr das im Nachhinein historisch gewordene Datum noch immer einer angemessenen Interpretation harrt, ist spätestens 2009 mit der Entlarvung des Todesschützen als Stasi-Spitzel deutlich geworden. Da Kurras 2014 verstorben ist, dürfte wohl für immer ungeklärt bleiben, aus welchem Motiv heraus er an jenem denkwürdigen

Abend auf einem Hinterhof der Krummen Straße auf Ohnesorg geschossen hat.

Nicht minder unterbeleuchtet ist allerdings auch, dass der exorbitante Einsatz der Polizei und des iranischen Geheimdienstes möglicherweise einen bislang geheim gehaltenen Grund hatte. Denn inzwischen existiert eine von einem der Beteiligten bestätigte Darstellung, dass aus einem Insiderkreis der APO heraus auf den Schah während seines Besuches in West-Berlin ein Attentat habe verübt werden sollen. Das jedenfalls schreibt der damalige Aktivist Peter Schneider in seinen 2008 erschienenen Erinnerungen: »Der iranische Herrscher sollte auf der Fahrt zum Charlottenburger Schloss durch eine ferngesteuerte Bombe umgebracht werden. Die zum Attentat entschlossene Gruppe bestand aus deutschen Genossen mit Beziehungen zur Kommune I, als Techniker stand ein Iraner zur Verfügung. Bahman Nirumand wurde in diesen Mordplan eingeweiht und unterrichtete Rudi Dutschke davon. Beide entschieden sich dagegen. [...] Das kompromisslose Nein von Nirumand und Dutschke genügte, die Attentäter von ihrem Vorhaben abzubringen.«[54] Ganz offenbar waren die beiden nicht nur in die Attentatspläne eingeweiht, sie hatten auch die Autorität, ein solches Vorhaben abzublasen.

Nirumand hat Schneiders Darstellung autorisiert. Und Dutschke war – nachdem er nur wenige Monate zuvor selbst Opfer eines Attentates geworden war – so frei, sich zu einem solch geplanten Attentat offenbar noch im Nachhinein öffentlich zu bekennen. Im Dezember 1968 schrieb er in einer kaum zu überbietenden Offenheit im *Spiegel* über den Besuch des Schahs: »Ihn hätten wir erschießen müssen, das wäre unsere menschliche und revolutionäre Pflicht als Vertreter der ›Neuen Internationale‹ gewesen.«[55] Dieses Bekenntnis war so unumwunden, dass man sich nur darüber wundern kann, warum es seinerzeit so gut wie kein Echo ausgelöst hat.

Das zweite einschneidende Gewaltereignis war gewiss am 11. April 1968 das Attentat auf eben jenen Mann, der so lautstark einen Tyrannenmord gefordert hatte: auf Rudi Dutschke selbst. Der Mordanschlag vom Gründonnerstag löste die größten innenpolitischen

Unruhen aus, die die Bundesrepublik bis dahin erlebt hatte. In der Folge gingen Zehntausende auf die Straßen, um die Auslieferung von Zeitungen des Axel Springer Verlags zu verhindern. Für die Demonstranten schien klar zu sein, dass der Attentäter nur das ausgeführt haben konnte, was Redakteure und Zeichner der Springer-Zeitungen in zahllosen Pamphleten und Karikaturen zuvor propagiert hatten: die Hetze auf linke Studenten im Allgemeinen und Dutschke im Besonderen. Die Schüsse auf Rudi Dutschke, so glaubte man, sollten die gesamte außerparlamentarische Bewegung treffen und mit ihr zugleich ihren vermeintlichen Kopf.

In beiden Fällen ging es um Schüsse auf Wehrlose, im ersten aus der Waffe eines für die Staatssicherheit der DDR als Spitzel tätigen Polizisten, im zweiten aus der des Rechtsradikalen Josef Bachmann, der zuvor auf einem Schießplatz der Polizei im niedersächsischen Peine im Kreise von Gesinnungsgenossen geübt hatte. Im Fall von Benno Ohnesorg war es zu einem Todesopfer gekommen, ein unschuldiger Demonstrant war von hinten erschossen worden, und beim Attentat auf Rudi Dutschke war es um Leben oder Tod des unbestrittenen Protagonisten der Studentenbewegung gegangen. Beide Bluttaten waren Fanale mit weitreichenden Folgen. Beide wiesen eine existentielle Dimension auf und waren insofern ein Vorgriff auf das Jahrzehnt danach.

Einige Kampfgefährten der Opfer wollten nun nicht länger mehr Objekt unberechenbarer Angriffe sein. Einer derjenigen, die sich am Abend nach dem Dutschke-Attentat am Sturm auf das Springer-Hochhaus beteiligt hatten, schilderte später, wie er zusammen mit Fritz Teufel und Peter Urbach, einem Mann, der später als Agent Provocateur enttarnt wurde, in einem VW mit einer Kiste Molotow-Cocktails durch die Stadt gefahren war, um noch andere geeignete Gebäude ausfindig zu machen: »Wir wollten noch rausfahren nach Schwanenwerder, wo der Springer so 'ne Villa hat, die wollten wir auch noch anstecken, aber dann wußte wieder keiner genau, wo das ist. Jetzt waren Terrorprobleme sehr aktuell.«[56] In den Erinnerungen von Michael »Bommi« Baumann, der im Jahr darauf zu den Ersten gehörte, die in den Untergrund gingen, wird deutlich, wie nahe einige bereits in der Nacht nach dem Dutschke-Attentat dem Terrorismus gekommen sind.

Schon zuvor war häufiger nach »Gewalt gegen Sachen« gerufen und damit ein Übergang von einer Protest- zu einer Gewaltaktion propagiert worden. Zentrales Stichwort war von nun an »Widerstand«. Im Mai 1968 erschien in der Zeitschrift *konkret* eine Kolumne, in der eine Art politischer Wegscheide formuliert wurde. Die ersten Sätze lauteten: »›Protest ist, wenn ich sage, das und das passt mir nicht. Widerstand ist, wenn ich dafür sorge, dass das, was mir nicht passt, nicht länger geschieht. Protest ist, wenn ich sage, ich mache nicht mehr mit. Widerstand ist, wenn ich dafür sorge, dass alle andern auch nicht mehr mitmachen.‹ So ähnlich – nicht wörtlich – konnte man es von einem Schwarzen der Black-Power-Bewegung auf der Vietnamkonferenz im Februar in Berlin hören.«[57]

Wer war dieser schwarze Redner, auf den sich die Kolumnistin bezog, und was hat er tatsächlich gesagt? Er hieß Dale A. Smith und war ein Vertreter der Black-Power-Bewegung, die seinerzeit drauf und dran war, die ins Hintertreffen geratene Bürgerrechtsbewegung abzulösen, deren Wortführer Martin Luther King wenige Tage vor dem Dutschke-Attentat einem Anschlag zum Opfer gefallen war. Er wollte den Unterschied zwischen einer Protest- und einer Widerstandsbewegung herausarbeiten: »Protestieren heißt, sich gegen etwas aussprechen, heißt bekannt machen, dass man eine bestimmte Tat eines anderen nicht schätzt. Protestieren ist ein intellektueller Akt [...] Protestieren heißt spielen. Man nimmt an einer Demonstration teil, hört die Rede an, trägt Transparente und geht nach Hause, um sich im Fernsehen zu sehen.«[58]

Und im Gegensatz dazu formulierte er: »Widerstand leisten heißt, nein sagen ohne nähere Erklärung [...] Widerstand leisten, das heißt das Leben so einsetzen, wie du es verstehst, gegen das Leben, wie sie es verstehen, und alles Notwendige tun, um ihre Definition in allen ihren Teilen zerstört zu sehen.« Und am Ende seiner Gegenüberstellung hieß es noch einmal zusammenfassend: »Protestieren bedeutet, die Unmenschlichkeit eines anderen zu verabscheuen. Widerstand leisten heißt, die Unmenschlichkeit zu unterdrücken und die Menschlichkeit triumphieren zu lassen. Man protestiert nicht gegen den Mord – man bemächtigt sich des Mörders und behandelt ihn so, wie er es verdient.«[59] Wen er damit meinte, war damals allen Zuhörern im Auditorium Maximum der Technischen Universität klar. Er meinte den damaligen US-Präsidenten Lyndon B. Johnson und dessen für die Einsätze in Vietnam verantwortliche Militärs. Es klang ganz nach einem Aufruf, einen Mörder zu ermorden – ihn so zu behandeln wie er es angeblich verdiene.

Diejenige, die sich durch diese Rede hatte beeindrucken lassen und von der die erste, aus der *konkret* zitierte Definition stammt, war niemand anders als Ulrike Meinhof. Die spätere RAF-Mitbegründerin wollte zeigen, wohin die Reise nach den gewaltsamen Reaktionen auf das Dutschke-Attentat Ostern 1968 nun führen sollte. Bemerkenswert an ihrer damaligen Kolumne war jedoch, dass sie keiner einfachen Entgrenzung der Gewalt das Wort redete. Im Gegenteil. »Gegengewalt«, so problematisierte sie die militanten Ausschreitungen, »läuft Gefahr, zu Gewalt zu werden, wo die Brutalität der Polizei das Gesetz des Handelns bestimmt, wo ohnmächtige Wut überlegene Rationalität ablöst, wo der paramilitärische Einsatz der Polizei mit paramilitärischen Mitteln beantwortet wird.«[60] Eine Einsicht, die für sie selbst offenbar keine lange Zeit Gültigkeit besaß. Denn die Praxis der RAF kann als die einfache Negation dieser Kritik verstanden werden.

Was mit der RAF als terroristische Organisation erst richtig zutage trat, das war die Isolierung des Gewaltphänomens, das bereits zu APO-Zeiten wie von einer unsichtbaren Hand gelenkt, immer mehr ins Zentrum gerückt war, seine Reduktion auf terroristische Gewalt. Im Kontext der Protestbewegung war die Tendenz zur Militarisierung zwar bereits erkennbar, jedoch hatte sie noch nicht die Oberhand gewonnen. Es ging – eines der Lieblingsworte der Radikalen – um Militanz.

Der Begriff kommt ursprünglich aus dem Lateinischen, ist das Partizip Präsens des Verbs »militare« und bedeutet so viel wie Kriegsdienst zu leisten, zu kämpfen, also sich mit kriegerischen Mitteln für eine Sache einzusetzen. Eine militante Aktion ist zwischen einem Gewalt- und einem Terrorakt angesiedelt, ihr ist eine aggressive, körperlich gewalttätige Dimension zu eigen. Sie zielt auf die physische Integrität des Gegners ab und nimmt insofern Verletzungen am fremden wie am eigenen Körper wie selbstverständlich in Kauf. Im Unterschied zur Terroraktion begeht der Militante seine Gewaltaktion jedoch nicht aus dem Hinterhalt; sie richtet sich zudem nicht absichtlich gegen Unbeteiligte eines Konflikts.

Im Begriff der Militanz kommt einerseits eine Zuspitzung des Gewaltbegriffs und andererseits eine ins Habituelle übergehende Ablösung von der konkreten Form einer Gewalttätigkeit zum Ausdruck. Ein Militanter drückt bereits in seiner Haltung eine Form der Gewaltbereitschaft aus. In ihr vereinigen sich Stolz, Selbstbewusstsein und Entschlossenheit. Seine vorrangige Artikulationsform ist die Körpersprache. Deshalb tritt dabei auch die Art der Kleidung in den Vordergrund. Solange die Militanz nicht in actu getreten ist, misst sie sich also am Gestischen, an der Körperhaltung und den mit ihr verbundenen textilen Attributen. In der Rollenspezifik eines Militanten geht es somit nicht zuletzt um eine ästhetische Dimension. Rationale Begründungen sollten im politischen Kampf keine Rolle mehr spielen. Diese Haltung verriet insofern auch Anzeichen eines antitheoretischen, vor allem gegen die Sozialphilosophen der Frankfurter Schule gerichteten Affekts, die bei politischen Positionierungen ständig von Begründungsnotwendigkeiten sprachen und auf diese Weise eine entsprechende soziale und demokratische Legitimität einzufordern versuchten. Der Gestus einer tiefsitzenden Intellektuellenfeindschaft hat auch die RAF stark geprägt.

Die Affinität gegenüber der Gewalt war eine Absage an das Vermittelnde. Parlamentarismus ist auf Mediatisierung angelegt, auf die Lösung von Differenzen durch die Suche nach Kompromissmöglichkeiten, und setzt Gewaltfreiheit voraus. Die radikale Tat hingegen ist auf Aktion, Konfrontation, Dynamik und Energieentladung ausgerichtet.

Direkte Aktion lautete nicht umsonst das Zauberwort. Diese Punktualisierung war entscheidend, das radikale Zusammenführen einer bestimmten Handlungsenergie in einem einzigen Moment. Von großer Bedeutung war dabei die Plötzlichkeit des Gewaltakts, die Überraschung, das Zuschlagen aus dem Verborgenen heraus. Es ging um den geeigneten Augenblick, das, was der Soziologe Hans-Georg Soeffner einmal als den »Zeitmodus der Tat« bezeichnet hat.[61] Das stand im Gegensatz zu den in der parlamentarischen Demokratie üblichen monate- oder jahrelangen Erörterungen über Gesetzesvorhaben in Ausschüssen und den Kompromissen, die abschließend gefunden werden sollen. Ein Zerreißen dieser kommunikativen Dimensionen zugunsten der Herstellung von Eindeutigkeiten im Augenblick ist ein ganz charakteristischer Grundzug der Militanz.

Das alles hängt auch mit der romantischen Aura zusammen, die die Gewalt umgibt. Bei den Straßenschlachten war es um eine Überwindung des Politischen durch die Militanz gegangen, die Gewalt im Straßenkampf. Und in der RAF sollte es später um die Radikalisierung der Gewalterfahrung bis hin zur Frage von Leben oder Tod gehen. Das war die existentiell höchstmögliche Aufladung des Gewaltzusammenhangs.

Es ging um eine rasch zunehmende Eskalation und schließlich um eine Neuformierung von Gewalt. Militante Demonstrationen entwickelten eine außerordentliche Suggestivkraft. Der Einsatz gewaltsamer Mittel wurde – wie das vor allem von Dutschke propagiert wurde – mit einem angeblich konstitutiven Zusammenhang von Aufklärung und Aktion begründet. Indem Gesellschaftsverhältnisse als latente Gewaltverhältnisse begriffen wurden, schien es politisch nur noch darauf anzukommen, deren Latenz durch militante Aktionen manifest und offenkundig zu machen. Die anfangs häufiger strapazierte Unterscheidung zwischen »Gewalt gegen Sachen« und »Gewalt gegen Personen« erwies sich jedoch rasch als untauglicher Versuch, Formen der Gewaltanwendung zu beschränken.

Die Gewalt war unzweifelhaft das insgeheime Magnetfeld der 68er-Bewegung. Was aber war eigentlich so faszinierend an der Gewalt?

Sie war mythologisch aufgeladen und schien im Klassenkampf den angestrebten Erfolg zu verbürgen. Ein Gewaltakt hatte die Funktion eines Zauberelixiers. Dadurch schien der Einzelne gegenüber den Vertretern staatlicher Gewalt nicht nur gestärkt, sondern auch über sie erhaben zu sein. Man wollte nicht mehr länger Objekt der Gewalt sein, sondern Subjekt der Gewalt und durch deren Anwendung hindurch ein anderes, ein revolutionäres Subjekt werden.

Eine direkte Aktion besaß zudem Sex-Appeal. Von einem bestimmten Zeitpunkt an galt eine politische Aktion, die nicht zu einem gewalttätigen Zusammenstoß mit der Polizei führte, kaum noch etwas. Das hatte auch etwas mit medialer Aufmerksamkeit zu tun. Ein Gewaltakt schien durch ein Höchstmaß an Presseberichten, Rundfunk- und TV-Nachrichten honoriert zu werden. Über gewaltfreie Aktionen wurde in der Regel nicht berichtet, über militante umso mehr. Kam es zu den befürchteten, in Wirklichkeit häufig beabsichtigten und insofern gewünschten Zusammenstößen mit der Polizei, dann wurde dies zumeist durch eine exzeptionelle Form der Berichterstattung gratifiziert. Zwischen Medien und Militanten existierte so etwas wie ein insgeheimes Bündnis. Jede Seite wusste von der anderen, was sie und was eine möglichst effektvolle Nachricht wert war.

Die Militanz nährte zudem den Narzissmus. Der Hunger nach Bedeutung war in den Reihen der Aktivisten ganz enorm. Und wie hätte sich ein individueller Relevanzzuwachs schneller erzielen lassen können als durch Randale. Das war die Stunde von Randfiguren. Figuren, die in dem vom SDS bestimmten Treiben, in dem ein theoretisch höchst elaborierter Duktus angesagt war, zunächst nichts anderes als Mitläufer waren, sahen nun auf einmal ihre Chance, durch die Beteiligung an militanten Aktionen schlagartig Aufmerksamkeit zu gewinnen und auf diesem Wege soziale Gratifikationen zu erlangen. Sie machten sich zu Experten der Gewalt, zu Protagonisten der Militanz, weil sie nach einigen erfolgreich verlaufenen Vorstößen darauf setzen konnten, sich profilieren und im Ansehen innerhalb der Szene sowie in der Hierarchie ihrer jeweiligen Gruppe aufsteigen zu können.

Mit der Militanz sollte nicht nur unter Beweis gestellt werden, dass es möglich sei gegen die Kräfte der verhassten Staatsmacht zu kämpfen, sondern auch sie zu besiegen. Letztlich sei es neben Vorbereitung, Ausrüstung und der richtigen taktischen Einstellung vor allem eine Frage der Entschlossenheit. Es ging darum, eine Rebellion in eine Revolution zu transformieren, ohne dass eine entsprechende Situation erkennbar und ein revolutionäres Subjekt in Sicht war. Das Ganze war kein politischer Akt mehr, nicht mehr Ausdruck einer außerparlamentarisch agierenden Opposition, es lief allein auf einen sich möglichst radikal gebärdenden Willen hinaus. Nicht ohne Grund hatte Jürgen Habermas bereits im Juni 1967 Dutschke und den SDS als voluntaristisch kritisiert.[62] Eine einstmals oppositionell auftretende Bewegung war in einem sich selbst überbietenden Gestus des Systemumsturzes erstarrt. In Wirklichkeit aber gab es keine revolutionäre Situation, kein revolutionäres Subjekt, es gab allein das Als-ob eines Systemumsturzes.

Nachdem mit den im Mai 1968 gescheiterten Protestaktionen gegen die Notstandsgesetzgebung der Höhepunkt der 68er-Bewegung bereits überschritten war, entstand zum Jahresende im Frankfurter SDS eine vor Militanz geradezu berstende und vor Situationswitz sprühende Kleingruppe, die in mancherlei Hinsicht mehr als nur habituell richtungweisend war. Die Rede ist von der *Lederjackenfraktion*. Mit der Lederjacke oder dem Ledermantel sollte auf ostentative Weise Virilität, eine sexuell aufgeladene Form männlicher Stärke, und damit zugleich auch eine Nähe zur Gewaltbereitschaft zur Schau getragen werden.[63] Die Lederkostümierung war ein Attribut, das zu einer Haltung zynischer Koketterie passte. Wiederholt hatte die so bereits von außen leicht zu erkennende *Fraktion* mit ihren *Hit-and-Run*-Aktionen für Schlagzeilen gesorgt.

Exemplarisch war etwa ihr Vorgehen im Kontext einer Demonstration gegen ein Konzert am 30. Januar 1969, zufällig dem Jahrestag der nationalsozialistischen Machtergreifung. Mit dem Flugblatt »Ohrfeigt Kiesinger« hatte der SDS mit Hinweis auf den 36. Jahrestag der nationalsozialistischen Machtergreifung gegen eine Prominentenveranstaltung von Politik, Wirtschaft, Banken, Presse und Sport mobilisiert. Der Versandhauschef Josef Neckermann hatte an diesem Tag ins Frankfurter Schauspielhaus zu einem Konzert von Herbert von Karajan zugunsten der Sportförderung für die 1972 in München geplanten Olympischen Spiele eingeladen. Nach einer »Strategiediskussion« im Soziologischen Seminar, in der der taktische Verlauf der für die Abendstunden geplanten Demonstration besprochen worden war, und einer Bekanntgabe dieser Gesichtspunkte auf einem allgemeinen Vorbereitungstreffen im Foyer am Hinterausgang des Universitätshauptgebäudes zogen mehrere Hundert Demonstranten, von Polizeiketten eskortiert, zu dem weiträumig mit Stacheldraht umzäunten Schauspielhaus. Mit dem größten Polizeiaufgebot, das Frankfurt nach Kriegsende gesehen hatte, versuchte die Stadt die Gäste des Galaabends, unter ihnen auch Bundeskanzler Kurt Georg Kiesinger und Bundesinnenminister Ernst Benda, die in Bonn gerade mit den Ministerpräsidenten der Länder über geeignete Maßnahmen zur Eindämmung der Demonstrationswellen beraten hatten, zu schützen.

Während die etwa 1500 Demonstranten von einer Polizeikette von einem weiteren Vordringen in Richtung Schauspielhaus abgehalten wurden, zog ein motorisierter Stoßtrupp von Unbekannten durch die Stadt und zertrümmerte in einer Kette von Blitzaktionen die Scheiben des Amerikahauses, des amerikanischen ebenso wie des spanischen Generalkonsulats, der Börse, der Deutschen und anderer Banken sowie des Polizeipräsidiums.[64] Nach der Beendigung des Sporthilfe-Konzertes kämpfte die Polizei den Gästen unter dem Einsatz von Pferde- und Hundestaffeln sowie Wasserwerfern und Gummiknüppeln den Weg zwischen den dicht gedrängten Demonstranten zum Hotel »Frankfurter Hof« frei. Dabei wurden eine unbekannte Anzahl von Personen verletzt und dreizehn Demonstranten vorübergehend festgenommen.

Das Ausmaß der Gebäudeschäden wurde zwei Tage später durch einen im Lokalteil der FAZ platzierten Stadtplan veranschaulicht, auf dem man die jeweiligen Adressen markiert hatte. Inzwischen hatte sich auch herumgesprochen, wer für die Gewaltattacken, in die die

Demonstranten nicht eingeweiht waren, offenbar verantwortlich war: Mitglieder der *Lederjackenfraktion.* Sie setzte sich im Wesentlichen aus Soziologie-Studenten zusammen. Ihr gehörten unter anderen der spätere Gymnasiallehrer Ludwig Tratter, der Schriftsteller Volker Erbes, der Werbefachmann Peter Zollinger, der Graphiker Alfred von Meysenbug und zeitweilig auch das Model Claudia Littmann an, die Tochter des damaligen Frankfurter Polizeipräsidenten.[65]

Die größte Publizität erlangte die *Lederjackenfraktion*, deren Mehrzahl sich nach engeren Kontakten zu den wieder auf freiem Fuß befindlichen Warenhausbrandstiftern einer maoistischen Splittergruppe anschloss, wenige Monate später durch das sogenannte Busenattentat auf Theodor W. Adorno. Um den Ordinarius, den sie für eine Festnahmeaktion verantwortlich machten, in aller Öffentlichkeit brüskieren zu können, hatten sie drei in Lederkluft gewandete junge Frauen engagiert, die den weltberühmten Soziologen zu Beginn seiner Vorlesung in scheinbar spielerischer Manier bloßstellten.

Kaum jemand anders hat den mit Situationswitz, Charme und Virilität ausgestatteten Militanten so sehr verkörpert wie Andreas Baader. Das hatte sich bereits im Juni 1962 bei den »Schwabinger Krawallen« angedeutet, an denen sich über fünf Abende hinweg Tausende von jungen Leuten beteiligten. Auslöser war der Unmut über die Münchner Polizei, die mehrere Gitarrenspieler abtransportieren wollte, weil sie mit ihrer Musik auf der Leopoldstraße angeblich ruhestörenden Lärm verursacht hatten. Einer derjenigen, die das harte Vorgehen der Uniformierten empörte, war der 19-jährige Andreas Baader.[66] Er wurde festgenommen, weil er angeblich »andere Personen gegen die Polizei aufgehetzt« hatte, und mit einem Mannschaftswagen ins Polizeipräsidium gebracht. Im Verhör erklärte er dort unverblümt, dass »das Benehmen der Polizei eine Schweinerei« sei. Nach einer in der Zelle verbrachten Nacht wurde er zwölf Stunden später wieder freigelassen. Ein gegen ihn zunächst angestrengtes Ermittlungsverfahren wurde im Oktober 1962 eingestellt. Auf keiner der Aufnahmen, die von den »Schwabinger Krawallen« gemacht worden waren, ist der spätere Anführer der RAF abgebildet.

Anders sah es mit eher alltäglichen Fotos aus, die im November 1969 von ihm zusammen mit Gudrun Ensslin in einem Pariser Café gemacht wurden.[67] Sie erinnern atmosphärisch an den Film *Außer Atem* von Jean-Luc Godard mit dem Kleinkriminellen Jean-Paul Belmondo in der Hauptrolle. »Bei Baaders ist immer was los«, hieß es unter seinen Bewunderern. Er war eine Art Marlon Brando der Szene, strahlte etwas aus, was die theoriegeleiteten Studenten nicht besaßen. Insofern war es die Figur Andreas Baaders, die dazu beitrug, die Übergangszeit zwischen der 68er-Bewegung und der RAF mit einer bestimmten Aura des Abenteuers und der Gewaltbereitschaft zu umgeben. »Der romantische Held«, schreibt Camus in seinem Klassiker *Der Mensch in der Revolte*, fühlt sich gezwungen, »das Böse zu vollbringen, aus Sehnsucht nach einem unmöglich zu vollbringenden Guten.«[68] Der Abschnitt ist überschrieben mit »Die Revolte der Dandys«. War Andreas Baader ein revoltierender Dandy, ein Typus, der sich Baudelaire zufolge durch einen besonderen Hang zum Verbrechen auszeichnet?

Gewiss bedurfte es der ästhetischen Selbstinszenierung, um deutlich zu machen, wie weit man sich von dem als Trottel verachteten Bundesbürger entfernt hatte. Es ging um Unterscheidung und um den ästhetischen Ausdruck einer Sehnsucht, ja Gier nach Machtgewinn. Die Körperlichkeit stand dabei im Zentrum; sie war bereits die Expression des ganz Anderen, des Kampfes ebenso wie der Sexualität. Baader war, wie es eine Schwester Gudrun Ensslins auf den Punkt brachte, »der Tatmensch mit dem Tigergang«.[69] Er strahlte eine abgründige Faszination aus, die nicht wenigen zum Verhängnis werden sollte.

Dabei stach die besondere Affinität von Frauen zum Dandy ins Auge. Der oft in seiner Androgynität beschriebene Baader, der sich seiner erotischen Ausstrahlung auf Frauen wie auf Männer gleichermaßen sicher sein konnte, war zweifelsohne im mehrfachen Sinne Hahn im Korb. Er war, wie Karin Wieland seine hypertrophe Rolle beschrieb, »die Avantgarde und Gudrun Ensslin seine Propagandistin, die ihn als Erlöserfigur aufbaute.«[70] Voller Pathos habe sie ihn zum überirdisch anmutenden Heroen seiner Zeit definiert: »Der Rivale, absoluter Feind, Staatsfeind: das kollektive Bewusstsein, die Moral der Erniedrigten und Beleidigten, des Metropolenproletariats – das ist Andreas.«[71]

Wie konnte jemand wie Andreas Baader, der in der 68er-Bewegung bestenfalls ein Mitläufer gewesen war, zur zentralen, alles dominierenden Figur der RAF werden, zu einem Mythos, dessen projektive Aufladung sich auch lange nach seinem Tod nicht vollends erschöpft hat?

Es existieren zwei Deutungen seiner Rolle, die sich diametral zu widersprechen scheinen: Nach der einen Lesart war er der Dandy, der mit allen und allem nur ein narzisstisches Spiel trieb, nach der anderen war er der Stratege und Organisator, der selbst von seiner Zelle aus die Befehle gab und seine Gruppe immer wieder zusammenschmiedete. Was hier nicht zusammenzupassen scheint, könnten jedoch vielleicht nur Momentaufnahmen in unterschiedlichen Durchgangsstadien einer terroristischen Karriere gewesen sein.

Eine terroristische Organisation wie die RAF war schließlich keine Selbstschöpfung, sondern das Ergebnis eines Prozesses, der Zerfall und Transformation in einem war. Die RAF hatte sich nach dem Scheitern der 68er-Bewegung aus deren militanten Partikeln herauskristallisiert. Die Entstehung einer derartig kampfentschlossenen Gruppe lag in der Luft. Und Baader und Co. waren weder die Einzigen noch die Ersten, die sich Waffen besorgten, Ausbildungslager bei den Palästinensern besuchten und dann in West-Berlin in den Untergrund gingen.

Niemand wird als Terrorist geboren, eine solche Figur schält sich erst in verschiedenen Stufen heraus und verändert sich zudem unter den jeweiligen Bedingungen ihrer Gruppenexistenz. Der eingebildete Guerillero ist das Produkt individuellen Durchsetzungsvermögens im Kampf um die Vorherrschaft, ebenso wie des Zusammenspiels im konspirativen Miteinander. Was in der Kerngruppe der RAF geschah, lässt sich weder theoretisch ableiten noch konzeptionell begründen, es hatte vielmehr mit dem Auftreten der unterschiedlichen Personen zu tun. Und in dieser Binnendynamik war Andreas Baader ganz ohne Frage die Schlüsselfigur.

Die Tatsache, dass ein politischer Mitläufer zur zentralen, alles beherrschenden Figur der RAF werden konnte, war keineswegs ein vordergründiges Medienprodukt, sondern hing mit der Zwiespältigkeit seiner Person und der Interaktion innerhalb der Kerngruppe zusammen. Zu Beginn hatte es neben ihm mit Ulrike Meinhof, Horst Mahler und Gudrun Ensslin ja drei weitere Zentralfiguren gegeben. Aber bereits nach kurzer Zeit stand Baader, umgeben von den beiden innerhalb der Gruppe wichtigsten Frauen, ganz im Mittelpunkt. Bereits im Sommer 1970 hatte er seinem Rivalen Horst Mahler zu erkennen gegeben, dass er dessen Autorität nicht respektieren würde. Als dieser dann im Oktober 1970 aufgrund der Denunziation eines Unbekannten verhaftet wurde, waren die Verhältnisse im Hinblick auf die Führerschaft innerhalb der RAF bereits geklärt. Der ehemalige APO-Anwalt, der Baader und Ensslin überhaupt erst aus Italien nach Berlin gelotst hatte, war abserviert; später wurde er ganz aus der Gruppe hinausgedrängt.

Im Ganzen betrachtet waren es drei Stufen, durch die hindurch Baader jene Rolle gewann, die ihn posthum zu einer Art Negativstar der Mediengesellschaft gemacht hat:

Zunächst gab es für ihn die Zugehörigkeit zu einer Subkultur, die auf besondere Weise durch eine Affinität zur Gewalt geprägt war. In der Westberliner 68er-Szene war er, der sich ein paar Jahre zuvor bereits bei den Schwabinger Krawallen hervorgetan hatte, eine Art Satellit der *Kommune I*. Mit der Warenhausbrandstiftung setzte er zusammen mit Gudrun Ensslin und zwei anderen im April 1968 etwas auf spektakuläre Weise um, was zuvor nur in den Köpfen der Kommunarden herumgespukt hatte.

Dann kam die Dominanz in einer bewaffneten Kleingruppe, die zwischen 1970 und 1972 rastlos im Untergrund operierte. Seine mit Waffengewalt herbeigeführte Befreiung, die einem Bibliotheksangestellten fast das Leben kostete, war identisch mit dem Geburtsakt der RAF. Nun war jahrelang je nach politischer Couleur entweder von der »Baader-Meinhof-Gruppe« oder der »Baader-Meinhof-Bande« die Rede.

Und schließlich folgte die uneingeschränkte Herrschaft in einer verschworenen Knastgruppe, die vom Sommer 1972 bis zum Herbst 1977 den Kampf mit allen ihr zur Verfügung stehenden Mitteln fortzuführen trachtete. Herold hat Baader für diese Zeit, in der er von seinen Mitgefangenen respektvoll als »Generaldirektor« bezeichnet wurde,[72] eine »enorme kriminelle Kraftanstrengung« attestiert,[73] mit der er nach innen seine Zellengenossen ideologisch zusammengehalten und nach außen die weiter im Untergrund operierenden RAF-Mitglieder dirigiert habe. Allein bei einer einzigen Zellendurchsuchung seien nicht weniger als 9000 Kassiber zu Tage befördert worden.[74]

In diesen drei Stufen änderte sich Baader ein ums andere Mal. Er stieg immer weiter auf – von der Randfigur einer Szene zur Zentralfigur einer terroristischen Organisation, er mutierte vom Dandy zum Desperado. »Immer im Bruch mit der Welt, immer am Rande«, heißt es bei Camus weiter, »zwingt er die Anderen, indem er ihre Werte verneint, ihn selbst zu erschaffen. Er spielt sein Leben, da er nicht leben kann.«[75] Der mit seiner Militanz Kokettierende war zum (selbst-)zerstörerischen Terroristen geworden.

Die Nachfolge der *Lederjackenfraktion*, in die Baader und Ensslin zeitweilig eingetaucht waren, traten in den siebziger Jahren – ohne zugleich in den Terrorismus der RAF abzugleiten – militante Hausbesetzer an. Zumindest indirekt waren sie ein Produkt der Frankfurter Sponti-Szene. Damals existierte insbesondere eine Kleingruppe, die als Nukleus der späteren Autonomen angesehen werden darf. So wie es einen aktionistischen Flügel im Frankfurter SDS gegeben hatte, so gab es zur Zeit der Hausbesetzerbewegung einen aktionistischen Flügel der Sponti-Szene. Er wurde als *Putzgruppe* bezeichnet. Ihr Gründer und Anführer war Joschka Fischer, der spätere Bundesaußenminister im Kabinett der rot-grünen Koalition.[76] Und ihr Vordenker stieg etwa zur selben Zeit zu einem der einflussreichsten Journalisten auf und war später Jahre lang Chefredakteur der im

Axel Springer Verlag erscheinenden Tageszeitung *Die Welt*. Thomas Schmid war es, der den Autonomie-Begriff aus Italien importierte und daraus eine Art ideologischen Referenzrahmen des Linksradikalismus machte.[77] Nachdem er zunächst eine Zeitung mit dem Titel *Wir wollen alles* – ebenfalls eine Kopie aus dem Italienischen, wo der Slogan »Vogliamo tutto« lautete – gegründet hatte, schuf er 1975 mit der Zeitschrift *Autonomie* ein avancierteres Blatt, mit dem Elemente einer entsprechenden Gesellschaftstheorie entwickelt werden sollten.

Die *Putzgruppe*, wegen deren Existenz sich die Öffentlichkeit Anfang 2001 im Zusammenhang mit der damaligen Fischer-Affäre verwundert die Augen rieb, war keine eigentliche Organisation, sondern eher eine Kohorte von Militanten, die allerdings eine durchtrainierte und hochmotivierte Kampfgruppe darstellte. Ihr Name stammt vermutlich nicht von ihr selbst, sondern von anderen, die mit diesem dem Szenejargon entlehnten Ausdruck ein nur schwer greifbares Phänomen charakterisieren wollten. »Auf den Putz hauen« bedeutete letztlich nichts anderes, als sich die Freiheit zu militanten Aktionen zu nehmen. Ihr Ausgangspunkt lag in der aus dem antiautoritären Flügel des SDS hervorgegangenen Betriebsprojektgruppe *Revolutionärer Kampf* (RK), die bei den Opel-Werken in Rüsselsheim mit ihrem Versuch, die Fließbandarbeiter zu agitieren, grandios gescheitert war. Mit Ausnahme des Jurastudenten und späteren Kabarettisten Matthias Beltz, der es noch bis 1975 in den Fabrikhallen aushielt, war Fischer und anderen Aktivisten, die ihre Kollegen zu Streikaktionen hatten animieren wollen, von der Betriebsleitung gekündigt worden.

Die meisten RK-Mitglieder schalteten 1971 auf Hausbesetzungen um und machten aus punktuellen Aktionen eine Bewegung – den als »Häuserkampf« glorifizierten Konflikt um das Frankfurter Westend. Aus diesem Umfeld schälte sich schließlich die männerbündische *Putzgruppe* heraus. Sie bestand aus etwa einem Dutzend Aktivisten, in der Mehrzahl Nicht-Studenten oder Studienabbrecher, deren Anführer unbestreitbar der im Szene-Jargon als »Verteidigungsminister«

bezeichnete Joschka Fischer war. Die *Putzgruppe* trat nicht formell auf – weder bei Veranstaltungen noch bei anderen Gelegenheiten. Sie trat ausschließlich als ein sozialer Mikrokosmos – wie eine Clique oder Peergroup – in Erscheinung. Insofern war sie mehr ein Phantom als ein Phänomen. Ihre Aktionen wurden im Verborgenen geplant und nach Möglichkeit auch so durchgeführt. Man tat alles, um nicht als solche Gruppe wahrgenommen zu werden. Bereits zu ihren aktiven Zeiten war die *Putzgruppe* ein lebender Mythos.

Von ihr ging eine partielle Militarisierung der Szene aus. Andere Kleingruppen begannen damit, ihr nachzueifern. Karate- und sonstige Kampftechniken wurden monate-, ja jahrelang eingeübt. Der spätere Terrorist Hans-Joachim Klein, der durch seine Beteiligung am Überfall auf das Wiener OPEC-Treffen im Dezember 1975 in die Schlagzeilen geriet, ist einer der Wenigen, die sich – vielleicht weil er nichts mehr zu verlieren hatte – über das damalige Aktionstraining geäußert haben. In einem niederländischen Dokumentarfilm hat er geschildert, worum es dabei ging.[78] Um Demonstrationsszenen und die dabei als unvermeidlich angesehenen Raufereien mit der Polizei einzustudieren, teilte man sich (wie bei einem Militärmanöver) in zwei Gruppen ein, die aufeinander losgingen. Die einen spielten die Demonstranten, die anderen die Polizisten. Dabei kamen zuvor erbeutete Schutzschilde, Helme, Schlagstöcke und anderes mehr zum Einsatz.

Die Hochzeit der *Putzgruppe* lag zwischen 1973 und 1975. Nach der Räumung eines besetzten Hauses im Frankfurter Westend spielten sich am 7. April 1973 am Rande einer Demonstration spektakuläre Szenen auf Seiten der Staatsmacht ebenso wie auf Seiten der Militanten ab. Deren Kluft bestand aus Jeans, schwarzen Lederjacken, schwarzen Motorradhelmen, über die Nase gezogenen Halstüchern und Turnschuhen.[79] Die Polizei hatte es in erster Linie auf jene Demonstranten abgesehen, die Helme trugen und vermummt waren. Da diese jedoch hochbeweglich und deshalb nur schwer zu fassen waren, setzte sie zu ihrer Verfolgung nicht nur Zivilbeamte ein, die mehrfach ihre Schusswaffen zogen, um Festnahmen durchführen zu können, sondern auch Hubschrauber. Die Szene, die dann zu tagelangen Diskussionen über Straßengewalt führte, spielte sich an einer Straßenkreuzung im Nordend ab. Ein halbes Dutzend behelmter Demonstranten nahm einen ebenfalls behelmten, aber vereinzelten Polizisten in ihre Mitte und begann, ihn zu verprügeln, und als er mehr oder weniger hilflos zu Boden gegangen war, auch noch nachzutreten. Grund des Übergriffs war der Versuch der Schläger, ihre Anonymität zu wahren. Sie waren zuvor bei einer Steinwurfaktion von einem Kamerateam der Polizei gefilmt worden. Was sie damit erreichten, war allerdings das genaue Gegenteil. Ihre Prügelattacke war von einem Fotografen der FAZ aufgenommen und überdies von einem Reporterteam des Hessischen Rundfunks in allen Einzelheiten gefilmt worden. Als die Szene am Abend als erste Nachricht in der Tagesschau zu sehen war, überschlugen sich tags darauf die Kommentatoren. Bundesweit war nun die Rede von sogenannten Polit-Rockern. So schrieb etwa die *Frankfurter Rundschau*: »Hundert ›Polit-Rocker‹ haben es wieder geschafft. Die Szene, Millionen von Fernsehzuschauern am Samstagabend gezeigt, kann keiner leugnen. [...] Und jeder wird urteilen: Die Gewalt ging von den Demonstranten aus.«[80] Auch das gehörte von Anfang an zu den medialen Ergebnissen solcher Vorkommnisse. Waren erst einmal Bilder von gewalttätigen Demonstranten im Umlauf, dann breiteten sie sich wie ein Film über das gesamte Geschehen aus und stellten alles andere in den Schatten – egal ob es um die eigentlichen Motive der Demonstration ging, hier den Protest gegen die Wohnraumzerstörung im Frankfurter Westend, in deren Zuge Prachtbauten aus der Gründerzeit dem Neubau von Bankenhochhäusern weichen mussten, oder um Übergriffe der Polizei, die ihrerseits nicht vor der Grenzüberschreitung des ihr zugestandenen Handlungsrepertoires zurückschreckte. Als dann 28 Jahre später die Aufnahmen dieser denkwürdigen Szene wiederentdeckt wurden, weil darauf auch der Bundesaußenminister zu erkennen war, löste das eine Affäre aus, die beinahe zu dessen Rücktritt und zum Auseinanderbrechen der rot-grünen Regierungskoalition geführt hätte.[81]

Ein besonders dramatisches Beispiel für die militante Eskalationsstrategie der *Putzgruppe* war der Sturm auf das spanische Generalkonsulat am 19. September 1975. Die Aktion, die sich gegen die drohende Hinrichtung von fünf spanischen Widerstandskämpfern gegen das Franco-Regime richtete, war offenbar generalstabsmäßig vorbereitet. Während eine Demonstration von der Innenstadt zum Hessischen Rundfunk zog und damit starke Polizeikräfte band, bewegte sich eine Gruppe von 200 Vermummten quer durchs Westend zu dem im Grüneburgpark gelegenen Konsulatsgebäude. Dieses wurde seit Wochen von einer Polizeieinheit mit mehreren Fahrzeugen rund um die Uhr bewacht. Als die Beamten die ebenso ge- wie entschlossen auf sie zu marschierende Kolonne bemerkten, versuchten sie vor dem Konsulat Stellung zu beziehen. Doch nur für einen kurzen Moment. Der Marschblock hielt etwa fünfzehn Meter vor den mit Helmen und Schilden ausgerüsteten Polizisten inne. Die ersten Reihen holten aus und warfen Dutzende von Farbbeuteln gegen das Gebäude, an dessen Fenstern die Rollläden schon lange nicht mehr hochgezogen worden waren. Während sie zur Seite hin auswichen und in die letzten Glieder zurücktraten – die Polizisten, die Aussichtslosigkeit ihrer Lage erkennend, flüchteten in diesem Moment eiligst in ihre Wagen – holten die nächsten Reihen aus und schleudern Steine gegen die Hausmauer. Auf sie wiederum folgten die übernächsten Reihen, die mit einem Hagel von Molotow-Cocktails das Gebäude, die Straße und die Polizeifahrzeuge eindeckten. Eine dichte Feuerwand reichte vom Konsulat aus hinüber bis zur anderen Seite des Grüneburgweges. Als ein Mannschaftswagen Feuer fing, suchten die meisten Beamten fluchtartig das Weite. Der Einsatzleiter zog seine Dienstwaffe und richtete sie auf die Werfer. Diese hatten jedoch schon zum Teil den Rückzug angetreten – ihre Wurfgegenstände waren anscheinend verbraucht. Der Abmarsch vollzog sich ebenso geschlossen wie die Ankunft. Als die mit großer Verspätung eintreffende Verstärkung der Polizei auf das Ende der in eine Seitenstraße einbiegenden Kolonne stieß, war ihr mit quergestellten Autos die Durchfahrt versperrt. Sie konnte keinen einzigen der militanten Demonstranten festnehmen.

Was sie vorfand, waren drei beschädigte Streifenwagen, ein vollständig ausgebrannter Mannschaftswagen und eine versprengte Einheit von Kollegen.

Ein Kommentator schrieb in der FAZ zu dieser ungewöhnlichen Demonstration: »Die Attacke im Grüneburgweg war vorbereitet wie ein Guerillero-Einsatz [...] Brandsätze wurden in größerer Zahl vorbereitet, Kleidungsstücke präpariert und die Gefahr von Konfrontationen mit der Polizei durch anonyme Drohungen für andere Orte und dadurch bedingte Zerfaserung der Polizeireserven vermindert. Schließlich berichtet die Polizeiführung davon, dass ihre internen Polizeifunkwellen während des Einsatzes fachmännisch gestört worden seien. Zu diesem Zeitpunkt hatten die meisten Polizeibeamten nur noch einen unverständlichen Wellensalat in ihren Funkgeräten. Aber nicht nur Strategie und Ausstattung [...] muß einen stutzig machen. Es ist auch deren Zahl.«[82] So außergewöhnlich diese Aktion auch war, so führte sie doch nur zu Schlagzeilen in den Lokalteilen einiger Frankfurter Tageszeitungen.

Ihren Knacks erlitt die *Putzgruppe* schließlich auf der sogenannten Ulrike-Meinhof-Demonstration am 11. Mai 1976. Durch den Einsatz von Molotow-Cocktails wurde ein Polizist lebensgefährlich verletzt. Es folgte ein anonymer Anruf bei der Polizei, eine Reihe von Hausdurchsuchungen, Festnahmen und eine Fahndung nach den mutmaßlichen Tätern. Auch Fischer zählte dazu. Das Datum wurde zur Zäsur. Der Stellenwert, den die *Putzgruppe* innerhalb der Szene für sich beanspruchte, lässt sich schon daran ermessen, dass der bedrohliche Vorfall im Nachhinein mit dem Ende der Spontibewegung gleichgesetzt wurde.

Darauf folgte eine öffentliche Form der Selbstkritik, präsentiert auf dem sogenannten Pfingstkongress, einer vom *Sozialistischen Büro* in Offenbach organisierten und von 20 000 Linken besuchten Großveranstaltung über das in ihren Reihen dominierende Thema »Politische Repression« an Pfingsten 1976 in Frankfurt. Fischer trat auf der vor dem Römer abgehaltenen Zentralveranstaltung als einer der Hauptredner auf und erklärte, dass man die Finger von Molotow-Cocktails und anderem lassen, aber Steine und Knüppel auch weiterhin in die Hand nehmen solle.[83] Mit dieser Korrektur leitete er eine Wende ein, die ihn in einzelnen Stufen zu den Grünen, in den Bundestag, in die hessische Landesregierung und schließlich auch noch ins Bundeskabinett führen sollte. Fischer mutierte vom gewaltaffinen Antiparlamentarier zum beinharten Verfechter der bundesdeutschen Staatsräson. Dass es der Phänotyp des *Schwarzen Blocks* und damit der autonomen Bewegung war, der eine ganz unwahrscheinliche steile politische Karriere absolviert hatte, dämmerte der Öffentlichkeit erst nach rund dreißig Jahren.

Als der sogenannte Häuserkampf vorüber war und durch die Alternativbewegung abgelöst wurde, in der eine konspirativ agierende Aktionsgruppe überflüssig wurde, entstand in anderen Teilen der Szene jene Kohorte, die dann auch explizit als *Schwarzer Block* bezeichnet wurde. Das erste Mal, dass von ihm die Rede war, geht auf den 1. Mai 1980 zurück. Der Umzug zum Tag der Arbeit und die abschließende Kundgebung auf dem Römerberg verliefen an diesem Tag eigentlich wie immer. Die Mehrzahl der Teilnehmer rekrutierte sich aus den Reihen der Arbeitsmigranten und die Reden stammten von Gewerkschaftlern und anderen Interessenvertretern. Doch etwas war anders. Am Ende waren Martinshörner zu hören und die Blaulichter von Einsatzfahrzeugen der Polizei zu sehen. Etwas musste geschehen sein. Wie sich bald herausstellte, war eine Gruppe junger Leute durch die Innenstadt gelaufen und hatte in der Freßgass, jener Fußgängerzone in der Nähe des Opernplatzes, die die stärkste Frequenz von Delikatessläden aufweist, eine Schaufensterscheibe nach der anderen eingeworfen. Was auf den ersten Blick nach einem Akt des Vandalismus aussah, war jedoch als eine gewalttätige Form des Sozialprotests intendiert. An der Geschäftszeile des reichen Bürgertums sollte der Tag der Arbeiterbewegung nicht spurlos vorübergehen. Das schien jedenfalls die Absicht des in klassenkämpferischer Rachepose auftretenden *Schwarzen Blocks* gewesen zu sein. Obwohl es kaum direkte personelle Übergänge gegeben haben dürfte, so wirkte dieser doch wie ein Ableger der *Putzgruppe*. Vom

Erscheinungsbild – Helme, Lederjacken und Halstücher, alles ganz in Schwarz – wie vom Auftreten her waren sie sich jedenfalls sehr ähnlich.

Derartige Gruppierungen breiteten sich seitdem in West-Berlin, Hamburg, Bremen und anderen Großstädten aus. Sie vernetzten sich untereinander und bildeten schließlich die sogenannten Autonomen. Die Anti-AKW-Bewegung, eine neue, sich als Instandbesetzer begreifende Hausbesetzerbewegung und eine sich unter dem Schlagwort »No future« bildende neue Jugendbewegung stellten für sie einen besonders geeigneten Nährboden dar. Die Plünderung von Läden, die Zerstörung von Luxusobjekten und Brandstiftungen waren bald keine Seltenheit mehr. Und ihr Equipment wurde mit den inzwischen fast schon obligatorischen Kapuzen, Sturmhauben, Gasmasken, Palästinensertüchern und Sonnenbrillen erweitert.

Ihren Tiefstpunkt stellten am 2. November 1987 die tödlichen Angriffe auf Polizeibeamte im Kontext der Proteste gegen den Bau der Startbahn West auf dem Frankfurter Rhein-Main-Flughafen dar. Obwohl die umstrittene Startbahn, gegen die einst Zehntausende aus dem gesamten Rhein-Main-Gebiet protestiert hatten, zu diesem Zeitpunkt bereits längst in Betrieb war, trafen sich im Flörsheimer Wald noch immer regelmäßig Demonstranten, um an die in ihren Augen fatale Entscheidung zu erinnern. Häufig spielte sich dabei ein Katz-und-Maus-Spiel mit der Polizei ab. Am Abend des erwähnten Tages zog ein Vermummter namens Andreas E. gegen 21 Uhr eine Pistole hervor und gab in der Dunkelheit 14 Schüsse auf die in größerer Entfernung postierten Polizeikräfte ab. Dabei wurden zwei Polizisten getötet und sieben weitere verletzt. In der Folge brach die Bewegung gegen die Startbahn West endgültig auseinander. Der Täter wurde 1991 zu einer 15-jährigen Gefängnishaft verurteilt und kam nach Verbüßung von zwei Dritteln seiner Strafe 1997 wieder frei. Der Einschnitt dieser Tat war so stark, dass selbst die Autonomen sich von ihr distanzieren zu müssen meinten. In einem Flugblatt wurde »die Anwendung von Schusswaffen in solchen Situationen« von ihnen verurteilt. Joschka Fischer, zu dieser Zeit Fraktionsvorsitzender der

Grünen im Hessischen Landtag, meinte sogar, dass die »Zeit der sozialen Bewegungen« nun vorüber sei.

Wenn man die Ereignisse vom 30. Januar 1969, dem 19. September 1975 und dem 1. Mai 1980 miteinander vergleicht, dann fällt neben der phänomenologischen Ähnlichkeit ein wiederkehrendes Strukturmerkmal in den jeweiligen Handlungsabläufen auf – das Nebeneinander von legalen und illegalen Aktionen sowie die Funktionalisierung der erst- durch die zweitgenannten Akteure. Die ordnungsgemäß angemeldeten Demonstrationen mit ihren in die Tausende gehenden Teilnehmerzahlen wurden jedes Mal von kleinen Kampfgruppen als Schutzschilde missbraucht, um Angriffe auf besonders verhasste Objekte im Namen des Anti-Imperialismus, Anti-Faschismus oder Anti-Kapitalismus verüben zu können. Das hieß nichts anderes, als dass sich der *Schwarze Block* und seine Vorläufer in gewisser Weise wie parasitäre Bewegungsnutznießer verhielten. Sie benutzten die Protestierenden, um in ihrem Schatten Aktionen durchführen zu können, in die diese weder eingeweiht waren noch im Nachhinein wohl ihr Einverständnis erteilt hätten.

Nach Max Weber sind Begriffe bekanntlich keine »Abbilder der objektiven Wirklichkeit«, sondern nichts anderes als »theoretische Konstruktionen«.[84] Sie selbst sind kein Ziel, sondern lediglich Mittel zum Zweck. Sie dienen der Erkenntnis und stellen insofern ein Mittel zur Erkenntnisgewinnung dar. Das gilt auch für den Gewaltbegriff.

Zu unterscheiden ist zwischen einem *zweckrationalen* und einem *wertrationalen* Einsatz von Gewaltmitteln. Während im ersten Fall die Gewalt eingesetzt wird, um damit eigene Interessen durchzusetzen oder Vorteile zu erzielen, geht es im zweiten darum, ein normatives Gebot zu erfüllen, seiner »vaterländischen Pflicht«, einem Ehrenkodex, einer religiösen oder stammesgeschichtlichen Tradition nachzukommen.

Neben diesen beiden Formen existiert jedoch noch eine dritte, ein *subjektiv* bestimmtes Gewalthandeln, das keiner Zweck-Mittel-Relation unterliegt und sich häufig bereits in der bloßen Expression erschöpft.[85] Die Gewalt ist ihren Akteuren mehr oder weniger zum

Selbstzweck geworden. Diesen ist es mitunter gleichgültig, welche Opfer ihr Einsatz kostet und welchen Schaden sie damit anrichten. Angestrebt wird »[...] der emotionale Rauschzustand, der ›Kick‹.«[86] Ihr Ziel liegt vor allem in der Freisetzung subjektiver Energien, der Intensität der dabei gemachten Körpererfahrung, der Selbstbestätigung der Männlichkeit und dem Lustgewinn im Akt der Verletzung oder Zerstörung. Die Gewaltanwendung korrespondiert dabei in gewisser Weise mit dem Adrenalinspiegel. Da sich ihr Lustgewinn mit dessen Absinken verflüchtigt, bedarf es wie etwa beim Vandalismus des ständigen Neueinsatzes.

Bei diesem Typus geht es um eine Form des Gewaltakteurs, der keinen Wert mehr auf Legitimität seines Handelns legt, der aus dem Verborgenen heraus agiert, in seinen Akteursgruppen, deren Erkennungsmerkmal nicht umsonst die Kapuze geworden ist, und der auf formale Strukturen ebenso wie auf öffentliche Führungsfiguren verzichtet.

Der Militante, dessen Vorboten die Halbstarken und die Rockfans waren, hat damit eine Metamorphose an den Tag gelegt, die von der *Lederjackenfraktion* im SDS über die *Putzgruppe* der Sponti-Bewegung und den *Schwarzen Block* bis zu den Autonomen geführt hat. Das expressive Moment des Kämpferischen, das ihn auszeichnete, nahm währenddessen in der RAF die Figur eines sich als »Guerillero« begreifenden Terroristen an, der das Spielerische schon bald verlor und ganz in der Figur eines existentiell bestimmten Kämpfers aufging, dem es schließlich nur noch um Leben oder Tod gehen sollte.

2.
Stationen

Sympathie und »Verrat«

Die tragische Geschichte des Fritz Rodewald

Im März 1971 führte das Allensbacher Institut für Demoskopie eine Meinungsumfrage zum Thema »Baader-Meinhof: Verbrecher oder Helden?« durch. Darin wurden die Bundesbürger unter anderem danach gefragt, ob sie verfolgten Terroristen Nachtasyl geben würden. Der genaue Text der Frage lautete: »Einige Mitglieder dieser Gruppe werden ja von der Polizei noch verfolgt. Angenommen, jemand von dieser Gruppe würde Sie für eine Nacht um Schutz bitten: Würden Sie ihn für eine Nacht aufnehmen oder würden Sie das nicht tun?«[1] Darauf antworteten in der Altersgruppe der 16- bis 29-Jährigen zehn Prozent und in der Gesamtbevölkerung fünf Prozent mit »Würde ihn aufnehmen«; abgelehnt wurde diese Option dagegen von 65 beziehungsweise 68 Prozent. Während dieses Ergebnis in Teilen der Presse mit einer gewissen Besorgnis zur Kenntnis genommen wurde,[2] glaubte die RAF selbst darin eher das Gegenteil erkennen zu können.[3]

In einem im Oktober 1971 aufgefundenen, offenbar von Ulrike Meinhof verfassten und an das Kim-Il-Sung-Regime, offiziell an die Partei der Arbeit der Volksrepublik Koreas gerichteten Brief hieß es: »Bei der täglichen Hetze der gesamten westdeutschen Presse gegen uns […] ist diese Sympathiekundgebung ein erstaunliches Ergebnis. Sie zeigt, dass der bewaffnete Kampf als die richtige Methode von Widerstand gegen Ausbeutung und Unterdrückung allmählich verstanden wird. (Gemeinen Verbrechern bietet bekanntlich niemand Unterschlupf an.)«[4]

Doch die Mitbegründerin der RAF täuschte sich mit ihrer Kommentierung gleich in mehrfacher Hinsicht. Zum einen verwechselte sie die Anzahl der Gesamtbevölkerung mit der der jungen Erwachsenen und verdoppelte so auf einen Schlag den Anteil der vermeintlichen Sympathisanten, zum anderen behauptete sie noch im selben Brief, dass die Umfrage nur wenige Tage nach der Ermordung eines Mitglieds ihrer Gruppe durchgeführt worden sei, womit sie die Erschießung der 20-jährigen Petra Schelm im Zuge einer am 15. Juli 1971 von der Polizei in Hamburg abgehaltenen Großfahndung meinte. In Wirklichkeit jedoch war die Umfrage bereits im März und damit vier Monate zuvor durchgeführt worden, zu einem Zeitpunkt, als es noch kein Todesopfer zu beklagen gegeben hatte. Darüber hinaus aber dürfte die RAF-Frau, die wie keine andere die von ihrer Organisation beanspruchte politische Moral zu verkörpern schien, nicht geahnt haben, wie aktuell die Frage des Nachtasyls insbesondere für sie einmal werden würde.

Die Szene spielt sich im Jahr darauf in der Nacht vom 14. auf den 15. Juni in Langenhagen bei Hannover ab. Die von den Allensbacher Meinungsforschern aufgeworfene Frage, wie man sich in einem Falle verhielte, wenn ein polizeilich gesuchtes RAF-Mitglied um Unterkunft bitten würde, nimmt für einen links eingestellten Lehrer auf ebenso überraschende wie verhängnisvolle Weise Gestalt an. Eine ihm unbekannte Frau steht um 0:30 Uhr vor seiner Wohnungstür und bittet um Unterkunft. Sie hat kurz geklingelt und fragt, ob ein Paar einige Tage bei ihm in der Walsroder Straße 11 wohnen könne. Da der 33-jährige Friedrich »Fritz« Rodewald, ein Gastwirts- und Bauernsohn aus der niedersächsischen Provinz, in der Vergangenheit häufiger desertierenden US-Soldaten bei der Flucht behilflich war, indem er sie auf ihrem Weg nach Stockholm bei sich aufnahm, stellt er keine weiteren Fragen. Es wird vereinbart, dass das Paar am nächsten Tag um 18 Uhr aufkreuzen könnte. Doch kaum, dass die Unbekannte gegangen ist, erlebt der Quartiergeber ein Donnerwetter. Als er sich gerade hinlegen will, stellt ihn seine Lebensgefährtin, die 29-jährige Lehrerin Ulrike Winkelvoß zur Rede. Wie aus der Pistole geschossen hält sie ihm vor, es könne sich bei der ungebetenen Besucherin doch nur um jemanden aus der RAF handeln. Solche Leute, herrscht sie ihn an, wolle sie unter keinen Umständen aufnehmen. Die beiden streiten bis tief in die Nacht hinein.

Am nächsten Tag beschließt Rodewald, einen Freund um Rat zu bitten. Es soll sich dabei um den an der Technischen Universität Hannover lehrenden Soziologen Oskar Negt gehandelt haben, einen Exponenten der Frankfurter Schule, der als führender Kopf des *Sozialistischen Büros* und seit Tagen in der Presse auch als der wohl vehementeste RAF-Kritiker von links gilt.[5] Auf einem Solidaritätskongress für die in Kalifornien inhaftierte Angela Davis hat er am 3. Juni vor der Alten Oper in Frankfurt klipp und klar erklärt: »Es gab und gibt mit den unpolitischen Aktionen, für die die Gruppe um Andreas Baader und Ulrike Meinhof die Verantwortung übernommen hat, nicht die geringste Gemeinsamkeit, die die politische Linke der Bundesrepublik zur Solidarität veranlassen könnte [...] Die Fanale, die sie mit ihren Bomben setzen wollen, sind in Wirklichkeit Irrlichter. Wenn überhaupt von zusammenhängenden Vorstellungen einzelner dieser Gruppe gesprochen werden kann, so handelt es sich um ein Gemisch von Illegalitätsromantik, falscher Einschätzung der gesellschaftlichen Situation als offenen Faschismus und illegitimer Übertragung von Stadt-Guerilla-Praktiken auf Verhältnisse, die nur aus einer Verzweiflungssituation heraus mit Lateinamerika verwechselt werden können [...] Die Pathologie dieser Gruppen reicht nicht hin, auch nur die pathologischen Erscheinungsformen des Kapitalismus zu treffen, sondern sie ist deren ganz getreues Spiegelbild. Und weil diese Gruppen den Bedürfnissen des Systems entgegenkommen, alle sozialistische Politik zu kriminalisieren, sollten sie ihren aussichtslosen Kampf einstellen und ihre Niederlage offen eingestehen, um nicht noch andere, vor allem Jüngere, in selbstmörderische Abenteuer hineinzuziehen.«[6] Die Worte waren umso mutiger, als Negt mit seinem Ausstiegsappell 10 000 Zuhörer nur unweit jenes Ortes konfrontierte, an dem Andreas Baader drei Tage zuvor nach einer wilden Schießerei zusammen mit Holger Meins und Jan-Carl Raspe verhaftet worden war. Wegen seiner kompromisslosen Haltung gegenüber dem RAF-Terrorismus war er anschließend auf einer der Veranstaltungen im Rahmen des Angela-Davis-Kongresses von zahlreichen Rednern als »unsolidarisch« angegriffen worden. Als Wortführer trat dabei der 24-jährige Joschka Fischer von der Frankfurter Betriebsprojektgruppe *Revolutionärer Kampf* hervor.

Mit seinem Freund bespricht Rodewald nun in einem Café das Dilemma, in das er durch die unbekannte Besucherin geraten ist.[7] Dieser soll ihm zugeredet haben, so wird berichtet, sich nicht an seine Zusage zu halten. Wie auch immer das Gespräch im Einzelnen verlaufen sein mag, es gibt auf jeden Fall den Ausschlag. Rodewald begibt sich nämlich anschließend – mittlerweile ist es 15:30 Uhr – zur Hauptpost, sucht dort eine Telefonzelle auf und wählt die 110. Bei der Polizei fragt er an: »Gibt es bei Ihnen ein Sonderkommando Baader-Meinhof?« Er wird weitergeleitet und mit Hauptkommissar Erwin Schmidt verbunden, dem Leiter des Landesfahndungskommandos. Dieser vereinbart mit dem Anrufer ein Treffen in der Polizeidirektion. Rodewald erzählt dem Beamten von seinem Verdacht. Der erklärt, man werde sich die Sache näher ansehen. Einige seiner Kollegen würden das Haus in der Walsroder Straße inspizieren. Erst gegen 19:45 Uhr kehrt Rodewald nach Hause zurück. Als er dort eintrifft, erwartet ihn eine faustdicke Überraschung. Schon im Treppenhaus kommt ihm Hauptkommissar Schmidt mit einem triumphalistischen Grinsen auf ihn zu. »Es ist alles gelaufen«, ruft er aus, »wir haben sie schon mitgenommen.« Als Bestätigung für ihre Vermutung, dass es sich um RAF-Mitglieder handeln könnte, reicht den Fahndern, was sie in der Wohnung gefunden haben: Waffen, Munition, gefälschte Papiere – ein ganzes Arsenal. Und in einem wegen seiner roten Farbe auffälligen und wegen seines horrenden Gewichts verdächtigen Kosmetikkoffer der Marke »Royal« finden sie in Geschenkpapier eingewickelt eine 4,5 Kilogramm schwere Bombe, genau des Typs, den die RAF im Monat zuvor für ihre Anschlagserie auf US-amerikanische Militäreinrichtungen und das Springer-Hochhaus in Hamburg verwendet hat. Allerdings ist dem Fahndungskommando noch nicht klar, mit wem genau man es zu tun hat. Die festgenommene Frau machte einen abgemagerten Eindruck, war ganz in Schwarz gekleidet und trug eine blonde Perücke, unter der eine schwarze Kurzhaarfrisur zum Vorschein kam. Erst durch eine am selben Abend gewaltsam durchgeführte Röntgenuntersuchung ihres Kopfes gelingt es, ihre Identität zu klären. Es ist die seit der »Baader-Befreiung« im Mai 1970 steckbrieflich gesuchte Ulrike Meinhof, die ehemalige *konkret*-Kolumnistin, Mitbegründerin der RAF und Chefpropagandistin des bewaffneten Kampfes. Sie hatte ihr Aussehen offenbar derart verändert, dass es selbst geschulten Polizeibeamten unmöglich war, sie anhand der Fahndungsplakate zu identifizieren.[8]

Bei ihrem Begleiter handelt es sich um den 24-jährigen Gerhard Müller, der der Polizei durch einen Einbruchdiebstahl und als Strichjunge bekannt war. Später stellt sich heraus, dass er dringend verdächtig ist, am 22. Oktober 1971 in Hamburg den Polizisten Norbert Schmid erschossen zu haben.[9] Das RAF-Mitglied Margrit Schiller, die zusammen mit ihm und Meinhof in das Geschehen verwickelt war, wird später als Zeugin vor dem Oberlandesgericht Stuttgart erklären: »Ich habe gesehen, wie Müller auf Schmid geschossen hat.«[10] Der Meinhof-Begleiter wird vom BKA zum Kronzeugen für das Hauptverfahren gegen die RAF-Spitze in Stammheim aufzubauen versucht und am 16. März 1976 vom Landgericht Hamburg wegen Mitgliedschaft in einer kriminellen Vereinigung, Beihilfe zum Mord und verschiedenen anderen Delikten zu einer zehnjährigen Gefängnisstrafe verurteilt. Wegen des mutmaßlich von ihm begangenen Polizistenmordes jedoch wird Müller niemals angeklagt. Im Gegensatz zur Bundesanwaltschaft, die noch in der Anklageschrift gegen Baader, Ensslin, Meinhof und Raspe davon ausgeht, dass Müller der Todesschütze gewesen sei, will das Hamburger Gericht plötzlich »keine hinreichende Bestätigung« der Verdachtsmomente mehr erkennen können.

Auf einer am 18. Juni in der Wohnung seines Rechtsanwaltes in Hannover durchgeführten Pressekonferenz versucht Rodewald sein Verhalten nachträglich zu rechtfertigen. Er wisse, erklärt der Volksschullehrer, der Vorstandsmitglied der *Gewerkschaft Erziehung und Wissenschaft* (GEW) ist, dass er in nächster Zeit wohl Angriffen ausgesetzt sei. »Ich habe nicht Linke preisgegeben«, verteidigt er sich, »sondern eine blutige Geschichte unblutig zu Ende gebracht.«[11] Weder die Polizei noch er selbst hätten bis zur Festnahme gewusst, um wen es sich bei den beiden Besuchern eigentlich gehandelt habe. Die für die Festnahme Ulrike Meinhofs ausgesetzte Belohnung wolle er als Spende verwenden, wahrscheinlich an die Verteidigung der »Baader-Meinhof-Gruppe«. Später spendet er die Summe anonym einer Organisation, die von manchen als der »legale Arm der RAF« angesehen wird, der *Roten Hilfe*.

Doch rasch zeigt sich, dass auch diese Geste vermeintlicher, wohl aus schlechtem Gewissen rührender Solidarität vergeblich ist. Für die radikale Linke ist klar, dass Rodewald nur ein »Verräter« sein kann, der mit Ulrike Meinhof nicht nur ein führendes RAF-Mitglied, sondern auch eine überzeugte Antifaschistin ans Messer geliefert hat. Und den meisten Konservativen missfällt, dass ausgerechnet der Mann, der die Polizei verständigt hat, nun das zweideutige Agieren von RAF-Anwälten unterstützen will. Rodewald muss schmerzlich erfahren, gebrandmarkt und überall fallen gelassen zu werden – in seiner Schule, in seinem Freundes- und Bekanntenkreis, aber auch von seiner Gewerkschaft. Niemand will mit ihm, dem »Meinhof-Verräter«, noch etwas zu tun haben. Seine Lage wird immer bedrohlicher. Er taucht monatelang unter, gilt als hoch gefährdet und wird unter Polizeischutz gestellt. Der psychische Druck nimmt so sehr zu, dass auch die Beziehung zu seiner Lebensgefährtin zerbricht. Als ihm für die Einschaltung der Polizei das Bundesverdienstkreuz verliehen werden soll, lehnt er die Ehrung ab. Jahre später findet er jedoch mit seiner Frau wieder zusammen. Es scheint, als sollte für die beiden doch noch alles gut werden.

Doch dann kommt der 3. Dezember 1999. Ulrike Winkelvoß büßt bei einem tragischen Unfall ihr Leben ein – während eines Sturmes auf einem Campingplatz in Dänemark. Sie wird von einem Wohnwagen erschlagen, den eine Böe erfasst und durch die Luft gewirbelt hat. Sie war ein Flüchtlingskind, die Eltern überzeugte Anhänger des Nationalsozialismus, der Vater später Landtagsabgeordneter der

NPD. Ihr Lebensmotto, so erzählt es jedenfalls Rodewald, soll »Nie wieder Auschwitz« gelautet haben.

Kurz zuvor hat Günter Grass Rodewalds Geschichte in seinem Werk *Mein Jahrhundert* wiedergegeben. In die hundert Erzählungen, die jedes Jahr des Centenniums würdigen, ist als exemplarische Kurzgeschichte für das Jahr 1972 die Verhaftung Ulrike Meinhofs aufgenommen. Der Schriftsteller, der 1999 den Nobelpreis für Literatur erhält, hat aber offenbar auf eigene Recherchen verzichtet. Er stützt sich im Wesentlichen auf einen *Spiegel*-Artikel, dessen Inhalt von ihm für bare Münze genommen wird.[12] Am Ende heißt es, der Grundschullehrer bleibe trotz der Spende seiner Belohnung bedrückt, »[...] weil er nun lebenslang der Mann bleibt, der 110 gewählt hat.«[13] Rodewald wendet sich der Fehler wegen an den Steidl Verlag und bittet um eine Korrektur. Auf eine Antwort wartet er vergeblich.

Von der so folgenreichen Nacht im Juni 1972 kommt und kommt Rodewald nicht mehr los. Jahre nach dem Tod seiner Frau will er ihr ein publizistisches Denkmal setzen und sich in gewisser Weise von dem Fluch befreien, als den er seine Entscheidung, die Polizei gerufen zu haben, empfindet. Er schreibt ein von selbstquälerischen Zügen nicht freies »Reise- und Trauertagebuch«. Eine der Ersten, die es zu lesen bekommen, ist die Journalistin Christiane Schlötzer. In einem Artikel für die *Süddeutsche Zeitung* macht sie im Frühjahr 2006 ein größeres Publikum mit den Hintergründen der angeblichen Verräter-Geschichte vertraut.[14] Das Buch erscheint schließlich 2009 im Berliner Oberbaumverlag und trägt den Titel *Ich küsse Deinen Schatten*. Darin beschreibt Rodewald ausführlich, was sich in jener verhängnisvollen Nacht und an dem darauf folgenden Abend abgespielt hat und fast ausnahmslos nicht nur falsch, sondern auch zu seinen Ungunsten wiedergegeben worden ist. Über das »Trauma der Meinhof-Verhaftung« und wie er zum »Haßobjekt der RAF und ihrer Sympathisanten« geworden ist, schreibt er in einem Duktus, als habe ein Verhängnis auf unentrinnbare Weise seinen Lauf genommen:

»Wir wohnten zu der Zeit in Langenhagen bei Hannover. Eines Abends Mitte Juni 1972 klingelte es bei uns kurz vor Mitternacht. Ich öffnete das Guckfenster in der Wohnungstür. Draußen stand eine mir fremde Frau. Sie bat mich sie herein zu lassen. Sie hätte was Wichtiges mit uns zu besprechen. Ulrike blieb im Bett. Im Wohnzimmer fragte mich die Frau, ob bei uns für ein paar Tage ein Paar wohnen könne. Diese Situation war für mich nichts Neues. Während des Vietnamkrieges war ich Glied einer Kette, durch die desertierte amerikanische Soldaten nach Schweden geschleust worden wurden. Daher wußte ich, dass man nicht fragt, um wen es sich handelt. Ich sagte ihr zu und wir verabredeten, dass das Paar am nächsten Tag nach achtzehn Uhr kommen könne. Die Frau fragte mich noch, ob wir mit dem Paar auch politisch diskutieren wollen. Da hätte ich eigentlich hellhörig werden müssen. Ich verneinte das, denn aus meiner Schleusertätigkeit war mir bewußt, dass auch solche Gespräche vermieden werden müssen. Dann konnte man im Falle des Auffliegens auch nichts verraten. Die Frau ging und ich zu Ulrike ins Bett. Sie war noch wach und sagte sofort: ›Das sind Leute von der RAF. Die will ich nicht in meiner Wohnung haben.‹ Ich warf ihr vor: ›Du sitzt jetzt aber wirklich der allgemeinen Hysterie auf. Ich habe mich doch öffentlich von der RAF abgegrenzt. Die kommen nie zu uns.‹ Wir zankten uns lange. Am nächsten Morgen fing Ulrike gleich wieder davon an und sagte, dass wir zur Polizei gehen müssen. Wenn es Menschen wären, die nichts mit der RAF zu tun haben, hätten die auch nichts zu befürchten. Wären es RAF-Angehörige, dann hätten wir sehr viel zu befürchten. Ich versprach einen Freund aufzusuchen, um mit ihm zu einer Entscheidung zu kommen. Nach der Arbeit fuhr ich sofort zu einem Freund. Wir kamen zu der Ansicht, dass Ulrike Recht hat. Ich ging zum Landeskriminalamt und erzählte dort von dieser Geschichte. Sie waren mäßig hellhörig. Wollten sich aber das Wohnhaus ansehen. Von der Polizei fuhr ich zum Unterschreiben eines Mietvertrages nach Hannover-Linden. Wir hatten dort eine Wohnung gefunden. Dann fuhr ich gegen fünfzehn Uhr zu unserer Wohnung nach Langenhagen.

Ich hatte einen alten VW. Der war mit Parolen beschrieben und voller Flugblätter. In den Augen bürgerlicher Menschen sah er wild aus. Ich mit meinen langen Haaren und dem Bart auch. Als ich das Auto vor der Wohnung auf dem Bürgersteig parkte, war dort Aufruhr. Eine sich heftig wehrende und schreiende Frau wurde aus unserem Wohnhaus geschleppt. Da raste mein Herz schon in banger Furcht. Ich schloss das Auto ab und bemerkte, dass ein unauffällig gekleideter Mann interessiert in mein Auto sah und mich, den bärtigen Langhaarigen unauffällig musterte. Durch viele Demonstrationen war mir klar: Das ist ein Kriminaler. Er blieb in einiger Entfernung stehen und folgte mir ins Treppenhaus. Meine Nackenhaare sträubten sich. Die Schulterblätter zogen sich vor Angst zusammen. Ich sagte mir: Bloß keine falsche Bewegung, sonst knallt er Dich ab. Diese Angst war berechtigt. Im Rahmen der Fahndung waren durch die Polizei schon Menschen erschossen worden. Alle hatten Angst. Auch die Polizisten. Vor der Wohnungstür griff ich mit zwei weit gespreizten Fingern in die Jackentasche, um die Schlüssel heraus zu holen. Dabei zitterte ich vor Angst. Als ich den Schlüssel in die Wohnungstür steckte, wurde sie aufgerissen. Ich starrte in zwei Pistolenläufe. Sie senkten sich aber sofort. Die beiden Kriminalbeamten erkannten mich. Sie hatten meine Meldung entgegen und gar nicht so ernst genommen. Nun waren sie kreidebleich, aufgeregt und sagten gleich. ›Schauen Sie sich mal an, wen Sie beherbergen wollten.‹ Im Wohnzimmer lagen Pistolen und eine Maschinenpistole auf dem Tisch. Mehrere Gepäckstücke standen herum. Darunter ein Schminkkoffer. Der war ungewöhnlich schwer, wie die Polizisten schon herausgefunden hatten. Mir rutschte das Herz in die Hose. Eine Ahnung beschlich mich, was auf uns zukommen würde. Aber diese ängstliche Ahnung war paradiesisch im Vergleich, was uns in den folgenden Jahren passierte. Mich bis heute verfolgt und quält. Die Polizisten wollten gleich wissen, ob ich der Frau nicht doch Schlüssel gegeben hätte. Das hatte ich nicht. Die Beiden waren nicht zur verabredeten Zeit erschienen. Wir stellten fest, dass sie das Guckfenster in der Tür aufgebrochen hatten, so dass sie an die Klinke kommen konnten.

Die Beamten erzählten mir den Hergang der Verhaftung. Sie seien mit dem Mieter zur Besichtigung der Ortsverhältnisse im Treppenhaus gewesen. Da sei ein Paar mit schwerem Gepäck heraufgekommen und hätte nach der Wohnung von uns gefragt. Die Beamten sind mit dem Besitzer in dessen Friseursalon ins Nachbarhaus zur Lagebesprechung gegangen. Da sei der Mann des Paares vorbei gekommen und zu einer Telefonzelle gegangen. Kurz entschlossen hätten sie ihn verhaftet. Dann seien sie zur Wohnung gegangen. Dort hätten sie einfach in einem Rhythmus geklopft. Die Tür sei von einer schwarzhaarigen Frau aufgemacht worden. Die hätte sofort geschrien ›Ihr Bullenschweine‹. Sie hätten sie überwältigt und in die Polizeikaserne nach Hannover bringen lassen. Ich rief bei Ulrike in der Schule an und sagte ihr, dass sie zu Freunden fahren solle. Ich würde später dort vorbeikommen. Die Kriminalbeamten packten alle Sachen zusammen und wollten wegfahren. Da intervenierte ich. Denn draußen hatte sich schon eine Menge Menschen angesammelt. Darunter auch Journalisten. Ich wolle mitgenommen werden, um Zeit zu haben, zum Überlegen und Planen. Es sind Mitglieder der RAF. Das ließ sich nicht mehr leugnen. In wenigen Tagen wurden Holger Meins, Jan-Carl Raspe und Andreas Baader verhaftet. [Hier irrt Rodewald. Die Verhaftung der drei war bereits am 1. Juni, also zwei Wochen zuvor, in Frankfurt erfolgt, W.K.] Wenig später Gudrun Ensslin. [Hier irrt Rodewald ebenfalls. Ensslin war bereits am 7. Juni in Hamburg verhaftet worden, W.K.] Alle vom harten Kern der RAF. Die Kripobeamten nahmen mich also pro forma fest und mit zum Landeskriminalamt. Man platzierte mich neben dem Schreibtisch des Einsatzleiters. Dort sass ich bis in den sehr späten Abend. Bei der Durchsuchung des Gepäcks fand die Kripo in der Tasche der Frau zu ihrer Überraschung und Freude eine mit Maschine getippte Liste. Sie umfaßte über achtzig Adressen im In- und Ausland. Eine Neue war handschriftlich hinzugefügt. Unsere. Da war ihnen sofort klar, um was es sich handelte. Die Großfahndung erlebte ich mit. Der leitende Kripobeamte war wohl auch blauäugig, dass er mich das alles erleben ließ. Er bekam später einen Rüffel dafür. Der von Experten geöffnete Schminkkoffer enthielt eine Bombe, wie sie bei den Attentaten auf amerikanische Kasernen und das Springerhochhaus in Hamburg benutzt worden waren. Anhand dieser Bombe konnte man der RAF diese Attentate nachweisen. Der Mann konnte anhand seiner Fingerabdrücke schnell identifiziert werden. Es war ein junger Mann aus dem Stricher- und Kriminellenmilieu in Hamburg. Nur die der Frau gewaltsam abgenommenen Fingerabdrücke brachten keine Aufklärung. Von vielen Mitgliedern der RAF gab es sie nicht. Sie waren früher nicht mit dem Gesetz in Konflikt geraten. Es war also nicht klar, um wen es sich handelte. Einer der Kripobeamten blätterte im neuen STERN, der im Gepäck der Frau war. Da machte er eine Entdeckung. Das Heft war voll mit Geschichten über die RAF. Ihre Taten und ihre Mitglieder. So wie alle Zeitungen und Magazine der damaligen Zeit. Ulrike Meinhof war die gesuchteste Frau. Einen ähnlichen Prozess gab es in den USA. Dort wurde eine schwarze Frau auch so gejagt: Angela Davis. Der Kripobeamte entdeckte beim Blättern Röntgenbilder von Ulrike Meinhofs Kopf. Sie wurde vor Jahren an einem Gehirntumor operiert und hatte noch eine Silberplatte im Kopf. Nun bestand die Chance, sicher fest zu stellen, ob sie es ist. Die Frau wurde zur Medizinischen Hochschule gebracht. Der Arzt weigerte sich, sie gegen ihren Willen zu röntgen. Es war schon sehr spät abends. Ein Richter wurde geweckt und stellte die einstweilige Verfügung für das Röntgen aus. Es war Ulrike Meinhof. Die Freude bei allen Kripobeamten war riesig. Aber meine Angst und Furcht viel größer. Die Ahnung, was auf uns und besonders mich zukommen wird, blähte sich in mir und ließ mein Herz rasen und drückte mir die Luft ab. Mir war sofort klar, dass Ulrike und ich jetzt zum Hassobjekt der RAF und ihrer Sympathisanten würden. Daher war unser Bestreben, Ulrike möglichst raus zu halten. Dass wir auch von den Rechten und überhaupt abgelehnt würden, hatte ich nicht erwartet. Ich war blauäugig. Mir war klar, unser Leben wird nicht mehr so sein, wie es war. Wie sehr es unser Leben verändern, ja partiell zerstören würde, davon konnte ich noch keine Ahnung haben. Für ein paar Tage wohnten Ulrike und ich bei Freunden. Die Hatz auf uns setzte ein. Die ARD stöberte uns auf. Sie drängten mich zu einem Interview in der Tagesschau. In dem setzte ich der allgemeinen Hysterie entgegen, dass man auch Verständnis für die Beweggründe der RAF haben könne. Blauäugig wie ich eben auch war. Und ich war nicht der Einzige. Ich nahm öffentlich die Verantwortung auf mich, um Ulrike aus der Schusslinie zu bringen, in dem ich erzählte, dass ich zur Polizei gegangen bin. Dass sie im wahrsten Sinne des Wortes damit aus der Schusslinie war, auch das konnten wir noch nicht ahnen. Die Verständniserklärung hat eine Flut von Beschimpfungen auf mich niederprasseln lassen. Unser Rechtsanwalt wurde sofort von Kollegen und Medien als RAF-Anwalt verunglimpft. Er organisierte eine Pressekonferenz mit linken und liberalen Journalisten in seiner Wohnung. Die Absicht war klarzustellen, dass wir nichts mit der RAF zu tun hatten und auch bei der Quartiermachung nicht wußten, dass es sich um Mitglieder der RAF handelte. Als wir zur Pressekonferenz erschienen, sassen dort auch uneingeladene Journalisten. Ulrike und ich sprachen etwas aus, was die Wut auf uns zum Kochen brachte: Die RAF-Mitglieder hätten auf Grund des aufgeheizten Klimas keinen rechtsstaatlich, juristisch fairen Prozess zu erwarten. Wir würden daher die Belohnung der Verteidigung zur Verfügung stellen. Da verwandelte sich die Wut der Rechten: Wir wurden sozusagen zu Mitgliedern der RAF und zum Freiwild gestempelt. Nicht nur, dass wir die Verfolgung durch die RAF und ihre Sympathisanten zu fürchten hatten. Auch von rechts wurde getrommelt. Nach dieser Pressekonferenz tauchten Ulrike und ich auf polizeiliches Anraten wegen großer Lebensgefahr für einige Monate ab. Nun waren wir wie die RAF im Untergrund. Die Regierung bot uns eine neue Identität im Ausland an. Wir lehnten das ab. Wir konnten uns nicht ausmalen, was auf uns zukommen würde. Ich wurde von rechts und links abgelehnt. Die einen sagten: Er hat die Meinhof verraten. Die anderen sagten: Er hat die Meinhof beherbergt. Die Urteile waren schnell gefällt.

Aber unsere Taktik Ulrike raus zu halten, ging weitgehend auf. Jedenfalls öffentlich. Privat war das ganz anders. Unsere Beziehung veränderte sich. War ich abends mal nicht rechtzeitig Zuhause, oder Ulrike, bekam der jeweils andere Panik. Ulrike erhielt häufiger Anrufe: Wir trinken auf die Leiche. Es war einfach entsetzlich und für unsere Beziehung fast tödlich. Was sage ich da, es war tödlich.

Wir waren gerade erst zusammen gezogen. Konnten nun aber keine inneren Konflikte zulassen, geschweige denn austragen, weil die Bedrohung von außen zu groß war. Weil die von anderen Menschen im Hinblick auf uns gezogenen Konsequenzen schrecklich waren. Die gerade gemietete Wohnung zum Beispiel bekamen wir nicht. Ehemalige Freunde und Bekannte schnitten uns. Wir verloren sie fast alle. Ich mußte meine politische Tätigkeit aufgeben. Dadurch verlor ich fast alle sozialen Kontakte. Ulrike konnte weiter an ihrer Schule arbeiten. Bei mir weigerten sich die Kolleginnen und Kollegen mehrheitlich, dass ich an meiner Schule weiter unterrichte. Die Begründung war: Die RAF könnte eine Bombe in die Schule werfen. Überall Angst und Panik. Ich ließ mich vom Schuldienst beurlauben, um eine Doktorarbeit zu schreiben. Das mißlang, weil ich die Arbeit der Angstbewältigung und der neuen Identitätsbildung leisten mußte. Wir standen unter Polizeischutz. Bei konkreten Drohungen wohnten Polizisten in unserer Wohnung. Ich bekam eine kugelsichere Weste und wurde in Vorlesungen, die ich besuchte, unauffällig begleitet. Die Ausgrenzungen und diese Erfahrungen schürten reale und irreale Ängste. Panikträume waren die Folge. Paranoide Handlungsweisen stellten sich ein. Sie vergifteten unsere Liebe. Auch die sich neu entwickelnden Beziehungen. […] Wegen der Anfeindungen gab ich meine Position in der GEW auf. Das isolierte mich sehr. Die GEW ließ mich fallen wie eine heiße Kartoffel.

Als ich nach Jahren an der Pädagogischen Hochschule in Hannover eine Assistentenstelle antrat, gab es Protest unter Studenten gegen mich. Wie zum Hohn wurde in dieser Zeit von der Regierung Albrecht auch noch ein Berufsverbotsverfahren gegen mich in Gang gesetzt. Ich sollte aus dem Beamtenverhältnis entfernt werden. Ich hätte durch die Bezeichnung ›millionenfacher Zensurenterror in den Schulen‹ die Bundesrepublik im Ausland verunglimpft. So lautete in der Tat die Begründung. Nach der offiziellen Anhörung machte mein Rechtsanwalt der Regierung klar, gegen wen sie da eigentlich vorgehen wollten. Die Bundesrepublik müsse mir doch dankbar sein. Da wurde das Verfahren lapidar eingestellt. Dies war das einzige Mal, dass ich einen Vorteil aus der Verhaftung hatte. Ein anderes Beispiel für Verfolgung. Diesmal von der anderen Seite. Ich arbeitete als Außenredakteur bei einer linken pädagogischen Zeitschrift. Nach meiner ersten größeren Reportage setzte ein Sturm der Entrüstung ein, weil ich bei der Zeitschrift arbeitete. Es hagelte Anträge an die Redaktion ›den Verräter Rodewald raus zu schmeißen‹. Oder sie würden ihr Abonnement kündigen.

Nach Jahren wurde ich plötzlich von Kriminalbeamten vor meiner Haustür mit vorgehaltenen Pistolen abgefangen. Sie kamen von mehreren Seiten mit vorgehaltenen Pistolen auf mich zu. Ich bekam einen riesigen Schreck. Ich dachte natürlich sofort an ein Attentat. Sie nahmen mich mit aufs Revier. Sie verhörten mich einen ganzen Tag, weil sie der Meinung waren, ich hätte doch zur RAF gehört. Die Vernehmungsprotokolle tauchten dann gezielt in Hannover auf. Immer, überall, wieder und wieder Ablehnung. Gejagdwerden, Morddrohungen und pausenlos Angst. Die Polizei schätzte mich als höchst gefährdet ein. Ich erinnere mich, dass ich jahrelang unser Auto immer nur mit einem psychischen Kraftaufwand anlassen konnte. Jedes Mal dachte ich: Jetzt fliegst Du in die Luft. Fast jede Nacht Alpträume entsetzlichster Art. Ich wurde wach und lag von Angstpanik gelähmt im Bett. Ich war noch nicht einmal in der Lage, Ulrike zu wecken.

Ulrike war in ständiger Sorge um mich. In der realen Sorge um mein Leben. Auch in Sorge um meine psychische Verfassung. Sie mußte alles aushalten. Im ersten halben Jahr nach unserer Flucht besuchte uns niemand in unserer neuen Wohnung. Es war, als gäbe es uns nicht. Das verstärkte in mir Gefühle der Unsicherheit, der Verlassenheit. Das führte dazu, dass ich mich nur schwer auf neue Beziehungen einlassen konnte. Ich konnte es zwar nach außen. Aber im Innern fühlte ich mich einsam, verlassen und, was viel schlimmer war, ständig bedroht. Als Folge dieses Traumas stellte sich Arbeitsunfähigkeit ein. Die Doktorarbeit wurde nichts. Meine Seminare an der PH waren nicht gerade gut. Die Beziehung zu Ulrike litt. Ich konnte gar keine Kritik vertragen. Schon der leiseste Hauch führte in mir zu Panik und Beziehungsabbruch.«[15]

Rodewald und seine Frau trennen sich. Wegen der Angst, dass RAF-Mitglieder oder -Anhänger einen Anschlag auf ihn verüben könnten, geht er nach Spanien und arbeitet dort über mehrere Jahre hinweg als Reiseleiter. Nach seiner Rückkehr beginnt er eine Therapie, weil er sich labil und selbstmordgefährdet fühlt. Da es ihm nach einiger Zeit wieder besser geht, beginnt er im Rahmen einer psychoanalytischen Ausbildung eine Lehranalyse. Als er am 18. August 2009 von einem Boule-Turnier in Timmendorf zurückkehrt, stirbt er 70-jährig überraschend in seinem niedersächsischen, in der Nähe von Hildesheim gelegenen Geburtsort Rössing. Erst zwei Tage später wird er in seiner Wohnung aufgefunden. Als man nach ihm sucht, steht die Wohnungstür offen.

Sartre in Stammheim

Der Philosoph beim Staatsfeind Nummer Eins

Eine denkwürdige Aufnahme. Zu sehen sind drei Insassen eines Pkws: auf dem Beifahrersitz Jean-Paul Sartre, der berühmteste Philosoph seiner Zeit; auf dem Rücksitz dahinter ein Rechtsanwalt, der RAF-Verteidiger Klaus Croissant, über dessen Kanzlei behauptet wurde, sie sei die größte Personal-Rekrutierungsstelle gewesen, über die die terroristische Gruppe jemals verfügt habe; und am Steuer Hans-Joachim Klein, ein damals noch völlig unbekannter junger Mann, dessen Bild jedoch ein Jahr später um die Welt ging, als er an der Seite des international gesuchten Terroristen Carlos am blutigen Überfall auf das OPEC-Treffen in Wien beteiligt war.[16] Von der Kamera nicht eingefangen wurde hingegen jene Person, die für das Zustandekommen dieses denkwürdigen Trios nicht ganz unwichtig, vielleicht sogar unverzichtbar gewesen ist: Daniel Cohn-Bendit, die Ikone des Pariser Mai, späterer Grünen-Politiker und langjähriger Europa-Abgeordneter seiner Partei in Straßburg. Die Aufnahme ist vor über vier Jahrzehnten in Stuttgart gemacht worden, am 4. Dezember 1974.

Nichts hat, so ließ sich bereits kurze Zeit später feststellen, Sartres Ruf in Deutschland so sehr beschädigt wie seine Bereitschaft, damals Andreas Baader, dem führenden Mann der RAF einen Besuch in Stuttgart-Stammheim abzustatten. Sartres als Solidaritätsakt geplante Visite wurde zum öffentlichen Fiasko, aber auch zu einer ganz persönlichen Blamage. Dass er damit weder den im Hungerstreik befindlichen RAF-Gefangenen noch sich selbst einen Gefallen getan hatte, verriet sich bereits auf der anschließenden Pressekonferenz in einem Stuttgarter Hotel. Als Sartre seine Eindrücke von »Baaders Zelle« beschreiben wollte, stellte sich heraus, dass er diese gar nicht gesehen haben konnte, sondern lediglich den Besucherraum. Seine Beurteilung der Haftbedingungen erwies sich damit als völlig wertlos. Doch das war keineswegs alles. Heute ist es möglich, die Geschichte dieses spektakulären Besuches genauer nachzuzeichnen und neu zu bewerten. Denn inzwischen liegen Quellen vor, die sozusagen einen Blick hinter die Gardinen erlauben.

Die Frage, die sich seit jenem Dezembertag stellt, lautet: Wie hatte es die RAF überhaupt fertiggebracht, einen der bedeutendsten Philosophen des 20. Jahrhunderts zu ihrem verlängerten Arm zu machen? War es von Sartres Seite aus betrachtet schlichtweg Naivität? Oder war für ihn die RAF einfach eine Projektionsfläche, weil er in Baader, Meinhof, Ensslin und den anderen eine Art Widerstandsgruppe zu erkennen glaubte? Und hatte er nicht selbst – man denke nur an sein Vorwort zu Fanons *Die Verdammten dieser Erde*[17] – eine Einstellung, die ihn für die von der RAF propagierte Gewaltrhetorik besonders empfänglich machte? Und wer hatte ihn zu diesem öffentlichkeitswirksamen Akt, der so daneben ging, überhaupt gewonnen?

Um zu begreifen, was sich damals abgespielt hat, und um mit einem Abstand von vier Jahrzehnten beurteilen zu können, wie es zu dem denkwürdigen Quartett hatte kommen können, muss man ein wenig ausholen und den Zusammenhang in Erinnerung rufen, in dem der Besuch des weltberühmten Philosophen und Autors stand.

Der dritte Hungerstreik

Die Geschichte der RAF ist durch kaum etwas so sehr geprägt worden wie durch ihre Hungerstreiks.[18] Nachdem die Gründer der RAF im Juni 1972 verhaftet worden waren, setzten sie den Hungerstreik zielgerichtet als Mittel zur Fortsetzung ihres längst aussichtslos gewordenen politischen Kampfes ein. Es waren insgesamt zehn; der erste fand 1973 statt, der letzte im Frühjahr 1989. Die RAF-Gefangenen forderten neben einer Verbesserung ihrer Haftbedingungen vor allem ihre Zusammenlegung und beanspruchten überdies eine Anerkennung als Kriegsgefangene. Der längste und härteste Hungerstreik war der dritte. Er begann am 13. September 1974 und sollte nicht weniger als 145 Tage andauern. Im Kontext dieses Konfliktes stand Sartres Besuch in Stammheim.

Trotz künstlicher Ernährung starb nach 58 Tagen einer der Gefangenen. Es war der 9. November 1974. Der Tote hieß Holger Meins. Er war 33 Jahre alt geworden. Am Ende wog er bei einer Größe von 1,86 Meter nicht mehr als 39 Kilogramm. Ein Foto seines ausgemergelten Leichnams wurde anschließend auf Demonstrationen wie eine Monstranz umhergetragen, um damit die als unmenschlich angesehene Praxis von Staat und Justiz anzuprangern. Am 18. November 1974 wurde Meins in Hamburg zu Grabe getragen. An der Beerdigung nahm auch der damalige RAF-Anwalt und spätere Bundesinnenminister Otto Schily teil. Er sprach von einer »Hinrichtung auf Raten«. In mehreren Städten kam es zu Demonstrationen mit Tausenden von Teilnehmern. Sie warfen den Justizbehörden eine Mitschuld am Tod des Hungerstreikenden vor. Wie aufgewühlt und auch rachedurstig die Atmosphäre damals war, lässt sich daran erkennen, dass Hans-Joachim Klein – wie er später in einem niederländischen Dokumentarfilm einräumte – fest entschlossen war, in Reaktion auf den Tod des Hungerstreikenden zwei Polizisten zu erschießen.[19] Es sei lediglich dem mäßigenden Einfluss seines Freundes und späteren Kabarettisten Matthias Beltz zuzuschreiben gewesen, dass er sich auf einer anschließenden Demonstration von einer solchen Mordtat habe abhalten lassen.

Doch was in Frankfurt gerade noch in letzter Minute verhindert werden konnte, das wurde zur selben Zeit in West-Berlin gespenstische Wirklichkeit. Unbekannte Mitglieder der *Bewegung 2. Juni* erschossen dort den Kammergerichtspräsidenten Günter von Drenkmann, einen als liberal geltenden Juristen, der nicht einmal etwas mit RAF-Verfahren zu tun hatte. Die Attentäter, die den Richter ursprünglich hatten entführen wollen, waren auf eine besonders infame Weise vorgegangen. Sie klingelten am Abend mit einem Fleurop-Blumenstrauß in ihren Händen und baten um Einlass. Als der 64-Jährige erkannte, was die Eindringlinge tatsächlich im Schilde führten, und sich zu wehren begann, zogen sie ihre Waffen und streckten ihn im Beisein seiner Ehefrau nieder.

Die RAF ließ keinen Zweifel daran aufkommen, wie sie zu der hinterhältigen Mordtat stand. Unter dem Titel »Solidarität und Lernprozeß« verfasste ihre in Stammheim inhaftierte Führungscrew kurz darauf eine im Brustton der Überzeugung gehaltene Rechtfertigungsschrift.[20] Die »Hinrichtung des Richters«, hieß es bereits im Untertitel, sei »ein Teil der Solidarität mit dem Hungerstreik der RAF«. Unerbittlich und voller Hassgefühl hieß es weiter: »Wir weinen dem toten Drenkmann keine Träne nach. Wir freuen uns über eine solche Hinrichtung. Diese Aktion war notwendig, weil sie jedem Justiz- und Bullenschwein klargemacht hat, dass auch er – und zwar heute schon – zur Verantwortung gezogen werden kann. Sie war nützlich, weil der Tod von Holger MEINS nicht nur bejammert worden ist [...] Sie war beispielhaft, weil sie dem dauernden Gerede über die Übermacht des Staatsapparates, das nur Resignation auslösen kann, ein Ende bereitet hat [...]«[21] Notwendig, nützlich, beispielhaft – die gesamte Diktion erinnerte an Ulrike Meinhofs bizarre Rechtfertigungsschrift für den Überfall der palästinensischen Terrororganisation *Schwarzer September* auf die israelische Olympiamannschaft, die sie als eine modellhafte antiimperialistische Aktion gefeiert hatte.[22]

Warum Sartre?

Man braucht nicht viel Phantasie, um zu begreifen, warum Sartre für einen Solidaritätsakt gegenüber der RAF geradezu disponiert gewesen sein dürfte. Grundlegend war seine Affinität zu einer revolutionär verstandenen Praxis der Gewalt und zu Gruppen der radikalen, nicht-kommunistischen Linken. Nach den Geschehnissen des Mai '68 hatte er sich demonstrativ auf die Seite der *Gauche proletarienne* gestellt, eine militant maoistische Organisation, zu der Alain Geismar, André Glucksmann, Serge July und Benny Lévy gehörten.[23] Ihr bundesdeutsches Pendant war die Frankfurter Betriebsgruppe *Revolutionärer Kampf* (RK), zu der neben Cohn-Bendit und Joschka Fischer zeitweilig auch Hans-Joachim Klein gehörte.[24] Die aus der antiautoritären Fraktion des *Sozialistischen Deutschen Studentenbunds* (SDS) entstandene Organisation lehnte die terroristische Praxis zwar ab, vertrat jedoch die Überzeugung, dass die RAF dennoch als ein Teil der Linken verstanden werden müsse und deshalb auch eine solidarische Kritik verdiene.[25] Diese etwa von Cohn-Bendit öffentlich vertretene Haltung beschreibt auch ziemlich genau Sartres Einstellung gegenüber der Gruppe um Baader und Meinhof.

Bei dem nicht nur von RAF-Verteidigern lautstark erhobenen Vorwurf der »Isolationsfolter« dürfte es in Sartres Ohren geklingelt haben. Sollte im Nachfolgestaat Nazi-Deutschlands erneut gefoltert werden? Und handelte es sich bei der Gruppe um Baader und Meinhof nicht um eine Art nachholender Résistance? Waren sie nicht – wie von vielen linken Intellektuellen behauptet – angetreten, einen »neuen Faschismus« zu bekämpfen?

Spätestens im Februar 1973 war durch ein *Spiegel*-Interview bekannt geworden, dass Sartre die sich im Nachbarland um die RAF abspielenden Geschehnisse aufmerksam verfolgte. Er hatte darin erklärt: »Eine starke revolutionäre Strömung ist offenbar in Westdeutschland nicht vorhanden. Aber es gibt Kräfte, die mir interessant erscheinen, beispielsweise die Baader-Meinhof-Gruppe. […] Sie trat wahrscheinlich verfrüht auf […] Aber es scheint mir, dass die Energie, der Geist der Initiative und der Sinn für die Revolution bei ihr reell waren.«[26] Damit hatte er sich weiter hervorgewagt, als es irgendein bundesdeutscher Linksintellektueller hätte tun können, ohne dafür in der Öffentlichkeit in der Luft zerrissen zu werden. Was er an der RAF – an deren revolutionärer Rolle er offenbar keinerlei Zweifel besaß – allein zu kritisieren schien, war das, was der SED-Kritiker und einstige Star-Intellektuelle der DDR, Wolfgang Harich, zuvor als »revolutionäre Ungeduld« bezeichnet hatte.[27] Die RAF, meinte Sartre, sei einfach zu früh losgeprescht. Es konnte insofern nicht weiter überraschen, dass ein RAF-Anwalt wie Klaus Croissant, der ständig auf der Suche nach Unterstützern und Bündnispartnern für seine Mandanten war, bei der Lektüre neugierig wurde.

Der Schriftsteller und Literaturnobelpreisträger Heinrich Böll hatte bei den Bestrebungen, sich öffentlich für eine Verbesserung der Haftbedingungen einzusetzen, die bis dahin vielleicht wichtigste Rolle eingenommen. Doch Böll, der einst sogar »freies Geleit für Ulrike Meinhof« gefordert hatte,[28] war mit seinen Vermittlungsversuchen immer mehr unter Beschuss geraten. Und der Aufmerksamkeitswert würde bei dem Mann, der im Unterschied zum bedeutendsten deutschen Nachkriegsautor 1964 die Entgegennahme des Nobelpreises für Literatur abgelehnt hatte, zweifelsohne noch höher ausfallen. Hinzu kam, dass Sartre in seiner eigenen Position denen der RAF sehr viel näher stand.

Warum Baader?

Am »Staatsfeind Nummer Eins«, wie Andreas Baader in der Hochzeit der RAF genannt wurde, schieden sich bereits frühzeitig die Geister. Den Schriftsteller Hans Magnus Enzensberger, bei dem er im Mai 1970 vergeblich Unterschlupf suchte, erinnerte er an einen »Zuhälter«,[29] Lorenz Jäger, einen Feuilleton-Redakteur der FAZ, der ihn als Gymnasiast erlebt hatte, beeindruckte er mit seiner »Raubkatzen-Eleganz«.[30] Für die einen war er ein bloßer »Kleinkrimineller«, in Anspielung auf seine Vernarrtheit in Sportwagen gar ein »Großhubraumfetischist mit übersteigertem Selbstdarstellungs- und Imponiergehabe« (Günter Wallraff), für die anderen war er ein »Revolutionär« und »die absolute Nummer Eins« innerhalb der RAF. Horst Herold, der damalige Chef des Bundeskriminalamtes, der ihn von Heerscharen von Polizisten jagen und hinter Schloss und Riegel bringen ließ, hatte durchaus Respekt vor ihm und nannte ihn sogar »einen Vulkan«.[31] Er attestierte ihm später eine »enorme kriminelle Kraftanstrengung«, mit der er nach innen seine Zellengenossen ideologisch zusammengehalten und nach außen die weiter im Untergrund operierenden RAF-Mitglieder dirigiert habe.[32] Innerhalb der RAF war Baader die unbestrittene Führungsfigur, ein Mann, der von seinen Mitgefangenen ebenso ironisch wie respektvoll als »Generaldirektor« bezeichnet wurde.

Warum es unbedingt Baader sein musste, der Sartre empfangen sollte, scheint intern keinen Moment lang eine offene Frage gewesen zu sein. Sartre gab später auf die Frage, warum er Baader und nicht Meinhof einen Besuch abgestattet habe, die schlichte Antwort, es heiße ja »Baader-Meinhof- und nicht Meinhof-Baader-Gruppe«. Das klang jedoch eher nach einer Verlegenheit. In dieser Hinsicht dürfte der prominente Autor ohnehin keine Wahl gehabt haben. Im Vorfeld war in den »info«-Zirkularen der RAF zweierlei verbreitet worden: Das Bundeskriminalamt beabsichtige, die Umstände des Hungerstreiks zu nutzen, um Baader zu ermorden; und nur durch den Besuch eines so prominenten Mannes wie Sartre könne dieser Mordversuch vielleicht noch verhindert werden. Sartre als indirekter Retter Baaders – so lautete jedenfalls die phantastisch anmutende Zuspitzung innerhalb der Gruppe. Im Auftrag der RAF-Spitze sollte nun Croissant an Sartre herantreten und ihn auffordern, Baader und keinem anderen einen Besuch abzustatten.

Das Tauziehen um den Besuch

Die konkreten Vorbereitungen für eine Einladung des Philosophen wurden nach den ersten Hungerstreik-Wochen getroffen. Am 21. Oktober 1974 verfasste Ulrike Meinhof den Entwurf eines Briefes, der im Namen aller im Hungerstreik befindlichen RAF-Gefangenen an Sartre gerichtet werden sollte. Da er einen zentralen Stellenwert einnimmt und zudem den Ton wiedergibt, in dem die RAF meinte mit Sartre umgehen oder besser umspringen zu sollen, sei hier eine längere Passage zitiert:

»sartre – wir wissen, dass du krank bist und wir wissen natürlich auch, dass es viele leute gibt, die andauernd was von dir wollen, obwohl du krank bist. Aber wir sind der Meinung, dass das, was wir von dir wollen, an dringlichkeit alles andere übertrifft. Wir – das sind die

40 gefangenen aus der RAF in westdeutschen und westberliner gefängnissen, befinden uns seit dem 13. September … im hungerstreik. Wir kämpfen mit diesem hungerstreik gegen unsere vernichtung in den gefängnissen durch sonderbehandlung, durch isolation. Wir sind entschlossen, mit diesem hungerstreik die institution isolation des imperialistischen vollzugs, mit der der staatsschutz gefangene revolutionäre zerstört, zu zerbrechen. – das ist die lage, die situation aus der heraus wir dir schreiben.

was wir von dir wollen ist, dass du im zusammenhang mit diesem hungerstreik, also jetzt – ein interview mit andreas baader machst. – erstens weil die bullen […] beabsichtigen, unsern hungerstreik dazu zu benutzen, andreas zu ermorden […] psychologisch-propagandistisch ist der mord an andreas lange vorbereitet. – es ist aber klar, dass wenn jetzt im zusammenhang mit dem hungerstreik in den zeitungen steht: sartre hat einen besuchsantrag für andreas gestellt, um mit ihm ein interview zu machen, ein stück schutz mehr […] hergestellt ist, es für die bullen ein stück schwieriger wird, den mord zu verschleiern, runterzuspielen, das heißt aber: durchzuführen.

Zweitens: wenn du das interview gemacht hast, dessen aktueller sofortiger zweck ist, den mord an andreas verhindern zu helfen, wird es eine politische funktion für die entwicklung de[r] metropolenguerilla, des bewaffneten, antiimperialistischen kampfes h i e r, der militärisch-politischen offensive und initiative in den zentren des imperialismus haben; … das interview gehört zu dem, was wir aus der äußeren defensive selbst machen können. Es ist dazu nicht notwendig, dass du uns in allem zustimmst. Was wir wollen ist, dass du uns den schutz deines namens gibst und deine fähigkeit als marxist, philosoph, journalist, moralist für das interview einsetzt, um uns die möglichkeit zu geben, dadurch bestimmte politische inhalte für die praxis des antiimperialistischen, bewaffneten kampfes zu transportieren. Und sieh, dass zumindest den besuchsantrag sofort zu stellen notwendig ist. Dass es eilt.«[33] Das hatte mit Höflichkeiten nichts zu tun und klang ziemlich unverfroren. Der Tonfall machte unmissverständlich klar, wer hier was zu sagen hatte. Revolutionäre erteilten einem Intellektuellen, einer in ihren Augen besonders verachtenswerten Spezies, Anweisungen.

Offenbar gab es zunächst Probleme, mit Sartre Kontakt aufzunehmen. Doch dann hatte man es geschafft, die vermeintliche Mauer zu durchdringen. Auf einem Zettel findet sich die handschriftliche Notiz: »Cohn-Bendit hat's geschafft, die haben Sartre nur abgeschirmt, als er erfahren hat, war er sofort dazu bereit. Nur: weil er krank ist, muß Anwalt nach Paris + alles organisieren.«[34] Am 3. November war es schließlich so weit, Croissant traf in Paris ein und übergab Sartre den von Gudrun Ensslin nur geringfügig geänderten Brief.

In einer Art Gesprächsprotokoll hat Croissant genau notiert, was sich in den Mittagstunden in Sartres Wohnung abspielte. Zwei Redakteure von *Libération*, Massimo Dinola und Alain Dugrand, brachten ihn dorthin. »Sartre«, hielt Croissant fest, »hat mich in Ruhe angehört, hat schnell begriffen, hat dann den beiden Libération-Leuten den Besuchsantrag diktiert. Ich hatte den von G. [gemeint ist Gudrun Ensslin, W.K.] etwas abgeänderten Brief von u. [gemeint ist Ulrike Meinhof, W.K.] an Sartre mitgenommen und ihn übersetzen lassen. Sartre wird mit einem Begleiter fliegen […] Ich bin überzeugt, dass dieses Interview gut wird. Er wird – und umgekehrt – mit Andreas das richtige Gespräch führen.«[35] Dann ging alles sehr schnell. Als Simone de Beauvoir wie üblich zur Mittagspause erschien, war bereits alles vorüber. Sartre schickte den Brief, mit dem er sich an den zuständigen Richter wandte und um eine Erlaubnis für seinen Besuch bat, umgehend ab. Noch am selben Tag konnte Croissant die Presse von dem Besuchsvorhaben unterrichten.

In dem Schreiben, dessen Original in Koblenz viele Jahre später in einer Ausstellung des dortigen Bundesarchivs zur Geschichte der RAF besonders herausgestellt und in einer Vitrine präsentiert worden ist, heißt es: »Ich, der Unterzeichnete Jean-Paul Sartre, beantrage die Erlaubnis für ein Gespräch mit dem Gefangenen Andreas Baader, dem ich einige Fragen stellen möchte, die für das Verständnis der Welt der 70er Jahre wesentlich sind: Die Konzeption der revolutionären Aktion, die sie tragende Ideologie und die wichtigsten Wirkungen, die von ihr zu erwarten sind.«[36] Da er nicht genügend Deutsch könne, schlage er vor, seinen »Freund Daniel Cohn-Bendit« als Dolmetscher zu wählen.

Von den in Zweifel gezogenen und von Anwälten als »Isolationsfolter« skandalisierten Haftbedingungen war darin erstaunlicherweise mit keinem einzigen Wort die Rede. Stattdessen sollte es, als wollten sich zwei Revolutionäre über die Gültigkeit ihrer jeweils favorisierten Strategien zum Sturz des Systems austauschen, um die »Konzeption der revolutionären Aktion« gehen. Das war nicht gerade eine taktische Meisterleistung und machte eher einen ziemlich blauäugigen Eindruck. Das Risiko, damit gerade jenen Argumente in die Hand zu geben, die einen derartigen Prominentenbesuch verhindern und so eine rhetorische Schützenhilfe für die RAF unterbinden wollten, war jedenfalls unübersehbar.

Als Sartres Schreiben beim Stuttgarter Oberlandesgericht eintraf, wurde plötzlich die Einstellung von Baaders Zwangsernährung angeordnet. Eine andere Reaktion ließ ebenfalls nicht lange auf sich warten. Sie stammte jedoch nicht von dem zuständigen Gerichtsvorsitzenden, sondern von Generalbundesanwalt Siegfried Buback und richtete sich nicht etwa an Sartre. Am 18. November 1974 wandte sich Buback an den vorsitzenden Richter des Oberlandesgerichts Stuttgart, Theodor Prinzing, und sprach sich »mit Entschiedenheit« – wie es hieß – gegen eine Erlaubnis für den Sartre-Besuch aus.[37] Deutschlands oberster Strafverfolger vertrat die Ansicht, dass der Philosoph »für die kriminellen Ziele der Baader-Meinhof-Gruppe eingespannt und seine ›philosophische Autorität‹ für den Kampf der RAF gegen die rechtsstaatliche Ordnung schamlos mißbraucht werden« solle. Da die publizistische Auswertung des Besuchs als »eine Unterstützung einer kriminellen Vereinigung« zu bewerten und deshalb strafbar sei, verbiete sich die Erteilung einer Besuchserlaubnis. Seine Bedenken resultierten jedoch nicht nur aus den Propagandazielen der RAF, sondern auch aus einer Äußerung Sartres, mit der er sich den Ansichten einer terroristischen Gruppe offenbar angenähert hatte.

In einem Interview, das die Zeitschrift *L'Actuel* einige Monate zuvor mit ihm geführt hatte und das von dem in Wien erscheinenden Magazin *Forum* und der Frankfurter Studentenzeitung *diskus* nachgedruckt worden war, hatte Sartre auf die Frage, ob er eine Todesstrafe für die Gegner der Revolution befürworte, unmissverständlich geantwortet: »Ja. Nach der Revolution in einem Land, wo die Bourgeoisie gestürzt wurde, verdienen Bourgeois, die den Aufruhr schüren oder die konspirieren, die Todesstrafe [...] eine Revolution muß eine gewisse Anzahl von Menschen, die für sie eine Gefahr darstellen, loswerden, und ich sehe dafür keine andere Lösung, als sie zu töten; aus einem Gefängnis kann man immer herauskommen. Die Revolutionäre von 1793 haben wahrscheinlich nicht genug Menschen umgebracht – und damit unwillentlich die Wiederherstellung der Ordnung und letztlich die Restauration beschleunigt.«[38] Buback beschwerte sich allerdings auch darüber, dass »ausgerechnet ein Anarchist« wie Cohn-Bendit, der erst kurz zuvor für eine Solidarität mit der RAF aufgerufen habe, Sartre begleiten solle. Außerdem wollte Buback nicht ausschließen, dass Sartre angesichts »der Skrupellosigkeit der Bande« bei seinem Besuch als Geisel genommen werden könnte.

Doch der Generalbundesanwalt, der zweieinhalb Jahre später von einem RAF-Kommando in Karlsruhe, wo die Bundesanwaltschaft ihren Sitz hat, auf offener Straße ermordet werden sollte, konnte den Besuch nicht verhindern. Das Stuttgarter Oberlandesgericht glaubte mit Verweis auf das Alter des Besuchers und den – wie es hieß – »selbstverschuldeten Gesundheitszustand« Baaders kein Sicherheitsrisiko erkennen zu können.

Sartre wiederum konnte Bubacks Vorwürfe nicht unwidersprochen auf sich sitzen lassen. Er wehrte sich mit einer öffentlichen Erklärung gegen dessen Stellungnahme und bezeichnete sie als »beleidigend und bösartig«. Er fasste seine Besuchsziele noch einmal zusammen und gab seiner Empörung mit den Worten Ausdruck: »Dass diese klar bekräftigten Anliegen gegen das Gesetz verstoßen und der ›Unterstützung einer kriminellen Vereinigung‹ gleichgesetzt werden könnten, wirft ein beunruhigendes Licht auf die Institution der Bundesrepublik Deutschland.«[39] Durch die Intervention des Generalbundesanwalts sah er sich mit seinem Anliegen im Grunde nur noch weiter bestärkt.

Was die RAF von Sartre wirklich dachte, machte sie wenige Tage später in einem Zirkular vom 22. November deutlich. Darin echauffierte sich Ulrike Meinhof über Sartres Haltung Israel gegenüber und schrieb voller Verachtung, ja Ekel: »die pro-israel-scheiße von sartre zeigt, dass er eben auch ne ratte ist.«[40] In ihren Augen ließen sich seine Äußerungen nur als »geschleime vor der rechtspresse« und als »nackter opportunismus« erklären. Da war er wieder, der prinzipienlose Intellektuelle, dem die einstige *konkret*-Kolumnistin Meinhof selbst so ähnlich war und den sie eben deshalb meinte mit umso größerer Verachtung strafen zu müssen.

Baader hatte sich währenddessen eingehend auf den Besuch vorbereitet. Er wollte offenbar nichts dem Zufall überlassen. Er machte sich Notizen über den »charakter des krieges« und hielt in einem ultimativen Ton fest, als müsse er seine eigenen Überzeugungen noch einmal wachrufen: »›krieg führen, kämpfen, heißt leben‹ d.h. freiheit ist nur möglich im kampf für befreiung …«[41] Am Ende antizipierte er das Scheitern des offensichtlich geplanten Vorhabens, Sartre einspannen zu können, und notierte vorsorglich: »na, ja, wir dachten an einen freund, der in den tatsachen liest + lesen kann – und du kommst hier als richter dh. du kannst dieses gespräch ohne weiteres in dieser situation, in der es seine funktion wirklich hat – denn es liegen drei von uns im sterben – ohne weiteres gegen uns wenden […]«[42] Es sollte sich zeigen, dass er mit seiner Skepsis ein richtiges Gespür für die Unwägbarkeiten beim Zusammentreffen mit dem prominenten Besucher besaß.

In der Öffentlichkeit tobte zur gleichen Zeit ein erbitterter Streit darüber, ob man den Besuch überhaupt zulassen dürfe. Zwei Tage vor dem Termin meldete sich vor einem Millionenpublikum schließlich noch ein Skeptiker zu Wort. Es war der Fernsehjournalist Peter Merseburger. In *Panorama*, dem seinerzeit bekanntesten Politmagazin des deutschen Fernsehens, leitete er ein Sartre-Interview mit den Worten ein: »Die Tatsache, dass der französische Philosoph Jean-Paul

Sartre Andreas Baader im Gefängnis besuchen wollte, um mit ihm zu reden, genügte vielen, um Sartre vorzuwerfen, er habe sich seine Hände schmutzig gemacht, nun habe er sich endgültig disqualifiziert. Warum Sartre Baader im Gefängnis besuchen will, was auch wir nicht verstehen, weil wir glauben, dass er Baader überschätzt, wird er später in einem Interview erläutern.«[43]

Fragesteller war der deutsch-französische Linksintellektuelle Arno Münster. In seiner Antwort auf das »Warum« des Besuchs stellte Sartre klar, dass es bei seinem Treffen mit Baader nicht um eine Sympathieerklärung gegenüber der RAF gehe. Es handle sich, betonte er, »um eine allgemeine Sympathie« und nicht um eine spezielle. Da er sich allgemein der Linken verpflichtet fühlte, so ließ sich schlussfolgern, und die RAF von ihm als Teil der Linken betrachtet wurde, hielt er das Zusammentreffen mit Baader für gerechtfertigt. Zwei mögliche weitere Missverständnisse versuchte er auszuräumen. Da eine »revolutionäre Aktion« nur »die Sache der Massen selbst« sein könne, sehe er im Handeln der RAF »eine Art Putschstrategie«, die von der großen Mehrheit der Deutschen abgelehnt werde. Und zur Frage einer Übertragbarkeit derartiger Praktiken auf sein eigenes Land ließ er wissen: »Für Frankreich ist es völlig ausgeschlossen, durch terroristische Aktionen die sozialistische Revolution realisieren zu wollen.«[44] Zumindest das war unmissverständlich. In der Abmoderation des Interviews hieß es, man würde sich wünschen, dass es Sartre nun gelänge, Baader, Meinhof und deren Anhänger »von der politischen Sinnlosigkeit ihres Terrorismus« zu überzeugen. Das jedoch sollte sich schon bald als Wunschdenken erweisen. In dem hysterischen Klima jener Tage führte allein die Tatsache, dass Merseburger es gewagt hatte, Sartre interviewen zu lassen, zu der Forderung, ihn auf der Stelle abzulösen.[45]

In der Zwischenzeit ging der öffentliche Streit um den Stammheim-Besuch unvermindert weiter. Mit dem CSU-Politiker Hermann Höcherl forderte ein ehemaliger Bundesinnenminister seinen Amtsnachfolger Werner Maihofer noch am Vortag auf, Sartre die Einreise zu verweigern und damit das Treffen mit Baader in letzter Minute platzen zu lassen. Das Bundesinnenministerium weigerte sich jedoch, dem Folge zu leisten und erklärte, dass es keine Veranlassung gebe, die richterliche Entscheidung aufzuheben.

Der Stammheim-Besuch

Am 4. Dezember erschien in der *Stuttgarter Zeitung* ein bemerkenswerter Artikel, mit dem der prominente Besucher zur Verantwortung ermahnt werden sollte. Junge Menschen, hieß es darin, sollten sich Sartres Stück *Die schmutzigen Hände* ansehen. Das sei ein Schlüssel zu seinem gesamten Werk: »In dem Drama stehen einander zwei Figurationen seines Ich gegenüber: Hoederer, der souveräne politische Realist der Revolution, dessen unangefochtene Moral die Geschichte selbst ist: das *möchte* Sartre sein, sein Leben lang bis heute; und Hugo, der Bürgersohn mit der absoluten Prinzipienmoral und den schwachen Nerven, den die Funktionäre der kommunistischen Revolution am Ende mit dem Urteilsspruch ›nicht verwendungsfähig‹ abknallen: das *ist* Sartre selbst. Sein Leben [...] ist so deckungsgleich in seinem Schreiben aufgegangen, dass man es ein Protokoll dieses nie aufhörenden Dialogs zwischen Hoederer und Hugo nennen kann.«[46] Dieser Dialog, hieß es am Ende, führe Sartre nun nach Stammheim. Er sei, meinte Autor Friedrich Weigand, über dieses Reiseziel »bis ins Innerste betroffen und erschreckt« zugleich.

Sartre flog wie verabredet nach Stuttgart. Er befand sich in Begleitung seines Sekretärs Benny Lévy, dem Protagonisten der *Gauche proletarienne*, und des *Libération*-Journalisten Jean Marcel Bougeaureau. Als die Caravelle der Air France mit einiger Verspätung am Flughafen Stuttgart-Echterdingen landete, wurde Sartre sofort von einem Heer von Fotografen und Kameraleuten umringt. Wortlos ließ er, dessen Orientierungsvermögen ganz offensichtlich eingeschränkt war, sich eine Schneise durch die Menge bahnen. Croissant begleitete Sartre auf seinem Weg zum Hochsicherheitstrakt in Stammheim. Aus Sicherheitsgründen waren sie gezwungen, die letzten hundert Meter zwischen der Polizeisperre und dem Eingangstor zu Fuß zurückzulegen.

An Stelle Cohn-Bendits nahm ein vom Gericht bestellter Übersetzer die ihm zugedachte Aufgabe wahr. Sartres Besuch fand innerhalb der regulären Besuchszeit zwischen 13 und 14 Uhr statt. Wie der *Spiegel* kurz darauf zu berichten wusste, sprachen beide jeweils fünfzehn Minuten, die restlichen dreißig Minuten seien für die Übersetzung in Anspruch genommen worden. Was Sartre unmittelbar nach dem Gespräch von seinem Gegenüber hielt, das platzte auf der Rückfahrt im Pkw aus ihm heraus: »Ein Arschloch, dieser Baader!«[47] Das jedoch behielten die Ohrenzeugen ganz für sich. Selbst Cohn-Bendit benötigte mehr als drei Jahrzehnte, bevor er diesen ganz unmissverständlichen Ausruf in einem Interview preisgab.

Die nachfolgende Pressekonferenz fand im »Hotel Zeppelin« statt. Croissant begann vor den 150 Vertretern der internationalen Presse mit der Feststellung, man befände sich nun am 84. Tag des Hungerstreiks und der Zustand der RAF-Häftlinge sei äußerst bedenklich. Er wurde dabei mehrfach von Journalisten mit Zwischenrufen unterbrochen, sie würden das zur Genüge kennen und wollten endlich den prominenten Gast hören. Nun kam Cohn-Bendit zum Zug; er übersetzte Sartres Ausführungen. Zu den Motiven des Hungerstreiks befragt, erklärte Sartre, habe Baader geantwortet, man wolle damit gegen die unerträglichen Haftbedingungen protestieren. Ausführlich beschrieb er die Eindrücke, die er von seinem Gegenüber wahrnahm:

»Ich bemerkte im Gespräch aber, dass er sehr schwach war, er war sehr mager und hatte mindestens 15–20 Kilo verloren; er hatte viele Falten und jedes Mal, nachdem er gesprochen hatte, konnte man mehr Falten sehen. Sein Gesicht war eingefallen, er hatte das Gesicht eines gefolterten Menschen, der ausgehungert war. Ich habe ihn gefragt, warum er so aussähe, und er hat gesagt, er würde einen Hungerstreik machen, um mit den anderen Gefangenen der RAF zu protestieren gegen Haftbedingungen, denen sie unterworfen sind. Er und die anderen leben in einer weißen Zelle; in dieser Zelle hören sie nichts, außer dreimal am Tag die Schritte der Wächter, die ihnen das Essen bringen. 24 Stunden lang in einem Licht ist nicht auszuhalten. Um

23 Uhr würde bei ihnen das Licht ausgemacht, bei den anderen überhaupt nicht. Es ist nicht die Folter wie bei den Nazis, es ist eine andere Folter, eine Folter, die psychische Störungen herbeiführen soll, das heißt, dass der Mensch völlig abgeschnitten wird von allem. Ich höre, während ich hier spreche, von euch Geräusche, ich höre Schritte, dies alles gibt es dort nicht. Was wichtig ist für jeden Menschen, ist etwas zu hören, und irgendwie ans Leben erinnert zu werden. Im Gefängnis gibt es das alles nicht. Es ist ruhig und man hört nichts. Der Mensch hört nur die Schritte seiner Wächter ab und zu mal, und dann sieht er vier weiße Wände. Das sind die Haftbedingungen. In dieser Situation leben die Gefangenen seit Jahren.«[48] Für diese Haftbedingungen, die zur Zerstörung des psychischen und intellektuellen Willens führen müssten, könne es drei Gründe geben: Entweder solle ein Gefangener unfähig gemacht werden, sich im Gefängnis verteidigen zu können, oder er solle in den Wahnsinn oder aber, wie bereits geschehen, in den Tod getrieben werden. Um zu verhindern, dass dies geschehe, rufe er, Sartre, dazu auf, ein Komitee zur Verteidigung der Gefangenen zu gründen.

Anschließend stellte er sich den Fragen der Reporter. Darauf angesprochen, ob er mit Baader über die Ermordung von Drenkmanns gesprochen habe, antwortete er, dass dafür keine Zeit mehr zur Verfügung gestanden habe. Und auf die Zusatzfrage, wie er selbst zu dem Mord an dem Richter stehe, reagierte er zwar mit der Feststellung, dass er eine solche Tat nicht für richtig hielte und sie bei ihm auch ein großes Unbehagen hervorgerufen habe, jedoch nicht ohne im selben Atemzug auf psychologische Gründe zu verweisen, die die Attentäter zu einer solchen Tat geführt hätten. Man müsse sehen, meinte Sartre, dass »der Tod einer ihrer Genossen, den sie sehr geliebt« hätten, sie zu einer »Antwort« gezwungen habe. Man könne eine derartige Tat vielleicht erklären, nicht aber sie für richtig halten. Zudem wüsste er nicht, ob es überhaupt Mitglieder der RAF gewesen seien. Es werde sogar diskutiert, ob es überhaupt Linke gewesen seien, die den Berliner Richter umgebracht hätten. Die Idee zu dem Besuch, erklärte er auf eine weitere Nachfrage, habe von Croissant gestammt.

Die Reaktionen

Die Häme, mit der die Presse auf den als sensationell angekündigten Besuch reagierte, war von vornherein abzusehen. Der Tenor lautete, ein großer Philosoph habe sich zu einem Werkzeug von RAF-Anwälten machen lassen. Sein Besuch sei nichts anderes als ein »raffinierter Schachzug« der RAF gewesen. Und der bundesdeutsche Rechtsstaat sei, wie das Springer-Star-Kolumnist Matthias Walden zuspitzte, unter Sekundierung von als Showmastern auftretenden Linksanwälten »am Nasenring herumgeführt« worden.[49] Selbst der *Spiegel* ließ es sich nicht nehmen, Sartres Schilderungen der Haftbedingungen als »fern von aller Wirklichkeit« abzuqualifizieren und sie in all ihren ideologieträchtigen Einzelheiten Stück für Stück zu demontieren. Und ein eher linksliberal eingestellter Jurist wie der Hamburger Justizsenator Ulrich Klug titulierte den in vieler Augen ungebetenen Besucher schlicht und einfach als den »RAF-Heiligen Sankt Sartre«.

Die Überschrift im Springer-Flaggschiff *Die Welt* lautete: »Sartre inszenierte sein schlechtestes Stück«.[50] Sartres einst messerscharfer Verstand sei »schartig geworden«, seine Argumente »krumm wie Sicheln« und »präzise wie ein Vorschlaghammer«. Bei seinen Äußerungen über Baaders Haftbedingungen handle es sich um eine »erfundene Wirklichkeit«, die nichts als »Schwindelei« sei. Und die seit den Tagen der 68er-Bewegung als »Revolverblatt« apostrophierte *Bild*-Zeitung machte das Stammheim-Stück gleich zum »Thema des Tages«. Ihr Aufmacher lautete: »Sartre – sein Herz ist tiefrot, und sein Gott ist das Nichts«. Dementsprechend niederträchtig fiel das Porträt aus. Der prominente Stammheim-Besucher säße »den lieben langen Tag lang« auf einem Holzschemel vor seinem unaufgeräumten Schreibtisch, verteile in seiner Freizeit im Quartier Latin Mao-Flugblätter, rauche gelegentlich Haschisch und – gemessen an seinem angeschlagenen Gesundheitszustand – viel zu viele Zigaretten.

Im dazugehörigen Kommentar hieß es nur noch voller Süffisanz: »Häftling Baader darf telefonieren, Häftling Baader darf Radio hören, Häftling Baader hat allein in vier Monaten 1000 Stunden Besuch von seinen Anwälten gehabt. Tatsachen, die sich nicht wegphilosophieren lassen … Und dann kommt so ein alter Mann wie Sartre, setzt sich eine Stunde zu dem Terroristen-Chef – und lügt: Baader höre nur Schritte der Wächter (na, ja dem schwerhörigen Sartre kann man viel erzählen), Baader werde gefoltert (weil die Zellenwände weiß und nicht bunt-kariert sind?). Baader wirke ausgehungert (natürlich: wenn er das vom Anwalt mitgebrachte Hühnchen ausspuckt). Sartre sagt, die ›Folter‹ solle psychologische Störungen herbeiführen. Baader hatte Besuch von einem, der offenbar selbst psychologisch gestört ist.«[51] Das stammte zwar von *Bild*, aber es traf – dem sachlichen Gehalt nach – durchaus zu und blieb im Bewusstsein der Durchschnittsdeutschen überdies als zutreffende Beschreibung hängen.

Das zuständige baden-württembergische Justizministerium wies die von Sartre erhobenen Vorwürfe umgehend zurück. Es gebe weder eine »Isolierhaft« noch eine »Vernichtungshaft«. Dann zählte es detailliert auf, wie viele Besuche Häftling Baader von Verteidigern in der letzten Zeit empfangen habe und wie lange diese insgesamt gedauert hätten. Und das Bundesinnenministerium, das den Besuch nicht hatte verbieten wollen, verurteilte ihn nun mit dem Vorwurf, Sartre habe sich als Sympathisant der Baader-Meinhof-Vereinigung enttarnt und so zu einem »Werkzeug von Kriminellen« machen lassen.

Am direktesten hatte der FAZ-Reporter Jürgen Busche Sartres Auftritt beschrieben. Der Journalist, der noch Tag für Tag über den Stammheim-Prozess berichten sollte, gab in der FAZ seiner Vermutung Ausdruck, der Philosoph habe nicht geschildert, was er mit eigenen Augen hätte sehen können, sondern lediglich das, was er zuvor den Dossiers der Anwaltskollektive entnommen habe. Es sei völlig klar gewesen, dass er von den Anwälten »präpariert« worden sei. Sartre habe sich nicht einmal die Mühe gemacht, die Tatsache, dass er die von ihnen übernommenen Behauptungen gar nicht habe überprüfen können, zu verbergen. Die »Autorität seines Namens« habe er »blind für die Verteidiger« aufs Spiel gesetzt.[52]

Das Scheitern des mit dem Sartre-Besuch verknüpften Vorhabens konnte auch der RAF-Führungsgruppe nicht verborgen bleiben. Baader hielt im »info« vom 12. Dezember mehr oder weniger konsterniert fest: »ich habe über haftbedingungen nicht gesprochen. Am schluß habe ich ih[m] nur gesagt – die bedingungen dieses gesprächs soll er vergessen: 3 gefangene liegen praktisch im sterben und der hungerstreik ist der versuch einer tödlichen alternative …

– in der isolation vernichtet zu werden

– im kampf dagegen zu sterben

aufzusprengen …

die situation war völlig irre; ich weiß nicht was er überhaupt verstanden hat, … ich würde aber sagen was mich betrifft – war das ganze so präzise und gezielt und bewußt wie möglich – was ihn angeht hatte ich den eindruck von a l t e r …«[53] Der Text offenbart in aller Schonungslosigkeit, wie irritiert Baader nach dem Besuch gewesen sein muss. Er konnte sich die tiefsitzende Kommunikationsblockade nicht erklären und glaubte, die Probleme einfach auf das Alter seines Besuchers schieben zu können.

Am selben Tag berichteten deutsche Zeitungen über eine Aktion, mit der am 10. Dezember eine Gruppe von sechs jungen Leuten in Paris drei Stunden lang die Direktionsräume des Goethe-Instituts besetzt hatten, um »gegen die neuen Folterer in Deutschland« zu protestieren. Die Gruppe soll den Namen *Marge* getragen haben. Die Besetzer zogen sich zurück, als ihnen ein Verantwortlicher zugesichert hatte, im unmittelbaren Anschluss in den Räumen des Instituts eine Pressekonferenz durchführen zu können. Journalisten erklärten sie, dass die »neuen Folterer« an frühere und damit an die »Anwendung faschistischer Methoden« erinnerten.[54] In denselben Presseberichten hieß es, dass Sartre zur Gründung eines *Comité contre la torture des prisonniers politiques en r.f.a.* aufgerufen und Juristen, Mediziner und Personen des öffentlichen Lebens um ihre Mitarbeit gebeten habe. Als Kontaktadresse diente die Redaktion von *Les Temps Modernes* in der Rue de Condé.

Wie nah einer derartig monströsen Gleichsetzung des NS-Regimes mit der Bundesrepublik Sartre selbst stand, sollte er in den Jahren darauf noch mehrfach unter Beweis stellen. So forderte er etwa im Februar 1977 in einem von *Le Monde* publizierten Appell die radikale Linke auf, die Direktwahlen zum Europaparlament zu verhindern, weil Europa von einer »deutsch-amerikanischen Zweierherrschaft dominiert« werden könnte. Und konkreter hieß es: »Die Polizei des Bundeskanzlers Schmidt praktiziert offen den Mord und die legale Tortur gegen gewisse Gegner der kapitalistischen Ordnung.«[55] Die Gespenster der Vergangenheit schienen immer noch zu mächtig zu sein, um einen unbefangenen Blick auf die Verhältnisse im Nachbarland zuzulassen.

Wie sahen die Haftbedingungen im Stammheimer Hochsicherheitstrakt tatsächlich aus?

Der *Spiegel* ließ es sich nach Sartres Pressekonferenz nicht nehmen, all das zusammenzutragen, was man damals über die Haftbedingungen der im Stammheimer Hochsicherheitstrakt untergebrachten RAF-Gefangenen wissen konnte:

»Die Zellen von Baader und Genossen sind cremefarben gestrichen, neben Bett und Schrank stehen Schreibtische und Bücherregale, Radio und Schreibmaschine, und Landkarten hängen an den Wänden. Zeitschriften und Zeitungen werden nach Wahl geliefert, Hunderte von Büchern stehen zur Verfügung, Lenins Werke ebenso wie wissenschaftliche Ausarbeitungen über Aufgabe und Arbeitsweise des Bundeskriminalamts. Baader und Raspe, weil sie über schlechte Augen klagen, verfügen über Leselampen. Gudrun Ensslins Zelle mißt 20,08 Quadratmeter. Und weil sie eine so große Bibliothek unterhält, 500 Bände, bekam sie eine Bücherzelle obendrein. Abends gehen bei allen, nicht nur bei Baader, die Lichter aus, winters um zehn, sommers um elf ... Tag für Tag treffen sich in Stuttgart-Stammheim zum sogenannten Umschluß, bis zu vier Stunden, Gudrun Ensslin, Carmen Roll und Ulrike Meinhof sowie Jan-Carl Raspe und Andreas Baader in einer ihrer Zellen. Beinahe täglich kommen die Anwälte. Bei Baader waren sie seit dem 7. November rund vierzig Mal, gleich fünfzig Stunden lang; bei Gudrun Ensslin seit dem 1. Oktober rund 45 Mal, gleich 55 Stunden. Gelegentlich – wenn auch nicht so oft, wie sie dürften – kommen die Verwandten.«[56] Das entsprach in der Tat den Fakten, in allen genannten Einzelheiten. Der *Spiegel* ließ es sich andererseits auch nicht nehmen, deutlich zu machen, dass das, was er beschrieb, nicht immer gegolten habe. Vor Monaten und Jahren habe es damit durchaus anders ausgesehen. In anderen Haftanstalten, räumte das Magazin ein, seien RAF-Gefangene früher »schärfer isoliert« und »womöglich in Einzelfällen drangsaliert« worden. Nun aber würden für sie »fast durchweg« dieselben Vorschriften wie für andere Strafgefangene oder Untersuchungshäftlinge gelten. Lediglich diese Beurteilung traf nicht zu. Denn die Bedingungen in der siebten Etage des Hochsicherheitstraktes waren ganz eindeutig die, wie aus der detaillierten Beschreibung im *Spiegel* bereits hätte hervorgehen müssen, von privilegierten Gefangenen.

Auch wenn es im Nachhinein keinen Grund gibt, die seinerzeitigen Haftbedingungen schönzureden, so ist der pauschale Vorwurf einer »Isolationsfolter« ganz gewiss das Produkt einer hysterischen Übertreibung gewesen, der auch Sartre zum Opfer fiel. Der Erinnerungsband eines der Justizvollzugsbeamten, der in jenen Jahren in Stammheim tätig war, räumte so gründlich mit der Mär von der dort angeblich herrschenden »Isolationsfolter« auf, dass dies inzwischen niemand mehr behaupten kann, ohne sich zum Gespött zu machen. Für die RAF-Gefangenen, so Horst Bubeck, war Stammheim der »leibhaftige Faschismus-Beweis«[57] und Andreas Baader, »unter den Privilegierten der Privilegierteste«.[58] Die Beamten seien von den prominenten Häftlingen herumkommandiert worden und hätten sich kaum getraut, ihnen etwas abzuschlagen. Ihr einziger Sieg in all den Jahren hätte darin bestanden, sich standhaft zu weigern, ein Rudergerät, das der Fitness der RAF-Häftlinge hätte dienen sollen, aufs Dach zu tragen. Wie selbstverständlich seien sie davon ausgegangen, dass die Vollzugsbeamten, die sie wie ihre Bediensteten angesehen hätten, das schwere Gerät nach oben schaffen würden.

Bubeck wusste detailliert zu schildern, mit welchen Besonderheiten – wie Fernsehern, Plattenspielern, Privatbibliotheken und anderem mehr – die Zellen ausgestattet waren. Auch wusste er von Übergriffen zu berichten, allerdings in genau entgegengesetzter Richtung. So hatte etwa Ulrike Meinhof am 31. Juli 1974 einer Vollzugsbeamtin mit einer hölzernen Klobürste so stark auf den Kopf geschlagen, dass diese mit einer blutenden Platzwunde in eine Klinik eingeliefert werden musste.[59] Die Beschreibung des Vorfalls deckt sich mit Notizen, die Meinhof selbst – in den Worten gipfelnd »vorn paar tagen hab ich ner bullenvotze hier die klobürste auf'm kopf zerhaun«[60] – davon angefertigt hat. Bubecks Erinnerungen sind in der Öffentlichkeit nur noch als Hohn auf diejenigen wahrgenommen worden, die seinerzeit bereit gewesen sind, den drastischen Beschreibungen der RAF-Anwälte nicht nur Glauben zu schenken, sondern sie auch ungeprüft weiterzuverbreiten.

Bubeck wies außerdem darauf hin, dass Croissant nur kurze Zeit nach dem propagandistischen Fehlschlag des Sartre-Besuchs einen anderen Prominenten einzuspannen versucht hat. Der RAF-Verteidiger wandte sich an den aus Frankfurt stammenden, vor den Nazis in die USA geflohenen und mittlerweile im Tessin lebenden Sozialpsychologen Erich Fromm, der sich mit internationalen Bestsellern wie *Die Kunst des Liebens* gerade auf dem Höhepunkt seiner Popularität befand, und bat ihn darum, als Sachverständiger im Stammheim-Prozess aufzutreten. Doch Fromm lehnte es strikt ab, der Mär von der »Isolationsfolter« seinen wissenschaftlichen Segen zu geben. Am 25. April 1975 schrieb er, dass er bereits das Ansinnen, ihn in diesem Zusammenhang überhaupt anzusprechen, als eine Zumutung empfinden würde. Er sei radikal gegen Strategie und Taktik der RAF eingestellt und fände sie »politisch und auch menschlich äußerst abstoßend«. Er machte klar, dass er die Grundthese – die durch Gefängnishaft herbeigeführte Isolation sei bereits an und für sich Folter und müsse deshalb auch zu schweren Persönlichkeitsstörungen führen – überhaupt nicht teile. Folter werde weltweit angewandt und sei »ein Terrorinstrument vieler Regierungen«; es sei jedoch ein weiter Weg, bevor man von Folter sprechen könne. Den Folterbegriff sollte man nur dort gebrauchen, wo er auch tatsächlich angebracht sei. Bei der Dämmung von Geräuschen handle es sich zwar um einen gravierenden Haftumstand, jedoch nicht unbedingt um eine Grausamkeit.[61]

Das war mehr als deutlich. Die RAF und Croissant scheinen danach jedenfalls keinen weiteren Versuch gestartet zu haben, einen international Prominenten für ihren Propagandakrieg gegen die »Isolationsfolter« zu gewinnen.

Was ist aus wem geworden?

In der Nacht vom 8. zum 9. Mai 1976 erhängte sich Ulrike Meinhof in ihrer Zelle, in der Nacht vom 17. zum 18. Oktober 1977 beging Andreas Baader ebenso wie Gudrun Ensslin und Jan-Carl Raspe in Stammheim Selbstmord. Baader erschoss sich wie Raspe mit einer zuvor von Anwälten in die Zelle geschmuggelten Waffe, Ensslin erhängte sich. Baader ist inzwischen für junge Leute eine Art Popstar geworden, die kaum etwas von seiner Geschichte wissen, sich aber von seiner radikalen Pose fasziniert zeigen. Und um Ulrike Meinhof, von manchen als Ikone des bewaffneten Kampfes verehrt, ist ein eigener Kulturkampf entbrandet. 2006 etwa wurde im renommierten Hamburger Thalia-Theater das von der österreichischen Nobelpreisträgerin Elfriede Jelinek verfasste Theaterstück *Ulrike Maria Stuart* aufgeführt,[62] und zuletzt sind zwei Biographien erschienen – eine von der Politikwissenschaftlerin Kristin Wesemann und die andere von der einstigen Grünen-Politikerin Jutta Ditfurth.[63]

Rechtsanwalt Klaus Croissant floh, nachdem er im Juni 1975 von der Polizei verhaftet, sein Haftbefehl jedoch außer Vollzug gesetzt worden war, am 11. Juli 1977 nach Frankreich und beantragte in Paris politisches Asyl. Trotz einer Solidaritätsbewegung wurde er am 30. September 1977 festgenommen und schließlich drei Wochen später an die Justizbehörden der Bundesrepublik ausgeliefert. Wegen Unterstützung einer terroristischen Vereinigung wurde er dann zu einer Freiheitsstrafe von zweieinhalb Jahren verurteilt. Kaum aus dem

Gefängnis entlassen, ließ er sich vom Ministerium für Staatssicherheit der DDR als Spitzel anwerben. Seit 1981 wurde er – wie erst ein Jahrzehnt später aufgedeckt werden konnte – unter dem Decknamen »Taler« als Inoffizieller Mitarbeiter des MfS geführt.[64] Nach dem Zusammenbruch der DDR trat Croissant in die SED-Nachfolgepartei PDS ein. Das Berliner Landgericht verurteilte ihn wegen seiner Stasi-Tätigkeit zu einer Bewährungsstrafe von 21 Monaten. Nachdem er während einer Autofahrt einen Schlaganfall erlitten hatte, starb er im März 2002 im Alter von 71 Jahren in Berlin.

Hans-Joachim Klein, der nur deshalb zu seiner Rolle als Chauffeur gekommen war, weil er damals in Croissants Kanzlei als eine Art Laufbursche diente, brach 1977 mit dem Terrorismus. Aus dem Untergrund schickte er seinen Revolver an den *Spiegel*,[65] veröffentlichte unter dem Titel *Rückkehr in die Menschlichkeit* kurz darauf seine Erinnerungen[66] und tauchte anschließend in Frankreich unter. 1998 wurde er, nachdem er von Daniel Cohn-Bendit und einer Reihe französischer Prominenter unterstützt worden war, in der Normandie von Beamten der französischen Polizei, die in Begleitung von Kollegen des Bundeskriminalamtes erschienen waren, festgenommen, nach Deutschland ausgeliefert, in Frankfurt vor Gericht gestellt, zu neun Jahren Haft verurteilt und nach seiner Begnadigung 2003 vorzeitig entlassen.

Als Sartre im April 1980 gestorben war, verfasste Jean-Marcel Bougeaureau, einer seiner beiden damaligen Begleiter, für Cohn-Bendits Stadtmagazin *Pflasterstrand* einen verbitterten Rückblick auf die bizarre Begegnung mit Baader. Er bekannte, wie sehr er an jenem 4. Dezember 1974 Deutschland verabscheut habe: »Ich haßte die gesamte Presse und selbst den Spiegel […] Ich empfand Abscheu gegen dieses Land, das Sartre zum Apologeten der RAF machte, um seinem Schwarz-Weiß-Denken Genüge zu tun.«[67] Er bestätigte aber auch, wie fremd sich Baader und Sartre geblieben seien, sie hätten »einfach keinen Draht zueinander« gefunden. Und er zitierte eine Äußerung Sartres gegenüber dem Journalisten Michel Contat, in der er den Besuch selbst als »Mißerfolg« bezeichnet hatte. Noch etwas weiter ging im Rückblick der zweite seiner einstigen Begleiter. »Bei dieser Reise sind wir etwas reingelegt worden. Heute bedaure ich sie.« Das erklärte jedenfalls Benny Lévy gegenüber Sartres Biographin Annie Cohen-Solal.[68]

Im Nachhinein kann kein Zweifel daran bestehen, dass sich die Mutmaßungen Busches und anderer Reporter bewahrheitet haben: Der Philosoph ist propagandistisch benutzt worden. Man hatte sich seines Namens bedient, um dem Phantom einer »Metropolenguerilla«, wie das passende *catchword* lautete, einen moralischen Anstrich geben zu können. Sartre war für einen Moment zum Sprachrohr der RAF geworden, zu ihrem Megafon. Indem er sich vor den Karren der Kampagne gegen die angebliche »Isolationsfolter« hatte spannen lassen, war er nicht nur zu einem rhetorischen Instrument, sondern auch zu einer Art ideologischer Geisel gemacht geworden. Nichts anderes hatte, wie sich dem von Ulrike Meinhof im Vorfeld des Besuchs verfassten Brief entnehmen lässt, die RAF mit ihm von Anfang an vor. Darin wurde der Philosoph regelrecht zum Befehlsempfänger der RAF degradiert. Meinhof schrieb Sartre in einem hochnäsig, gönnerhaften Ton genauestens vor, was er bei seinem Besuch zu tun und zu lassen habe.

Am Entlarvendsten aber ist, dass Sartres auf der Pressekonferenz gegebene Beschreibung nicht einmal etwas mit dem Besucherraum, den er ohnehin nur schemenhaft wahrgenommen haben dürfte, zu tun hatte. Seine Sehkraft war damals bereits so sehr geschwächt, dass man ohne Zynismus eher von einem Halbblinden als einem Augenzeugen hätte sprechen müssen. Denn er hatte im März 1973 einen Herzinfarkt erlitten und war seitdem in seiner Sehfähigkeit erheblich eingeschränkt. Seine beiden Begleiter mussten ständig befürchten, dass er nach ihrer Ankunft auf dem Stuttgarter Flughafen irgendeinen falschen Schritt hätte tun und sich dabei schwer verletzen können. Auf der Pressekonferenz folgte Sartre Beschreibungsmustern, die sich in einem Dossier befanden. Croissant hatte im Vorfeld des Sartre-Besuchs eine Dokumentation über die angebliche Isolationshaft ins Französische übersetzen und nach Paris schicken lassen. Darin stand, was Sartre der Presse gegenüber als eigene Sinneseindrücke wiedergegeben hat. Seine Rolle als Augenzeuge war nichts anders als eine Farce.

Ein deutsch-französisches Missverständnis?

Wie stark das Echo des Sartre-Besuchs war und wie es bis in die Literatur hinein nachwirkte, lässt sich schon allein daran ablesen, dass ihn der wohl bekannteste damalige deutsche Literaturwissenschaftler noch nach seinem Tod in Schutz zu nehmen versuchte. Als Hans Mayer im April 1980 in einer Rundfunksendung auf diesen Fauxpas angesprochen wurde, erklärte er, Sartre sei damals von »gerissenen, geschickten Bürschlein« in einen »Hinterhalt« gelockt worden. Man habe ihn dazu verführt, »in einer Sache Stellung zu nehmen, die er überhaupt nicht kannte und überhaupt nicht durchschaute«. Letzteres mochte zwar zutreffen, insgesamt jedoch war diese Interpretation eher eine Legende.

Denn Sartre stand einigen jener Ideologien, denen die RAF mit Bomben und Maschinengewehren vom Typ Heckler & Koch unbedingt Geltung verschaffen wollte, durchaus nahe. Auch er sah in der Bundesrepublik einen Nachfolgestaat Nazi-Deutschlands und fürchtete dessen Statthalterrolle für den US-Imperialismus in Europa. Auch er bekannte sich zur Notwendigkeit einer Revolution, war ein Befürworter revolutionärer Gewalt und hielt – wie er mit seiner schaurigen Verteidigung der von Palästinensern durchgeführten Geiselnahme der israelischen Olympiamannschaft 1972 in München unter Beweis gestellt hatte[69] – terroristische Aktionen unter bestimmten Voraussetzungen durchaus für gerechtfertigt. Insofern kann Sartre nicht einfach ein Verführter gewesen sein. Es wäre auch verkehrt, seinen Besuch lediglich als Ausdruck eines Missverständnisses begreifen zu wollen. Die Ähnlichkeiten, die es zwischen ihm und der RAF zweifelsohne gegeben hat, dürfen jedoch nicht darüber hinwegtäuschen, wie stark andererseits die Differenzen gewesen sind. Selbst wenn Cohn-Bendit als Dolmetscher zugelassen worden wäre – die Kommunikationsprobleme zwischen Sartre und Baader wären unüberwindbar geblieben. Sie rekurrierten auf keine gemeinsame Sprache. Und die RAF war an einem ernsthaften Austausch überhaupt nicht interessiert. Sie wollte sich lediglich seiner moralischen Autorität bemächtigen und seinen schillernden Namen benutzen, um ihre Gewaltakte als Aktionen in einem Guerillakrieg rechtfertigen zu können. Das jedoch ist gründlich schiefgegangen.

Zwei Jahre nach Sartres Tod erschien sogar noch ein Buch über den – wie es hieß – »Besuch des weltberühmten pontifex maximus der literarischen Linken«. Der Band trug – als hätte es keines weiteren Wortes bedurft, um den Stellenwert der Begebenheit hervorzuheben – den schlichten Titel *Sartre in Stammheim*. Verfasst hatte ihn der konservative Kulturkritiker Hans Egon Holthusen.[70] Er zeichnete in wenigen Strichen den Referenzrahmen nach, in dem sich Sartres Besuch bewegte.

Die Frage, was den als »Revolutionstouristen« apostrophierten Philosophen 1974 dazu bewogen hätte, von Paris nach Stammheim zu reisen, beantwortete Holthusen mit den Worten: »Was ihn anzog, war ein halluzinatorisches Scheinbild der Bundesrepublik, wie es in den Köpfen der Terroristen und ihrer Sympathisanten herumgeisterte; es war eine Darstellung der Lage, in der sich das Bonner Staatswesen als ein ›imperialistisches‹ Ungeheuer präsentierte, als ginge es noch immer um Hitlers Großdeutsches Reich; es war eine Sprache, die auf irgendwelchen billig zusammengeschusterten ›Faschismustheorien‹ basierte […]«[71] Zumindest in dieser Hinsicht waren sich Sartre und Baader, der französische Philosoph und der Anführer der RAF, offenbar ähnlich. Sie projizierten ihre Feindbilder, die sie aus dem Nationalsozialismus bezogen, auf die damalige Bundesrepublik.

Der Philosoph des Engagements, schlussfolgerte Holthusen, »[…] war eben der altgewordene Protagonist der antifaschistischen Generation, der auf die alten Muster des Verstehens unerschütterlich eingeschworen war und sie nun hier auf die Situation anwenden wollte, die ihm völlig fremd war. Sah er nicht, dass jenseits des Rheins etwas entstanden war, das sowohl den Faschismus als auch die Revolution ›historisch‹ hinter sich hatte, ein neuartiger Zustand namens Konsum- oder Wohlstandsgesellschaft bzw. Wohlfahrtsstaat: ein postfinales Germanien, das man hat deuten wollen als ein mehr oder weniger intelligent funktionierendes, aber ideenloses ›Posthistoire‹? Er sah es nicht. Er beharrte auf seiner falschen Analogie.«[72]

Doch Sartres Vorbehalte gegenüber der Bundesrepublik beruhten nicht einfach auf Einbildung. Denn die personellen Kontinuitäten zwischen dem NS-Regime und verschiedenen staatlichen Institutionen waren zumindest in den Anfangsjahren von einer kaum zu leugnenden Dominanz. Das traf mit dem Bundeskriminalamt und der Bundesanwaltschaft insbesondere auf zwei Einrichtungen zu, die für die Verfolgung terroristischer Straftäter maßgeblich zuständig waren. So war das BKA etwa jahrelang fest in der Hand ehemaliger SS-Männer gewesen und Generalbundesanwalt Siegfried Buback ebenso wie einige seiner Vorgänger ehemaliges NSDAP-Mitglied. Und BKA-Präsident war sogar jahrelang – bis er im September 1971 von dem Sozialdemokraten Horst Herold abgelöst wurde – Paul Dickopf, ein ehemaliger SS-Untersturmführer. Diese Defizite in Sachen Entnazifizierung hätten gewiss einer sehr viel stärkeren öffentlichen Kritik und entsprechender personalpolitischer Korrekturen bedurft, sie taugten jedoch nicht dazu, dem Rechtsstaat den Krieg zu erklären und zur Legitimierung terroristischer Gewaltaktionen herzuhalten.

Angesichts der Entwicklung in der Bundesrepublik insgesamt dürfte Holthusens Analyse nicht unplausibel gewesen sein, andererseits jedoch könnte sie auch Misstrauen geweckt haben, weil sie vielleicht selbst Teil einer verdeckten Exkulpierungsstrategie war. Denn der 1913 geborene und als Pastorensohn aufgewachsene Holthusen war einst ebenfalls ein überzeugter Nationalsozialist und Mitglied der SS. Diesen autobiographisch zentralen Sachverhalt erwähnt er in seinen Reflexionen mit keinem einzigen Wort. Das lässt seine ansonsten so einleuchtende Kritik am linksradikalen Bild der Bundesrepublik als einem imperialistischen Staatswesen doppeldeutig und letztlich nur wenig glaubwürdig erscheinen. Diese Ausblendung nährt zumindest den Verdacht, dass es bei seiner Auseinandersetzung mit Sartres

Baader-Besuch indirekt auch um eine Verteidigung in eigener Sache gegangen sein könnte.

Holthusen hatte nach dem Krieg als Kulturkritiker regelrecht Karriere gemacht. Berühmt war er in den fünfziger Jahren mit seiner existentialistisch gestimmten Essaysammlung *Der unbehauste Mensch* geworden.[73] Von 1961 bis 1964 leitete er das Goethe-Institut in New York und von 1968 bis 1974 amtierte er als Präsident der Bayerischen Akademie der Schönen Künste. Seine Auseinandersetzung mit Sartres Stammheim-Besuch kam daher wohl nicht von ungefähr. Der Autor der *Fliegen* und der *Schmutzigen Hände* war für ihn offenbar eine geistige Autorität. Sie hatte es ihm vielleicht ermöglicht, etwas von seiner Vergangenheit zu überwinden oder aber sie auch nur zu überblenden und damit zu verdecken. Wer weiß, vielleicht war das der Grund, weshalb er sich noch nach Jahren zu dem spektakulären Treffen vom 4. Dezember 1974 äußern musste.

So wie »Stammheim« für Sartre vermutlich eine Projektionsleinwand war, um seinem Wunsch nach einer nachholenden Résistance in Gestalt der RAF Nahrung zu geben, so könnte Holthusens *Sartre in Stammheim* eine Projektion zweiten Grades gewesen sein, in diesem Fall um sich von seiner geistigen Vaterfigur loszusagen. Ein deutscher Intellektueller tilgt in der Form einer legitimen Kritik am Baader-Besuch zugleich die Spur, mit der es ihm, vermittelt über den Existentialismus, gelungen war, aus dem Schatten seiner SS-Vergangenheit herauszutreten.

3.
Faktoren

Die RAF und die Frauen

Negative Dialektik der Moralisierung

Ein größerer Aufmacher war kaum denkbar. *Der Spiegel* brachte in seiner Ausgabe vom 8. August 1977 ein in dunkelrot gehaltenes Cover mit dem Porträtbild eines skeptisch dreinblickenden weiblichen RAF-Mitglieds zum Thema »Frauen und Gewalt«. Die Titelgeschichte begann dann mit den folgenden Worten:

»Als der Rettungshubschrauber startete, gab es nichts mehr zu retten. Jürgen Ponto, Chef der Dresdner Bank, war schon tot – erschossen mit fünf großkalibrigen Kugeln, und eine davon, abgefeuert unmittelbar an der rechten Schläfe, hatte ihm ein faustgroßes Stück Hirn aus dem Schädel geschlagen. ›Es war ein Fangschuss‹, sagt einer der Ermittler vom Bundeskriminalamt (BKA), ein Schuss, der töten sollte. Wer den Killern das Entree verschafft hatte, war über alle Zweifel klar: die Tochter eines Ponto-Freundes, Susanne Albrecht, 26. Die Polizeiphotos, die am Abend nach dem Mord im Fernsehen ausgestrahlt wurden, zeigten allesamt Frauengesichter. Gesucht wurden, wegen des Verdachts der Tatbeteiligung oder der Tatunterstützung: Silke Maier-Witt, 27, Sigrid Sternebeck, 28, Angelika Speitel, 25. […] Mehr Aufsehen konnten die Terror-Frauen letzthin kaum erregen. Schneller konnten sie den westdeutschen Wohlstandsbürgern kaum plausibel machen, wer nun am Drücker ist. In der bislang härtesten Phase des westdeutschen Terrorismus, da die Untergrund-Aktionisten Staats- und Wirtschaftsrepräsentanten abzuknallen entschlossen scheinen, spielen Frauen eine makaber hervorragende Rolle. Fast zwei Drittel aller mit Haftbefehl gesuchten Terroristen in der Bundesrepublik sind Frauen, höhere Töchter aus feinen Familien zumeist, die sich mit selbstzerstörerischer Lust in die Niederungen von Mord und Totschlag hinab begeben haben.«[1]

Dramatischer hätte die Thematisierung der Rolle von Frauen im RAF-Terrorismus wohl kaum ausfallen können. Warum das eine derartig exzeptionelle Form angenommen hatte, lag vermutlich auch an der Infamie, mit der eine junge Frau, die zum erweiterten Freundeskreis der Familie Ponto gehörte, ihr Vertrauen erschlichen und dieses missbraucht hatte, um in einem wortwörtlichen Sinne zum Türöffner einer Mordaktion werden zu können. Damit war in der ohnehin schon seit Jahren anhaltenden Verwunderung darüber, warum im bundesdeutschen Terrorismus eigentlich Frauen eine so besonders hervorgehobene Rolle spielten, noch mal ein besonderer Nerv getroffen worden.

Allen zynisch anmutenden Formulierungskünsten zum Trotz besaß der im Hamburger Nachrichtenmagazin veröffentlichte Artikel einen durchaus analytischen Kern. Wer im Vergleich dazu etwa einen Blick in die damalige Boulevardpresse wirft, der wird noch einen ganz anderen Eindruck gewinnen. Denn der außerordentlich hohe Grad an öffentlicher Emotionalisierung resultierte nicht einfach nur aus den politischen Problemen im Bereich der inneren Sicherheit, sondern vor allem aus der Verknüpfung von Gewaltexzessen mit einer geradezu obsessiven Sexualisierung des frühen Terrorismus.

Beim Blick in die Printmedien der siebziger Jahre wird jedenfalls rasch klar, dass es unter den Boulevardzeitungen und den Illustrierten beinahe durchgängig um ein und dieselbe Themenkombination gegangen ist – um *Sex and Crime.* Dieses altbekannte Muster wurde in den Schlagzeilen und den Bildmontagen nicht nur reproduziert, sondern so weit es ging auch potenziert. Insbesondere mit den Abbildungen der weiblichen RAF-Mitglieder wurde der Eindruck erweckt, als sei der Schritt in den Untergrund, wenn nicht ausschließlich, so doch primär libidinös bedingt gewesen. Terroristisches Handeln und sexuelle Potenz näherten sich dabei so weit an, dass sie beinahe deckungsgleich wurden.

So lautete im Februar 1971 etwa eine Schlagzeile in der *Bild*-Zeitung: »Baader-Bande: Liebe vor dem Banküberfall«. Und im Text dazu hieß es: »Die steckbrieflich gesuchte Ulrike Meinhof (36) versüßt sich das Versteckspiel mit der Polizei nach der Apo-Lebensregel: Erst wird geliebt, dann geschossen! Einem 32jährigen Komplicen redete sie Gewissensbisse aus: ›Wer große Dinge vor sich hat wie ich, muss dazu entspannt sein. Das bin ich nur nach einer Liebesnacht. Du musst mich lieben.‹«[2] Im gleichen Tenor fuhr die *Bild am Sonntag* später fort: »Revolte nach der Liebesstunde«[3]. Und im Juni 1972: »Liebesgrüße hingen am Perlonstrumpf«[4]. Gemeint war damit, dass Marianne Herzog angeblich Kassiber in einem Perlonstrumpf beförderte. Und über die gesuchte Ingrid Siepmann wusste die Sonntagszeitung zu vermelden: »Jetzt kommandiert die schöne Hedwig«.[5] »Meuterei, Schlägerei, Durststreik und: Terrorist Baader bei der Ensslin im Bett«.[6] In der Serie mit dem Titel »Andreas Baader: Verpfuscht in alle Ewigkeit« wurden sogar voyeurhaft »Zärtliche Nächte im Beduinenzelt« insinuiert.[7]

Vor allem die Zweideutigkeit im Umgang mit Schusswaffen ist hier ganz eindeutig sexuell codiert: »Das Leben der Terrormädchen: Potente Männer, scharfe Waffen/Die Frauen der Baader-Meinhof-Bande waren stärker als ihre Komplizen. Hier erfahren Sie, warum«.[8] Auch die konservative, ansonsten eher distinguiert eingestellte *Frankfurter Allgemeine Zeitung* unterschied sich in einigen ihrer Berichte nicht besonders von dem Boulevardblatt. Als sich im November 1972 neben Hans-Jürgen Bäcker und Eric Grusdat auch die vier am 8. Oktober 1970 zusammen mit dem ehemaligen Rechtsanwalt Horst Mahler festgenommenen Brigitte Asdonk, Monika Berberich, Irene Goergens und Ingrid Schubert vor Gericht verantworten mussten, schrieb der FAZ-Reporter von »Mahlers Pistolenmädchen«, einem »Revolutionären Damenquartett« und dem »Harem des APO-Anwalts Mahler«.[9]

Wer etwa Aufnahmen von Ingrid Schubert, Ingrid »Ina« Siepmann, Marianne Herzog oder Angela Luther zu Gesicht bekommt, der könnte auch im Nachhinein noch meinen, in eine Model-Show der ganz besonderen Art versetzt zu sein. Insbesondere die Nacktaufnahmen Gudrun Ensslins, die in einem eher harmlosen Film zu sehen waren, wurden als Indizien für die angeblich pornographische Dimension von Gewaltexzessen gelesen und entsprechend ausgebeutet.[10] Ein angeblicher Sexualforscher kommentierte die Frage »Potente Männer und scharfe Waffen – zufällige Bettgenossen einer Terroristin?« mit den Worten: »Sobald ein Mensch die Bindungen an die Gesellschaft zerreißt, so dass Gebote und Gesetze für ihn außer Kraft gesetzt sind, steigert sich seine Sexualität ins Ungewöhnliche – ja direkt in die Perversion. Und die Gewalt dieser Menschen ist für sie nichts anderes als Sexualität.«[11] Wenn es die männlichen Mitglieder an der für ihre Aktionen nötigen Energie mangeln ließen, seien sie – wie »ein prominentes Bandenmitglied« gestanden hätte – von ihren Genossinnen wieder »aufgebaut« worden.[12]

Eine Illustrierte, die sich in einem ganz besonderen Maße immer wieder auf die Rolle junger Frauen in der RAF versteifte und ihnen dabei die bereits hinlänglich eingeübten Ressentiments unterstellte, war die in München erscheinende *Quick*. Schon über die Kaufhausbrandstifterin Gudrun Ensslin hatte sie im Herbst 1968 ein Porträt veröffentlicht, das den schneidigen Titel trug: »Pfarrerstochter als Feuerteufel vor Gericht«[13]. Als die Spitze der RAF im Juni 1972 verhaftet worden war, legte das Blatt erst richtig los und begann unter der Balkenüberschrift »Nur Quick bringt alles über Ulrike Meinhof und ihre grausamen Mädchen« mit einer ganzen Serie an Porträts und Reportagen.[14] Eine Woche später erschienen unter der Überschrift »Die Saat der nackten Gewalt« entsprechende Kurzporträts.

Sie reichten von »Vom Kloster zur ›Knarre‹: Astrid Proll«,

»Schlafen beim ›harten Kern‹: Marianne Herzog«,

»Kinder, Kerle und viel ›Kies‹: Margit Gaier-Czenki« bis zu

»Zwei Männer, eine Tragödie: Petra Schelm« über die bei einer Fahndung in Hamburg von der Polizei erschossene Friseurin, das erste Todesopfer in der Konfrontation zwischen Staat und Stadtguerilla.[15]

Und als es wiederum eine Woche später anzüglich »Wo sich Sex und Terror trafen« hieß, war eine Aufnahme der barbusigen Dorothea Ridder zu sehen, die mit den Worten »Als Aktmodell begann es. Und dann ging es bergab« kommentiert wurde.[16] Die nächste Folge, in der die gewaltsam von der Polizei der Presse vorgeführte Margrit Schiller zu sehen war, wurde mit den ebenso programmatisch wie rücksichtslos-menschenverachtend anmutenden Worten übertitelt: »Wer nicht mit uns ist, wird abgeknallt«.[17]

Als am 30. Juli 1977 – wie eingangs beschrieben – Jürgen Ponto ermordet wurde, weil er sich – so ist der Vollständigkeit halber hinzuzufügen – seiner Entführung widersetzte, war das unter der Schlagzeile »Die mörderischen Mädchen« der willkommene Auftakt zu einer weiteren Ausgabe über schießwütige RAF-Frauen, in der insgesamt 14 von ihnen in der *Quick* porträtiert wurden.[18] Und über die Todesschützin Brigitte Mohnhaupt[19] hieß es ein paar Monate später: »Die neue Chefin des Terrors/Wie aus einer einst prüden Provinz-Schönheit die vom Hass verzerrte Anführerin der deutschen Terroristen wurde«. Ihr biographischer Werdegang wurde in polemischer Pointierung mit den Worten beschrieben: »Mit zwölf Jahren beunruhigend scheu, mit 16 das Entzücken aller Männer, mit 18 hinter ihnen her, mit 19 ein Streber, mit 20 in die Kommune, mit 22 zum ersten Mal auf einem Steckbrief, mit 28 nach Ansicht der Bundesanwaltschaft Boss der deutschen Terroristen.«[20] Letzteres entsprach durchaus der Realität. Brigitte Mohnhaupt war von Baader und Ensslin 1976 während ihrer gemeinsamen Haftzeit in Stuttgart-Stammheim damit beauftragt worden, die RAF zu reorganisieren und im Falle ihres Todes auch die Führung der RAF zu übernehmen.

Die Erzeugung eines derartig frauenfeindlichen Bildes hat gewiss nicht nur sozialpsychologische Gründe, die in der damals noch besonders stark verbreiteten Mentalität kleinbürgerlicher Herren verankert waren, die ihre unerfüllten Wünsche offenbar auf die Tag für Tag angebotenen Bilder vom anderen Geschlecht projizierten, sondern auch ganz handfeste kommerzielle. Aber es hatte zweifelsohne auch Auswirkungen auf Experten aus dem Sicherheitsapparat, die die Öffentlichkeit mit entsprechenden Kommentaren bedienten. Darunter stach der damalige Präsident des Bundesamtes für Verfassungsschutz, der Sozialdemokrat Günther Nollau, besonders hervor. Er glaubte den so ungewöhnlich stark von weiblicher Seite mitgeprägten RAF-Terrorismus auf die Formel von einem angeblichen »Exzess der Befreiung der Frau« bringen zu können.[21] Diese sich wertkonservativer Überzeugungen verdankende Behauptung, die offenbar auf den Wunsch hinauslief, dass dem Terrorismus weiblicher Prägung in gewisser Weise die Grundlagen entzogen würden, wenn sich die Frauen nur wieder auf ihre traditionelle Rolle besannen und in den Schoß der Familie und an den Herd zurückkehrten, war zu Beginn der siebziger Jahre offenbar noch sehr verbreitet. Ganz ähnliche Positionen vertrat auch der Hamburger Verfassungsschutz-Chef Hans-Josef Horchem, für den die hohe Zahl an Terroristinnen nichts anderes als »das Ergebnis einer explosiven Emanzipation« hatte sein können.

Damit wurden zwei Dimensionen heillos miteinander vermischt: der linke Terrorismus und die Emanzipation der Frau, die sich gerade in jenen Jahren in Frauenbewegung und Feminismus durchzusetzen begonnen hatte. Dieses diskriminierende Amalgam hat die feministische Sozialwissenschaftlerin Christina Thürmer-Rohr ein paar Jahre später einmal auf den Nenner »Drohformel ›Feminismus=Terrorismus‹« zu bringen versucht.[22] Doch selbst ein kriminologisches Fachorgan beendete eine diesbezügliche Untersuchung mit dem an Eindeutigkeit nicht zu übertreffenden Resultat, dass es *überhaupt* keine Beziehung zwischen Feminismus und Terrorismus gebe und derartige Überlegungen deshalb auch nichts zur Erklärung des hohen Frauenanteils in terroristischen Gruppierungen beitragen könnten.[23]

Diese Bewertung lässt sich im Übrigen auch durch Äußerungen ehemaliger Terroristinnen bestätigen, wonach feministische Motive für die Frauen innerhalb der RAF offenbar nur eine geringe oder gar keine Rolle gespielt haben. Von Astrid Proll, einem Mitglied der ersten Stunde, stammt etwa die unmissverständliche Feststellung, dass die RAF »keine Frauenpolitik gemacht« habe.[24] Von Monika Berberich, ebenfalls Mitglied in der Gründerzeit, die nicht weniger grundsätzliche Bemerkung: »Es ging uns nicht um die Befreiung der Frauen, sondern um die Befreiung der Menschen.«[25] Und von der einst von der *Bewegung 2. Juni* zur RAF übergewechselten Inge Viett lässt sich eine regelrechte Zurückweisung der Überlegung zitieren, dass sie irgendetwas mit der Frauenbewegung zu tun gehabt haben könnten: »Wir sind alle nicht aus der feministischen Bewegung gekommen. [...] Wir haben [...] dieselben Dinge getan wie die Männer. Es war für uns keine Frage Mann-Frau.«[26] Demnach wurden also keine frauenspezifischen, sondern eher universalistische Ziele angestrebt, die als solche jedenfalls geschlechtsunabhängig waren. Das dürfte ganz allgemein der Tenor in der RAF und vermutlich auch in der *Bewegung 2. Juni* gewesen sein.

Allerdings gibt es die davon abweichende Bemerkung einer jungen Studentin, die im November 1970 genau in jener Phase, in der die RAF ihren Schwerpunkt von West-Berlin in die Bundesrepublik verlegte, für ein paar Wochen Mitglied geworden war. Die 20-jährige Beate Sturm, die vielleicht den anschaulichsten Insider-Bericht publizierte, der jemals von der Gruppe nach außen gedrungen ist, hat 1972 festgestellt: »Eins fand ich damals klasse: dass man als Frau wirklich emanzipiert war, dass man manche Sachen einfach besser konnte als die Männer. Wir haben uns einfach stärker gefühlt. Zum Beispiel: Wir hatten weniger Angst als die. Wir waren auch viel weniger aggressiv als die, wir haben uns nie gestritten.«[27] Die Journalistin Marion Schreiber hat diese von Stolz und Selbstbewusstsein geprägte Äußerung der einstigen Mitläuferin dahingehend interpretiert, dass dieses den männlichen Mitgliedern gegenüber empfundene »Überlegenheitsgefühl« das Resultat einer »konsequenteren Normerfüllung« sei. Diese Deutung korrespondiert nur zu gut – worauf noch zurückzukommen sein wird – mit einem Befund, den eine Psychologin bei ihrer im selben Jahr im Auftrag des Bundesinnenministeriums durchgeführten Untersuchung von Terroristinnen zu Tage befördert hatte.

Beate Sturm hat in ihrem Bericht auch zitiert, wie geradezu hysterisch von männlicher Seite auf das gewachsene Selbstbewusstsein von Frauen innerhalb der RAF reagiert worden war. Als Ulrike Meinhof nach einigen Monaten im Untergrund eine Art Manöverkritik anzetteln und in diesem Zusammenhang auch Fehler diskutieren wollte, reagierte »Generaldirektor« Baader ihrer Schilderung zufolge ebenso beleidigt wie aggressiv. Er soll damit begonnen haben, herumzutoben und als bis dahin unangetastete Führungsfigur, die offenbar auf keinen Fall Gefahr laufen wollte, sich in Frage stellen zu lassen, in die Runde gebrüllt haben: »Ihr Votzen, eure Emanzipation besteht darin, dass ihr eure Männer anschreit.«[28] Daraufhin hätte sich Ensslin seiner angenommen und in ihrer unnachahmlichen Weise von oben herab nur gesagt: »Baby, das kannst du gar nicht wissen.«[29] Und danach sei sozusagen Ruhe im Karton gewesen. Von diesem Moment an, beschreibt Sturm die Situation weiter, habe Baader »[…] wirklich die Schnauze gehalten«.

Bei Guerillagruppen oder terroristischen Organisationen denkt man bei deren Repräsentanten in der Regel ja zuerst an besonders kämpferisch wirkende Männer, an ihre prominentesten männlichen Mitglieder. Das war schon bei den Kubanern mit Fidel Castro und Che Guevara so, das war ebenso bei den Palästinensern mit Jassir Arafat für die PLO und Georges Habbash für die PFLP. Zwar gab es unter den in der Öffentlichkeit bekannten Terroristen auch einige prominente Frauen wie etwa die seinerzeit als Flugzeugentführerin ebenso gefürchtet wie berühmt gewordene Palästinenserin Leila Khaled, die Italienerin Margherita »Mara« Cagol, die bis zu ihrem frühen Tod 1975 die Führungsfrau der *Brigate Rosse* war, die beiden US-Amerikanerinnen Bernardine Dohrn und Patricia »Patty« Hearst, die eine Anführerin der *Weathermen*, die andere eher eine Mitläuferin der mysteriösen *Symbionese Liberation Army*, oder die Japanerin Fusako Shigenobu, Mitbegründerin der *Japanischen Roten Armee*, die über Jahre hinweg eng mit der PFLP kooperierte. Diese waren aber eher Ausnahmen und weit davon entfernt, eine Art numerischer Gleichrangigkeit zwischen den Geschlechtern zum Ausdruck zu bringen.

Guerillakampf und Terrorismus galten in der damaligen Öffentlichkeit – und gelten vielleicht heute noch immer – vornehmlich als das Metier von Männern. Die Vorstellung, dass es Frauen irgendwann einmal in dieser Hinsicht mit ihnen aufnehmen könnten, dürfte in den Augen der meisten als ziemlich weltfremd erschienen sein. War der Kampf, das Kriegerische, nicht schon immer Männern vorbehalten und die Vorstellung von kämpfenden Amazonen nicht eher eine romantische Verklärung der in Wirklichkeit noch immer schwächeren weiblichen Wesen?[30]

Dieses traditionelle Bild von den Geschlechtern und den für sie im Kampf- oder Kriegsfall aus vermeintlich primär biologischen Gründen reservierten Aufgabenbereichen besaß für die drei wichtigsten Gruppierungen des bundesdeutschen Linksterrorismus – neben der RAF waren dies die *Bewegung 2. Juni* und die *Revolutionären Zellen* – so gut wie keine Geltung. Das ist nicht nur einem Reflex geschuldet, wonach diejenigen, deren Bilder in der Öffentlichkeit noch immer als erste zusammen mit Andreas Baader mit der RAF assoziiert werden, vermutlich Ulrike Meinhof und Gudrun Ensslin sein dürften.

Dieser Eindruck zeichnete sich bereits ganz zu Beginn des »bewaffneten Kampfes« ab. Als Gründungsdatum der RAF gilt bekanntlich der 14. Mai 1970. An diesem Tag war der eigentlich in Untersuchungshaft befindliche Andreas Baader, dem aber die Möglichkeit eingeräumt worden war, in der Bibliothek eines sozialwissenschaftlichen Instituts Recherchen für ein Buchprojekt vorzunehmen, von einer Gruppe Gleichgesinnter mit Waffengewalt »befreit« worden. Unter den Ersten, die an diesem Vormittag in Berlin-Dahlem am Tatort erschienen, war Hauptkommissar Kurt Werner, einer der wichtigsten Beamten der Politischen Polizei. Sein Kommentar lautete: »Es scheint, wir haben es hauptsächlich mit einer ›Damenriege‹ zu tun.«[31] Diese Einschätzung ließ sich durch die Ermittlungen schon bald bestätigen. Zur Gruppe der in die Tat Involvierten gehörten neben dem Schützen insgesamt sechs Frauen: Monika Berberich, Gudrun Ensslin, Irene Goergens, Ulrike Meinhof, Ingrid Schubert und Astrid Proll, die das Fluchtfahrzeug fuhr. Auch wenn sich daraus allein noch kein exemplarisches Zahlenverhältnis ableiten lässt und im Hintergrund Horst Mahler und Peter Homann, also mindestens noch zwei weitere Männer beteiligt gewesen sind, so war das auf jeden Fall ein erstes starkes Signal, dass in dieser, gerade erst in Gründung befindlichen neuen Gruppierung deren weibliche Mitglieder eine ausgesprochen aktive Rolle spielen würden und sich vor allem auch nicht zu schade sein würden, entsprechende Risiken einzugehen.[32]

Der Status einer Sonderrolle ist aber vor allem das Ergebnis verschiedener Untersuchungen, die bereits in einem frühen Stadium ergaben, dass im internationalen Vergleich verschiedener terroristischer Gruppierungen der Anteil von Frauen in der RAF ganz außergewöhnlich hoch gewesen ist. So kamen Charles A. Russell und Bowman H. Miller in ihrer 1977 veröffentlichten soziologischen Analyse *Profile of a Terrorist* zu dem Ergebnis, dass es im Vergleich zur Bundesrepublik kein anderes Land gebe, wo sich mit knapp 60 Prozent in der RAF und der *Bewegung 2. Juni* anteilig auch nur annähernd so viele Terroristinnen nachweisen ließen.[33] Auch wenn diese hohe Prozentzahl in anderen Untersuchungen und Auswertungen nicht immer bestätigt werden konnte und sich letztlich bei Werten zwischen 33 und 60 Prozent eingependelt hat, so lagen diese Angaben im Durchschnitt immer noch deutlich über dem Anteil bei terroristischen Gruppierungen in anderen Staaten.[34]

Diese Abweichung hinsichtlich der quantitativen Relation zwischen weiblichen und männlichen Mitgliedern in den beiden wichtigsten bundesdeutschen Terrorgruppen gegenüber denen in anderen Ländern war so ausgeprägt, dass allein schon in dieser Hinsicht von einem erklärungsbedürftigen Sonderfall gesprochen werden musste. Ein Bewusstsein von diesem Stellenwert breitete sich auch alsbald in den Sicherheitsbehörden aus. So stellte etwa der seinerzeitige Chef des Hamburger Landesamtes für Verfassungsschutz, Hans Josef Horchem, 1976 fest, dass es für die personelle Zusammensetzung der in der Bundesrepublik aktiven terroristischen Gruppen »kein Beispiel« gebe: »Frauen wirken nicht nur als Helfer, Informanten, Kundschafter, sondern als aktive Kämpfer, die unter dem Mantel oder in mitgeführten Taschen Pistolen bis zum Kaliber 9 mm mitführen, die sie entschlossen benutzen, wenn es gilt, eine Festnahme abzuwehren.«[35] Bemerkenswert war aber auch, dass – gemessen an ihrem prozentualen Anteil – weibliche Mitglieder häufiger in Führungspositionen vertreten waren. Eine wie zuletzt von der Politik geforderte Gleichstellungsquote wäre in der RAF jedenfalls überflüssig gewesen, weil sie längst erfüllt war. Es stellte sich zudem heraus, dass die weiblichen Mitglieder unter verschärften Haftbedingungen eher als ihre männlichen Genossen dazu bereit waren, die Gruppenideale der RAF zu verteidigen. Sie scheinen also die wirklichen *tough guys* gewesen zu sein. Diese Sonderrolle hatte den *Spiegel* seinerzeit zu der süffisant-zynischen Bemerkung veranlasst, dass man es mit einer Neuauflage des während der Nachkriegsjahre im Ausland mit so großer Überraschung aufgenommenen »deutschen Fräuleinwunders« zu tun habe.[36]

Um dieses vermeintliche »Wunder« etwas konkretisieren und damit gleichzeitig vielleicht auch etwas entzaubern zu können, ist es nötig, den Sachverhalt zu personalisieren und sich einzelnen Frauen zuzuwenden, die in der Geschichte der RAF eine besonders hervorgehobene Rolle gespielt haben. Der an der Universität Münster lehrende Jurist Werner Jubelius hatte bereits vor Jahrzehnten in einer kriminologischen Untersuchung nur zu Recht festgestellt, dass es vor allem die Namen von Frauen seien, wenn von »Schlüsselfiguren des deutschen Terrorismus« gesprochen werde.[37] Und das traf in der Tat zu. Es waren mindestens fünf Namen, die sich einem im Rückblick aufdrängen, wenn nach solchen Schlüsselfiguren gefragt wird:

Zuerst ist hier zweifelsohne Ulrike Meinhof zu nennen. Was das nach außen vermittelte Bild von der RAF anbetraf, gab es wohl niemanden, auch Baader nicht, der mit ihr hätte gleichziehen können. Die bundesweit bekannte Journalistin war es, die zumindest in der Anfangszeit die meisten und häufig auch die richtungweisenden Erklärungen abgegeben, insbesondere aber die eigentliche Gründungsschrift *Das Konzept Stadtguerilla* verfasst hat. In praktischer Hinsicht war sie zwar die »Genossin mit den zwei linken Händen«, die bei einem Banküberfall schon mal den Großteil der Beute liegen ließ, im Hinblick auf die Verbreitung öffentlichkeitswirksamer Erklärungen war sie jedoch, wenn man so will, die Propagandaministerin der

RAF. Wichtiger aber noch dürfte gewesen sein, dass sie so etwas wie »das moralische Kapital« der RAF verkörperte. Ohne dieses Image einer politischen Moralistin hätte eine terroristische Sekte wie die RAF nie und nimmer unter der intellektuellen Linken eine derartige Affinität erzeugen können. Und das obwohl sie mit ihrem auf Polizisten gemünzten Satz, dass »Bullen Schweine« seien, auf die »natürlich« geschossen werden könne, von Anfang an unmissverständlich klargemacht hatte, wie es um ihre humanitäre Grundeinstellung bestellt war.

Als Zweite ist Gudrun Ensslin zu nennen, die in dem Quartett, das im April 1968 auf der Frankfurter Zeil zwei Kaufhäuser angezündet hat, die einzige Frau war. Obwohl sie in praktischer Hinsicht, nicht zuletzt über ihre Beziehung zu Andreas Baader, vermutlich noch um einiges einflussreicher als Meinhof gewesen sein dürfte. Sie war ihrem Liebes- und Kampfgefährten in intellektueller Hinsicht zweifellos überlegen, galt deshalb auch als die eigentliche Drahtzieherin vieler Aktionen der ersten Generation und nahm als diejenige, die – wie es in Sicherheitskreisen hieß – »die Bandenkasse verwaltete«, also eine Aufgabe wahr, die sie in gewisser Weise zur Finanzministerin der RAF machte. Schon als sie sich im Sommer 1970 in einem Trainingscamp der *Fatah* an Waffen ausbilden ließ, hatte sie in den Augen der Palästinenser im Gegensatz zu ihrem Geliebten Baader und zu Mahler, dem anderen führenden RAF-Kopf, für die ihre Ausbilder nur Verachtung übrig hatten, als »really militant« gegolten. Sie trat dort schon in einer Respekt erheischenden Weise auf, die von Hans-Peter Konieczny, einen ihrer Mitstreiter, auf eine noch anschaulichere Weise bestätigt wurde. Er sei bei den wirklich brenzligen Situationen »baff über ihre irren Nerven« gewesen und meinte, sie sei immer »gelassen, ruhig, beherrscht« und »ungemein cool« aufgetreten.[38]

Als Dritte ist Ingrid Siepmann zu nennen, die ebenfalls ungewöhnlich hartgesotten war und insbesondere für die Beziehungen zu den Palästinensern eine Schlüsselrolle gespielt hat. Sie war ursprünglich die Geliebte von Dieter Kunzelmann, dem Kopf der bereits ein halbes Jahr vor der RAF gegründeten *Tupamaros Westberlin* (TW). Als sich diese erste, sich im Wesentlichen aus zwei Kommunen herauskristallisierende terroristische Formation, im Herbst 1969 in einem Trainingscamp der *Fatah* in Jordanien aufhielt, war sie es, die nicht nach West-Berlin zurückkehrte, sondern in der Rolle einer Residentin bei den Palästinensern blieb und auf diese Weise zur Quartiermacherin der RAF wurde. Welche Führungsqualitäten sie besaß, wurde spätestens im März 1975 klar, als die *Bewegung 2. Juni* mittels der Entführung des Berliner CDU-Vorsitzenden Peter Lorenz fünf ihrer Gefangenen freipresste. Als sie in Begleitung des früheren Regierenden Bürgermeisters Pfarrer Heinrich Albertz in den Nahen Osten ausgeflogen wurden, gab sie das Kommando an und dirigierte die Maschine nach Aden in den Südjemen.[39]

Als Vierte muss Brigitte Mohnhaupt genannt werden, die in den Augen des RAF-intern als »Familienbulle« bezeichneten BKA-Kommissars Alfred Klaus als eine »ganz besonders Harte« galt und – wie bereits erwähnt – in der zweiten RAF-Generation die Führungsrolle übernommen hatte.[40] Kaum, dass sie am 8. Februar 1977 aus dem Frauengefängnis Bühl entlassen worden war, begann die 27-Jährige damit, die RAF zu reorganisieren.[41] Sie war von zwei Hilfskräften aus Klaus Croissants Stuttgarter Anwaltskanzlei, Elisabeth von Dyck und Volker Speitel, abgeholt worden, die schon bald darauf selbst RAF-Mitglieder werden sollten. Als sie mit ihnen in jener Kanzlei eintraf, die wohl die größte Rekrutierungsstelle war, auf die die RAF jemals zurückgreifen konnte, mussten sie, wie sich Speitel später erinnerte, der Reihe nach antreten und sich von ihr neue Aufgaben zuweisen lassen.

Und Fünfte im Bunde war die aus der *Bewegung 2. Juni* hervorgegangene, 1980 zur RAF übergewechselte und an Durchhaltevermögen alle anderen in den Schatten stellende Inge Viett. Sie hatte allein schon deshalb für Aufsehen gesorgt, weil es ihr gleich zweimal gelungen war, aus dem Frauengefängnis in der Lehrter Straße auszubrechen. Als sie 1981 auf einer Suzuki durch Paris fuhr und dabei bemerkte, dass sie von zwei Polizisten verfolgt wurde, zögerte sie nicht lange, sich ihren Fluchtweg freizuschießen. Sie streckte einen der Beamten nieder, sodass dieser in der Folge querschnittgelähmt war und bereits mit 54 Jahren starb. Sie war es auch, die nach Verhandlungen mit der Staatssicherheit die Überwechslung von RAF-Genossen in die DDR einfädelte, nicht ohne später selbst Inoffizielle Mitarbeiterin (IM) der Stasi zu werden. Inzwischen bewegt sie sich vor allem im Umfeld der Partei *Die Linke* und lässt kaum eine Gelegenheit aus, um in aller Öffentlichkeit zu erklären, dass sie den bewaffneten Kampf auch heute noch für berechtigt halte.

Aber waren die hier genannten und vielleicht auch einige andere unter den bewaffneten Frauen auch tatsächlich gefährlicher als ihre männlichen Mitkämpfer?

Das Grundprinzip »Frauen und Kinder zuerst!« kennt vermutlich jeder. Es stammt aus der internationalen Seefahrt und geht auf die sogenannte Birkenhead-Regel zurück, mit der in der Mitte des 19. Jahrhunderts bei einer Haverie des gleichnamigen Truppentransporters der Royal Navy die schwächsten der Passagiere im Gegensatz zu den meisten der an Bord befindlichen Männern gerettet werden konnten. Heute noch ist der Ausruf vor allem bei Rettungsaktionen von Schiffbrüchigen zu hören. In Notsituationen terroristischer Bedrohung soll die Formel, partiell zumindest, ebenfalls Verwendung gefunden haben, allerdings in einer Weise, die ihre ursprüngliche Intention ins genaue Gegenteil verkehrt hat.

Einer unbestätigten Meldung zufolge hat eine Anweisung der Anti-Terroreinheit GSG 9 damals gelautet: »Schießt zuerst auf die Frauen!« Das behauptet jedenfalls die britische Autorin Eileen MacDonald, die 1991 eine international angelegte Studie über Terroristinnen publiziert hat, die zunächst unter dem Titel *Shoot the Women First* in London erschienen[42] und deren deutsche Ausgabe ein Jahr später unter dem noch reißerischeren Titel *Erschießt zuerst die Frauen* auf den Markt gekommen ist.[43]

Der Informant der Autorin war möglicherweise der damalige, nach zehnjähriger Amtszeit bereits 1991 verstorbene Leiter des Hamburger Landesamtes für Verfassungsschutz, Christian Lochte. Denn dieser wird von der Journalistin im selben Zusammenhang mit den provokativen Worten zitiert: »Wem sein Leben lieb ist, sollte zuerst auf die Terroristinnen schießen. Meiner Erfahrung nach haben Terroristinnen einen viel stärkeren Charakter, mehr Kraft und Energie als Männer. Es gibt mehrere Beispiele, in denen Männer, die sich in die Ecke gedrängt sahen, einen Moment zögerten, ehe sie abdrückten. Die Frauen schossen immer sofort. Das ist ein allgemeines Phänomen.«[44] Es ist naheliegend, warum MacDonald in ihrer Nachfrage von der GSG 9 keine Bestätigung für diese Anweisung erhalten hat. Welche Sicherheitsgruppe will schon von sich ein Bild in der Öffentlichkeit verbreitet sehen, das sie als frauenfeindlich, wenn nicht gar als frauenmordend erscheinen lassen könnte. Das wäre ganz gewiss rufschädigend gewesen.

Ob die GSG 9, deren Ruf sich vor allem auf eine Aktion gründete, in deren Verlauf sie in der Nacht vom 17. auf den 18. Oktober 1977 auf dem Flughafen von Mogadischu die Insassen der Lufthansa-Maschine »Landshut« befreite, sich jedoch gerade an die genannte Maxime gehalten hat, muss als ziemlich zweifelhaft erscheinen. Denn Soraya Ansari, die in Wirklichkeit Souhaila Andrawes hieß und wegen ihrer Beteiligung an der Geiselnahme später zu einer zwölfjährigen Haftstrafe verurteilt wurde, überlebte von dem vierköpfigen Entführungskommando der PFLP als eine der beiden Frauen. Doch die Haltung der GSG 9 dürfte eher von sekundärer Bedeutung sein.

Denn die sehr viel wichtigere Frage lautet, wie glaubwürdig Lochtes Behauptung überhaupt ist, dass Frauen in terroristischen Gruppierungen wie der RAF durchsetzungsfähiger und kaltblütiger gewesen seien. Gibt es dafür einen Beleg in der wissenschaftlichen Forschung? Und ein solcher lässt sich in der Tat finden. Und zwar in einem Band der vom Bundesinnenministerium 1981 herausgegebenen *Analysen zum Terrorismus*, mit denen man nach dem Schlüsseljahr 1977, das sich ja im Nachhinein als der eigentliche Kulminationspunkt der RAF-Geschichte bestätigt hatte, auf breiter Basis, empirisch abgesichert und den methodologischen Ansprüchen der modernen Sozialwissenschaften genügend, den Terrorismus, den linken wie den rechten, erforschen wollte.

Im zweiten der dort unter der Überschrift »Lebenslaufanalysen« versammelten Beiträge hat die Frankfurter Psychologin Lieselotte Süllwold auch das Verhalten von Frauen in linksterroristischen Gruppierungen untersucht. Sie gelangt dort zu dem bemerkenswerten Schluss, dass die weiblichen Gruppenmitglieder in Extremsituationen nicht etwa durch besonders solidarische Reaktionen oder gar Gefühle auffielen, sondern genau entgegengesetzt durch eine Haltung, die sie mit einem »kalten Perfektionismus« charakterisiert. Sie seien, so bekräftigt sie ihre Feststellung, ihrer Menschlichkeit in einem ganz besonderen Maße beraubt, herrschsüchtig und grenzenlos. Auffällig sei auch, dass »Schwächen ihrer Geschlechtsgenossinnen mit Aggression« beantwortet würden und bei ihnen keinerlei Züge des Mitleids zu erkennen seien.[45]

Zu dieser Haltung passt möglicherweise auch, dass gleich eine ganze Reihe führender RAF-Frauen Mütter waren und ihre Kinder – manche waren noch Babys – im Stich gelassen haben, um in den Untergrund gehen zu können. Das traf unter anderem zu auf:

- Ulrike Meinhof, die ihre beiden 1962 geborenen Zwillingstöchter Bettina und Regine allein gelassen hat; sie hätten ja nach Gründung der RAF in ein palästinensisches Kinderlager gebracht werden sollen, waren auf dem Weg dorthin erst einmal auf Sizilien untergebracht, dort aber im September 1970 von dem Journalisten Stefan Aust abgeholt und dann ihrem Vater, dem *konkret*-Chefredakteur Klaus Rainer Röhl, übergeben worden;[46]
- Gudrun Ensslin, die sich seit der Warenhausbrandstiftung im April 1968 nicht mehr um ihren zu diesem Zeitpunkt nicht mal einjährigen Sohn Felix gekümmert hat, der später von einem schwäbischen Ehepaar adoptiert wurde, sowie
- Ingrid »Ina« Siepmann (deren Sohn Caspar Friedrich 1964 geboren wurde) und Lena Conradt (deren Tochter Alpha Appia Anna 1966 auf die Welt gekommen ist), die anfangs beide zu den *Tupamaros Westberlin* gehörten.

Der Gerechtigkeit halber muss allerdings erwähnt werden, dass die Männer in dieser Hinsicht nicht unbedingt eine Ausnahme machten und beim Gang in den Untergrund ihre Verantwortung als Väter von kleinen Kindern ebenfalls von sich abgeschüttelt haben. Das war beispielsweise auch der Fall bei:

- Andreas Baader, der seine 1965 geborene Tochter Suse bereits vor Gründung der RAF im Stich gelassen hat;
- Dieter Kunzelmann (dessen Tochter Grischa zeitweilig in der *Kommune I* lebte) und Georg von Rauch (dessen Tochter Yamin 1967 geboren wurde), den beiden Köpfen der bereits erwähnten *Tupamaros Westberlin*.

Interessant ist auch, dass Ulrike Meinhof selbst Rudi Dutschke, der damals noch massiv unter den gesundheitlichen Folgen des auf ihn verübten Attentats litt, für die RAF anwerben wollte.[47] Dabei forderte sie ihn auf, es ihr gleichzutun und sich ebenfalls von seinem 1967 geborenen Sohn Hoseia Che abzukoppeln. Schließlich habe sie ja das Gleiche mit ihren Töchtern tun müssen.

Auch wenn es vielleicht ebenso viele Väter wie Mütter gegeben hat, die ihre Kinder ihren jeweiligen Partnern, Freunden, Verwandten, anderen Kommunarden oder Adoptiveltern überlassen haben, so ist das trotzdem nicht einfach gleichzusetzen. Denn der Entschluss, sein eigenes Kind für eine höher eingeschätzte »Mission« in gewisser Weise aufzugeben, dürfte für eine Mutter ungleich schwerwiegender als für einen der jeweiligen Väter gewesen sein. Die Aufgabe von Söhnen oder Töchtern im Kleinkindalter war für die betreffenden Mütter häufig mit Skrupeln, Selbstzweifeln und Anzeichen individueller Krisen verbunden.[48] Doch auch dies konnte letztlich in keinem einzigen der erwähnten Fälle an der einmal getroffenen Entscheidung für die terroristische Organisation etwas ändern.

Insgesamt sind es also drei Gesichtspunkte, die im Hinblick auf ihre Geschlechterrelation die RAF im Vergleich mit anderen zur selben Zeit international aktiven terroristischen Organisationen aus den

Rahmen fallen lassen. Es sind dies ein quantitativ-numerischer, ein rollenspezifischer und ein sozialpsychologischer Aspekt:

Erstens die außergewöhnlich hohe Anzahl von Frauen in der RAF;

zweitens die mindestens genauso große Anzahl von Frauen bei der Wahrnehmung von Führungspositionen und

drittens die Dominanz der weiblichen Mitglieder bei der internen Durchsetzung von Gruppennormen.

Wie aber ist dieser Befund nun sozialwissenschaftlich zu interpretieren? Auffällig ist zunächst einmal, dass es zwar nicht an Erklärungsansätzen gefehlt hat, es aber bis auf den heutigen Tag so gut wie keine avancierte empirisch abgesicherte und theoretisch angemessene Deutung dieses Phänomens gibt. Eher im Gegenteil, je stärker in den siebziger Jahren die Berichte von der Häufigkeit und Auffälligkeit weiblicher Akteure im Terrorismus zunahmen, desto mehr schossen die wildesten Spekulationen über deren mutmaßliche Ursachen ins Kraut.

Dieses Defizit wird sich nicht einfach auf einen Schlag beheben lassen. Um aber eine These zu formulieren, mit der eine Antwort auf die zentrale Frage versucht werden soll, wie eigentlich die Besonderheiten bundesdeutscher Terroristinnen zu erklären sind, empfiehlt es sich, zunächst einige sozialwissenschaftliche Ergebnisse zu rekapitulieren, die in den bereits erwähnten *Analysen zum Terrorismus* festgehalten worden sind.

Darin wird erst einmal die Unmöglichkeit eines monokausalen Erklärungsansatzes für den bundesdeutschen Terrorismus konstatiert.[49] Stattdessen, so heißt es, gehe es um ein Geflecht verschiedener objektiver Bedingungen auf der einen und der Wahrnehmung bestimmter Möglichkeiten durch terroristische Akteure auf der anderen Seite. Insofern komme es im Verhältnis zwischen Akteuren und Gruppendynamiken immer wieder darauf an, spezifische Gelegenheitsstrukturen aus dem terroristischen Handeln herauszufiltern.[50] Die Annahme einer Multikausalität sollte nicht nur ganz allgemein gelten, sondern auch bei der Frage nach den Besonderheiten von Frauen im bundesdeutschen Terrorismus.

Die gründlichste und methodisch reflektierteste der in dem erwähnten Werk publizierten Analysen trägt den Titel »Soziale Bedingungen terroristischen Handelns« und stammt von dem damals an der Universität Köln lehrenden Soziologen Friedhelm Neithardt.[51] Seine wichtigsten Ergebnisse lauten:

1. Eine Psychopathologie terroristischen Handelns hat die Forschung bisher kaum weitergebracht. »Terrorismus als die radikalste Form einer gewalttätigen Abweichung von Normalität« lässt sich nicht erklären, ohne den Versuch unternommen zu haben, »die subjektiv empfundene Sinnhaftigkeit terroristischen Handelns von innen her zu verstehen«.
2. Die erkennbaren Abweichungen von der Normalität sind »Resultate einer sozialen Karriere«, die die Akteure bereits zuvor zurückgelegt haben. Im Laufe dieser Vorgeschichte haben sich nicht nur die Zielsetzungen verschoben, sondern auch die Motive verändert.
3. Die Struktur dieser individuellen Karrieren verweist auf eine Interdependenz der Akteure. Beim Terrorismus handelt es sich zwar um einen radikalen Kampf gegen die Gesellschaft, ihre Werte und Institutionen, zugleich aber ist er auch ein Produkt der Gesellschaft, die von den Akteuren grundsätzlich verworfen wird.
4. Weil Terrorismus in aller Regel ein Gruppenphänomen ist, muss seine Analyse von der Annahme ausgehen, dass terroristisches Handeln durch die inneren, sich in derartigen Gruppen abspielenden Prozesse bedingt ist. Es geht also maßgeblich um das Verstehen von Gruppendynamiken, um Interaktionen innerhalb der terroristischen Gruppe.
5. Gerade wegen der wenigen, aber deutlich erkennbaren Führungsfiguren ist bei Deutungsversuchen die »Gefahr einer Personalisierung der Handlungsverläufe« vorhanden. Die Durchsetzung individueller Eigenschaften ist abhängig von bestimmten Konstellationen wie der sogenannten Gunst der Stunde und anderen Faktoren mehr.

6. Die »Kontrakultur der RAF« war nicht einfach normen- und prinzipienlos, wie es große Teile der Öffentlichkeit den als vermeintlich »anarchistisch« motivierten Akteuren meinte unterstellen zu können, sondern durch »ein Normensystem anderer Art« geprägt. Bis zum Schluss, so Neithardt, sei in der RAF »ein als moralisch empfundener Code intakt« gewesen, der der Kriminalität ihres Handelns Grenzen gesetzt habe.
7. Die RAF war »eine totale Gruppe«, die von dem Zeitpunkt an, als sie in den Untergrund ging, einem enormen Handlungsdruck ausgesetzt gewesen sei. Und je mehr die Fehlschläge zunahmen und sich in der Folge ihr politisch-strategisches Desaster abzuzeichnen begann, desto stärker wurden die Anstrengungen, ihre systemische Erfolglosigkeit durch Verzweiflungsakte im Gestus des Heroischen zu kompensieren.

Auch wenn sich in Neithardts Forschungsergebnissen keine besondere Bezugnahme auf die Rolle der Frauen und insofern auch keine diesbezüglichen Argumentationslinien finden lassen, so scheinen sie dennoch im Hinblick auf die hier aufgeworfene zentrale Frage nach den Bedingungen für »das terroristische Frauenwunder« in der alten Bundesrepublik anknüpfbar zu sein.

Die hier vertretene These lautet, dass wir es zumindest bei den RAF-Terroristinnen der ersten Generation mit einer negativen Dialektik der Moralisierung zu tun haben, deren Dynamik die als grundlegend beschriebenen Abweichungen vom normativen Gesellschaftsbild der Weiblichkeit begreifbar machen können, ohne zugleich in eine der populären Deutungsfallen tappen zu müssen.

Durch den bloßen Verweis auf biologische, psychologische und psychopathologische Bedingungen des Verhaltens von Terroristinnen gibt es keine Möglichkeit, ihren Typus monokausal zu erklären. Weder lassen sich die Radikalisierungsprozesse von Frauen aus ihrer vermeintlichen Natur ableiten, noch aus einigen ihrer als Abweichungen unterstellten Charaktereigenschaften destillieren, noch aus ihren angeblich pathologischen Dispositionen schlussfolgern.

Aber es gibt einige durch die empirische Forschung gut belegbare soziale Faktoren, die als konstitutiv für das Bedingungsgefüge des linken Terrorismus gerechnet werden müssen. Dazu zählt zuerst die soziale Herkunft. Während am Ende der siebziger, Anfang der achtziger Jahre rund 40 Prozent der Terroristen aus gehobenen Berufskreisen stammten, waren es bei den Terroristinnen sogar 60 Prozent. Meinhofs Vater war ein promovierter Kunsthistoriker, Ensslins Vater evangelischer Pastor, Siepmanns Vater Apotheker, Ingrid Schuberts Vater Manager, Margrit Schillers Vater Offizier, Susanne Albrechts Vater Rechtsanwalt, Astrid Prolls Vater Architekt, Juliane Plambecks Vater Arzt, Mohnhaupts Vater Verlagskaufmann und so weiter. In diesem Kreis bildeten Petra Schelm und Verena Becker, die aus dem Kleinbürgertum und damit aus der unteren Mittelschicht stammten, rare Ausnahmen. Im Kernjahr 1977 des RAF-Terrorismus waren gar zwei Drittel aller mit Haftbefehl gesuchten Terroristen weiblich, zumeist »höhere Töchter aus feinen Familien«.[52] »Die deutschen Terroristinnen sind«, folgerte Marion Schreiber daraus, »weder besonders unterdrückt noch besonders diskriminiert. Sie sind die unzufriedenen Kinder einer Wohlstandsgesellschaft.«[53] Das mochte eine vergleichsweise plakative Formel sein, traf aber den Kern ziemlich genau. Weder Armut, soziale Deprivation oder Marginalisierung dürften hier also eine Rolle gespielt haben. Die Voraussetzungen für eine Radikalisierung, die sie in den Untergrund getrieben hat, müssen ganz offensichtlich woanders gesucht werden. Aber wo?

Hinzu kam ein überdurchschnittliches Bildungsniveau. Im Gegensatz zu 19 Prozent im Bevölkerungsdurchschnitt hatten 47 Prozent aller Terroristen Abitur und eine Hochschule oder Universität besucht. Zwar lautete das Ergebnis nicht pauschal, Terroristen kämen aus dem Bildungsbürgertum, jedoch kämen sie, wie es in abgemilderter Form hieß, aus »besonders bildungsbeflissenen Familien«. Das wiederum passte auch zu der zuvor eingegrenzten sozialen Herkunft.

Weil die Vorstellung, dass Terroristen einer bestimmten Konfession angehören und vielleicht unter die Kirchgänger gefallen sein könnten, etwas Absurdes an sich hat, ist die Frage nach der Religion über lange Zeit hinweg blockiert gewesen. Doch die Frage nach der Kirchenzugehörigkeit ist einfach falsch gestellt und muss durch die nach der religiösen Sozialisation ersetzt werden. Der Sozialpsychologe und Religionssoziologe Gerhard Schmidtchen sprach im Zusammenhang mit der bereits mehrfach genannten Terrorismus-Studie des Bundesinnenministeriums von einer »religiösen *De*sozialisation«. Seiner Ansicht nach ist »ein religiös inhaltsleer gewordener Protestantismus« so etwas wie »das formale Erziehungsgefäß für Ideologien und politische Überzeugungstäter« wie die RAF-Mitglieder geworden.[54]

Auffällig ist außerdem, dass ein hoher Anteil terroristischer Frauen aus dem karitativen Milieu stammt. »Sie haben Helfer-Qualität und -Ausbildung, sind Krankenpflegerin, Arzthelferin, Krankenschwester, Kindergärtnerin, Lehrerin, medizinisch-technische Assistentin; oder sie studierten Fächer wie Soziologie und Psychologie – nicht der Karriere wegen, sondern um mehr über die Probleme anderer zu erfahren.«[55] Sie hatten also häufig einen christlich geprägten, zunächst einmal der Nächstenliebe und Wohltätigkeit zugeordneten Berufsweg eingeschlagen, bevor sie die Waffe in die Hand nahmen und sich einer der genannten Organisationen anschlossen. War es etwa eine Radikalisierung von karitativen Impulsen, die Frauen in den bewaffneten Kampf geführt hat? Doch eine direkte Antwort verbietet sich schon deshalb, weil sie von vornherein dem Verdikt einer monokausalen Ursachenannahme unterliegen würde.

Zusammengefasst kann aber als Zwischenergebnis festgestellt werden: Es sind vier wesentliche Faktoren, mit denen – auch wenn in zwei der erwähnten Topoi nicht auf geschlechtsspezifisch differenzierte Ergebnisse zurückgegriffen werden konnte – die für das Verhalten von RAF-Frauen ausschlaggebenden Bedingungen eruiert werden können. Das sind:

ihre überwiegend bürgerliche Herkunft,
ihr überdurchschnittliches Bildungsniveau,

ihre mehrheitlich protestantische Sozialisation und

ihre karitative Grundeinstellung, die zusammengenommen den Weg in den Untergrund vermutlich gepflastert haben dürften.

Dies alles sind aber immer noch keine hinreichenden Faktoren, um die zentrale Frage tatsächlich auch beantworten zu können. Was bislang fehlt, ist zweierlei: deren Kontextualisierung in der für den RAF-Terrorismus typischen Sozialform, der Untergrundgruppe, und die Fundierung der »RAF-Kontrakultur« (Friedhelm Neithardt) bis in eine intrapsychische Disposition hinein.

Um mit dem zuletzt Genannten zu beginnen: Der Grundton, der von der RAF nach draußen klang, war der des hysterisch gestimmten Aufschreis. Die durchaus nachvollziehbare Empörung über die im Vietnamkrieg begangenen Gräueltaten, über das Stillhalten der politischen Klasse gegenüber diesen von der einstigen Schutzmacht USA begangenen Verbrechen, über eine im eigenen Land bereits frühzeitig abgebrochene Entnazifizierung, über beklagenswerte Missstände in der Justiz, in Betrieben, in den Fabriken, in Schulen, Erziehungsheimen, Gefängnissen und anderen Institutionen mehr schlug in einen Grundton affektiver Überreaktion um.

Was der Kasseler Psychologe und Kriminologe Gustav Nass einmal festgestellt hat, dass »die Diskrepanz zwischen moralischem Anspruch und desillusionierender Realität« von hochbegabten jungen Menschen »stärker erlebt und erlitten« werde »als von anderen«,[56] könnte eine Erklärung für die emotionale Maßlosigkeit in der Reaktion sein. All die in Politik und Gesellschaft festgestellten Defizite taugten wie bei einer *self-fulfilling prophecy* als nichts anderes denn als Bestätigung eines zuvor bereits empfundenen Systemdefekts, der für den Kapitalismus wie den Imperialismus angeblich typisch sei.

Eine Empörungshaltung, die sich ständig in Lauerstellung befindet und jede sich bietende Gelegenheit nutzt, um sich als Antihaltung zu produzieren, war *das* Markenzeichen der RAF.[57] Diese schrille Tonlage übertönte alles andere. Sie richtete sich aber nicht nur gegen die vermeintlichen Verursacher all des so vielfältig registrierten Übels, sondern mehr noch als Vorwurf gegen diejenigen, die nichts dagegen – vor allem nicht in der gleichen existentiellen Entschlossenheit, mit der Waffe in der Hand – zu tun bereit waren. Die Untergrundgruppe wies insofern alle Anzeichen für eine kollektive Neurose auf.

Niemand anders hat diesen Dauerton schriller und dauerhafter intoniert als Ulrike Meinhof. Sie war unzweifelhaft die Hauptquelle für diese Tonlage. Sie vollzog mit und in der RAF, wie das im Nachhinein einer ihrer in gleich mehrfacher Hinsicht ausgescherten Mitbegründer beschrieben hat, so etwas wie einen »moralischen Amoklauf«.[58] Zu welch einer Überidentifikation mit Opfern das bei ihr mitunter hat führen können, das hat der eigentliche Drahtzieher im Gründungsakt der RAF, Ex-Anwalt Horst Mahler, später am Beispiel der gemeinsamen Betrachtung von Fernsehnachrichten beschrieben:

»Wir haben an ihr erlebt, wenn sie vor dem Fernseher gesessen hat, sich die Frontberichte aus Vietnam, die täglich kamen, anschaute, sah die wie eine Strecke erlegter Hasen zum Zählen aufgereihten erschlagenen vietnamesischen Bauern. Sie konnte das nicht ertragen. Vor Wut heulend sprang sie auf und schrie: ›Das können sie mit mir nicht machen. Ich sitze in einem weichen Sessel und soll mir das ansehen! Die machen mich fertig!‹ Das wurde bei ihr zum Impuls, irgend etwas dagegen zu unternehmen. Irgendwas, das nicht verschwiegen werden konnte. Es mochte noch so aussichtslos sein. Wenigstens wollte sie – wie sie das in einer konkret-Kolumne formuliert hatte – dem Lieben Gott Bescheid sagen, dass sie dagegen sei. Das war ein durch und durch existentialistischer Einstieg in den bewaffneten Kampf.«[59] Das Empörungstremolo, das ihre Stimmlage verriet, ist bereits aus den Fernseh- und Rundfunk-Interviews zu vernehmen, die von ihr aus den Jahren 1967/68 überliefert sind und in denen sie ihre Rage – etwa über den Schah-Besuch oder den Vietnamkrieg – offenbar nur mühsam unterdrücken konnte.[60]

Diese von Ulrike Meinhof vollzogene radikale Form der Moralisierung bedrückender kriegerischer Ereignisse, die sie in ihrer wortwörtlich zu nehmenden Furchtbarkeit auf sich selbst bezog, schaffte die Grundlage für das Umschlagen einer Hypermoral in die Selbstermächtigung zur rächenden Tat. Die Gewaltakte, die nun gegenüber Repräsentanten des Systems begangen wurden, die man für die Verbrechen im Kern als verantwortlich ansah, wurden im Selbstverständnis eigener Moralisierung nicht als Verbrechen, sondern als die Negation des Verbrecherischen schlechthin erlebt.

Wie weit dieser Modus des mit einer folgenreichen Selbstlegitimierung verbundenen Umschlags für die Frauen der ersten Generation exemplarisch gewesen ist, würde einer genaueren Überprüfung bedürfen. Zumindest Gudrun Ensslin, die sich von ihrem Grundtemperament her einerseits völlig von Meinhof unterschied, dürfte ihr andererseits im Modus der Empörung und der damit verbundenen Moralität durchaus ähnlich gewesen sein. Auch wenn man bei ihr das Moment des Hysterischen nirgendwo feststellen kann, so lag die intrapsychische Motivierung ihrer terroristischen Grundhaltung, wie sie es während des Frankfurter Brandstifterprozesses in Bezug auf den US-amerikanischen Krieg in Südostasien – »wir taten es wegen des Vietnamkriegs« – zum Ausdruck gebracht hat, der ihrer führenden Genossin außerordentlich nahe.

Der Empörungsmodus der beiden führenden RAF-Frauen hat wie kein anderes Motiv die RAF geprägt. Wirksam wurde es aber überhaupt erst im Kontext der Untergrundgruppierung, also unter ganz spezifischen Bedingungen der Illegalität, unter denen jede und jeder auf den oder die Anderen angewiesen ist. Ohnehin wäre zu fragen: Was verändert sich, wenn Einzelne, insbesondere Frauen, in den Untergrund gehen und damit eine existentielle Gefährdung für sich in Kauf nehmen? Und ganz offenbar stellte sich heraus, dass die weiblichen Mitglieder in der RAF mit der andauernden Gefährdung und den Verabredungen, wie man sich solchen Bedrohungsszenarien erwehren könne, besser umgehen konnten als die männlichen.

»Seit jeher sind junge Mädchen eher als junge Männer bereit«, stellt Marion Schreiber fest, »sich rückhaltlos in eine Gruppe hineinzuleben. Schließlich sind sie, anders als die Söhne, nicht so sehr dafür erzogen, sich mit den vorgegebenen Autoritäten auseinanderzusetzen. Verlangt wird von den Mädchen vielmehr ein hohes Maß an

Anpassung, zunächst an die Mutter, später an eine andere Lebensgemeinschaft. [...] Sie akzeptieren, dass vor allem soldatische Tugenden wie Mut, absoluter Gehorsam und praktisches Organisationstalent gefragt sind. Sie akzeptieren den Kult der Virilität, der in den terroristischen Gruppen herrscht. Bis in die Übernahme der männlichen Sprachmuster geht ihre Bereitschaft, sich einer eigentlich fremden Mentalität zu unterwerfen. [...] Rückhaltlos sind diese Frauen bereit, die Gruppenideologie zu verinnerlichen.«[61] Diese Erklärung wird durch die bereits erwähnte Untersuchung der Psychologin Lieselotte Süllwold eindrucksvoll bestätigt.

Unter den Bedingungen eines gelebten Ausnahmezustandes kommt etwas Weiteres hinzu: der mit der Abkapselung von der Außenwelt verbundene enorme interne Druck. Helga Einsele, die Kriminologin und jahrzehntelange Leiterin der Frauenvollzugsanstalt Frankfurt Preungesheim, in der Gudrun Ensslin als Warenhausbrandstifterin ihre erste Haftstrafe zu verbüßen hat, hat deshalb hinsichtlich der RAF auch von einer »absoluten Inzucht« innerhalb der Gruppe gesprochen, die in der Regel die Abkehr von gesellschaftlichen Normen noch beschleunigt habe.[62]

Je stärker sich die Mitglieder aber von den Regeln und Normen der Außenwelt abgekoppelt hatten, umso mehr zogen sie sich auf die eigenen zurück und damit erhielt die weibliche, ursprünglich von Meinhof und Ensslin gestiftete Gegenmoral ein so außerordentliches Gewicht. Es war dieser dialektische Prozess einer negativen Moralisierung, der die von der Öffentlichkeit als so ungewöhnlich und kaum vorstellbar erlebte Bereitschaft junger, gebildeter und auch in vieler Hinsicht talentierter Frauen bedingte, nicht nur selbst zur Waffe zu greifen, sondern damit auch brutalste Verbrechen zu begehen. Aus der »Mission mit dem Wort« war nach der Überzeugung des erwähnten Religionssoziologen eine »Mission mit der Waffe« und damit zugleich auch ein in seinem Innersten weiblich geprägter Terrorismus geworden.

Die RAF und ihre Anwälte

Als Ulrike Meinhof am 15. Juni 1972 in der Nähe von Hannover verhaftet wird, machen die Beamten eine überraschende Entdeckung. Die Mitbegründerin der RAF führt in ihrer Samtjacke einen auf zwei DIN-A4-Seiten abgetippten Text mit sich – einen Kassiber. Er stammt von der erst am 7. Juni in Hamburg verhafteten Gudrun Ensslin. Diese schildert nicht nur die Umstände, die zu ihrer Festnahme in einer am Jungfernstieg gelegenen Boutique geführt haben,[63] sondern richtet auch verschlüsselte Anweisungen an Meinhof und die anderen zu diesem Zeitpunkt noch auf freiem Fuß befindlichen RAF-Mitglieder.[64]

Offenbar ist Ensslin nach der Verhaftungswelle, der als Erste am 1. Juni in Frankfurt bereits Andreas Baader, Jan-Carl Raspe und Holger Meins zum Opfer gefallen sind, sehr besorgt, dass das im Untergrund aufgebaute Netz vielleicht zerstört werden könnte. Sie versucht deshalb auf eine Art Defensivstrategie umzuschalten, in deren Zusammenhang Meinhof »im Loch« – das heißt erst einmal in ihrem Versteck – bleiben solle.[65] Eine der Anweisungen lautet, dass die »Laube«, womit eine konspirative Wohnung im Frankfurter Stadtteil Bornheim gemeint ist, von der aus die Bomben für die im Monat zuvor als »Mai-Offensive« bezeichnete Anschlagserie[66] in Gang gesetzt worden waren, aufgelöst werden müsse und dass »Ha.« – gemeint ist damit Meinhofs Begleiter Gerhard Müller, der den Decknamen »Hardy« trägt – in Hamburg zwei Bombenanschläge verüben solle, einen auf eine US-amerikanische Einrichtung, einen anderen auf die Polizei der Hansestadt.[67]

Die Frage lautet: Wie konnte das Papier, das eine derartige Reihe brisanter Instruktionen für das weitere Vorgehen enthält, von der im Essener Frauengefängnis strengsten Sicherheitskontrollen unterworfenen Gefangenen nach draußen und dann auch noch in die Hände der im Untergrund befindlichen und höchstem Fahndungsdruck ausgesetzten Meinhof gelangen? Die Antwort scheint zunächst ganz eindeutig zu sein: über Ensslins Anwalt, den damals 40-jährigen Otto Schily.[68] Denn er war es, der am 12. Juni zweieinhalb Stunden lang unbeaufsichtigt mit seiner Mandantin sprechen konnte. Außer ihm könne es, so lautet jedenfalls die Information der Justizvollzugsanstalt, niemand anderen geben, der einen unkontrollierten Zugang zu Ensslin hätte wahrnehmen können. Außerdem stellt sich heraus, dass Schily entgegen der Vorschrift beim Verlassen des Gefängnisses nicht kontrolliert worden ist.

Der zuständige Ermittlungsrichter am Bundesgerichtshof in Karlsruhe, Dr. Georg Knoblich, zieht umgehend Konsequenzen aus der Entdeckung. Am 17. Juni schließt er Schily – ohne dass diesem zuvor rechtliches Gehör eingeräumt worden wäre – von der Verteidigung seiner Mandantin aus. Der Fall ist bis dahin einmalig. Es ist das erste Mal, dass in der Bundesrepublik ein Verteidiger vom Bundesgerichtshof von einem Verfahren ausgeschlossen worden ist.

Dem Betroffenen ist klar, dass es sich dabei nicht um ein einfaches Vergehen handelt, sondern damit seine weitere Karriere auf dem Spiel steht. Er wendet sich am Tag darauf an seinen alten Studienfreund Uwe Wesel, Professor für Römisches Recht und Vizepräsident der Freien Universität Berlin. Schily erklärt ihm, dass er wahrscheinlich am Tag darauf verhaftet werden würde und bittet ihn deshalb darum, Rechtsmittel für ihn einzulegen. Aus dem Anwalt wird in diesem Augenblick selbst ein Mandant.

Professor Wesel nimmt die Bitte seines Freundes ohne großes Zögern an und legt Beschwerde gegen den Beschluss des Karlsruher Bundesrichters ein. Nun müssen sich Bundesrichter vom 3. Strafsenat des Bundesgerichtshofes auf den Weg nach Essen machen, um die am 12. Juni im Dienst befindlichen Ensslin-Bewacherinnen zu vernehmen. Das Ergebnis ist eine erneute Überraschung. Es gab in der fraglichen Zeit durchaus Bedienstete der Essener Justizvollzugsanstalt, die unbeaufsichtigt mit der prominenten RAF-Gefangenen zu tun hatten. Zwei an der Zahl und mindestens bei drei Gelegenheiten. Aber warum hätten zwei Wärterinnen einen Ensslin-Kassiber annehmen und wie hätten sie diesen an die seit drei Jahren polizeilich gesuchte Meinhof weitergeben sollen? Das alles ist einerseits sehr hypothetisch, andererseits aber reicht es – wenn auch mit erheblicher Verzögerung – aus, um Schilys Ausschluss rückgängig zu machen. Das geschieht am 14. Februar 1973. Es dauert weitere fünf Jahre, bis dann auch das gegen ihn anhängige Ermittlungsverfahren ergebnislos eingestellt wird. Wer dafür verantwortlich war, dass Ensslins Nachricht in Meinhofs Hände gelangen konnte, ist nie geklärt worden. Was an Schily allerdings hängenbleibt, ist der Verdacht, dass er es wohl doch gewesen sein könnte und damit »der Geruch der Komplizenschaft mit der RAF-Terroristin«.[69] Jedenfalls stellt Kriminalhauptkommissar Alfred Klaus, der im Auftrag des Bundeskriminalamts insbesondere für die Recherchen unter den Familienangehörigen zuständig und deshalb als »Familienbulle« bezeichnet worden war,[70] am 7. Mai 1973 in seinem »4. Nachtragsbericht« zu den gegen RAF-Mitglieder laufenden Ermittlungsverfahren unmissverständlich fest: »Die Verdachtsgründe sind nicht ausgeräumt worden.«[71]

Schily selbst hat im Zusammenhang mit der RAF über Ensslin hinaus nie wieder ein weiteres Mandat wahrgenommen. Er hatte die Mitbegründerin der Untergrundorganisation schon im Oktober 1968 im Warenhausbrandstifterprozess vertreten und später noch im Hauptverfahren gegen die RAF-Spitze von 1975 bis 1977 vor dem Stuttgarter Oberlandesgericht in Stammheim. Ihn dürfte vor allem die Kritik am Vietnamkrieg der Vereinigten Staaten mit seiner Mandantin verbunden haben. Ensslin hatte vor dem Frankfurter Landgericht erklärt, sie hätten die beiden Kaufhäuser wegen des Krieges in Vietnam angezündet. Und ihr Anwalt war deshalb 1967/68 in West-Berlin auch selbst auf die Straße gegangen, um gegen die in Südostasien von der Schutzmacht begangenen Verbrechen zu demonstrieren. Schily hatte in Frankfurt für Ensslins Freispruch wegen der ihrer Tat in seinen Augen zugrunde liegenden Motive plädiert. »Es hat ihn innerlich so aufgewühlt«, hat Mahler den Auftritt seines Kollegen später beschrieben, »dass er während des Plädoyers in Tränen ausbrach. Das erlebt man nicht häufig. Es war ein ganz anderer Schily: offen, ein weiches Gesicht, auch in der Argumentation […]«[72]. In einem an den hessischen Justizminister gerichteten Gnadengesuch für seine Mandantin schrieb Schily, dass Gudrun Ensslin »Überzeugungs-, ja Gewissenstäterin« gewesen sei, die die Sinnlosigkeit ihrer Tat erkannt habe und von der mit Sicherheit zu erwarten sei, dass sie »keine weiteren Straftaten mehr begehen« werde.

In Vernehmungen, die Beamte des Bundeskriminalamtes im Frühjahr 1976 mit Gerhard Müller durchführen, stellt sich später heraus, dass es mit hoher Wahrscheinlichkeit Wilfried Böse war, der Ensslins Kassiber in Hamburg an Meinhof weitergereicht hat. Er wurde darin unter seinem RAF-internen Decknamen »der kleine Dicke« auch selbst genannt. Der spätere Begründer der *Revolutionären Zellen*, der im Juli 1976 während einer Flugzeugentführung in Entebbe von den Angehörigen einer israelischen Sondereinheit erschossen wurde, soll die verschlüsselten Instruktionen von einer Reise nach West-Berlin mitgebracht haben.[73] Doch von wem hatte Böse den Kassiber in Empfang genommen und wer hatte ihn abgetippt? Auf jeden Fall aber muss der Weg, den die ursprünglich aus der Essener Zelle stammende geheime Botschaft offenbar zurückgelegt hatte, als weitere Belastung des Ensslin-Verteidigers erscheinen. Soweit bekannt, lauteten die Stationen: Essen – West-Berlin – Hamburg – Hannover.

Über die konkrete Frage hinaus, ob Schily doch oder wohl doch nicht, steht die allgemeine Frage nach Rolle und Praxis von Strafverteidigern im Raum, die Mandate von Mitgliedern der RAF oder von als solchen Verdächtigten wahrgenommen haben.

Der Strafverteidiger

Der Strafverteidiger ist laut Gesetz ein unabhängiges, selbstständiges Organ der Rechtspflege (BverfGE 39, S. 156ff.). Dies ist allerdings nicht unumstritten. So wird beispielsweise kritisiert, dass die Funktionsbestimmung »Organ der Rechtspflege« zu sein, den verfassungsrechtlichen Standort eines Verteidigers zu nahe an das institutionelle Gefüge des Staates anlehne.[74]

Formal betrachtet ist der Verteidiger jedoch dem Gericht und der Staatsanwaltschaft gleichgeordnet. Er ist also nicht Teil des Gerichtes, sondern unabhängig, er soll allein den Interessen seines Mandanten dienen, allerdings im Rahmen geltender Gesetze. Der Strafverteidiger ist nicht weisungsgebunden, auch nicht seinem Mandanten gegenüber.

Wo liegen aber die Grenzen seiner Aufgabe? Was ist rechtsstaatlich abgedeckt und was nicht? Wo beginnt die Grauzone seiner Tätigkeit und was ist illegal? Diese Fragen lassen sich nicht pauschal beantworten. Denn die Orientierung an den Rahmenbedingungen geltender Gesetze macht bereits deutlich, dass es sich hier um einen auslegungsbedürftigen Raum handelt.

In dem von Hans Dahs verfassten *Handbuch des Strafverteidigers*, einem Klassiker der Strafverteidigung, heißt es: »Verteidigung ist Kampf, Kampf um die Rechte des Beschuldigten im Widerstreit mit den Organen des Staates, die der Verfolgung von Straftaten zu genügen haben. Im Strafverfahren bringt der Staat gegen persönliche Freiheit und Vermögen des Einzelnen seine Machtfülle mit einer Gewalt zum Einsatz wie in keinem anderen Bereich des gesellschaftlichen Lebens.«[75] Das ist eine Beschreibung, der die meisten der Anwälte, um die es hier geht, vermutlich zugestimmt hätten oder immer noch zustimmen dürften.

Der »RAF-Anwalt«

Die Anwälte, die inhaftierte Mitglieder der RAF vertraten, standen von Anfang an unter dem Verdacht, dass es sich bei ihnen um Komplizen, um »Handlanger des Terrors« handle. Für Boulevardblätter wie etwa die *Bild*-Zeitung waren sie »Briefträger für Bombenleger und Polizistenmörder, die Mordanleitungen von Zelle zu Zelle schmuggeln«.[76] Auf dem Kulminationspunkt der RAF-Geschichte im Sommer 1977 sollen nach Darstellung von Josef Grässle-Münscher insgesamt 51 Straf- und Disziplinarverfahren gegen linksgerichtete Rechtsanwälte und Assessoren anhängig gewesen sein.[77] Der Verdacht lautete: »Terroristen-Anwälte« würden sich als Sympathisanten oder gar Komplizen betätigen, wie das der *Spiegel* in seiner am 10. Oktober 1977 auf dem Höhepunkt der Schleyer-Entführung publizierten Titelgeschichte formuliert hat.[78] Andererseits haben RAF-Anwälte das gesamte Arsenal an verfahrensrechtlichen Finessen ausgepackt, um etwa einen Prozess wie das im April 1975 in Stuttgart-Stammheim eröffnete Hauptverfahren zu torpedieren. So machten sie beispielsweise zwischen 1975 und 1977 gegen den Gerichtsvorsitzenden Theodor Prinzing von nicht weniger als 86 Ablehnungsanträgen Gebrauch. In dessen 31 Berufsjahren war zuvor kein einziger Strafverteidiger auf die Idee gekommen, vor Gericht seine Ablehnung zu beantragen. Die Justiz war in den siebziger Jahren ganz offenbar zum Schauplatz eines Kampfes mit dem Terrorismus geworden.

Dabei sind nachweislich von beiden Seiten die Grenzen des Rechtsstaates und der durch ihn gesetzten Legalität ausgeschöpft, verletzt und mitunter bewusst überschritten worden. Auch wenn es hier hauptsächlich um die Rolle der Anwälte für die RAF – genauer formuliert müsste es heißen, um ihre mögliche logistische Funktion innerhalb der RAF – geht, so sollte dabei nicht völlig außer Acht gelassen werden, dass es auch von staatlicher Seite eine Reihe von Vergehen gegeben hat. So mussten etwa die beiden baden-württembergischen Minister Karl Schieß (Inneres) und Traugott Bender (Justiz) im März 1977 ihren Hut nehmen, weil sie im Stammheimer Hauptverfahren das Abhören von Gesprächen zwischen den Verteidigern und ihren Mandanten angeordnet hatten. Dieses und andere Vorkommnisse fügen sich in das verbreitete Bild von Rechtsanwälten, die in ihrer Rolle als Strafverteidiger von Angeklagten der RAF, wie insbesondere von Hans-Christian Ströbele immer wieder betont wird, nichts anderes getan hätten, als ihrer unabhängigen Rolle auch vor Gericht treu zu bleiben. Dass dieses Selbstbild auch öffentlich wirkungsvoll gewesen ist, lässt sich an einem Beispiel illustrieren.

Das von dem Mathematiker und Physiker Bertrand Russell gegründete und nach ihm benannte Russell-Tribunal spielte in den sechziger Jahren bekanntlich eine große Rolle. Besonders spektakulär war seine erste Sitzungsperiode in Stockholm, als die USA wegen des damaligen Vietnamkrieges auf der Anklagebank saßen. Beinahe in Vergessenheit geraten ist, dass es auch hierzulande ein solches Tribunal gegeben hat: das dritte Internationale Russell-Tribunal. In seiner zweiten Sitzungsperiode 1978/79 beschäftigte es sich mit dem Thema »Situation der Menschenrechte in der Bundesrepublik«. Dabei spielte auch die Frage eine Rolle, wie die Einschränkung von Verteidigungsrechten zu bewerten sei und ob es sich dabei um Menschenrechtsverletzungen handle. Als Gutachter traten in diesem Zusammenhang auch die beiden Rechtsanwälte Heinrich Hannover und Sebastian Cobler auf, von denen der Erstgenannte eine Zeit lang Ulrike Meinhof vertreten hat.[79] In den Hearings erhoben mit Otto Schily, Hans-Heinz Heldmann, Hans-Christian Ströbele, Kurt Groenewold und Rupert von Plottnitz einige der wohl prominentesten RAF-Verteidiger das Wort.

Das am 10. Januar 1979 verkündete Urteil der Jury war eindeutig: Die in der Bundesrepublik verabschiedeten Gesetze und ergriffenen Maßnahmen, hieß es, stellten »eine ernsthafte Bedrohung der Menschenrechte« dar.[80] Es gebe »Eingriffe in die Beziehung zwischen Anwalt und Mandanten«, und das »Recht des Angeklagten auf einen fairen Prozess und eine menschenwürdige Behandlung« werde verletzt.[81] Dieses Urteil war, obwohl es von der damaligen Bundesregierung vehement abgelehnt wurde, zumindest für einen Teil der sich als kritisch gegenüber Staat und Justiz begreifenden Öffentlichkeit exemplarisch.

Die Anti-Terrorismus-Gesetzgebung

Die Achillesferse im Verhältnis zwischen RAF-Anwälten und dem Staat war die Anti-Terrorismus-Gesetzgebung. In wesentlichen Punkten muss sie in der Tat als der Versuch angesehen werden, die Rechte von Strafverteidigern einzuschränken beziehungsweise zu beschneiden. Als die in diesem Zusammenhang wichtigsten Gesetzesnovellierungen sind hier zu nennen:

Am 9. Dezember 1974 wurde ein Gesetz (BGBl. I, S. 3393; 3533) verabschiedet, durch das verschiedene Rechte der Verteidigung eingeschränkt wurden: So etwa das Recht, während einer Verhandlung jederzeit prozessrelevante Erklärungen abzugeben und sich vor Erhebung der Anklage abschließend zum Tatvorwurf zu äußern.

Am 20. Dezember 1974 wurde ein Gesetz (BGBl. I, S. 3686) verabschiedet, durch das die Anzahl der Wahlverteidiger für einen Angeklagten auf drei beschränkt wurde (§ 137 Abs. 1 StPO). Zudem wurde die gemeinschaftliche Verteidigung mehrerer Angeklagter durch einen Verteidiger verboten (§ 146 StPO) und dem betreffenden Gericht die Möglichkeit zum Ausschluss des Verteidigers geboten (§§ 138a, 138b StPO).

Am 18. August 1976 wurde ein Gesetz (BGBl. I, S. 2181) verabschiedet, mit dem der Tatbestand der »terroristischen Vereinigung« neu in das Strafgesetzbuch eingefügt (§ 129a StGB) und die Überwachung des Schriftverkehrs zwischen einem wegen Verdachts einer Straftat nach Paragraph 129a StGB Inhaftierten mit seinem Verteidiger angeordnet wurde (§§ 148 Abs. 2, 148a StPO).

Am 30. September 1977 wurde das Kontaktsperregesetz (BGBl. I, S. 1877) verabschiedet, durch das im Falle der von einer Landesregierung oder der Bundesregierung festgestellten Gefahr Inhaftierte gemäß Paragraph 129a StGB vollständig von der Außenwelt und innerhalb der Gefängnisanstalt isoliert werden konnten, nicht zuletzt auch gegenüber ihren eigenen Verteidigern (§ 31ff. EGGVG).

Am 14. April 1978 wurde ein Gesetz (BGBl. I, S. 497) verabschiedet, durch das der Verteidigerausschluss in Verfahren gegen »terroristische Vereinigungen« vereinfacht und die Errichtung einer Trennscheibe für Besprechungen zwischen Verteidigern und Inhaftierten angeordnet wurde.

Am 5. Oktober 1978 wurde ein Gesetz (BGBl. I, S. 1645) verabschiedet, durch das das Recht der Verteidigung zur Ablehnung eines Richters wegen Befangenheit abgeschwächt und ein weiteres zur

Präsentierung von Beweismitteln in der Hauptverhandlung beschnitten wurde.

Diese Auflistung ist unvollständig, benennt jedoch die wichtigsten gesetzgeberischen Maßnahmen, um der Praxis von Strafverteidigern der RAF Herr zu werden. Zwei der erwähnten Gesetze sind dabei besonders hervorzuheben:

Der Paragraph 129a StGB, der die Bildung, Mitgliedschaft, Unterstützung sowie Werbung für eine »terroristische Vereinigung« unter Strafe stellt, bildet das Zentrum des deutschen Staatsschutzstrafrechts. Von Kritikern wurde er als »Lex RAF« bezeichnet. Er stellt sowohl die Gründung als auch die Mitgliedschaft in einer terroristischen Organisation unter Strafe und droht Freiheitsstrafe von einem bis zehn Jahren an. Unterstützung und Werbung können mit Geldstrafe und in besonders schweren Fällen ebenfalls mit Haft bis zu zehn Jahren belegt werden. Die Rädelsführer einer solchen terroristischen Vereinigung sind mit Freiheitsstrafe nicht unter drei Jahren zu bestrafen (Verbrechen).

Die strafrechtliche Regelung des Paragraphen 129a StGB enthält keinen Politikvorbehalt. Auch Täter, denen keine politischen Motive nachzuweisen sind, können demgemäß wegen Mitgliedschaft in oder Gründung einer terroristischen Vereinigung bestraft werden.

Der Paragraph 129a ermöglicht es, Personen zu verurteilen, denen abgesehen vom Verstoß gegen den Paragraphen 129a keine weiteren Straftaten nachgewiesen wurden, jedoch muss der nach Paragraph 129a zu verurteilende Kreis mindestens drei Personen umfassen. Kritiker bemängelten sogleich die Kriminalisierung bislang als unbescholten geltender Personen.

Eine Verurteilung wegen Mitgliedschaft in einer terroristischen Vereinigung kann Folgen für die Beweisführung in anderen Strafsachen haben. So wurden zum Beispiel mehrere RAF-Mitglieder für Straftaten verurteilt, bei denen ihre Beteiligung nicht im Einzelfall nachgewiesen war. Es wurde wie folgt argumentiert: Die Angeklagten sind Mitglieder der RAF. Die RAF hat sich öffentlich zu der Tat bekannt. Dies ist als Geständnis der Angeklagten zu werten.

Kritiker sehen im Paragraphen 129a eine unlautere Präventionsstrafnorm, die – wie selbst der Bundesgerichtshof (BGH) 1978 feststellte – eine Strafbarkeit »schon weit im Vorfeld der Vorbereitung konkreter strafbarer Handlungen« begründet.

Weniger als drei Prozent der Ermittlungsverfahren, die in den neunziger Jahren auf Grund des Paragraphen 129a eingeleitet wurden, endeten mit einem gerichtlichen Urteil. Die eingestellten restlichen 97 Prozent waren – so die Kritiker – für den Staatsschutz keineswegs nutzlos; denn der Paragraph 129a eröffnet eine Fülle von Möglichkeiten zur Überwachung großer Personengruppen. Im Ausforschen unliebsamer politischer Spektren sehen die Kritiker daher die eigentliche Funktion des Paragraphen 129a; der Paragraph diene der lückenlosen polizeilichen Überwachung und bewirke die Aushöhlung der Rechte von Verdächtigten sowie gegebenenfalls deren Isolations-Haftbedingungen.

Das zweite besonders hervorzuhebende Gesetz ist das Kontaktsperregesetz. Es wurde während der Entführung des Arbeitgeberpräsidenten Hanns Martin Schleyer beschlossen. Bereits seit dem 6. September 1977, dem zweiten Tag der Entführung, war mit Berufung auf den rechtfertigenden Notstand des Paragraphen 34 des Strafgesetzbuches eine Kontaktsperre für RAF-Häftlinge verhängt worden. Mit der Verabschiedung eines entsprechenden Gesetzes sollte diese bereits praktizierte Einschränkung, insbesondere in Bezug auf den unterbundenen Kontakt zu den Strafverteidigern, nachträglich legalisiert und auf eine gesetzliche Grundlage gestellt werden. Das Kontaktsperregesetz wurde am 29. September 1977 vom Bundestag bei 17 Enthaltungen mit 371 Ja-Stimmen und 4 Nein-Stimmen verabschiedet, am 1. Oktober vom Bundespräsidenten ausgefertigt und im Bundesgesetzblatt verkündet. Am 2. Oktober trat es dann in Kraft.

Nur Minuten später legte Bundesjustizminister Hans-Jochen Vogel die Kontaktsperre für 72 Häftlinge fest. Der 3. Strafsenat des Bundesgerichtshofes bestätigte die Anordnungen am 13. Oktober 1977. Eine Verfassungsbeschwerde gegen das dieser Praxis zugrunde liegende Gesetz wurde vom Bundesverfassungsgericht später einstimmig abgewiesen. Der Tod von Andreas Baader, Gudrun Ensslin und Jan-Carl Raspe in der Justizvollzugsanstalt in Stammheim am 18. Oktober fiel in die Zeit der Kontaktsperre. Nach der darauf folgenden Ermordung des entführten Arbeitgeberpräsidenten wurde die Kontaktsperre drei Tage später, am 21. Oktober, wieder aufgehoben.

Zur Kontaktsperre gehört insbesondere die Unterbrechung des schriftlichen oder mündlichen Verkehrs mit dem Strafverteidiger. In Deutschland kann nach dem sogenannten Kontaktsperregesetz von 1977 die Kontaktsperre gegen Gefangene verhängt werden, die wegen terroristischer Straftaten nach Paragraph 129a Strafgesetzbuch (Mitgliedschaft in einer terroristischen Vereinigung) verurteilt sind, oder gegen die wegen eines entsprechenden Verdachtes ein Haftbefehl besteht. Die Kontaktsperre kann nur dann angeordnet werden, wenn ein Verdacht auf Gefahr für Leben, Leib oder Freiheit einer Person durch eine terroristische Vereinigung besteht. Sie kann von einer Landesregierung oder einer von ihr beauftragten Behörde angeordnet werden, länderübergreifend liegt die Befugnis beim Bundesjustizminister. Innerhalb von zwei Wochen muss sie vom zuständigen Oberlandesgericht beziehungsweise vom Bundesgerichtshof bestätigt werden, sonst verliert sie ihre Wirkung.

Die Defizite in der Literatur – zum Forschungsstand

Der von 1994 bis 2006 als Generalbundesanwalt tätige Kay Nehm erklärte im Oktober 2007 in Karlsruhe, es sei beschämend, dass sich die Wissenschaft immer noch nicht der Rolle der RAF-Anwälte angenommen habe: »Historiker wagen sich nicht ran, weil Leute, die heute das politische Geschehen bestimmen, solche Dinge unterdrücken.«[82] Wen er damit gemeint haben dürfte, war so offensichtlich, dass es keiner Namensnennung bedurfte.[83] Nehm warf den RAF-Anwälten vor, sie hätten sich am Aufbau eines Informationssystems und am Waffenschmuggel beteiligt, hätten Prozesse verschleppt sowie an Desinformationskampagnen mitgewirkt, mit denen der Eindruck der »Vernichtungshaft« verbreitet worden sei.

Als die Deutsche Richterakademie im September 2006 eine Tagung zum Thema »Die RAF und die Justiz« veranstaltete, konnte man sich einen anschaulichen Eindruck davon verschaffen, wie sehr man einer nachträglichen Analyse und Bewertung der Rolle linker Anwälte aus dem Weg zu gehen versuchte. Mit Kurt Groenewold, Rupert von Plottnitz und Wolf-Dieter Reinhardt traten dort einige ihrer prominentesten auf. Der Erstgenannte sah sich in seinem Beitrag ausschließlich als Opfer staatlicher Machenschaften und vertrat die Ansicht, dass es sich beim Stammheimer Hauptverfahren gegen die RAF um einen »Feldzug« gehandelt habe, den man nur mit dem McCarthyismus vergleichen könne.[84]

Kaum anders war es auf einer Konferenz der Evangelischen Akademie Bad Boll zum Thema »Dreißig Jahre nach dem Deutschen Herbst« im Oktober 2007. Eines der Hauptreferate hielt dort der frühere RAF-Verteidiger Hans-Christian Ströbele. Er sprach so, als befände er sich immer noch in den siebziger Jahren. Für ihn schien sich eigentlich so gut wie nichts geändert zu haben.[85] In seinen Augen war es der Staat, der die Anwälte in ihren Rechten beschnitten und die Menschenrechte ihrer Mandanten verletzt hatte. Nachzulesen ist das auf seiner Website in dem von ihm verfassten Text »Dunkle Kapitel der bundesdeutschen Justiz – zur Geschichte der RAF«.[86]

Die Literatur zur Rolle der sogenannten »RAF-Anwälte« ist in der Tat wenn nicht defizitär, so doch zumindest stark ergänzungsbedürftig. An gründlichen, empirisch abgesicherten Darstellungen mangelt es noch immer. Zunächst überwogen dokumentarische Darstellungen, mit denen die Reaktionen von Staat und Justiz angeprangert werden sollten. So etwa in dem 1976 von Croissant, Groenewold, Preuß, Schily und Ströbele im Wagenbach Verlag herausgegebenen Band *Politische Prozesse ohne Verteidigung?*.[87] Kaum anders in der 1977 von Frank Rühmann verfassten Monographie *Anwaltsverfolgung in der Bundesrepublik 1971–1976*.[88] Dort geht es darum, eine vermeintliche Kampagne gegen die Strafverteidiger der RAF zu rekonstruieren.

Dann erschienen Memoiren von und Biographien über »RAF-Anwälte« wie etwa Heinrich Hannovers *Die Republik vor Gericht 1954–*

1995. *Erinnerungen eines unbequemen Rechtsanwalts*,[89] der eine Zeit lang Ulrike Meinhof verteidigt hatte, sowie die beiden Biographien des *taz*-Journalisten Stefan Reinicke, *Otto Schily. Vom RAF-Anwalt zum Innenminister*[90] und *Ströbele. Die Biografie*,[91] sowie das Buch des Schriftstellers, einstigen Baader-Gefährten und Rechtsanwalts Peter O. Chotjewitz, *Mein Freund Klaus*,[92] über seinen 2002 verstorbenen Ex-Kollegen Croissant.

Als 2004 unter dem Titel *Rechtsanwälte – Linksanwälte* eine erste größere, von Helmut Brunn und Thomas Kirn verfasste Monographie erschien, waren die Erwartungen zunächst groß.[93] Doch auch diese erfüllten sich nicht. Einer der beiden Autoren hatte zudem für die maoistische KPD/AO gearbeitet und seine persönliche Sichtweise zum Maß der Dinge erhoben.

Mehr als nur gestreift wird das Thema in der Habilitationsschrift von Gisela Diewald-Kerkmann über *Frauen, Terrorismus und Justiz: Prozesse gegen weibliche Mitglieder der RAF und der Bewegung 2. Juni*.[94] Doch auch diese Monographie stellt eine Arbeit dar, in der es nicht in erster Linie um die Rolle der Anwälte geht. Diese stehen hingegen zusammen mit Richtern und Bundesanwälten im Zentrum eines Interview-Bandes, den die Bielefelder Zeithistorikerin zusammen mit ihrer Kollegin Ingrid Gilcher-Holtey herausgegeben hat.[95]

In der 2012 erschienenen, von Andreas Mehlich verfassten rechtswissenschaftlichen Dissertation *Der Verteidiger in den Strafprozessen gegen die Rote Armee Fraktion: Politische Justiz und politische Strafverteidigung im Lichte der Freiheit der Advokatur* geht es lediglich um das Verhalten von RAF-Verteidigern bei Gerichtsverfahren, in denen ihre Mandanten angeklagt waren.[96] Alles, was sich außerhalb der Gerichtssäle abgespielt hat, wird – als sei es für das Verhalten der von dem Autor untersuchten Gruppe von Advokaten irrelevant – in die Untersuchung nicht einbezogen.[97]

Nicht unerwähnt bleiben sollte, dass die dokumentarischen Darstellungen von Anwälten in der Vergangenheit eine nicht unerhebliche Rolle gespielt haben. Vor allem der von dem niederländischen Anwalt Pieter H. Bakker Schut herausgegebene Band *Das info. Briefe der Gefangenen aus der RAF 1973–1977,*[98] dessen Editionspraxis häufig Gegenstand der Kritik geworden ist. Aber auch der Band seines Frankfurter Kollegen Karl-Heinz Weidenhammer *Selbstmord oder Mord? Das Todesermittlungsverfahren: Baader, Ensslin, Raspe,*[99] mit dem die Legende von der Mordnacht in Stammheim weiter aufrecht erhalten werden sollte.

Die entscheidende Frage lautet allerdings, worauf die Defizite in der Literatur zurückzuführen sind. Ist es vor allem ein Mangel an Empirie, genauer das Problem, an die notwendigen Dokumente zu gelangen? Wie restriktiv staatliche Institutionen mit RAF-Akten lange Zeit umgegangen sind, ist hinlänglich bekannt. Allerdings hat sich die Situation seit etwa einem Jahrzehnt verbessert. Weniger verbreitet ist jedoch die Tatsache, dass auch die Anwälte viel zu wenig unternehmen, um dem Abhilfe zu verschaffen. Wer sich an frühere Exponenten wendet, der handelt sich mit der Begründung »Mandantenschutz« auch dann schnell pauschale Absagen ein, wenn es um Fälle nicht mehr Lebender geht.[100] Der ehemalige Hamburger »RAF-Anwalt« Kurt Groenewold lehnt es beispielsweise nach wie vor vehement ab, seine Sammlung des RAF-»infos«, vermutlich die einzige, die Vollständigkeit für sich beanspruchen dürfte, der Forschung zugänglich zu machen. Dagegen muss die Bereitschaft von Hans-Christian Ströbele und Klaus Eschen hervorgehoben werden, die den Aktenbestand des einstigen *Sozialistischen Anwaltskomitees* bereits vor zwei Jahrzehnten dem Archiv des Hamburger Instituts für Sozialforschung und damit der Forschung zur Verfügung gestellt haben.

Wie groß das öffentliche Interesse an den »RAF-Anwälten« nach wie vor ist, beweist ein Film, der 2009 unter dem Titel *Die Anwälte – eine deutsche Geschichte* in die Kinos gekommen ist. Seine Regisseurin Birgit Schulz hatte das Kunststück fertiggebracht, nach dreißig Jahren so unterschiedliche Karriereverläufe und -brüche wie die von Schily, Ströbele und Mahler zum Gegenstand wechselseitiger Beleuchtungen und Reflexionen zu machen.[101] Allerdings dürfte eine von dem ehemaligen Bundesinnenminister Gerhart Baum daran geäußerte Kritik nicht ganz unberechtigt sein. »Ich sage ganz abstrakt,« erklärte er in einem Interview, »wenn man jetzt Anwälte aus der damaligen Zeit zu Wort kommen lässt und ihnen die Deutungshoheit überlässt, ist das Vorhaben schon verfehlt.«[102] Und genau das sei in dem Film geschehen, weil die problematischen Punkte in den politischen Biographien der drei Porträtierten ausgeblendet geblieben seien.

Ein Rechtsanwalt ist zentrales Gründungsmitglied der RAF

In gewisser Weise begann alles mit dem als »APO-Anwalt« apostrophierten Horst Mahler, einem Mann, an den heute wegen seines Auftretens als Holocaust-Leugner und Neonazi kaum noch jemand seiner ehemaligen Kollegen erinnert werden möchte.[103] Als Mahler im Oktober 1968 im Frankfurter Warenhausbrandstifterprozess zusammen mit Schily als Verteidiger auftrat, hatte ihm Gudrun Ensslin bereits prognostiziert, dass er eines nicht allzu fernen Tages die Anwaltsrobe abstreifen und gegen ein Maschinengewehr eintauschen würde. Symptomatisch war auch, dass die als »Schlacht am Tegeler Weg« in die Annalen eingegangenen militanten Aktionen anlässlich des gegen Mahler vor dem Moabiter Landgericht eingeleiteten Ehrengerichtsverfahrens im November 1968 zu einer Weichenstellung der radikalen Berliner Szene wurden. Der harte Kern begann sich nun in dem Gefühl, die Polizei auf der Straße erstmals »besiegt« zu haben, aus dem Protestmilieu herauszulösen.

Ein wichtiger Schritt war die Gründung des *Sozialistischen Anwaltskollektivs* (SAK) am 1. Mai 1969, in dem mit Mahler, Ströbele, Eschen und anfangs auch Ulrich K. Preuß vier der im Kontext der APO und der RAF aktivsten Westberliner Strafverteidiger zusammenarbeiteten.[104] Auch für die Gegenseite schien das von Bedeutung zu sein. Denn dem Berliner Landesamt für Verfassungsschutz gelang es, in der Kanzlei eine Informantin als Sekretärin zu platzieren. Ihr dürfte kaum verborgen geblieben sein, dass der umtriebige Mahler bei dem sich abzeichnenden Aufbau einer Untergrundorganisation so etwas wie die Spinne im Netz gewesen ist. Deren Aussagen und Berichte zu rekonstruieren dürfte jedoch so gut wie aussichtslos sein, da die Unterlagen des Berliner Landesamtes für Verfassungsschutz 2000 im Schatten der über die Stadt hinwegfegenden Aufregungswelle in Sachen Staatssicherheitsdienst angeblich entsorgt worden sind.

Zunächst kooperierte Mahler auf das Engste mit der ersten, von ehemaligen Kommunarden im November 1969 gegründeten Guerillagruppe *Tupamaros Westberlin* (TW). Eine ihrer Aktivistinnen fungierte dabei als Botin zwischen Mahler und deren Führungsfigur Dieter Kunzelmann. Mahler soll bei diesen Kontakten äußerst vorsichtig vorgegangen sein. Bevor die Nachrichten mündlich ausgetauscht wurden, heißt es, habe er jedes Mal ein in seinem Büro befindliches Radiogerät auf volle Lautstärke gedreht, um ein Abhören zu verunmöglichen.[105]

Die monatelangen Kontakte führten allerdings zu einem Zerwürfnis mit Kunzelmann, Georg von Rauch und den anderen aus der Kommunardenszene stammenden Radikalen. Bei einem in Meinhofs Wohnung veranstalteten Gipfeltreffen zwischen den TW und der im Aufbau befindlichen RAF hatte sich gezeigt, dass die Auffassungen zu stark divergierten, um eine Fusion praktisch in Angriff zu nehmen.[106] Mahler war offenbar der Überzeugung, dass die TW immer noch zu stark mit dem subkulturellen Milieu verbunden seien und sie auf Dauer keine Chance haben würden, sich dem aufkommenden Fahndungsdruck zu entziehen.[107] Er verkündete nun, eine straffer organisierte und professioneller agierende Gruppe aufbauen zu wollen. Da er sich als Marxist-Leninist verstand, schwebte ihm eine am Bolschewismus orientierte Untergrundorganisation vor.

Bereits im September 1969 war er dazu in die britische Hauptstadt geflogen und hatte – wenn auch vergeblich – einen Anwerbungsversuch bei Rudi Dutschke unternommen. Mahler hat Jahre später, nachdem er seinen politischen Frontwechsel vollzogen und sich der extremen Rechten angeschlossen hatte, seinen London-Besuch selbst geschildert. Bevor das »Experiment« – wie er die Gründung der RAF bei diesem Anlass bezeichnet hat – begonnen worden sei, habe er mit Dutschke »eine lange Diskussion über den bewaffneten Kampf« geführt: »Ich wusste, dass er in dieser Frage kein orthodoxer Leninist war und bewaffnete Aktionen kleiner Gruppen als Fortsetzung dieser Revolte nicht ausschloss. Deshalb bin ich extra zu ihm nach London, wo er vorübergehend Asyl gefunden hatte, gefahren, um diese Frage mit ihm zu diskutieren. Er hat mir dringend von meinem Vorhaben abgeraten, weil die Voraussetzungen für einen Erfolg nicht gegeben wären.«[108] Mahler ließ jedoch mit seinen Anwerbeversuchen nicht locker und reiste im Januar 1970 nach Rom. Dort gelang es ihm, mit Andreas Baader und Gudrun Ensslin zwei der vier auf der Flucht befindlichen Warenhausbrandstifter zu ihrer Rückkehr nach West-Berlin zu überreden. Ausschlaggebend für ihre Entscheidung dürfte für die beiden letztlich allerdings wohl gewesen sein, dass der hessische Justizminister Karl Hemfler ein entsprechendes Gnadengesuch abgelehnt hatte.

Was dann folgte, war Baaders Festnahme bei einer von dem Verfassungsschutz-Agenten Peter Urbach gestellten Falle, Baaders blutige Befreiungsaktion in der Bibliothek eines Instituts, Mahlers eigener Schritt in den Untergrund, die Ausbildung in einem Trainingscamp der *El Fatah* in Jordanien, die Durchführung einiger Banküberfälle und Mahlers vorzeitige Festnahme nach einer Denunziation im Oktober 1970. Bislang liegt, was die Gründung der RAF anbetrifft, immer noch einiges im Dunkeln. Es spricht jedoch vieles dafür, dass es mit Horst Mahler ein Anwalt gewesen ist, der dabei die Fäden gesponnen und dies aus seiner Kanzlei, dem in der Berliner Meierottostr. 1 gelegenen SAK, getan hat.

Anwälte organisieren die Kommunikationszentrale

Als im Juni 1972 in kurzer Abfolge mit Baader, Meins, Raspe, Ensslin und Meinhof die Gründergeneration der RAF gefasst worden war, schien das Kapitel »Baader-Meinhof« für viele Kommentatoren bereits beendet zu sein. Doch die Inhaftierten wollten ihren Kampf von ihren Zellen aus weiter fortsetzen. Das war nur mit Unterstützung von außen möglich. Und für diese Unterstützung kamen, von Angehörigen und etwaigen anderen Besuchern einmal abgesehen, fast nur ihre Verteidiger in Frage.

In der Aussage des RAF-Aussteigers Gerhard Müller, der 1975 im Hauptverfahren gegen die RAF-Spitze als Kronzeuge der Bundesanwaltschaft auftrat,[109] wird die Situation wie folgt geschildert: »Nach der Verhaftungswelle im Sommer 1972 hatte es zwischen den inhaftierten RAF-Angehörigen keine organisierte Kommunikation gegeben. Es bestand jedoch ein großes Bedürfnis danach. BAADER sah darin eine Möglichkeit, seine Ziele auch aus der Zelle heraus weiter zu verfolgen. Um dieses zu erreichen, bediente er sich der Rechtsanwälte, die als RAF-Verteidiger tätig waren.«[110]

Eine unverzichtbare Rolle für die Kommunikation zwischen den einzelnen Gefängnissen war ein von Ströbele seit dem Frühjahr 1973 organisierter Rundbrief, der jedoch von Baader nicht akzeptiert wurde, sowie der Transport von Kassibern. Da die Organisierung dieses Informationsaustausches im Zuge der Hungerstreiks immer aufwendiger wurde, beschloss man ein sogenanntes »info« einzurichten, um auf diese Weise den Informationsfluss zwischen den RAF-Häftlingen zu zentralisieren ebenso wie zu effektivieren. Der Gedanke, dass dies in nicht wenigen Fällen einem Rechtsverstoß gleichkam, weil Untersuchungshäftlingen, die ein und desselben Delikts wegen unter Verdacht stehen, der Austausch von Informationen untereinander verboten ist, scheint dabei keinem gekommen zu sein.

Durch die Aussagen von Gerhard Müller weiß man ziemlich genau, wie dieses »info«-System funktioniert hat.[111] Es war in drei verschiedene, nach Prioritätsgraden unterschiedene Kreise aufgeteilt. Die wichtigsten RAF-Gefangenen gehörten zum ersten Kreis,[112] die weniger wichtigen zum zweiten[113] und Angehörige der *Bewegung 2. Juni* und andere als politisiert geltende Strafgefangene mussten sich mit dem eingeschränkten Informationsfluss im dritten Kreis begnügen. Innerhalb des »info«-Systems gab es zudem eine genaue Aufgabenteilung. So wurden beispielsweise Presse- und Fachzeitschriften systematisch ausgewertet, Texte zur Theorie der Stadtguerilla übersetzt, um die einzelnen Mitglieder schulen zu können, und ein RAF-Geheimdienst entwickelt, für den Baader und Meins zuständig waren. Zu dem System gehörten auch umfangreiche Rundreisen zwischen den Anstalten, an denen Müllers Aussage zufolge Eberhard Becker und Siegfried Haag sowie Croissant, Groenewold und Ströbele beteiligt waren. Insbesondere Haag habe dabei eine herausragende Rolle gespielt. Er sei, so Müller, schon bald Baaders »reisender Herold« in Sachen Hungerstreik gewesen.

Welche Strapazen RAF-Anwälte mitunter auf sich zu nehmen bereit waren, schildert der Journalist Stefan Reinecke am Beispiel desjenigen, über den er eine seiner beiden Biographien verfasst hat: »Von 1972 bis 1975 ist Ströbele mindestens alle sechs Wochen, bei Hungerstreiks weit öfter, auf RAF-Tour unterwegs: 1500 Kilometer legt er jedes Mal zurück. Er fährt mit seinem VW-Käfer-Cabrio abends von Berlin nach Schwalmstadt in Hessen, dort sitzt Baader in U-Haft. Baader besucht er vormittags. Mittags fährt er weiter nach Wittlich in Rheinland-Pfalz zu Holger Meins. Von dort geht es nach Köln zu Ulrike Meinhof, Astrid Proll und Gerhard Müller. Und dann auf dem Rückweg zu Gudrun Ensslin in Essen. Ströbele schläft auch mal im Auto.«[114] Um den regen Kommunikationsbedarf der Inhaftierten abzudecken, reicht es jedoch nicht aus, ständig umherzutouren. Dazu bedarf es einer Form der Institutionalisierung.

Anwaltskanzleien werden zu Rekrutierungsfeldern

Nach der eingangs beschriebenen zentralen und vom SAK aus wahrgenommenen Rolle Mahlers sind es vor allem drei Anwaltskanzleien gewesen, die in den siebziger Jahren für die RAF eine ausschlaggebende Rolle gespielt haben.

Zunächst ist die Kanzlei von Siegfried Haag und Eberhard Becker in Heidelberg zu nennen. Haag, der sein erstes juristisches Staatsexamen 1970 in Frankfurt gemacht und sein Referendariat in der Heidelberger Kanzlei von Jürgen Laubscher sowie Eberhard und Marieluise Becker absolviert hatte, war einer der umtriebigsten Anwälte, die es in der RAF jemals gegeben hat. Schon 1972 gehörte er zu jenen 15 Wahlverteidigern, die das Mandat für Andreas Baader wahrnahmen. Mit Baader, Ensslin, Meinhof und Raspe hat er zeitweilig die gesamte Führungsriege der RAF verteidigt. Während des großen Hungerstreiks im Herbst 1974, in dessen Verlauf Meins sich zu Tode hungerte, war Haag für die RAF vor allem als Kurier zwischen den verschiedenen Gefängnissen tätig. Ihm wurde eine besondere Ergebenheit Baader gegenüber nachgesagt. Eine Reihe ehemaliger RAF-Mitglieder berichtete im Nachhinein, dass sie von Haag wegen des Hungerstreiks unter starken Druck gesetzt worden seien.

Eine Zeit lang dürfte seine Hauptaufgabe darin bestanden haben, neue Mitglieder zu rekrutieren. So berichtet etwa Volker Speitel, dass Haag ihn unter Verweis auf den Tod von Meins angeworben habe, um Gefangene zu befreien.[115] Er sei der »Kontaktmann des späteren Kommandos Holger Meins« gewesen, das im April 1975 die Deutsche Botschaft in Stockholm besetzt und dabei zwei Diplomaten umgebracht hat. Anfangs sei es eher »eine Art Gedankenmodell« gewesen. Dann aber seien insgesamt fünf bundesdeutsche Botschaften ins Visier genommen worden, um ihre »Verwertbarkeit« für eine solche Aktion zu testen. Darunter sei es um die Einrichtungen in Bern, Den Haag, Stockholm und in Wien gegangen. Er selbst sei nach Bern gereist, um dort das entsprechende Botschaftsgebäude auszukundschaften. Nach seiner Rückkehr sei man dann aber zu dem Schluss gekommen, dass dieses als Anschlagsziel aus politischen wie aus militärischen Gründen nicht in Frage komme. Haag soll mit Lutz Taufer, Ulrich Wessel und Bernhard Rössner und anderen auch noch weitere RAF-Mitglieder zu diesem Zweck rekrutiert haben. Diese Rolle brachte ihm den zweifelhaften Namen »Regisseur von Stockholm« ein.

Die Kanzlei von Klaus Croissant in Stuttgart ist ebenso bedeutsam gewesen. Croissant galt ursprünglich als ein gutbürgerlicher Anwalt, der sich auf Fragen des Erbrechts spezialisiert hatte. Im Gefolge der Studentenbewegung war er mehr und mehr auf die Verteidigung von Klienten gewechselt, die als Beteiligte von Demonstrationen und Protestaktionen wegen Landfriedensbruchs, Sachbeschädigung und Widerstands gegen die Staatsgewalt angeklagt worden waren. Ins Rampenlicht der Öffentlichkeit geriet er schließlich als Wahlverteidiger Andreas Baaders. Als es ihm dann im Dezember 1974 auch noch gelang, einen Besuch des weltberühmten Philosophen Jean-Paul Sartre bei seinem Mandanten zu organisieren, war er in diesem Moment zu dem wohl bekanntesten wie auch umstrittensten RAF-Anwalt aufgestiegen.

Seine Stuttgarter Kanzlei war zu diesem Zeitpunkt bereits längst ins Visier der Sicherheitsbehörden geraten. Sie war mit fünf Anwälten und bis an die zwanzig Gehilfen vermutlich die größte aller Kanzleien, die im Kontext der RAF eine Rolle gespielt haben. Ihre Hauptfunktionen wurden in den Vernehmungen Gerhard Müllers in drei Punkten zusammengefasst: »Anwerbung von Sympathisanten und Wohnungsbeschaffung«, »Mitwirkung beim INFO« und Organisierung des spektakulären Sartre-Besuches.[116] Aus einer Skizze des Bundeskriminalamtes geht hervor, welche Kanzleigehilfen 1977 für Croissant tätig waren. Darunter befanden sich Volker Speitel, Angelika Speitel, Willy-Peter Stoll, Elisabeth von Dyck, Ralf Friedrich, Christoph Wackernagel, Susanne Albrecht und Silke Maier-Witt, also nicht weniger als acht wichtige RAF-Akteure.[117] Das BKA glaubte deshalb nicht von ungefähr in Croissants Kanzlei eine Art »Rekrutierungsbüro der RAF« erkennen zu können.[118]

Im Februar 1979 verurteilte das Landgericht Stuttgart Rechtsanwalt Klaus Croissant zu einer Freiheitsstrafe von zweieinhalb Jahren und für die Dauer von vier Jahren zu einem Berufsverbot.

Als dritte spielte die Kanzlei von Kurt Groenewold in Hamburg eine zentrale Rolle. Groenewold, den Müller als ein »Sprachrohr BAADERs« bezeichnet, der ihm einerseits attestiert, dass er dessen Anweisungen in einer subtileren Form als seine Kollegen umgesetzt habe, ihn andererseits aber als »hinterlistigen Leisetreter« chrakterisiert, hatte die sogenannten Folterkomitees offenbar mit RAF-Interna zu versorgen. Nach Müllers Aussage hätten sich darunter »des öfteren gezielte Falschmeldungen« befunden, mit denen die Aktivitäten der Komitees in einem der RAF dienlichen Sinne besonders angeheizt worden seien.[119] Groenewold habe mit den Komitees die Aufgabe verfolgt, eine »legale RAF-Sympathisantengruppe« aufzubauen. Er sei derjenige gewesen, der für die RAF Kontakte zu Prominenten hergestellt habe, um sie für die RAF zu gewinnen oder zu interessieren.[120] Zu seinen Gehilfen zählte u.a. der Hausbesetzer Karl-Heinz Dellwo, der im April 1975 zur Gruppe der Stockholmer Botschaftsbesetzer stieß.

Als Zentrale für das »info« bot sich Groenewolds Hamburger Kanzlei besonders an. Der Anwalt galt als überzeugter Liberaler, war auch in bürgerlichen Kreisen angesehen und verfügte als Immobilienbesitzer über nicht unerhebliche Geldmittel. Seit dem September 1973 vollzog sich der die RAF-Häftlinge betreffende Informationsfluss offenbar hauptsächlich über sein Büro. Mindestens drei seiner Mitarbeiter, heißt es im Mai 1976 in einem Bericht der Abteilung Terrorismus des Bundeskriminalamtes, seien damit »hauptamtlich« beschäftigt gewesen. »Das Informationsbüro der RAF-Gefangenen stellte eine Verbesserung des bisherigen Kommunikationssystems dar. Es fungierte als zentraler Umtauschplatz für den Austausch von Informationen und Diskussionsbeiträgen sowie für die Weiterleitung von Instruktionen und Befehlen.«[121] Daneben habe noch ein Archiv zur Sammlung von Presseausschnitten und Schulungsmaterial existiert, das der auf einen gewaltsamen politischen Umsturz gerichteten Praxis der RAF diente. Dazu hätten sogar Aufzeichnungen über eine neue Schalttechnik zur Herstellung von Bombenzündern und der Beschreibung neuer Waffensysteme gehört.

In einer der Aussagen Gerhard Müllers heißt es dazu: »In der INFO-Zentrale wurden die Beiträge der einzelnen RAF-Gefangenen neu geschrieben, um die Herkunft zu verschleiern, zum Teil aber auch nur fotokopiert. Die einzelnen Beiträge wurden zusammengeheftet. So entstanden INFO-Sendungen bis zu einem Umfang von 60 Blatt.«[122] Auf diesem Wege hätten monatlich ungefähr 30 Personen rund zwanzig Mal monatlich das »info« bezogen. Im Grunde genommen hat das die Form einer internen Tageszeitung für die RAF-Gefangenen angenommen, organisiert von deren Anwälten. Groenewold, so

Müller, habe durch seine Funktion »Kenntnis von allen Interna der RAF-Gefangenen« bekommen. Diese besonders exponierte Rolle sei dem BKA und der Bundesanwaltschaft nicht verborgen geblieben.

Der Fernsehjournalist Ernst Martin erklärte dazu am 4. Januar 1978 im ZDF: »Für die Bundesanwaltschaft gilt neben Klaus Croissant ein weiterer Terroristenverteidiger als Hauptfigur in der Anwaltszene, Kurt Groenewold. Ohne Groenewolds Unterstützertätigkeit, so meint die Bundesanwaltschaft, wäre die Baader-Meinhof-Bande zusammengebrochen.«[123] Weniger dramatisierend heißt es bei Müller, »[...] dass ohne das Engagement dieses Büros der Fortbestand der RAF zumindest sehr erschwert worden wäre«.[124]

Einige Tage bevor Müller im November 1974 seine Beteiligung am Hungerstreik einstellte und damit seine Trennung von der RAF einleitete, erhielt er ganz überraschend von Groenewold in seiner Zelle Besuch. Dieser habe von ihm verlangt, sein Testament zu machen und hatte ihm dafür bereits einen Text vorformuliert, dessen Unterzeichnung er allerdings zum 1. September 1974 zurückzudatieren verlangt habe. Wie am Beispiel von Holger Meins zu sehen sei, könne auch sein eigener Tod im Hungerstreik nicht ausgeschlossen werden. Er, Groenewold, wolle sich für diesen Fall die Möglichkeiten zur juristischen und publizistischen Auswertung sichern. Müller selbst sah darin eine moralische Erpressung. Dieser Vorstoß habe für ihn den Effekt gehabt, als hätte ihm jemand »einen Sarg bestellt«.

Im Juli 1978 verurteilte das Hamburger Oberlandesgericht Kurt Groenewold wegen Unterstützung einer kriminellen Vereinigung in einem besonders schweren Fall zu einer Strafe von zwei Jahren auf Bewährung. Er habe, hieß es in der Urteilsbegründung, die kriminelle Vereinigung von Baader, Ensslin, Meinhof und Raspe unterstützt, gefördert und bestärkt. Letzteres dadurch, dass er in dem von ihm betriebenen »info«-System Beiträge zirkulieren ließ, die keinen Verteidigungszwecken dienten, sondern »für eine gegenseitige Unterrichtung und Schulung bestimmt« waren, und die deshalb dazu beigetragen hätten, die Mitglieder in ihren kriminellen Zielen zu bestärken. So seien etwa Anweisungen von Andreas Baader zum Hungerstreik weitergegeben worden.[125] Damit wurde vom Hamburger Oberlandesgericht zugleich festgestellt, dass das Betreiben des »info«-Systems als solches nicht strafbar gewesen sei.

Die Justiz reagiert: Ausschlüsse und Verhaftungen

Je näher im Frühjahr 1975 das Hauptverfahren gegen die RAF-Spitze vor dem Oberlandesgericht in Stuttgart-Stammheim rückte, desto klarer wurde es, dass der dafür zuständige Senat den Prozess nicht mit jenen Anwälten eröffnen wollte, die ihm zuvor die meisten Schwierigkeiten bereitet hatten. Zuerst wurde am 27. März Rechtsanwalt Groenewold von der Verteidigung ausgeschlossen. Die Begründung lautete, er habe eine zentrale Rolle »bei der Verteilung geheimer Informationen unter den Gefangenen« gespielt. Am 22. April folgte der Ausschluss von Rechtsanwalt Croissant, der Andreas Baader hätte verteidigen sollen. Und als Rechtsanwalt Ströbele an seine Stelle treten und den Führungsmann der RAF vertreten sollte, wurde am 16. Mai – nur fünf Tage vor Prozesseröffnung – schließlich auch er ausgeschlossen. Nach Baaders Verhaftung im Juni 1972 habe er, so heißt es eher vage zur Begründung, die kriminelle Vereinigung RAF zumindest unterstützt.

Am 23. Juni spitzte sich die Situation noch einmal weiter zu. Auf Veranlassung der Bundesanwaltschaft wurden die Büros und Wohnungen der vom Stuttgarter Verfahren ausgeschlossenen Rechtsanwälte Groenewold, Croissant und Ströbele durchsucht, ebenso wie die von Ströbeles Kollegen Klaus Eschen und Henning Spangenberg.[126] Doch das sollte keineswegs alles gewesen sein. Für Ströbele, der an diesem Tag gerade in einem Verfahren, das nichts mit der RAF zu tun hatte, als Verteidiger im Kriminalgericht Berlin-Moabit auftrat, wurde das, was sich dann zur Mittagspause in dem Gerichtssaal abspielte, von ihm so aufgenommen, als sei er »aus allen Wolken gefallen«.[127] Zwei Kriminalbeamte in Zivil traten plötzlich auf ihn zu, nahmen ihn förmlich in die Zange und erklärten ihm kurzerhand, er sei verhaftet. Er wurde umgehend abtransportiert und kam in eine

Einzelzelle. Der Vorwurf lautete, er habe sich der Unterstützung einer kriminellen Vereinigung schuldig gemacht und damit gegen Paragraph 129 verstoßen. Die seit 1973 organisierten Hungerstreiks hätten nicht der Gewährung von Hafterleichterungen gedient, sondern eine Werbung für die gewaltsamen Ziele der RAF zum Zweck gehabt. Er habe am Aufbau und an der Instandhaltung des für die RAF-Häftlinge geschaffenen »info«-Systems mitgewirkt und außerdem die Betreffenden als »Genossen« angeredet, woraus wohl zu schließen sei, dass er mit den »Anschauungen der Anarchisten« übereinstimme.[128] Es bestehe Fluchtgefahr, da Ströbele möglicherweise eine nicht unerhebliche Freiheitsstrafe zu erwarten habe. Seine Verteidigung übernahm sein Kollege Otto Schily, der in dem in der Zwischenzeit eröffneten Stammheim-Prozess damit begonnen hatte, seine Mandantin Gudrun Ensslin zu vertreten.

Auch Croissant blieb nicht verschont und wurde am selben Tag ebenfalls verhaftet. Begründet wurde das wie in Ströbeles Fall mit dem Verdacht der Unterstützung der kriminellen Vereinigung RAF. Seine Verteidigung übernahm Hans Heinz Heldmann, der als Baader-Verteidiger im Stammheimer Verfahren an die Stelle Ströbeles getreten war, der zuvor wiederum Croissant zu ersetzen versucht hatte.

Am selben Tag sind in Heidelberg zudem auch die Räume der Rechtsanwältin Marieluise Becker durchsucht worden, der Ehefrau und Kollegin Eberhard Beckers. Die Bundesanwaltschaft erklärte dazu, dass bei einer anderen, zuvor bereits in der Kanzlei erfolgten Durchsuchung eine Patrone gefunden worden sei, die in einem Lippenstift versteckt war. Solche Patronen vom Kaliber 45 seien schon früher von RAF-Mitgliedern verwendet worden. Außerdem habe man auf der Patrone Spuren eines Ladevorgangs gefunden.

Ströbele wurde nach fünfwöchiger Haft am 18. Juli 1975 wieder freigelassen. Das zuständige Kammergericht sah keine Fluchtgefahr mehr für ihn, weil es – wie es in der Begründung hieß – davon ausging, dass er mit seiner Ehefrau, einer an einer Gesamtschule tätigen Lehrerin, in einer Eigentumswohnung lebe. Eine solche »Lebensführung«, hieß es weiter, deute nicht »auf eine besondere Anfälligkeit für anarchistische Verhaltensweisen« hin. Der RAF-Anwalt, dem insofern im Nachhinein noch eine gewisse Bürgerlichkeit attestiert wurde, wurde schließlich am 19. Januar 1981 zunächst wegen Unterstützung einer kriminellen Vereinigung zu einer Haftstrafe von 18 Monaten auf Bewährung verurteilt. In einem Revisionsverfahren, in dem von den gegen ihn erhobenen Vorwürfen allein die das »info«-System betreffenden übrig geblieben waren, wurde im Juli 1982 die Bewährungsstrafe auf zehn Monate reduziert.

Sehr viel dramatischer verlief die Angelegenheit für Rechtsanwalt Croissant. Zunächst einmal beschloss das Landgericht Stuttgart am 8. August 1975, dass Croissant auf freien Fuß gesetzt werden könne, wenn zuvor 80 000 DM Kaution für ihn hinterlegt würden. Er müsse sich dann aber jede Woche zweimal bei der Polizei melden und seinen Reisepass sowie den Personalausweis abgeben. Das Gericht sah in seinem Fall zwar auch weiterhin eine Fluchtgefahr als gegeben an, gelangte aber dennoch zu der Einschätzung, dass Croissant nicht untertauchen würde. Am 12. August wurde Croissant aus der Untersuchungshaft entlassen, nachdem seine Anwälte eine Bürgschaft in der geforderten Höhe hinterlegt hatten.[129] Die Staatsanwaltschaft hatte zuvor noch vergeblich gegen den Gerichtsbeschluss Beschwerde eingelegt.

Zwei Jahre später, genauer am 11. Juli 1977, entzog sich Croissant einer abermals drohenden Festnahme, indem er nach Frankreich floh und dort politisches Asyl beantragte. Nach einem wochenlangen Tauziehen wurde er am 25. Tag der Schleyer-Entführung, am 30. September, festgenommen und allen Protesten seiner französischen Anhänger zum Trotz am 17. November in die von ihm als »faschistischen Staat« verunglimpfte Bundesrepublik ausgeliefert. Er wurde schließlich am 16. Februar 1979 wegen seiner Beteiligung am Aufbau und der Instandhaltung des »info«-Systems zu einer Gefängnisstrafe von zweieinhalb Jahren verurteilt und erhielt zudem ein für die Dauer von vier Jahren ausgesprochenes Verbot, seinen Beruf als Anwalt weiter auszuüben. Kurz nach der Urteilsverkündung sprangen drei der Zuhörer auf den Richtertisch und riefen »Libérez Croissant«. Der Verurteilte nahm die Forderung mit einer zur Decke gestreckten linken Faust entgegen. Die drei Sympathisanten wurden kurz darauf von Justizbeamten überwältigt und aus dem Saal gebracht.

Aus RAF-Anwälten werden deren zeitweilige Anführer

Eberhard Becker, der in ihrer gemeinsamen Heidelberger Kanzlei arbeitende Kompagnon von Siegfried Haag, galt als ein enger Vertrauter Ulrike Meinhofs. Für die Spitze der RAF initiierte er zunächst mehrere Kampagnen. Darunter den am 9. Februar 1973 vor dem Bundesgerichtshof in Karlsruhe durchgeführten Sitz- und Hungerstreik gegen die sogenannte Isolationshaft und den ersten großen Hungerstreik von RAF-Gefangenen vom 8. Mai bis zum 29. Juni desselben Jahres gegen die angebliche »Isolationsfolter«, bei dem eine ganze Reihe von ihnen durch die Anwälte heimlich mit Hähnchenfleisch und anderen Nahrungsmitteln versorgt worden sein sollen. Nach der Zerschlagung des RAF-Kerns im Sommer 1972 hatte er seit dem Sommer 1973 mit verschiedenen RAF-Leuten über den Aufbau einer Nachfolgeorganisation gesprochen.[130] Becker erklärte Gerhard Müller bei einem seiner Gefängnisbesuche, dass es für die RAF nun darum gehen müsse, wieder das Niveau von vor der Verhaftungswelle im Juni 1972 zu erreichen. Im Dezember 1973 ging er dann in den Untergrund und war maßgeblich am Aufbau einer neuen Organisation beteiligt, deren Mitglieder allerdings bereits am 4. Februar 1974 in Hamburg und Frankfurt verhaftet wurden. Die namenlose RAF-Gruppe, zu der neben Becker und anderen auch Margrit Schiller, Helmut Pohl und Ilse Stachowiak gehörten, wurde deshalb im Nachhinein nur »4.2.« genannt. Wer das Sagen hatte, stellte Müller unmissverständlich fest: »Organisation und Planung stammten von Baader. Sie wurden zuerst von Eberhard Becker und später von seiner Frau Marieluise Becker umgesetzt.«[131] In einer kriminalpolizeilichen Auswertung heißt es, dass er »bei der RAF draußen offensichtlich die fehlende Führungsrolle übernommen« habe.[132] Beckers Platz als RAF-Anwalt sei nach seinem Untertauchen von seiner Frau wahrgenommen worden.

Der Heidelberger Anwalt Siegfried Haag galt lange Zeit als der verlängerte Arm Andreas Baaders. Schon während des ersten Hungerstreiks soll er im Auftrag des RAF-Anführers moralischen Druck auf die Beteiligten ausgeübt haben, indem er ihnen ihr jeweiliges Gewicht vorhielt, das offenbar immer noch zu hoch war. Insbesondere für diejenigen, die noch keine Erfahrungen im Umgang mit den extremen Anforderungen für den eigenen Körper hätten sammeln können, sei es, so die Aussage von Gerhard Müller, mitunter lebensgefährlich geworden: »Offensichtlich wurde von BAADER und HAAG damals der Tod des einen oder anderen in Kauf genommen.«[133] Der Anwalt habe Baaders Anweisungen »bedenkenlos« ausgeführt.

Schließlich geschah das, was in dieser Eskalationslogik des Hungerstreiks bereits angelegt war. Haag war der Letzte, der im November 1974 den sterbenden Holger Meins in der Justizvollzugsanstalt Wittlich noch lebend gesehen hat. Seine Versuche, am Wochenende einen Anstaltsarzt zu mobilisieren, der den RAF-Mann noch hätte retten können, scheiterten. Dieses traumatische Erlebnis – ist jedenfalls immer wieder behauptet worden – soll für Haags Entscheidung, in den Untergrund zu gehen und sich selbst der RAF anzuschließen, ausschlaggebend gewesen sein. Als Hauptverantwortlicher für die Haftbedingungen galt in ihren Augen Generalbundesanwalt Buback. Ihn machte die RAF für den Tod ihres Mitglieds vor allem verantwortlich. Baaders Anweisung, die er von seiner Stammheimer Zelle aus per Kassiber verbreitet hat, lautete: »Der General muss weg!« Was nichts anderes als ein Todesurteil war, das seiner Vollstreckung harrte.

Als der Bundesgerichtshof am 15. Mai 1975 einen Haftbefehl gegen Haag wegen des Verdachts der Unterstützung einer kriminellen Vereinigung ausstellte, war er bereits untergetaucht. In einem Schreiben an die Deutsche Presseagentur rechtfertigte er seinen Schritt, seine Anwaltsrobe an den Nagel gehängt zu haben, mit den Worten, dass er in einem Staat, dessen Funktionsträger Holger Meins und den nach dem Anschlag auf die Deutsche Botschaft in Stockholm zu Tode gekommenen Siegfried Hausner »hingerichtet« hätten, seinen »Beruf als

Rechtsanwalt« nicht mehr länger ausüben könne. Für ihn gebe es nun Wichtigeres. Er werde bestimmte Aufgaben »im Kampf gegen den Imperialismus« in Angriff nehmen.

Nachdem sie mehrere Monate in einem Trainingscamp der PFLP-SpecialCommand (PFLP-SC) im Südjemen zugebracht hatten, flogen Siegfried Haag, Verena Becker, Rolf Heißler, Günter Sonnenberg und andere im September 1976 wieder in die Bundesrepublik zurück. Einen ersten konkreten Hinweis darauf, dass sich Heißler, einer der fünf durch die Lorenz-Entführung Freigepressten, wieder im Lande befinden musste, bekamen die Zielfahnder des Bundeskriminalamtes am 5. Oktober 1976. An diesem Tag unterzeichnete er – wie eine Schriftanalyse ergab – in Heuchelheim bei Gießen unter falschem Namen einen Kaufvertrag für einen gebrauchten Pkw im Wert von 2000 DM.[134]

Um die von Haag angeführte Gruppe scharten sich auch andere RAF-Mitglieder, die wie etwa Christian Klar bis dahin noch nicht im Rampenlicht gestanden hatten. Haag fiel das erste Mal wieder auf, als er am 27. Oktober 1976 in dem in den italienischen Alpen, ganz in der Nähe der schweizerischen und der französischen Grenze gelegenen Aosta zusammen mit Klar und Roland Mayer Waffen einkaufte. Sie erstanden zwei Revolver sowie zwei Pistolen. Eine der Waffen tauchte am 13. Dezember in den Händen von Waltraud Boock auf, als sie mit anderen zusammen in Wien eine Filiale der Creditanstalt überfiel. Haag hatte seine Rolle jedoch schon nach kurzer Zeit ausgespielt.

Bereits am 30. November 1976 geriet er zusammen mit Roland Mayer in eine Polizeifahndung. Sie waren in der Nähe von Gießen mit einem gestohlenen Pkw auf der Autobahn unterwegs, dessen Kennzeichen gefälscht waren. Widerstandslos ließ er sich mit einer Pistole im Hosenbund, einer Perücke und einer Vielzahl verräterischer Papiere festnehmen. Aus ihnen gingen zahlreiche verschlüsselte Hinweise auf Entführungen und Anschläge hervor. Die aufwendige Auswertung der »Haag-Papiere« wurde der Abteilung Terrorismus des Bundeskriminalamtes in Bonn-Bad Godesberg am 12. Dezember vorgelegt. Verfasser war der BKA-Beamte Alfred Klaus, der sich zuvor bereits einen Namen bei der Decodierung von RAF-Papieren gemacht hatte. Darin wurde der Ex-Anwalt als »Kopf der Untergrundgruppe« bezeichnet. Die in erster Linie von Haag verfassten Papiere ließen erkennen, so Klaus, dass »ein illegaler Apparat nach dem Muster der 1972 zerschlagenen RAF aufgebaut« worden sei. Politisch-propagandistische Interessen würden dabei nur eine untergeordnete Rolle spielen, im Gegensatz dazu stünde nun die Praxis ganz im Vordergrund. Es spreche alles dafür, dass es sich bei der Gruppe »um ein auf Zeit angelegtes Untergrundnetz zum Zweck einer bewaffneten Aktion zur Befreiung der RAF-Gefangenen« handle. Die dafür nötigen logistischen Vorbereitungen – wie die Beschaffung von Geld, Wohnungen, Depots, Autos, Waffen, Sprengstoff, Falschpapieren – hätten ganz offensichtlich kurz vor ihrem Abschluss gestanden.

Im Abschnitt über operative Planungen wurden von Klaus fünf Komplexe herausgefiltert: »1. ein unmittelbar bevorstehendes ›Kommando‹-Unternehmen, Deckname ›Margarine‹, 2. eine in Vorbereitung befindliche bewaffnete Aktion zur Beschaffung einer großen Geldsumme, Stichwort ›Big Money‹, 3. eine geplante ›Rache‹-Aktion zur Befreiung einer größeren Anzahl von Gefangenen, Stichwort ›Big Raushole‹, sowie 4. die Vorbereitung eines Bankraubes durch die ›Filiale 2‹ und 5. eines Einbruchs in eine Passbehörde (›Amt‹) durch die ›Filiale 1‹ zur Beschaffung von Dokumenten für die Herstellung von Falschpapieren.«[135]

Im Laufe des Jahres 1977 hat sich dann peu à peu gezeigt, was mit den ersten drei Projekten geplant war: der Mordanschlag auf Generalbundesanwalt Siegfried Buback, die in eine Mordtat umgeschlagene Entführung des Bankiers Jürgen Ponto und die Entführung des Arbeitgeberpräsidenten Hanns Martin Schleyer zur – ebenfalls fehlgeschlagenen – Freipressung von RAF-Häftlingen.

Insbesondere über die Vorbereitungen zur Durchführung der »Operation ›Margarine‹« war der Kenntnisstand hoch. Es handle sich dabei, so hieß es, um »eine spektakuläre Aktion mit politischer Brisanz«: »Ihrer Planung ging eine politische Diskussion voraus. Die

Täter wurden besonders gründlich ausgewählt, ihre Flucht (›Rückzug‹) bis ins Detail (›wer wohin/wann‹) vorbereitet, einschließlich der vermutlich legal in Karlsruhe lebenden Helfershelfer ›W/P‹ (2 Personen?).«[136] Doch weder Klaus noch ein anderer der Ermittlungsbeamten vom BKA war auf die Idee gekommen, die damals im Angebot befindlichen Margarine-Sorten durchzugehen. Eine der Marken hieß »SB« und trug somit die Initialen Siegfried Bubacks im Namen. Dieses Versagen war umso überraschender, als an einer Stelle des Auswertungstextes (S. 26) auf die Möglichkeit verwiesen worden war, dass mit der Abkürzung »Kr« Karlsruhe gemeint sein könnte. Die Frage, gegen wen sich ein in Karlsruhe durchzuführendes spektakuläres Kommandounternehmen mit politischer Brisanz richten könnte, hätte auch ohne die direkte Dechiffrierung des Deckwortes »Margarine« jemanden auf den Einfall bringen müssen, dass damit vermutlich der Generalbundesanwalt oder die Bundesanwaltschaft gemeint sein könnten. In der Gefährdungsskala stand Buback ja ganz weit oben, fast so weit wie Herold. Der Hinweis auf den Ort lautete jedoch nicht Wiesbaden, dem Sitz der BKA-Zentrale, sondern Karlsruhe.

Haag wurde 1979 vom Oberlandesgericht Stuttgart wegen Beihilfe zum Mord und einer Reihe anderer Delikte zu einer Freiheitsstrafe von 15 Jahren verurteilt und wegen einer Erkrankung 1987 vorzeitig auf freien Fuß gesetzt.

RAF-Anwälte schmuggeln Waffen in die Zellen ihrer Mandanten

Nachdem am Morgen des 18. Oktober 1977 die Leichen von Andreas Baader, Gudrun Ensslin und Jan-Carl Raspe aufgefunden worden waren, lautete die die Öffentlichkeit vielleicht am meisten elektrisierende Frage, wie es eigentlich hatte möglich sein können, dass zwei Revolver, mit denen sich Baader und Raspe erschossen hatten, in den 7. Stock gelangten. Und die Antwort ließ nicht sehr lange auf sich warten.

Der am 2. Oktober im Skandinavien-Express in Puttgarden festgenommene Volker Speitel erklärte Bundesanwalt Joachim Lampe, der ihn beinahe tagtäglich in der Untersuchungshaft besuchte und zu dem er sein Misstrauen Stück für Stück abbaute, wie es wohl geschehen war. Die beiden in Croissants Kanzlei arbeitenden Anwälte Arndt Müller und Armin Newerla sollen nach Aussage des Ex-RAF-Mitglieds drei Schusswaffen und neun Stangen Sprengstoff in die Justizvollzugsanstalt Stammheim eingeschmuggelt haben.[137]

Speitel, der im Dezember 1973 über das Stuttgarter »Komitee gegen Isolationsfolter« mit linken Anwälten in Kontakt gekommen war und zunächst in der Kanzlei von Jörg Lang und nach dessen Untertauchen dann in der Croissants gearbeitet hatte, will zusammen mit Elisabeth von Dyck, wie er sich später erinnerte, die Handakten der beiden Kollegen Croissants so ausgehöhlt haben, dass es möglich gewesen sei, alle möglichen Geräte, zunächst Heizspiralen, Radios, Kopfhörer, Minox-Kameras, ein Bügeleisen und eine Kochplatte, dann aber auch Schusswaffen und Sprengstoff in den Stammheimer Hochsicherheitstrakt zu schmuggeln. Da die Akten von Verteidigern nicht kontrolliert werden durften, waren sie »ideale Container« (Sven Felix Kellerhoff) für eine derartige Konterbande. »Ausgehöhlt wird das Papier an der linken Längsseite«, beschreibt der RAF-Chronist Butz Peters die dabei verwendete Technik, »dort, wo die Seiten in die Akte eingeheftet sind, der Gegenstand eingelegt und anschließend alles verleimt, sodass die rechte Seite der Akte bei der Kontrolle ›vorgeblättert‹ werden kann.«[138] Auf diese Weise sollen die drei Schusswaffen und der Sprengstoff in die Hände der dort einsitzenden RAF-Spitze gelangt sein. Mit zwei dieser Waffen, so behauptete Speitel, hätten sich dann Andreas Baader und Jan-Carl Raspe das Leben genommen.

Bemerkenswert ist, welche Anstrengungen seinerzeit unternommen worden sind, um eine derartig brisante Schmuggelware bis in die Zellen des berüchtigten 7. Stocks der JVA in Stuttgart-Stammheim zu befördern. Es hat eines langen Vorlaufs bedurft, um das Risiko, beim Waffenschmuggel erwischt zu werden, einigermaßen überschaubar zu halten. Wie Speitel berichtete, begann es eines Tages damit, dass es

Arndt Müller gelang, einen geschlossenen Brief aus der Stammheimer JVA herauszuschmuggeln. Da er das offenbar so gut hinbekommen hatte, wagte man sich an gefährlichere Sachen heran. Mit der von ihm ausgestrahlten stoischen Ruhe sei Müller ihnen für diese Aufgabe als besonders prädestiniert erschienen. Er habe allerdings, so Speitel, nie gewusst, was mit den von ihm transportierten Sachen anschließend geschehen sei.[139]

Die schwache Stelle der sonst so strengen obligatorischen Kontrollen hätte darin bestanden, dass die Häftlinge, wenn sie von dem als Mehrzweckhalle bezeichneten Gerichtsgebäude wieder in den 7. Stock zurückgebracht wurden, kein weiteres Mal mehr kontrolliert worden seien. Da die Verteidiger ihre Taschen hätten abgeben müssen und ihre Körper mit einem Metalldetektor untersucht worden seien, wären als einzige Möglichkeit zum Schmuggeln ihre Akten übrig geblieben. Und da die gebräuchlichen Leitz-Aktenordner schon ihres Umfangs wegen als zu verdächtig erschienen, sei ihre Wahl auf die dünnen Handakten gefallen, die die Anwälte mit sich führten und – außer wenn sie sie vor den Augen der Durchsuchungsbeamten oberflächlich durchblätterten – nie aus der Hand gaben. Müller habe dann im festen Glauben, dass er eine Kochplatte mit sich führe, die erste Pistole mit hineingenommen.

Der Waffen- und Sprengstoffschmuggel in eine Haftanstalt scheint einen besonders drastischen Bruch mit den Aufgaben eines Rechtsanwalts zu dokumentieren. Die beiden Anwälte wurden deshalb am 31. Januar 1980 vom Oberlandesgericht Stuttgart wegen Unterstützung einer terroristischen Vereinigung zu Haftstrafen verurteilt, Müller zu einer Freiheitsstrafe von vier Jahren und acht Monaten und Newerla zu einer von dreieinhalb Jahren. Müllers Behauptung, dass er nicht gewusst habe, was von ihm in die oder aus der JVA Stammheim geschmuggelt worden sei, könnte im Lichte der von Speitel gemachten Aussagen durchaus zutreffend gewesen sein.

Als Müller bei seinen Vernehmungen die Organisierung des RAF-Postverkehrs schilderte, betonte er ausdrücklich, dass weder Müller noch Newerla den Inhalt der Sendungen kannten. Sie hätten außerdem nichts von den Verbindungen zu den »Illegalen«, also den im Untergrund befindlichen RAF-Leuten, gewusst, ebensowenig von den mit ihnen vereinbarten Treffen. Diese willfährigen Anwälte hätten, so Speitel, in ihren Augen »als das größte Sicherheitsrisiko« gegolten.[140]

RAF-Anwälte verfügen über Kontakte zu Geheimdiensten oder haben mit ihnen paktiert

Der im Juli 2001 im Zuge neuerlicher Ermittlungen gegen den Ohnesorg-Todesschützen Karl-Heinz Kurras erhobene Verdacht, Mahler sei während der APO-Zeit inoffizieller Mitarbeiter (IM) des Ministeriums für Staatssicherheit gewesen,[141] ließ sich nicht erhärten. Allerdings existiert eine IM-Vorlaufakte aus den frühen sechziger Jahren, aus der hervorgeht, dass die Stasi ihn ursprünglich hatte anwerben wollen. Sie war am 13. November 1962 unter der Registriernummer XV 5199/62 angelegt und mit dem Vermerk »Vorbereitung zur Werbung« versehen worden. Dieser Plan wurde letztlich fallen gelassen, weil den Geheimdienstleuten die marxistisch-leninistischen Überzeugungen ihres Kandidaten offenbar als zu riskant erschienen. Sie befürchteten, dass er sich bei seinen öffentlichen Auftritten hätte verraten und damit den Verdacht auf das MfS lenken können. Aus dem Einstellungsvermerk geht immerhin hervor, dass mit dem Kandidaten »ein Kontaktgespräch unter Legende geführt« worden sei.[142]

Mahler war aber auf jeden Fall auch später zu RAF-Zeiten Stasi-intern ein Thema, und zwar auf der höchsten Ebene. So meldete etwa Markus Wolf, der Leiter der *Hauptverwaltung Aufklärung* (HVA), also des Auslandsnachrichtendienstes des MfS, seinem »Genossen Minister«, also Erich Mielke, dass »Rechtsanwalt Mahler« am 23. Juli 1970 bei seiner Rückkehr aus dem Nahen Osten auf dem Flughafen Schönefeld »von einem Pkw Typ Wartburg mit einer Regierungsnummer« abgeholt worden sei.[143] Er sei in Begleitung einer weiblichen Person gewesen, hieß es in dem Bericht weiter, bei der es sich möglicherweise um Ulrike Meinhof gehandelt habe. Was es mit diesem Empfang auf sich hatte, ging aus dem Dokument zwar nicht hervor, dafür aber zumindest das Aufsehen, das dieser Vorgang bei Mielke und Wolf seinerzeit ausgelöst hat.

Um ähnliche Fragen war es auch im August 2011 gegangen, als der Journalist Malte Herwig Mahler in der JVA Brandenburg an der Havel besuchte und sich dort mit ihm über mögliche geheimdienstliche Kontakte unterhielt. Als er ihn auf die erwähnte IM-Vorlaufakte anspricht, reagiert er überrascht und meint, dass ihm das neu sei. Ihn würde ja selbst interessieren, was es an Dokumenten gebe, aber ihm sei erklärt worden, dass seine Akten »vernichtet« worden seien. Dann fügt er hinzu: »Ich hatte auch Verbindungen mit russischen Korrespondenten der Nachrichtenagentur Tass. Dass die alle auch einen Geheimdiensthintergrund haben, ist für mich völlig uninteressant gewesen, das habe ich einfach vorausgesetzt. Das war kein Hinderungsgrund, mit denen politische Gespräche zu führen.«[144] Einer von ihnen habe den Namen Pjotr Kamaris getragen und habe ihn regelmäßig zu Hause besucht. Das klingt ganz danach, dass ihm seinerzeit durchaus klar gewesen sei, wer und warum man ihn auszuhorchen versucht hat. Da es jemand war, der für die Sowjetunion arbeitete, mit der er sich als befreundet ansah, dürfte es auch keinerlei Skrupel gegeben haben, ihm Vertrauliches mitzuteilen.

Klaus Croissant ist für das MfS als IM tätig

Nachdem Croissant wegen Unterstützung einer terroristischen Vereinigung zu einer Freiheitsstrafe von zweieinhalb Jahren verurteilt worden war und seine Strafe abgesessen hatte, ließ er sich 1981 als Inoffizieller Mitarbeiter für das Ministerium für Staatssicherheit der DDR verpflichten. Sein Anwerber soll der Staranwalt der DDR, der als Strafverteidiger auch in der Bundesrepublik zugelassene Professor Friedrich Karl Kaul, gewesen sein. Auf dessen Vermittlung hin fand jedenfalls am 20. Januar 1981 ein erstes konspiratives Treffen mit Offizieren der für die Terrorismusabwehr zuständigen Hauptabteilung XXII des MfS statt. Als IM »Thaler« warb er im Jahr darauf seine damalige Lebensgefährtin, die *taz*-Redakteurin und spätere Europaabgeordnete der Grünen, Brigitte Heinrich, ebenfalls für das MfS an. Diese sträubte sich zunächst, ließ sich dann aber doch überreden und spionierte als IM »Beate Schäfer« bis zu ihrem überraschenden Tod im Dezember 1987 die Frankfurter Szene, die *taz* und verschiedene Ausschüsse des Europaparlaments aus.[145] Croissant und Heinrich waren in ihrer Stasi-Tätigkeit so eng aufeinander abgestimmt, dass die Presse von einer regelrechten Teamarbeit der beiden sprach. Zumeist lief es so ab, dass Heinrich in Frankfurt oder Straßburg die entsprechenden Berichte verfasste, bevor sie dann von Croissant nach Ost-Berlin geschafft wurden.

Über die Frage, ob RAF-Anwälte möglicherweise auch im Auftrag bundesdeutscher Geheimdienste gearbeitet haben, existieren bislang nur Spekulationen.

Einige RAF-Anwälte haben später eine politische Karriere gezeitigt

Die spektakulärste ist sicherlich Otto Schily gelungen, der zunächst Bundestagsabgeordneter der Grünen war, bevor er dann zur SPD überwechselte und 1998 im Kabinett von Bundeskanzler Gerhard Schröder schließlich für sieben Jahre bis zum Ende der rot-grünen Koalition das Amt des Bundesinnenministers bekleidete. Dabei wurde in der Öffentlichkeit mit nicht geringer Verwunderung registriert, dass sich der stark von der Anthroposophie beeinflusste und sich als liberal begreifende Politiker schon bald als Law-and-Order-Mann zu profilieren verstand, der selbst der CSU, die sich in der Opposition am stärksten mit dem Thema »Innere Sicherheit« hervorzutun versuchte, kaum noch Angriffsflächen bot.

Eine in gewisser Hinsicht ähnliche Karriere legte der einem baltischen Adelsgeschlecht entstammende Rupert von Plottnitz – eigentlich Franz-Joseph Rupert Ottomar von Plottnitz-Stockhammer – an den Tag.[146] Noch 1968, als er sein Jurastudium bereits abgeschlossen und als Anwalt zu arbeiten begonnen hatte, entschloss er sich zur Zeit der Anti-Notstandsbewegung, dem SDS beizutreten. Im Oktober 1969 stand er im sogenannten Rädelsführer-Prozess gegen die drei führenden SDS-Mitglieder Günter Amendt, Hans-Jürgen Krahl und Karl Dietrich Wolff erstmals im Rampenlicht der Öffentlichkeit. Von Plottnitz arbeitete in den darauffolgenden Jahren zusammen mit seinen Kollegen Armin Golzem, Helmut Riedel und Johannes Riemann in einer gemeinsamen Kanzlei. Im Stammheimer Hauptverfahren gegen die RAF-Spitze trat er dann von 1975 bis zu dessen Tod im Oktober 1977 als Verteidiger von Jan-Carl Raspe auf. Ab 1987 vertrat er als Abgeordneter die Grünen im hessischen Landtag, als deren Fraktionsvorsitzender er von 1991 bis 1994 auftrat, bevor er dann als Vertrauter Joschka Fischers dessen Nachfolge als hessischer Umweltminister antrat und später von 1995 bis 1998 in seinem Bundesland das Amt des Justizministers bekleidete. Dass er ein so klassisches Ressort wie das der Justiz wahrnahm, galt nicht nur der im Wiesbadener Landtag vertretenen Opposition als Stein des Anstoßes. Nach Beendigung seiner politischen Karriere setzte von Plottnitz seine Tätigkeit als Anwalt in einer 1979 von seinen beiden Kollegen Jürgen Fischer und Hans Wolfgang Euler im Frankfurter Westend gegründeten Kanzlei weiter fort.

Die mit Abstand am längsten währende politische Karriere legte Hans-Christian Ströbele hin. Seine Tätigkeit als politischer Anwalt war durch den Tod Benno Ohnesorgs bei einer Demonstration gegen den Staatsbesuch des Schahs von Persien am 2. Juni 1967 ausgelöst worden. Bereits am Tag darauf war er in der Kanzlei von Horst Mahler aufgetaucht, um dort sein Referendariat fortzusetzen. Obwohl er als Mitbegründer des am 1. Mai 1969 gegründeten *Sozialistischen Anwaltskomitees* von Anfang an linke Terroristen wie Andreas Baader vertrat und sich zeitweilig selbst als Anarchist verstand, trat er 1970 in die in seinem Umfeld als reformistisch verschriene SPD ein, der er bis 1975 angehörte. Der Grund für die Beendigung seiner Mitgliedschaft war ein Parteiausschlussverfahren. Er hatte es gewagt, RAF-Mitglieder in einem Brief als »liebe Genossen« zu bezeichnen. Das war für seine Partei inakzeptabel.

Am Ende der siebziger Jahre gehörte er nicht nur zu den Mitbegründern der linksalternativen *tageszeitung*, sondern auch zu denen der *Alternativen Liste für Demokratie und Umweltschutz* (AL). Seine jahrzehntelange Arbeit als Bundestagsabgeordneter begann 1985, als er bis zum Ende der zehnten Legislaturperiode 1987 das Mandat des später als Stasi-Spitzel enttarnten Dirk Schneider für die *Grünen* übernahm. Nachdem er 1990/91 zeitweilig Sprecher der Bundespartei geworden war und auf kommunaler wie landespolitischer Ebene wichtige Rollen übernommen hatte, zog er 1998 erneut in den Bundestag ein und gehörte dem Parlament nun bis 2017 ununterbrochen an. Dabei gelang ihm bei der Bundestagswahl 2002 als einzigem Vertreter seiner Partei, ein Direktmandat zu erobern.[147] Dieses für den Wahlkreis 84 (Berlin-Friedrichshain-Kreuzberg-Prenzlauer Berg) errungene Kunststück konnte er bei den drei darauffolgenden Bundestagswahlen (2005, 2009, 2013) jeweils wiederholen.

Pikanterweise gehört Ströbele seit 2002 im Bundestag dem Parlamentarischen Kontrollgremium an, dem unter anderem die Kontrolle der Nachrichtendienste obliegt. In verschiedenen Untersuchungsausschüssen hat er sich seitdem einen Namen gemacht, wie etwa dem zur Parteispendenaffäre der CDU und ihres einstigen Bundeskanzlers Helmut Kohl und dem zur Rolle des BND bei den von der CIA nach 9/11 durchgeführten illegalen Aktionen. Er hat sich dabei auch weit über die Grenzen seiner eigenen Partei hinaus, wie bei der Kritik an der Vorratsdatenspeicherung, dem Großen Lauschangriff, der Verletzung von Bürgerrechten durch die NSA und dem Umgang mit Whistleblowern wie Edward Snowden, die Rolle eines Anwalts für Bürgerrechte erworben. Diese zivilgesellschaftlich konnotierte Entwicklung des einstigen RAF-Anwalts hat Ströbele andererseits nicht zu einem selbstkritischeren Umgang mit seiner damaligen Rolle geführt. Und im Verhältnis zu seinem früheren Kanzleikollegen Mahler hat er in Bezug auf dessen bizarre Entwicklung zum Neonazi und Holocaust-Leugner in der Öffentlichkeit nie ein einziges Wort verloren.[148]

Einige RAF-Anwälte haben ihre juristische Karriere weiter fortgesetzt

Klaus Eschen, eines der Gründungsmitglieder des *Sozialistischen Anwaltskollektivs*, hat bereits frühzeitig abgelehnt, jemanden wie den des Antisemitismus verdächtigen Dieter Kunzelmann zu verteidigen. Nachdem dieser am 19. Juli 1970 verhaftet worden war, schrieb er ihm: »Lieber Kunzelmann, es ist für mich politisch ausgeschlossen, Dich in dieser Sache zu vertreten. Bei aller Skepsis der Anklage gegenüber kann ich zu Deiner Praxis kein politisches Verhältnis gewinnen. Sie erschließt sich nur aus individualpsychologischen Kategorien.«[149] Obwohl er in Vertretung seines Kanzleikollegen Ströbele auch einige inhaftierte RAF-Mitglieder in ihren Gefängnissen besuchte, so scheint er auf einer grundsätzlichen Distanz gegenüber den Begehrlichkeiten der Gruppe bestanden zu haben. »Ich bin der Meinung«, erklärt Gerhard Müller im Zuge seiner Vernehmungen, »dass ESCHEN nicht mit der RAF zusammengearbeitet hat. [...] Eschen wollte sich nicht den Vorstellungen und Anweisungen dieser Leute beugen. Aus Gesprächen mit ihm entnahm ich, dass er generell terroristische Aktivitäten ablehnte.«[150] Die Folge war, dass er von der RAF-Führung von der Liste der für sie zur Verfügung stehenden Anwälte gestrichen wurde. Er arbeitete als Anwalt weiter, war Mitbegründer des *Republikanischen Anwaltsvereins* (RAV), in dem zeitweilig auch von Plottnitz, Schily und der spätere Bundeskanzler Gerhard Schröder organisiert waren. 1992 wurde er zum Richter am Verfassungsgerichtshof des Landes Berlin bestimmt.

Ein anderes Beispiel ist der zeitweilige RAF-Verteidiger Ulrich K. Preuß, den seine Rolle als Anwalt von Astrid Proll nicht daran hinderte, zu einem der angesehensten linksliberalen Rechtswissenschaftler aufzusteigen. Zunächst hatte sich das SDS-Mitglied als Bildungstheoretiker profiliert und war von 1966 bis 1972 beim Max-Planck-Institut für Bildungsforschung in Berlin als Forschungsassistent beschäftigt. Danach wurde Preuß Professor für Öffentliches

Recht an der neugegründeten Reformuniversität Bremen, wo er bis 1996 lehrte. Nach dem Mauerfall 1989 beteiligte er sich am »Runden Tisch« für das »Neue Forum« an der Ausarbeitung eines Entwurfs für einer neue Verfassung der DDR. 1992 wurde er auf Vorschlag von Bündnis 90/Die Grünen beratendes Mitglied im Verfassungsausschuss Thüringens zu Erarbeitung einer Landesverfassung und Richter am Staatsgerichtshof der Freien Hansestadt Bremen. Von 1996 lehrte Preuß bis zur seiner Emeritierung 2005 an der Freien Universität Berlin Öffentliches Recht und Politik und nahm danach noch eine Professur für Staatstheorie an der Hertie School of Governance wahr.

Schlussfolgerungen:

1. Die Gründung der RAF ist von Horst Mahler als einem Anwalt aus einer Anwaltskanzlei heraus maßgeblich betrieben worden.
2. Der RAF wäre nach der Inhaftierung der Gründergeneration ohne die Unterstützung von Anwälten die Fortsetzung ihres »Kampfes« nicht möglich gewesen. Das ist insbesondere durch die Organisierung des »info«-Systems der Fall gewesen, das es der RAF ermöglicht hat, ihre Auseinandersetzung auch von den Zellen aus weiter fortzuführen.
3. Die durch die Verhaftungswelle 1972 in die Krise geratene RAF wurde von ehemaligen Anwälten zu reorganisieren versucht – zunächst 1973/74 von Eberhard Becker und 1975/76 von Siegfried Haag.
4. Die Steuerung der Hungerstreiks wurde von Stammheim aus wahrgenommen. Die Direktiven seien, so Müller, von Baader ausgegangen und von Anwälten wie Haag, Groenewold und anderen umgesetzt worden.[151]
5. Die sogenannte Offensive 77 ist maßgeblich von dem Ex-Anwalt Siegfried Haag 1976 im Jemen konzipiert worden.
6. Nach dem Tod der RAF-Begründer in Stammheim büßten die Anwälte ihre Unterstützerfunktion weitgehend ein. Geändert hat sich der Stellenwert der Anwälte im Übergang von der zweiten zur

dritten Generation. Nun bestand das vorrangige Ziel der RAF nicht mehr darin, Gefangene freizupressen. Im Vordergrund standen Attacken auf Vertreter der Wirtschafts-, Finanz- und Militäreliten. Dieser Strategiewechsel hatte eine Abwertung in der Binnenfunktion bestimmter Anwälte zur Folge.

Wie diese Punkte verraten, ist die Geschichte der RAF zweifelsohne auch eine ihrer Anwälte. Sie ist gewiss nicht mit dieser identisch, sie bewegt sich aber in einem fortwährenden Spannungsverhältnis zu ihr. Ohne einige ihrer dienstbaren Anwälte wäre die Entwicklung der RAF vielleicht schon Mitte der siebziger Jahre an ihre Grenzen gestoßen, ganz sicher aber hätte sie einen anderen Verlauf genommen. Am wichtigsten war ihre Rolle im Anschluss an die Verhaftung der RAF-Kerngruppe im Juni 1972. Für die Inhaftierten der ersten Generation mit Andreas Baader an der Spitze waren sie jedenfalls gänzlich unverzichtbar. Ohne ihre Unterstützung hätten die Hungerstreiks kaum in der Form organisiert werden können, dass sie zu einer Waffe im Kampf mit dem Staat werden konnten. Es bedurfte des Aufbaus einer ständigen Informations- und Kommunikationszentrale. Das »info«-System wurde zum zentralen Teil der RAF-Logistik.

Aber wie die Beispiele Mahler, Becker und Haag belegen, hat es zwischen den RAF-Anwälten und der RAF selbst eine nicht unbedeutende Schnittmenge im Führungspersonal gegeben. Die Tatsache, dass die RAF in maßgeblicher Hinsicht von dem ehemaligen »APO-Anwalt« Horst Mahler gegründet worden war, und 1973/74 in einer Umbruchsituation, in der ganz allgemein bezweifelt werden musste, ob sie sich überhaupt noch einmal würde reorganisieren können, eine Zeit lang von Eberhard Becker angeführt und schließlich 1975/76 von dessen einstigem Kompagnon Siegfried Haag geleitet wurde, der im Südjemen den »Masterplan« für die als »Offensive 77« bezeichnete terroristische Serie ausarbeitete, hat die alte Bundesrepublik vermutlich mehr als jede andere Ereigniskette erschüttert.

Allerdings würde eine Fixierung auf die drei genannten Ex-Anwälte als RAF-Anführer andererseits zu leicht ein falsches Gesamtbild im Verhältnis der Rechtsanwälte zur RAF insgesamt erzeugen. Bemerkenswert ist in dieser Hinsicht jedenfalls, wie Speitel deren Relation in seiner bereits mehrfach erwähnten Vernehmung vom 4. Januar 1978 bestimmt hat. Im Büro Croissant, stellte er fest, sei »die ›Hierarchie‹ eher auf den Kopf gestellt« gewesen: »Die Anwälte rangierten ganz unten und die Gefangenen ganz oben. Man kann sagen, ab Februar 1977 wurden alle zentralen Entscheidungen des Büros, die gesamte politische [unleserlich] bis hin zu der Organisierung der Tätigkeit der Anwälte – wer wo Knastbesuche macht, auf Veranstaltungen oder Pressekonferenzen welchen Inhalt bringt – durch uns oder die Gefangenen bestimmt. Eine eigene Linie war für keinen Anwalt mehr möglich. Wer sich nicht daran hielt – wie zum Beispiel Croissant –, der wurde herausgeschmissen.«[152] Speitels Chefin war nach ihrer Haftentlassung am 8. Februar 1977 Brigitte Mohnhaupt. Mit den von Baader und Ensslin ausgestellten Vollmachten trat sie im Büro Croissant als unanfechtbare Anführerin außerhalb des Stammheimer Hochsicherheitstraktes auf.[153] Das Erste, was sie in der Kanzlei durchgeführt habe, sei, so Speitel, »eine Säuberungsaktion« gewesen. Dabei wäre sofort der Entschluss gefasst worden, Croissant vor die Tür zu setzen, weil er, so Mohnhaupt, »ein unbrauchbar bourgeoises Schwein geworden« sei. Dies ist nur ein Beispiel für viele andere, das verrät, wie sehr nicht zuletzt jene Anwälte, die sich am meisten für die RAF-Gefangenen eingesetzt und insbesondere Baaders Direktiven oft blindlings Folge geleistet hatten, verachtet und letztlich mit Füßen getreten worden sind. Egal ob es Croissant, Groenewold oder Ströbele war, solange sie nicht selbst in die Illegalität gegangen und wie Haag etwa die Führung an sich gerissen hatten, hatten sie letztlich auch nichts zu melden. Die dienstbaren Rechtsanwälte waren bloße Instrumente der in Stammheim einsitzenden RAF-Spitze, die kaum noch Einfluss auf das konkrete Vorgehen nehmen konnten – es sei denn, sie hätten sich verweigert und gesagt, dass sie unter diesen Umständen nicht mehr mitmachen würden. Aber Derartiges ist von keinem der Genannten bekannt geworden.

Bereits frühzeitig hat sich gezeigt, dass unter den RAF-Anwälten keineswegs Einigkeit vorherrschte. Sie stellten keine homogene Gruppierung dar. Ihre Überzeugungen reichten von einer linksliberalen bis zu einer linksradikalen Einstellung, deren Übergänge bis hin zum eigenen Gang in den Untergrund in einigen Fällen fließend gewesen sind. Es hat nicht an Versuchen gefehlt, die Rolle von Anwälten politisch zu interpretieren und damit als im Zusammenhang mit der RAF tätigen Strafverteidigern auch deutlich über die Rolle eines »unabhängigen Organs der Rechtspflege« hinausgehend zu legitimieren.

Auch ein in seinen Grundüberzeugungen liberal eingestellter Anwalt wie Otto Schily vertrat dabei den Anspruch, sich als politischer Anwalt zu positionieren. In einem bei der Katholischen Akademie Freiburg gehaltenen Vortrag hat er die Haltung vertreten, dass politisches Handeln auch dann noch »politisch« bliebe, wenn dabei Gewaltmittel eingesetzt würden.[154] Strafverfahren, deren Hintergründe politisch bestimmt seien, unterschieden sich, hob er hervor, auf radikale Weise von sogenannten normalen Strafprozessen. Während in solchen Fällen die Angeklagten das Interesse verfolgten, entweder freigesprochen zu werden oder aber im Falle eines Geständnisses mit einer möglichst milden Strafe davonzukommen, bestünde das Interesse von Angeklagten in politischen Prozessen vornehmlich darin, ihre politische Identität zu wahren. Ihnen erschienen vor Gericht abgegebene Erklärungen deshalb häufig auch wichtiger als das eigentliche Urteil. »Das Gericht erscheint ihnen nicht als neutrale Instanz, sondern als Exponent ihres politischen Gegners. Sie erkennen die Legalität nicht an und nehmen ein vermeintlich höheres revolutionäres Recht in Anspruch. Die politische Legitimation, nicht die juristische Argumentation, gilt als die Hauptsache.«[155] Diese Einstellung habe naheliegenderweise gravierende Folgen für die Rolle des Strafverteidigers. »Er steht zunächst einmal vor der Situation, dass ihm Misstrauen von beiden Seiten droht. Der Staatsmacht gilt er bald selbst als Feind, wenn er sich dem Verurteilungsziel, möglicherweise auch dem Indoktrinationsziel, dem Propagandaziel, in den Weg stellt, insbesondere wenn er sich dem Gebot nicht beugt, das Politische –

wie es einmal ein Gerichtsvorsitzender ausgedrückt hat – ›draußen vor der Tür zu lassen‹.«[156] Wenn er versuche, im Verfahren politische Inhalte zur Sprache zu bringen, dann gerate er in Gefahr, dass dies als politische Agitation angesehen und als eine strafbare Form der Unterstützung des Angeklagten gebrandmarkt werde.

Umgekehrt stoße bei derartigen Prozessen der Verteidiger auch bei seinen eigenen Mandanten auf Misstrauen. Sie würden in ihm dann unter Umständen einen »verkappten Agenten der Staatsmacht« sehen. Selbst wenn sich die für eine wirksame Verteidigung unabdingbare Vertrauensbasis herstellen lasse, so stehe der Strafverteidiger doch »[…] vor der fast unlösbaren Aufgabe, seine Verteidigungsstrategie und -taktik quasi zwischen den Fronten der in dem Prozess geführten Auseinandersetzung zu bestimmen«.[157] Aus diesen Gründen sei es für den Verteidiger unverzichtbar, die »Souveränität seines eigenen Denkens« gegenüber der einen wie der anderen Seite zu bewahren. Nur so könne er die ihm gestellte Aufgabe bewältigen. Schily hat mit dieser Argumentation das Kunststück fertiggebracht, seine Unabhängigkeit vor Gericht auch in jenen Fällen zu demonstrieren, in denen es um politisch bestimmte Verfahren ging und ihm die Berufung auf politische Beweggründe seiner Mandanten grundsätzlich abgesprochen wurde.

Diese Haltung war jedoch für seine in RAF-Prozessen auftretenden Kollegen auch dann nicht verallgemeinerbar, wenn sie die Bedeutung des Politischen vermutlich geteilt hätten. Nach einem Treffen von RAF-Anwälten am 17. Dezember 1973 in Frankfurt war in einem Bericht erstmals davon die Rede, dass es in ihren Reihen »eine deutliche Fraktionierung« gebe.[158] Zum Disput war es wegen der Ehrengerichtsverfahren gegen die drei Stuttgarter Anwälte Croissant, Lang und Cassel sowie wegen der Haftbedingungen und der dagegen durchgeführten Hungerstreiks gekommen. Von der einen Fraktion, zu der Preuß, von Plottnitz und andere Frankfurter Anwälte gehörten, sei die Isolation zwar »als Folter« bezeichnet, aber nicht bekämpft worden. Es sei dabei klar zutage getreten, dass sich deren Einheit »über die Gegnerschaft zur RAF« herstelle.

So tief muss zu dieser Zeit der Spalt bereits gereicht haben, dass den anderen unterstellt wurde, sie seien in Wirklichkeit zur Gegenseite, womöglich zur Justiz oder zum Staat, übergelaufen. Unterschieden wurde nun zwischen »rechten« und »linken« Anwälten. Während die Letzteren militant seien und ganz auf der Linie der RAF stünden, so müsse Ersteren schleunigst das Mandat entzogen werden. Wie eine von Gudrun Ensslin verfasste Reaktion der »Stammheimer« verriet, fiel selbst der sich so aufopferungsvoll abmühende Ströbele unter dieses Verdikt.[159] Und einen ganz besonderen Hass zog der seit dem Vorjahr an der Universität Bremen als Professor für Öffentliches Recht lehrende Ulrich K. Preuß auf sich, von dem Ensslin zwar nicht wusste, was sie ihm konkret vorwerfen sollte, der für sie dennoch aber »ne professionelle ratte« sei, »durch und durch«, wie sie offenbar nicht hinzuzufügen vergessen wollte.[160]

Es hat gewiss keinen Standard-Typus des »RAF-Anwalts« gegeben. Die Bezeichnung selbst erscheint im Sinne einer Typologie ohnehin als problematisch. Die Empörung allerdings, die Otto Schily 2009 bei den Aufnahmen für den Dokumentarfilm *Die Anwälte* an den Tag legte, dürfte wohl eher darin begründet gewesen sein, dass er sich von dem im Zuge der Kassiber-Affäre gegen ihn gerichteten Verdacht nie hat freimachen können. Man habe versucht, ihm ebenso wie seinen Kollegen »ein Etikett aufzukleben«: »Der ›RAF-Anwalt‹! Was heißt denn das, RAF-Anwalt? Das ist natürlich kompletter Unsinn. Ich war ja nicht der Syndikusanwalt der Roten Armee Fraktion oder Terroristenanwalt. Was heißt denn das: ›Ich bin Terroristenanwalt?‹. Ich war der Anwalt von einer bestimmten Person und habe die verteidigt. Wenn irgendein Kollege in einem Mordprozess verteidigt, ist er ja kein Mörderanwalt, oder?«[161] Der emotionale Overdrive, mit dem er sich dieses Etiketts zu entledigen versucht, verdeckt nur zu sehr die hier aufgezeigten mehr als bloß individuellen Motive linker Anwälte, die in Wirklichkeit weit über die Psychologie Einzelner hinausgegangen sein und in die funktionale Struktur einer im Untergrund operierenden terroristischen Organisation hineingereicht haben dürften. Die Nonchalance, mit der einige der RAF-Anwälte heute das Problem, dass es einige ihrer einstigen Kollegen für nötig gehalten haben, sich mit dem Verbrechen gemein zu machen und sich zeitweilig sogar selbst an die Spitze der Organisation zu setzen, vom Tisch zu kehren versuchen, indem sie so tun, als ginge sie das deshalb nichts an, weil diese sich schließlich ja zu einem vollständigen Rollenwechsel entschieden hätten und insofern auch keine Anwälte mehr geblieben seien, ist von einer kaum zu überbietenden Spitzfindigkeit. Diese Haltung drückt sich vor allem um die zentrale Frage, woher eigentlich die zeitweilige Affinität linker Anwälte zum Terrorismus gerührt hat.

Gewiss existierte im linken Terrorismus der Bundesrepublik von Anfang an ein Spannungsverhältnis zwischen Staat und RAF, in dem sich die jeweiligen Anwälte ganz unterschiedlich verhalten haben: Einige haben sich innerhalb der rechtsstaatlichen Grenzen bewegt, andere haben diese Grenzen zu verschieben und damit ihr Aktionsfeld zu erweitern versucht und noch andere haben wiederum irgendwann die Fronten gewechselt und sind selbst in den Untergrund gegangen. Ein weitreichenderer Blick auf Struktur und Funktion der RAF-Anwälte ist allerdings aus verschiedenen Gründen zu einem erheblichen Teil immer noch nicht möglich. Zu viele Akten sind seitens nicht weniger Justizbehörden gesperrt geblieben, zu viele Dokumente ruhen – wie bei Groenewold und Ströbele etwa – in der Forschung unzugänglichen Privatsammlungen, und was die Rolle der Zeitzeugenschaft anbetrifft, können sich auch linke Anwälte fast nach Belieben hinter ihrer Abwehrformel »Mandantenschutz« verschanzen.

Die Mission mit der Waffe

Im Herbst 1968 stehen in Frankfurt die vier Kaufhausbrandstifter vor Gericht, darunter die beiden späteren RAF-Mitbegründer Andreas Baader und Gudrun Ensslin. Nach mehreren Verhandlungstagen werden sie am 31. Oktober von der IV. Großen Strafkammer des Frankfurter Landgerichts wegen versuchter menschengefährdender Brandstiftung zu einer Zuchthausstrafe von jeweils drei Jahren verurteilt. In seiner Urteilsbegründung stellt der Richter ausdrücklich fest, dass es sich bei den Angeklagten um »keine kriminellen Typen« handle.[162] Ihnen seien, so räumt er ein, »gewisse ideelle Motive« nicht abzusprechen. Ob es sich jedoch um »Überzeugungstäter« handle, müsse bezweifelt werden, weil von solchen zu erwarten sei, dass sie sich sofort nach der Begehung ihrer Tat auch dazu bekennen würden. Auf jeden Fall aber gehe aus bei den Angeklagten gefundenen Notizen hervor, dass sie mit ihrer Brandstiftung ein »Fanal« hätten setzen wollen. Gudrun Ensslin, die von Beobachtern als der intellektuelle Kopf der Gruppe bezeichnet wird, erklärt kurz darauf: »Wir haben es aus Protest gegen die Gleichgültigkeit gegenüber dem Krieg in Vietnam gemacht.«[163] Ohnmacht läge ihrer Tat zugrunde, fügt sie außerdem noch hinzu, aber häufig stehe »auf der Seite der Ohnmacht das Recht«.

Zur selben Zeit äußert sich auch ihr Vater, Pastor Helmut Ensslin. Einem Fernsehreporter gegenüber erklärt der einst angeblich der Bekennenden Kirche nahestehende Mann: »Für mich ist erstaunlich gewesen, dass Gudrun, die immer sehr rational und klug überlegt hat, fast den Zustand einer euphorischen Selbstverwirklichung erlebte, einer ganz heiligen Selbstverwirklichung, so wie geredet wird vom heiligen Menschentum. Das ist für mich das größere Fanal als die Brandlegung selbst, dass ein Menschenkind, um zu einer Selbstverwirklichung zu kommen, über solche Taten hinweggeht.«[164] Ein Geistlicher scheut sich hier also nicht, einen menschengefährdenden Brandanschlag als Akt »heiliger Selbstverwirklichung« zu verklären.

Dem Handeln der jungen Frau, die Insidern später einmal als insgeheimer Kopf der RAF gilt, wird hier auf eine emphatische, geradezu schwärmerische Weise ein sakrales Attribut und damit vielleicht sogar eine religiöse Dimension zugesprochen. Eine Dimension, die damals offenbar von kaum jemandem wahrgenommen worden ist, die heute jedoch – mit dem Abstand von Jahrzehnten – durchaus auf Interesse stößt.

Wurzeln des Sakralen

Wie stark diese Dimension nicht nur in der Gründergeneration der RAF, sondern bereits in der antiautoritären Kerngruppe der 68er-Bewegung war,[165] das verrät ein lange Zeit übersehenes Dokument – das 1962 veröffentlichte »Eschatologische Programm« der *Subversiven Aktion*. In dieser Kleingruppe waren die Initiatoren der *Kommune I*, Rudi Dutschke und Bernd Rabehl als die führenden Köpfe der Studentenbewegung und mit Dieter Kunzelmann und anderen die Ersten, die in den Untergrund gingen, sich von den Palästinensern ausbilden ließen und als *Tupamaros Westberlin* bereits ein halbes Jahr vor Gründung der RAF einen Bombenanschlag nach dem anderen verübten. Auch der Gedanke, mit Brandanschlägen den Staat zu provozieren, stammte aus dieser Strömung. Und Andreas Baader schnappte die Idee dazu dort auf, 1967 galt er noch als ein bloßer Mitläufer, eine Art Satellit der *Kommune I*.

Doch zurück zum »Eschatologischen Programm«. Zunächst wird darin in einem »Dynamischen Liquidationsprogramm« die Beseitigung des Staats- und Gesellschaftsapparates gefordert, der Arbeit, des Geldes, der Gesetze, der herkömmlichen Bildung, aller organisierten Kommunikationsformen sowie jeglicher politischen, militärischen, konfessionellen Organisationen und rechtlichen Zusammenschlüsse.[166] Dagegen wird auf ein »Dynamisches Emanzipationsprogramm« gesetzt, in dem all das, was zuvor den Institutionen aufgekündigt worden ist, dem Einzelnen anheimgestellt werden soll. Was das heißen soll, wird in einem »Dynamischen Ordinationsprogramm« genauer ausgeführt: Alle Funktionen des Staats- und Gesellschaftsapparates sollen an den Einzelnen übertragen werden, über den Faktor Zeit soll er frei verfügen können, alle Produkte ihm ohne irgendeine Gegenleistung zur Verfügung gestellt werden, Gesetzgebung müsse »durch die Einsicht in das Lustprinzip« für absurd erklärt werden, Bildung unterliege keinerlei Norm, Kommunikationsformen würden dem Einzelnen überlassen, Kommunikationsmittel würden ihm zur Verfügung gestellt, Organisationen und Zusammenschlüsse jeglicher Art seien damit überflüssig. Mit »Halbheiten« sei nun nichts mehr zu gewinnen: »Nur eine totale Umwälzung könnte noch in der Lage sein, die Katastrophe der Unfreiheit zu wenden.«[167] Dazu befähigt werde der Mensch allerdings nur durch ein »innerseelisches Gesetz«, das als »Realisierung der Urerwartung« beziehungsweise als »Das Eschatologische Prinzip« bezeichnet wird.

Darin heißt es weiter, der Mensch müsse sich als »Schöpfer und Zerstörer der Projektion ›Gott‹« und als »Herr über Leben oder Tod« verstehen, als »Gestalter seines Trieb- und Gefühlslebens«, als »Lenker seines Denkens und Wollens«, als »Träger jeglicher Gemeinschaft«. Durch die Berücksichtigung dieser Punkte werde der Glaube an Gott und Götter liquidiert, die Unterordnung des Menschen unter Leben und Tod, die Tabuisierung des Trieb- und Gefühlslebens, die Klischierung des Denkens und Wollens sowie der Minderwertigkeitskomplex des Einzelnen gegenüber der Organisation.

Die Absolutheitsvorstellung, die mit dem Gottesbegriff einhergeht, wird in aller Entschiedenheit auf das Individuum übertragen. Ziel ist eine folgenreiche Selbstermächtigung. An die Stelle von Autorität, Ordnung und Vermittlung tritt die absolut gesetzte Freiheit des Einzelnen. Nun hänge, heißt es weiter, alles von einer Elite ab, die als Kohorte bezeichnet wird. Im Gegensatz zur Säkulargesellschaft verstehe sich die »Kohortengesellschaft« als »Gemeinschaft-im-Ablauf-der-natürlichen-Zeit«.

Ein halbes Jahr später, zu Ostern 1963, notiert Rudi Dutschke, jenes Mitglied der *Subversiven Aktion*, das alle anderen in seiner revolutionären Entschiedenheit und seiner medialen Wirksamkeit übertreffen sollte, in sein Tagebuch: »Jesus ist auferstanden, Freude u[nd] Dankbarkeit sind die Begleiter dieses Tages; die Revolution, die entscheidende Revolution der Weltgeschichte ist geschehen, die Revolution durch die alles überwindende Liebe. Nähmen die Menschen voll die offenbarte Liebe im Für-sich-Sein an, die Wirklichkeit des Jetzt, die Logik des Wahnsinns könnte nicht mehr weiterbestehen [...] Kommunikation geschieht durch den gemeinsamen Fixpunkt der Gottheit, die Einheit der Menschheit also im gemeinsamen gewussten geahnten Wissen vom Ursprung. Das Wissen bzw. d[er] Glaube vom Ursprung lässt das Ziel offenbar werden – der Weg der Geschichte könnte der Weg der Freiheit, der Weg zur Befreiung des Menschen durch das Innewerden der Gottheit; Befreiung durch die Autorität; Freiheit in der Gebundenheit an die durch Jesus offenbarte Liebe.«[168]

Auch dies ist Ausdruck eines eschatologischen Programms, in der Berufung auf Jesus und das Christentum allerdings noch völlig ungebrochen. Die Religiosität wird hier noch als Autorität und Gebundenheit, also durch ein normativ gesetztes Ordnungsprinzip gedacht. Gleichzeitig wird das Religiöse jedoch radikal verweltlicht, das Jenseits zur Geschichte. Im »Wissen vom Ursprung« offenbart sich ihm das Ziel. Der Akt historischer Befreiung erscheint ihm als immanente Notwendigkeit seines Glaubens. In seinen Augen hat Jesus ihm den Weg gewiesen. Das eschatologische Programm ist für ihn von nun an die praktische Verwirklichung der Revolution.[169]

Religiöse Desozialisation

In der zwischen 1981 und 1984 vom Bundesinnenministerium herausgegebenen mehrbändigen Untersuchung des bundesdeutschen Terrorismus schien insbesondere die Rolle der religiösen Sozialisation besonders hervorzustechen. Mehr als zwei Drittel, genau 68 Prozent, linker Terroristen waren in einem evangelischen Milieu aufgewachsen und nur 26 Prozent in einem katholischen. Das war eine geradezu dramatische Abweichung von der durchschnittlichen Verteilung in den entsprechenden Geburtsjahrgängen, bei der sich Protestanten und Katholiken beinahe die Waage hielten. Der Soziologe Gerhard Schmidtchen sprach in diesem Zusammenhang gar von einer »religiösen Desozialisation« und gelangte zu dem Schluss: »Ein religiös inhaltsleer gewordener Protestantismus ist das formale Erziehungsgefäß für Ideologien und politische Überzeugungstäter.«[170] Dabei spielte seiner Ansicht nach die Figur eines absoluten Bewusstseins eine verhängnisvolle Rolle. Wenn sich die »Mission mit dem Wort« als unwirksam erwiesen habe, dann sei für die Betreffenden nur noch eine Alternative in Frage gekommen: »Entweder die Resignation oder die Mission mit der Waffe.« An die Stelle der »Wortmission« sei die Mission der Tat getreten.[171] Diese Konsequenz wollte Schmidtchen allerdings nicht für den Protestantismus in seiner Gänze gelten lassen, sondern auf dessen mystische Komponente im Pietismus beschränkt wissen.

Dazu fuhr er fort: »Die mystische Komponente des deutschen Protestantismus macht sich in der säkularen Erziehung durch die Betonung der Autonomie der eigenen Überzeugungen bemerkbar. Es kommt darauf an, dass man von irgendetwas überzeugt ist. Dies verleiht dem Handeln letzte Evidenz und Legitimation, nicht etwa der Bezug auf eine soziale Verantwortung, wie sie für den katholischen Gewissensbegriff typisch ist. Dieser daraus resultierende Zwang, sich in Überzeugungen bestätigen zu müssen, macht die Protestanten in ausgeprägtem Maße zu Modernisierern, zu Trendmachern.«[172]

Das Verhältnis zwischen Protestanten und Katholiken spiegelt sich auch im Gründerquartett der RAF. Sie ist von drei protestantisch und einem katholisch sozialisierten Protagonisten gegründet worden – von Gudrun Ensslin, Ulrike Meinhof und Horst Mahler sowie Andreas Baader. In diesem Quartett, in dem bis auf Baader übrigens alle anderen Stipendiaten der Studienstiftung des deutschen Volkes waren, tritt die protestantische Prägung bei den beiden Frauen, von denen eine aus einem evangelischen Pfarrhaus stammte, am deutlichsten hervor. Und die Rolle des bald dominierenden Baader unterscheidet sich auf markante Weise; sie ist weder weltanschaulich noch moralisch, sondern eher habituell geprägt.

Bekanntlich waren die führenden RAF-Mitglieder von Gudrun Ensslin mit Decknamen aus Melvilles Roman *Moby Dick* versehen worden. Eine Ausnahme machte sie bei Ulrike Meinhof. Ihr gab sie den hintersinnigen Decknamen »Therese«, benannt nach einer spanischen Ordensschwester aus dem 16. Jahrhundert, die schon bald nach ihrem Tod heiliggesprochen wurde. Therese von Avila wollte den Karmeliterorden in seiner ursprünglichen Reinheit wiederherstellen und sah sich deshalb Verfolgungen ausgesetzt. Die aus Altkastilien stammende heilige Therese wurde insbesondere von den katholischen Mystikern hoch verehrt. Sie gaben ihr wundersam anmutende Beinamen wie: »Arche der Weisheit«, »himmlische Amazone«, »Balsamgarten« sowie »Orgel und Kabinettssekretär des Heiligen Geistes«.[173] Ensslin dürfte durch die Etikettierung der mit ihr konkurrierenden Meinhof mit dem Namen einer Heiligenfigur der katholischen Kirche eine Herabwürdigung bezweckt haben. Der missionarische Eifer, mit dem diese den bewaffneten Kampf verfolgte, schien ihr verdächtig zu sein.

Beide stammten aus gläubigen Elternhäusern. Ensslins Vater war – wie bereits erwähnt – evangelischer Pfarrer, Meinhofs Großvater ebenfalls, zugleich Dekan eines Kirchenkreises. Nicht von ungefähr rückte in der Öffentlichkeit zeitweilig die Rolle von Pastorenkindern, aber auch das evangelische Pfarrhaus mit seiner seit Langem bekannten, ungewöhnlich starken kulturellen Ausstrahlung ins Zentrum.

Der Politikwissenschaftler Martin Greiffenhagen hat in seiner Studie über *Das evangelische Pfarrhaus* den Gedanken einer für den Protestantismus maßgeblichen Dialektik von Verweltlichung und Vergeistlichung ins Zentrum gerückt: »Luther hat einerseits die Welt alles heiligen Zaubers entkleidet, der sich in katholischer Religiosität und Kirchenpraxis angesammelt hatte: Die Zustände und Dinge dieser

Welt sind weder aus sich heraus heilig oder geheimnisvoll, noch müssen sie mit Weihwasser geheiligt werden. Das gilt für Saat und Ernte, für Beruf und Stand, für Ehe und Staat. Das ist die eine Seite: *Verweltlichung*. Die Kehrseite heißt *Vergeistlichung*, mit den Worten Luthers: ›Möchte darum die ganze Welt voll Gottesdienstes sein. Nicht allein in der Kirche, sondern auch im Haus, in der Küche, im Keller, in der Werkstatt, auf dem Feld, bei Bürgern und Bauern. Mit dieser Vergeistlichung der menschlichen Existenz, die in jeder Tätigkeit eine theologische Dimension eröffnet, erfährt das Leben eine Intensität, die seither das Kennzeichen protestantischer Kultur gegenüber der katholischen ist. Der evangelische Christ muß seinen Glauben leben, in jeder Stunde und mit jeder Hantierung.«[174] Das Resultat dieser Verschränkung beider Sphären war eine »Weltfrömmigkeit« (Helmuth Plessner), durch die das menschliche Tun eine ungeheure Intensivierung erfuhr. Die Transzendenz wurde seit Luther nicht mehr außerhalb der Welt gesucht, sondern in sie hineingetragen.

Das galt auch und insbesondere für die Gründergeneration der RAF. Der Schritt in den Untergrund öffnete zugleich die Pforten zu einer protestantisch akzentuierten Zeiterfahrung. Es gab keine Unterscheidung mehr zwischen politischer Praxis und Freizeit. Wenn bereits in der Studentenbewegung diese Differenzen weitgehend hinfällig geworden waren und allein die Permanenz als Garant revolutionärer Umwälzung galt, so wurde das mit der Entscheidung für den Guerillakampf in den Metropolen noch einmal gesteigert und zementiert. Es ging um Angriff und Defensive, um Verfolgung und Entziehung, letztlich um einen Kampf auf Leben oder Tod. Die Zeit in der RAF war eine durch und durch existentiell aufgeladene Zeit. Sie ähnelte in ihrer Intensität der eines Widerstandskämpfers oder eines Missionars.

Säkulares Erbe in der RAF

In der Terrorismusforschung wird im Wesentlichen zwischen drei terroristischen Typen unterschieden:

- einem ethno-nationalistischen Terrorismus wie er in Gestalt der IRA, der ETA und der PKK, zeitweilig aber auch der PLO, seine bekanntesten Formen angenommen hat;
- einem religiösen Terrorismus, der seit über zwei Jahrzehnten vom islamischen als »Islamismus« verharmlosten dominiert wird, in diesem jedoch keineswegs aufgeht, und
- einem politischen Terrorismus, der sich als sozialrevolutionär versteht und in links- wie rechtsradikale Varianten zerfällt.

Die RAF wird – obwohl die Zuschreibung »politisch« nie durchgängig akzeptiert worden ist – dem letzten Typus zugerechnet. Der Frage nach einer sakralen beziehungsweise religiösen Dimension in ihrem Handeln ist deshalb – von Verweisen auf den protestantischen Hintergrund von Ensslin und Meinhof einmal abgesehen – lange Zeit nicht nachgegangen worden. Sie schien nicht zum sich revolutionär gerierenden Erscheinungsbild einer Organisation zu passen, die sich den Anti-Imperialismus auf die Fahnen geschrieben hatte und den Staat stürzen wollte.

In einer der beiden RAF-Gründungsschriften, dem von Horst Mahler verfassten Pamphlet »Über den bewaffneten Kampf in Westeuropa«, heißt es in einem aktivistischen, zu allem entschlossenen Duktus: »Die Partisaneneinheit entsteht aus dem Nichts. Jeder kann anfangen. Er braucht auf niemanden zu warten. Einige Dutzend Kämpfer, die wirklich beginnen und nicht nur endlos diskutieren, können die politische Szene grundlegend verändern, eine Lawine auslösen.«[175] Es bedarf keiner besonders ausgereiften materiellen Bedingungen mehr, keiner weiteren Zuspitzung der Klassenkämpfe. Die Stadtguerilla wird von dem neben Ulrike Meinhof wichtigsten Ideologen der RAF-Gründergruppe als eine »creatio ex nihilo« ausgegeben, als eine Schöpfung aus dem Nichts. Das ist theoretisch jener Anti-Normativismus, wie er sich bereits bei Carl Schmitt ausmachen lässt[176] und in von Krockows Studie über Jünger, Heidegger und Schmitt als übergeordnete Gemeinsamkeit der von diesen jeweils vertretenen Dezisionismus-Varianten angesehen wird.[177]

Bei Jünger heißt es: »Nicht wofür wir kämpfen ist das Wesentliche, sondern wie wir kämpfen.«[178] Bei Schmitt: »Die Entscheidung ist, normativ gesehen, aus dem Nichts geboren.«[179] Und bei Heidegger wird die Entschlossenheit, der in *Sein und Zeit* ein eigener Abschnitt im Kapitel über »Das eigentliche Ganzseinkönnen des Daseins und die Zeitlichkeit als der ontologische Sinn der Sorge« gewidmet ist,[180] in fundamentalontologischer Manier »von jedem Inhalt, von jedem materialen Wozu«[181] abgeschnitten, die Entschlossenheit erwächst »aus dem Grunde der Nichtigkeit«. Vielleicht liegt in dieser geistig-habituellen Verwandtschaft auch einer der Gründe für Mahlers spätere, als Konversion vom Links- zum Rechtsextremismus angesehene Entwicklung.

Als sich Andreas Baader im Januar 1972 mit einem an die Deutsche Presseagentur gerichteten Brief an die Öffentlichkeit wandte, um unmissverständlich deutlich zu machen, dass die Kader der RAF trotz stark gewachsenen Fahndungsdrucks auf keinen Fall kapitulieren würden, klang das ganz so, als sei er bei Che Guevara in die Schule gegangen: »Ich denke nicht daran, mich zu stellen. Kein Typ von der RAF denkt daran, sich zu stellen. Kein Gefangener aus der RAF hat bis jetzt ausgesagt. Erfolgsmeldungen über uns können nur heißen: verhaftet oder tot. Die Stärke der Guerilla ist die Entschlossenheit eines jeden einzelnen von uns.«[182] In der Figur der Entschlossenheit ist das existentialistische Pathos des Entweder-Oder auf die Spitze getrieben. Signalisiert wurde, dass es nur noch um Kampf gehen könne, um einen Kampf auf Leben und Tod. Begriffe wie »Debatte«, »Vermittlung« und »Kompromiss« wurden diffamiert, sie waren regelrechte Schimpfworte geworden. An die Stelle der Politik war der bewaffnete Kampf getreten.

Wenige Tage vor seinem Hungertod am 9. November 1974 hat Holger Meins ebenso verzweifelt wie pathetisch einen für die RAF typischen Entweder-Oder-Dualismus auf die Spitze getrieben: »Entweder Schwein oder Mensch. Entweder überleben um jeden Preis oder Kampf bis zum Tod. Entweder Problem oder Lösung. Dazwischen gibt es nichts. [...] Kämpfend gegen die Schweine als Mensch für die Befreiung des Menschen: Revolutionär, im Kampf – bei aller Liebe zum Leben: den Tod verachtend. Das ist für mich: dem Volk dienen – RAF.«[183] Jedes einzelne Wort ein Bekenntnis, wie in Stein gemeißelt. Doch ein »Kampf« war für den Gefangenen längst nicht mehr möglich. Es blieb nur noch der Hungerstreik. Der einzige Ausweg bestand darin, den eigenen Körper zur Waffe zu machen. Das RAF-Mitglied war auf dem Wege, sich zu opfern, sich zu einem Märtyrer und damit zu einer Urfigur des Glaubens zu machen.

Der Leichnam von Meins war zum Skelett abgemagert. Er erinnerte einerseits an die in den Konzentrationslagern umgekommenen NS-Häftlinge, andererseits aber auch an die Selbstaufopferung Jesu Christi. Für die zweite Generation der RAF gewann ein im *Stern* veröffentlichtes Foto von dem im Hungerstreik zu Tode Gekommenen so etwas wie eine Initialfunktion. Bei Demonstrationen wurde es auf überdimensionalen Transparenten wie eine Monstranz herumgetragen, als sollten damit die Wund- und Todesmale eines gemarterten Guerilleros in aller Öffentlichkeit unter Beweis gestellt werden. Birgit Hogefeld, RAF-Angehörige der dritten Generation, meinte später dazu, dieser Eindruck sei für sie »eine der zentralen Weichenstellungen« gewesen, »weil dieser ausgemergelte Mensch so viel Ähnlichkeit mit KZ-Häftlingen, mit den Toten von Auschwitz« gehabt habe.[184]

Diese wenigen Beispiele müssen hier ausreichen, um etwas von der Sakralität kenntlich zu machen. Als religiös grundiert stechen in der Gründergeneration der RAF die folgenden Merkmale hervor:[185] Ihre absolut gesetzte Autonomie, ihr existentiell aufgeladener Dualismus, ihr alles beherrschender Dezisionismus – letztendlich aber ein bedingungsloser Anti-Institutionalismus. Diese ihrem Handeln zugrunde liegende Haltung stellt das Gegenteil von Politik dar: Interessenausgleich, Kommunikation und Kompromiss werden verabscheut und tendenziell als Indizien für Verrat wahrgenommen. Kompromisslosigkeit, Unbedingtheit und Entschlossenheit lauteten die wichtigsten ihrer Losungen.

Es spricht viel dafür, dass sich hinter diesen Varianten des Absoluten einstige Glaubensgewissheiten verbergen, die religiös entkernt und mit revolutionären Pathosformeln gefüttert worden sind. An die Stelle des Glaubens an Gott ist der Glaube an die Revolution getreten. Die heilige Sache ist nun eine andere geworden, ihre Form freilich die gleiche geblieben. Es ist die Form der Sakralität.

Was die Selbstermächtigung der RAF in ihrem Kern ausmachte, das hat das ehemalige RAF-Mitglied Volker Speitel 1980 in die Worte zusammengefasst: »Der Eintritt in die Gruppe, das Aufsaugen ihrer Norm und die Knarre am Gürtel entwickeln ihn dann schon, den ›neuen‹ Menschen. Er ist Herr über Leben und Tod geworden, bestimmt, was gut und böse ist, nimmt sich, was er braucht und von wem er es will; er ist Richter, Diktator und Gott in einer Person wenn auch für den Preis, dass er es nur für kurze Zeit sein kann.«[186] Richter, Diktator und Gott in einer Person! Hier kommt eine schier unbegrenzte Selbstermächtigung zur Sprache, die für die RAF von zentraler Bedeutung war.

Am Ende ein quasi-religiöses Bekenntnis

Im April 1998 hat sich die RAF offiziell für aufgelöst erklärt.[187] In einer dazu verbreiteten Erklärung listete sie 26 Namen auf, die Namen derjenigen, die im Laufe der beinahe drei Jahrzehnte andauernden Existenz ihrer Organisation als RAF-Angehörige ihr Leben verloren hatten – ohne dabei jedoch irgendein Wort über die von ihr selbst verursachten Opfer zu verlieren. Während die einen zu Märtyrern gemacht wurden, wurden die anderen nicht einmal erwähnt. Und am Ende folgt ein Ausspruch Rosa Luxemburgs, der bereits wie ein quasi-religiöses Motto über ihrem eigenen, tragisch geendeten Leben gestanden hatte: »Die Revolution sagt: ich war ich bin ich werde sein.«[188] Das Eingeständnis des organisatorischen Scheiterns wird mit einem trotzig anmutenden Verweis auf Zukünftiges verknüpft.

Rosa Luxemburg wollte mit diesem Satz auf die Niederlage ihrer eigenen revolutionären Bewegung reagieren. Nach ihrem Tod wurde diese Zeile unter Kommunisten zu einer Art Vermächtnis. Sie sollte mit dem Verweis, dass die Revolution auch weiterhin eine historische

Notwendigkeit sei, in aussichtslos erscheinenden Situationen – wie zum Beispiel der NS-Zeit – Zuversicht bieten und Trost spenden. Nun ging es um eine Form innerweltlicher Transzendentalität, Glauben war an die Stelle revolutionstheoretischer Gewissheit getreten.

4.
Vergangenheit

Zivilisationsbruch und Gesellschaftskontinuität

Wie die RAF mit einer Kontinuität brechen wollte und deshalb dem Staat den Krieg erklärte

»Aber woher weißt du, was Krieg ist, warum erschrecken dich die Fotos in der Zeitung und, wenn du mal fernsiehst, die Szenen in der Tagesschau, Bombentrichter, Erdlöcher, heulende Menschen, Flugzeuge, Projektile, Hubschrauber, Krater, Brände, Flüchtlinge, Ledernacken, Stahlhelme über gerüsteten Körpern, verdreckte Soldatenmänner. Aus jedem dieser Bilder quellen neue, schlimmere Bilder, schieben sich ineinander, übereinander, was siehst du, du siehst gefilmte, fotografierte Leichen und hast in Wirklichkeit nie Leichen gesehen, hörst die Schreie der Verwundeten und hast sie nie gehört, ein Detail genügt, schon ist die Phantasie da, hast nicht umsonst Borchert, Böll und Bender gelesen, Ton läuft, Kopfkamera läuft: Nie wieder Krieg! Du kannst kein Blut sehen, willst kein Blut sehen, willst nicht einsehen, warum Jungen in deinem Alter, warum Männer, Kinder, Frauen im Blut oder tot liegen, nur weil Offiziere einen Einsatz, Generäle eine Strategie, Präsidenten einen Krieg befohlen haben. Was geht dich das an, was bildest du dir da ein? In Wirklichkeit fühlst du die Wunden, die Schreie auf der anderen Seite des Erdballs nicht. Warum bildest du dir das ein, warum Gefühle für Vietnam, aber viel weniger bei den anderen Kriegen? Weil du gegen die USA bist? Nein, weil jeden Morgen die Zeitung eine Reaktion von dir verlangt: Hinnehmen oder Aufregen, Abstumpfen oder Wachwerden. Weil es Gut und Böse gibt, weil es einfach ist, diesen Krieg abzulehnen. Weil alle vernünftigen Leute dagegen sind, nicht nur in den USA, Schriftsteller von Böll bis Kästner, Bachmann, Johnson, Enzensberger, sie alle haben […] eine Erklärung unterschrieben zusammen mit über hundert Wissenschaftlern. Nein, nicht die Vernunft allein. Der Krieg steckt dir in den Knochen, jeder Krieg. […] im Krieg geboren, Sirenentöne in den Ohren der Babys, krachende Tiefflieger über den Köpfen, fiebernde Flucht und die Angstgesichter der Mütter, und bei den ersten Schritten Hänschen klein in die weite Welt hinein lauter einbeinige, einarmige, kopfverletzte Riesen auf den Straßen. Was für ein Krieg, der zweieinhalb Jahre nach seinem Ende einen unbekannten Soldaten ins Haus schickt? Ein fremder Mann wird, am Abend vor Weihnachten, zum Vater erklärt, der glücklich neben der glücklichen Mutter steht wie aus dem Boden gewachsen oder vom Himmel gefallen und den Fünfjährigen in die Ecke des Schlafzimmers verbannt. Was für ein Krieg, der auf einen Schlag, zum Weihnachtsfest, die Vatersprache beschert, auf die nur Stottern und Schweigen als Antwort passen. Was für ein Krieg, über den man noch dankbar sein muss, weil es dem Vater besser ergangen ist als dessen Vater, der gleich in den ersten Tagen des Ersten Weltkriegs den Fangschuss erhielt. Und der Krieg im Nachkrieg, als die Erwachsenen die Vergangenheit hinunterwürgten, allen voran der Großvater, der schon an seinem zweiten Krieg schluckte, als er vier Jahre lang Schiffe versenkt hatte mit den Geschützen von Zerstörern und Torpedos vom U-Boot und überlebt und als Prüfung erduldet und nichts erzählt von Zittern und Stoßgebeten und ersaufenden Feinden im Fernglas. Alle würgten daran und sprachen nicht darüber und schafften die Trümmer wie die Erinnerungen weg. Nur im Wohnzimmer die Gefallenen, denen die Uniformen des Todes und die Hakenkreuze geblieben waren, machten Vorwürfe, stellten Fragen aus ihren Fotografiergesichtern, schauten in eine unverständliche Gegenwart, gönnten den Lebenden den Frieden und die Butter auf dem Brot nicht und schienen es ihren Brüdern, Vätern und Söhnen übelzunehmen, dass sie die Uniformen ausgezogen hatten und den Krieg nur noch wie ein Krebsgeschwür in sich trugen. Ein Krieg, der fünfzehn Jahre brauchte, um den Vater zu zerstören, der ihm die Leber zersetzte, die Gesichtshaut lila und gelb färbte, grelle Farben vor weißen Krankenhauskissen, und ihm das Lächeln gefrieren ließ unter dem Schmerz. Das ist der Krieg, der in dir steckt. Hast den Krieg verloren. Zu Recht.

Willst ihn auch nicht gewinnen. Steckst immer noch drin, mitten im Nachkrieg.«

Auszug aus einem Selbstgespräch, das in einem autobiographisch orientierten Roman die Hauptfigur, der Student Martin, im Zusammenhang mit einer Eierwurfattacke auf das Berliner Amerikahaus im Februar 1966 mit sich führt: Friedrich Cristian Delius, Amerikahaus und der Tanz um die Frauen, Reinbek 1999, S. 52–55.

Die Denkfigur einer Dialektik von Kontinuität und Bruch ist – man denke nur etwa an die gleichnamige Publikation Rossana Rossandas aus dem Jahr 1971[1] – seit über 30 Jahren ein Gemeinplatz in Soziologie und Zeitgeschichte ebenso wie in der Kulturkritik.

Der Begriff des Zivilisationsbruchs ist hingegen etwas jüngeren Datums. Er ist 1988 von dem Historiker Dan Diner im Zusammenhang mit dem damaligen Historikerstreit eingeführt worden und hat seitdem – polemisch formuliert – in seiner ganzen Ambivalenz »Karriere« gemacht. In der Einleitung zu einem Sammelband, der den Terminus auch im Titel anführt,[2] hatte Diner jedoch keine eigene Theorie expliziert, sondern lediglich in einem wenige Seiten umfassenden Gedankengang skizziert, unter welchen Voraussetzungen Auschwitz thematisiert werden könnte. Das hat gewiss mit dazu beigetragen, dass der Begriff rasch eine eher emblematische Rolle spielen und sich eine Rhetorik der bloßen Rede über den Zivilisationsbruch etablieren konnte.

Angesichts der Gefahr einer derartigen Aushöhlung sei es an dieser Stelle erlaubt, Diners ursprüngliche Intention noch einmal in Erinnerung zu rufen. Ihm ging es bei der Einführung des Begriffs »Zivilisationsbruch« im Wesentlichen um die folgenden Punkte:

- die Vernichtung der europäischen Juden jeglicher funktionalen Teleologie zu entkleiden und sie in der Tradition Hannah Arendts als Vernichtung um der Vernichtung willen zu begreifen;
- den Vernichtungsprozess aus der Perspektive der unmittelbaren Opfer zu rekonstruieren;

- in der Darstellung des Geschehenen immer auch die Grenzen des Nicht-Darstellbaren zu markieren und
- Auschwitz als kognitive Referenz einer abstrakten Tat zu verstehen, anstatt es als abbildrealistisches Ereignis zu bewerten, das vermeintlich für sich selbst sprechen könnte.

Einen besonderen Stellenwert nahm dabei sein Bemühen ein, aus der Opferperspektive einen Begriff von Gegenrationalität zu formulieren, mit dem Auschwitz als Zivilisationsbruch charakterisiert werden könne. Keinem Geringeren als Franz Neumann, der mit seinem bereits 1941 erschienenen *Behemoth* eine der bedeutsamsten Analysen des NS-Staates vorgelegt hat, warf Diner vor, er habe sich geweigert, die »Handlungsfalle« wahrzunehmen, in die die jüdischen Opfer angesichts ihrer bevorstehenden Vernichtung geraten seien. Durch deren Versuch, den vermeintlich materiellen Interessen der Nazis zu entsprechen, um so ihr Überleben zu sichern, seien sie schließlich zu Agenten ihrer eigenen Vernichtung geworden.

Mit diesen Überlegungen insistierte Diner darauf, dass der »Zivilisationsbruch Auschwitz« auch methodische Konsequenzen für die historische Interpretation und Darstellung nach sich ziehen müsse. Seine Forderung lautete, die »kognitiv nicht integrierbare gegenrationale Handlungslogik der Nazis« ins Zentrum methodologischer Neuüberlegungen zu stellen.

Das mache zwar die historiographischen Anstrengungen, den Vernichtungszusammenhang zu rekonstruieren, in keiner Weise überflüssig, reklamiere jedoch von vornherein ein Bewusstsein der Grenzen der abstrakten Tat, die im Kern selbst von Erklärung frei bleiben müsse. An anderer Stelle versuchte er diesen Punkt mit der Metapher der *black box* zu charakterisieren.[3] Funktionalistische und strukturalistische Historiker wähnten sich zwar in dem Glauben, diese Dunkelkammer ausleuchten zu können, müssten dabei jedoch zwangsläufig die Diskrepanz zwischen intentionalen Anteilen und nicht-intendierten Folgen der Vernichtungstat aus den Augen verlieren.

Mir scheint, dass Diner sich mit diesen Überlegungen auf einen Scheitelpunkt in der methodischen Selbstreflexion der Holocaust-Historiographie begeben hat, die sich als kontraproduktiv erweisen könnte. Sein dezidiertes Interesse, die Singularität von Auschwitz vor Ritualisierung, Sakralisierung und Theologisierung durch ein säkularen Traditionen verpflichtetes Bewusstsein zu bewahren, könnte hier in sein Gegenteil umschlagen. Indem er unter Reklamierung der Opferperspektive ein theoretisch begründetes Erkenntnistabu zu verhängen versucht, läuft er Gefahr, aus einer bestimmten Einsicht heraus selbst wiederum Schlussfolgerungen zu ziehen, denen die Gefahr einer nachträglichen Mystifizierung innewohnt.

Aus der Erkenntnis absoluter Negativität lässt sich jedoch kein säkulares Gebot formulieren, an einem bestimmten Punkt der historiographischen Rekonstruktionsbemühungen abzubrechen. Jeder Versuch, die Unbegreifbarkeit von Auschwitz festzuschreiben und sie normativ zu fixieren, tendiert zu einer negativen Ontologisierung des Holocaust. Nur solange von der Möglichkeit einer Deutung – und sei sie noch so unwahrscheinlich – ausgegangen wird, entgeht die Historik ihrer eigenen Negation, in ein außergeschichtliches factum brutum umzuschlagen und die Form eines gesellschaftlich nicht mehr tangierbaren Seienden anzunehmen. Geschichtsforschung bedarf eines offenen Horizonts, wenn sie sich nicht zur Geißel ihrer einmal fixierten, aber selbst historisch grundierten Einsichten machen will.

Da der Begriff »Zivilisationsbruch« Synonym eines Menschheitsverbrechens und damit für das reserviert ist, was mit Auschwitz nur benannt, aber nicht begriffen werden kann, lässt sich mit ihm auch nur begrenzt operieren. Die größten Makroverbrechen des letzten Jahrhunderts sind bekanntlich von drei Regimen begangen worden, dem Stalinismus, dem Maoismus und dem Nationalsozialismus. Wenn also von einem Zivilisationsbruch die Rede ist, dann kann nicht das Phänomen von totalitären Staaten begangener Makroverbrechen im Allgemeinen gemeint sein, sondern das Spezifikum des vom Nationalsozialismus an den europäischen Juden verübten Völkermords – der Holocaust.

Angesichts der Einzigartigkeit, die diesem Zivilisationsbruch zu eigen ist, wird die Frage nahegelegt, wie es eigentlich möglich sein konnte, aus einer Gesellschaft heraus, die das NS-Regime getragen hat, Kräfte zu entwickeln, die nach einer Übergangszeit der Besatzungsherrschaft Schritt für Schritt in der Lage waren, einen Rechtsstaat zu begründen, eine Demokratie zu entwickeln und zivilgesellschaftlichen Normen zur Durchsetzung zu verhelfen. Wenn es jedoch zunächst um den Einbruch des Terrorismus in die bundesdeutsche Nachkriegsdemokratie gehen soll, ist eine eher umgekehrte Richtung der Fragestellung maßgeblich:

Wie konnte es dazu kommen, so ist zu fragen, dass zivilgesellschaftliche Normen und Werte gerade von jenen gebrochen, überschritten und verworfen worden sind, die im Brustton moralischer Überzeugungen glaubten, die viel beschworenen Lehren aus der deutschen Vergangenheit bereits gezogen zu haben?

Diese Frage lässt sich jedoch nur angemessen in dem Bewusstsein erörtern, dass Terrorismus weder mit dem Totalitarismus im Allgemeinen noch mit dem Zivilisationsbruch im Besonderen verwechselt werden darf. Terroristisches Handeln mag von seiner Handlungslogik im Ansatz als totalitär und normativ als antizivilisatorisch charakterisiert werden können, wie das etwa Norbert Elias getan hat, es kann jedoch nicht unter den von Diner eingeführten Terminus »Zivilisationsbruch«, mit der Figur der Gegenrationalität in ihrem Zentrum, subsumiert werden.

Die terroristischen Aktionen der *Roten Armee Fraktion* (1970–1998) waren vermutlich die größte innenpolitische Herausforderung in der Geschichte der alten Bundesrepublik. Mit ihnen wurde dem Rechtsstaat und seinen Eliten nichts weniger als der Krieg erklärt. Mit der Begründung, die personellen Kontinuitäten des NS-Regimes kappen und die amerikanische Kriegsführung in Vietnam sabotieren zu wollen, wurde ein Vierteljahrhundert nach Kriegsende in der Bundesrepublik plötzlich der Krieg wieder auf die Tagesordnung gesetzt. Mit einem Mal stand genau das, was die Verfassungsväter und -mütter mit der Gründung eines Rechtsstaates und der Abkehr von allen

Totalitarismen unbedingt hatten verhindern wollen, im Zentrum der Auseinandersetzung – eine selbst ernannte Partisanengruppe führte gegen die parlamentarische Demokratie Krieg und ging sogar dazu über, prominente Vertreter von Staat und Politik, Justiz, Finanz- und Industriekapital zu entführen und zu ermorden.

Die Entstehung der RAF wäre gewiss ohne die NS-Zeit als einem Resonanzboden undenkbar gewesen. In ihrer Ideologie spiegeln sich gerade dort, wo ein emphatisches Bekenntnis zur Dritten Welt und deren Befreiungsbewegungen geliefert wird, abstrakte Negationen gegenüber der nationalsozialistischen Vergangenheit. Die Vorbehalte gegenüber der Nachkriegsdemokratie aktualisierten sich unter den Rahmenbedingungen einer Großen Koalition, einer Verfassungsänderung zur Einführung von Notstandsgesetzen und des Vietnamkrieges, genauer der Verweigerung der politischen Klasse, sich kritisch gegenüber den von der ehemaligen Besatzungsmacht USA über Jahre hinweg begangenen Kriegsverbrechen zu äußern. Die Verknüpfung zwischen NS-Vergangenheit und Vietnamkrieg führte zunächst in einem ersten Schritt im Rahmen einer Protestbewegung zu einer normativen Infragestellung der parlamentarischen Demokratie und schließlich in einem zweiten zur Gründung bewaffneter Gruppen, die sich die Bekämpfung des Staates, insbesondere seiner Funktionseliten, zum Ziel gesetzt hatten.

Die RAF hat keine besonders großen Anstrengungen unternommen, um ihre terroristischen Aktivitäten zu begründen. Ihre Taten sollten möglichst für sich sprechen. Alles Theoretische, geschweige denn Intellektuelle, war ihr fremd. Sich zu rechtfertigen, wurde im Grunde als Beleidigung angesehen. Die politischen Verhältnisse schienen ihr mehr oder weniger selbstevident zu sein. Das hatte schon mit der Warenhausbrandstiftung im April 1968 in Frankfurt begonnen. Beim Prozess ein halbes Jahr später unternahmen die Angeklagten alles, um das Gericht lächerlich zu machen, jedoch kaum etwas, um ihren Gewaltakt zu legitimieren.

Von Daniel Cohn-Bendit stammt die ein Jahrzehnt später aufgestellte Behauptung, dass es den Terrorismus der RAF ohne den

Vietnamkrieg nicht gegeben hätte. Zweifelsohne war das, was sich zwischen 1965 und 1975 in Südostasien abspielte und die Glaubwürdigkeit der sogenannten freien Welt massiv in Frage stellte, der Katalysator für das, was von der RAF als bewaffneter Kampf zu heroisieren versucht wurde. Der Vietnamkrieg war aber gewiss nicht der alleinige und vermutlich nicht einmal der ausschlaggebende Grund für den Terrorismus der RAF. Er war eher eine außerordentlich günstige Gelegenheit, um sich eine Negativfolie zu schaffen, von der aus gewaltsame Übergriffe und Anschläge auf amerikanische Militäreinrichtungen, Soldaten und Offiziere als legitim erschienen. Der Vietnamkrieg der USA ermöglichte es der RAF, ihren eigenen Krieg, den gegen die einstige Besatzungsmacht und den mit ihrer Hilfe ins Leben gerufenen Nachkriegsstaat, zu eröffnen.

Wenn es eines Beweises bedurft hätte, dass es am Vietnamkrieg allein nicht gelegen haben kann, dann hat die RAF diesen seinerzeit selbst beigebracht. Denn sie hat auch nach 1975 – Richard Nixon war zurückgetreten, die letzten amerikanischen Verbände hatten Südvietnam fluchtartig verlassen und Saigon war in Ho-Chi-Minh-Stadt umbenannt worden – die Angriffe auf US-Militärs unvermindert fortgesetzt. Ziele waren etwa 1979 der NATO-Oberbefehlshaber General Alexander Haig, 1981 der Oberkommandierende der US-Armee General Frederick Kroesen und 1985 der GI Edward Pimental, den man allein deshalb ermordete, um sich in den Besitz seiner ID-Card zu bringen, um mit deren Hilfe auf ein US-Militärgelände zu gelangen und dort einen Bombenanschlag zu verüben.

Für die RAF war der sogenannte US-Imperialismus der Gegner schlechthin. Und das wiederum war durchaus anschlussfähig an die antiamerikanische Einstellung und Mentalität vieler Deutscher, die vor 1945 sozialisiert worden waren.

Vor über fünf Jahrzehnten endete ein Zeitschriftenartikel mit einer pathetisch formulierten Anklage gegen den Krieg: »In Dresden ist der Anti-Hitler-Krieg zu dem entartet, was man zu bekämpfen vorgab und wohl auch bekämpft hatte: Zu Barbarei und Unmenschlichkeit, für die es keine Rechtfertigung gibt. Wenn es eines Beweises bedürfte, dass es den gerechten Krieg nicht gibt – Dresden wäre der Beweis. Wenn es eines Beweises bedürfte, dass der Verteidigungsfall zwangsläufig zu Aggression entartet – Dresden wäre der Beweis. Wenn es eines Beweises bedürfte, dass die Völker von den kriegführenden Regierungen selbst missbraucht werden, selbst degradiert werden zu Vorwand und Opfer der angewandten Barbarei – Dresden wäre der Beweis. Dass an der Bahre Sir Winston Churchills das Stichwort Dresden nicht gefallen ist, legt den Verdacht nahe, Dresden sollte immer noch dem Volk angelastet werden, das doch selbst betrogen worden ist. Es ist der gleiche Takt, den die Bundesregierung praktiziert, wenn sie die Verjährungsfrist für in der NS-Zeit begangenen Mord nicht aufhebt. Wer die Täter nicht denunziert, denunziert aber die Völker.«[4]

Diese Zeilen sind 1965 zum 20. Jahrestag der Bombardierung Dresdens in der Zeitschrift *konkret* erschienen. Autorin war Ulrike Meinhof, damals Kolumnistin der zehn Jahre zuvor vom Zentralrat der FDJ in Ost-Berlin gegründeten, seit 1964 jedoch nicht mehr von der SED finanzierten Zeitschrift. Zur Begründung bezog sie sich einerseits implizit auf die in der DDR aus vergangenheits- wie aus gegenwartspolitischen Gründen übliche Argumentation, dass die »Angloamerikaner« die Schuld an dem verheerenden Angriff auf Dresden hätten,[5] andererseits berief sie sich aber explizit auf eine Publikation des revisionistischen Historikers und späteren Holocaust-Leugners David Irving – dessen Buch *Der Untergang Dresdens.*[6]

Ulrike Meinhof stellte in moralischer Hinsicht unbestreitbar so etwas wie das symbolische Kapital der RAF dar. Ohne ihre führende Rolle wäre der RAF seitens vieler Linker wohl kaum ein derartiger Glaubwürdigkeitsvorschuss eingeräumt worden. Weder Horst Mahler noch Gudrun Ensslin, geschweige denn Andreas Baader, hätten unter potentiellen Anhängern eine solche Resonanz erzielen können. Ulrike Meinhof war innerhalb des Quartetts der führenden Gründerfiguren die Einzige, die für eine zwingend erscheinende Verbindung zwischen Gewalt-Politik und Moralität stand. Das Pathos, das sie ein Jahrzehnt lang in ihren *konkret*-Kolumnen verbreitet hatte, stellte in den ersten Jahren so etwas wie die Legitimationsquelle dar, aus dem die Gruppe bei ihren Aktionen schöpfen konnte.

Mit keinem anderen ihrer Mitglieder ist aber auch in einem solch exzeptionellen Maße eine Besetzung des Topos Auschwitz verbunden. Das gesamte Denken und Handeln Ulrike Meinhofs ist ohne Auschwitz, ohne die Judenvernichtung der Nazis, kaum vorstellbar. Darin lag, so glaubte man jedenfalls sicher sein zu können, die Wurzel ihrer Radikalität. Politik schien sich letztlich an ihrem Verhältnis zum Holocaust zu bemessen. Ihr in der Strafanstalt Köln-Ossendorf formulierter Satz, dass ihre »Auschwitzphantasien [...] realistisch« seien, ist vermutlich die am häufigsten von ihr zitierte Äußerung. »der politische begriff für den toten trakt, köln, sage ich ganz klar ist das gas.«[7] Einerseits scheint diese Angstvision aus einer eminenten Not heraus, der Erfahrung des toten Traktes, geboren worden zu sein, andererseits jedoch war sie als Parallelkonstruktion, in dem sie sich mit den Opfern der KZ- und Vernichtungslager gleichsetzt, völlig unentschuldbar.

In ihren Phantasien wird die Auschwitz-Imagination bis in ihren Kernbereich, den der Vernichtung von Häftlingen durch Gas in den Krematorien, hinein produziert. Diese Anknüpfung signalisiert zweierlei: zum einen, dass die Haftbedingungen in der Bundesrepublik mit denen der NS-Vernichtungspraxis nicht nur zu vergleichen, sondern letztlich identisch seien, zum anderen, dass es sich bei den Gefangenen der RAF um Häftlinge handle, die mit denen eines nationalsozialistischen Vernichtungslagers auf ein und dieselbe Stufe gestellt werden könnten. In dieser Viktimologie phantasiert sie sich in das eliminatorische Zentrum der Judenvernichtung hinein.

Als Ulrike Meinhof im Dezember 1972 im zweiten Mahler-Prozess als Zeugin der Verteidigung vor Gericht auftrat und auf die Frage nach ihrem Beruf mit der beleidigt anmutenden Feststellung »Ich bin Antifaschistin« reagierte, äußerte sie sich umfassender als je zuvor oder danach über Judenvernichtung und Antisemitismus: »Auschwitz heißt, dass sechs Millionen Juden ermordet und auf die Müllkippen Europas gekarrt wurden als das, was man sie ausgab – als Geldjuden.«[8]

Und weiter: »Der Antisemitismus war seinem Wesen nach antikapitalistisch. Mit der Vernichtung von sechs Millionen Juden wurde die Sehnsucht der Deutschen nach Freiheit von Geld und Ausbeutung selbst mit ermordet!«[9] Finanzkapital und Banken seien »der harte Kern des Systems« von Imperialismus und Kapitalismus. Sie hätten den Hass der einfachen Menschen auf Ausbeutung und Geld von sich ab- und auf die Juden hingelenkt. Diesen Zusammenhang nicht deutlich gemacht zu haben, darin bestehe das Versagen der Linken.

Ulrike Meinhof scheute sich hier nicht, Elemente des Nazi-Jargons zu verwenden, um ihren Gedanken Ausdruck zu verleihen. In Sprache und Denken machte sie sich selbst antisemitische Formulierungen zu eigen. Die Juden seien als »Geldjuden« ermordet worden, der Antisemitismus sei antikapitalistisch und die Judenvernichtung sei identisch mit der »Ermordung« der Freiheitssehnsucht der Deutschen gewesen. Die Absicht ist hier bereits klar: die Deutschen als nationales Kollektiv für unschuldig zu erklären; verantwortlich für Judenverfolgung und -vernichtung war angeblich das Finanzkapital; Hitler und die Nazis als politische Akteure wurden nicht einmal mehr erwähnt. So also sah das Bild der bekennenden Antifaschistin vom Holocaust aus.

Danach ging es in ihrer Rede vor Gericht um das Attentat auf die israelische Olympia-Mannschaft in München, eine Aktion der palästinensischen Terror-Organisation *Schwarzer September*, die sie zuvor bereits in einer Erklärung als vorbildhaften Antiimperialismus gefeiert hatte. »Ohne dass wir das deutsche Volk vom Faschismus freisprechen – denn die Leute haben ja wirklich nicht gewusst, was in den Konzentrationslagern vor sich ging – können wir es nicht für unseren revolutionären Kampf mobilisieren.«[10] Die Exkulpierung des deutschen Volkes war für sie also die Voraussetzung für die Überwindung der politischen Isolation, in die die RAF geraten war. Da die Linke nicht in der Lage gewesen sei, dies zu vermitteln, habe sie auch keine Resonanz bei der älteren Generation finden können. Das müsse die RAF nun aber schleunigst nachholen.

Spätestens hier schloss sich der Kreis. So wie bereits 1965 in ihrem *konkret*-Artikel, so ging es ihr nun auch als RAF-Chefpropagandistin wiederum um die Unschuld des deutschen Volkes. Der Gedanke, dass das NS-Regime auf einer Massenloyalität aufbauen konnte und erhebliche Teile des deutschen Volkes selbst schuldhaft in die NS-Verbrechen verstrickt gewesen sein könnten, scheint ihr jedenfalls völlig fremd gewesen zu sein. Wenn also die RAF »das deutsche Volk vom Faschismus freisprechen« wollte, dann hat sie mit ihrem bewaffneten Kampf ganz offensichtlich auch ein Kontinuitätsbegehren verfolgt: das deutsche Volk von den NS-Verbrechen grundsätzlich zu entlasten und es als politischen Adressaten ihrer bewaffneten Aktionen, als den sogenannten interessierten Dritten, zu restituieren.

Die RAF war sich durchaus des Umstands bewusst, dass sie nicht einfach einen Aufstand unter der Bevölkerung würde auslösen können. Gleichwohl versuchte sie ihre politische Isolation mit Hilfe von Umfrageergebnissen zu kaschieren, denen zufolge Jugendliche bereit waren, einen von ihnen auf der Flucht zu verstecken.

Durch ihre mörderischen Aktionen hat sie ihre Isolation jedoch immer weiter verstärkt. Ihr eigentlicher Adressat – das Volk – reagierte mit Angst und Schrecken, nicht nur mit Unverständnis. Als Rechtfertigungsmuster für ihre Entführungs- und Mordaktionen hat sich die RAF eines marxistischen Vokabulars bedient und ihre Zielscheiben als »Charaktermasken« denunziert. Damit glaubten sie ausgewählte Vertreter verschiedener Funktionseliten auf ihre vermeintlichen Rollen als Agenten des Systems reduzieren zu können. Iring Fetscher hat jedoch bereits damals darauf hingewiesen, dass der Marxsche Begriff der Charaktermaske die »Personifikation einer ökonomischen Kategorie« meint, mit der man nicht einfach einen Einzelnen für seine sozioökonomischen Verhältnisse insgesamt verantwortlich machen könne.[11] Das Ergebnis war die Entpersonalisierung von Männern wie etwa Siegfried Buback, Jürgen Ponto und Hanns Martin Schleyer. Was das bedeutete, hatte Meinhof bereits wenige Tage nach Gründung der RAF im Juni 1970 in einem Interview ganz unmissverständlich klargestellt: Der »Bulle« sei ein »Schwein« und deshalb dürfe auf ihn »natürlich geschossen« werden.[12]

Die Bewegung der radikalen Linken und ein Teil der linken Intelligenz reagierte zunächst mit Sympathie auf die Kriegserklärung gegenüber dem bundesdeutschen Staat. Obwohl ihre Beziehung zur RAF alles andere als eindeutig, eher in vieler Hinsicht ambivalent war, so kam in ihr doch eine starke Affinität zum Vorschein. Es dauerte mehrere Jahre, bis einzelne Taten der RAF eine zunehmende Irritation und schließlich auch Prozesse der Distanzierung auslösten.

Den Scheitelpunkt der gesamten Entwicklung stellte in diesem Zusammenhang zweifelsohne die Entführung des Arbeitgeberpräsidenten Hanns Martin Schleyer im Herbst 1977 dar. Im Vorgehen der RAF wurde eine schrittweise Aufkündigung der vermeintlichen moralischen Grundlagen des bewaffneten Kampfes gesehen. Es waren drei Stationen, an denen die Erosionen unter den RAF-Sympathisanten ihren Ausgang nahmen:

Erstens weil das RAF-Kommando zur Voraussetzung der Entführung Schleyers erst einmal dessen Chauffeur und Leibwächter kaltblütig erschossen;

zweitens weil die mit der RAF kooperierenden Palästinenser ein Flugzeug mit bundesdeutschen Mallorca-Urlaubern in ihre Gewalt brachten, den Flugkapitän erschossen und den Passagieren mit ihrer Ermordung drohten;

drittens weil sie nach der Geiselbefreiung von Mogadischu den als Austauschfigur für sie »wertlos« gewordenen Hanns Martin Schleyer aus Rachsucht umbrachten.

Diese drei Terrorakte haben die Legitimationsdefizite, die bereits mit der Ermordung von Generalbundesanwalt Siegfried Buback und des Bankiers Jürgen Ponto im Raume standen, mit einem Schlag potenziert. Trotz aller Legendenbildungen um den Tod der drei Stammheimer Gefangenen haben sie dazu geführt, dass die über Jahre hinweg anhaltende gespenstische Affinität gegenüber der RAF zu erheblichen Teilen in sich zusammenbrach. Der kalkulierte politische Mord passte nicht zum Weltbild einer radikalen Linken, die einerseits zwar auf die Gewaltfrage wie auf keine andere fixiert war, andererseits jedoch an einem Selbstverständnis klebte, für das das Postulat der Gegengewalt entscheidend war. So sehr sie sich auch über Jahre hinweg in Solidaritätsbekundungen für inhaftierte RAF-Mitglieder ergangen hatte, so wenig war sie nun bereit, sich weiter vor den terroristischen Karren spannen zu lassen. Auch wenn die RAF noch zwei Jahrzehnte fortexistierte, so hatte sie mit dem sogenannten Deutschen Herbst ihren Höhepunkt zweifelsohne überschritten.

Das hier skizzierte Bild einer vergangenheitspolitischen Exkulpierung des deutschen Volkes wirft die Frage nach der Möglichkeit einer transgenerationellen Weitergabe von Einstellungen und Werten auf, die unterhalb der ideologischen Begründungsformationen lagen. Auch wenn es dazu einer eingehenderen Analyse bedürfte, die hier nicht durchgeführt werden kann, so lässt sich doch jetzt schon festhalten:

Unter der Oberfläche des antifaschistischen Glaubensbekenntnisses traten einzelne Kontinuitätsmuster hervor, in denen Reste nationalsozialistischer Überzeugungen offenbar ungebrochen Urständ feiern konnten.

Zu einem ganz ähnlichen Ergebnis ist der britische Historiker Tony Judt gekommen. In seinem Buch über die Geschichte Europas nach 1945 schrieb er über die RAF: »Die ausgesprochen nationalistische Färbung des Terrorismus von ganz links brachte eine verborgene Saite zum Klingen: Sie äußerte sich in seiner Ausrichtung auf die Feindbilder der amerikanischen Besatzer, der multinationalen Konzerne und des ›internationalen‹ Kapitalismus, wie auch in seiner Behauptung, die *Deutschen* seien jetzt die Opfer von Manipulation und fremden Interessen.«[13] Wie gering jedoch hierzulande die Bereitschaft ist, eine derartige Hypothese aufzunehmen, hat die Historikerin Ute Frevert demonstriert. In einer der ersten Besprechungen von Judts Buch schrieb sie in der *NZZ*, dass dessen »eigenwillige Interpretation der RAF und ihrer intellektuellen Sympathisanten als stramme Nationalisten« doch sehr zur Verwunderung Anlass gebe.[14]

Von den vier Gründern der RAF lebt bekanntlich nur noch einer: der ehemalige APO-Anwalt Horst Mahler. Vielleicht verrät gerade das, worüber sich seine ehemaligen Weggefährten am meisten wundern, dass er heute als bekennender Nationalsozialist, Auschwitz-Leugner und Antisemit auftritt und die NPD – der er zum Vorwurf macht, sich zu sehr auf den Parlamentarismus zu fixieren und deshalb für die Errichtung eines »Vierten Reiches« nicht fähig zu sein – längst rechts überholt hat, ein Moment an Wahrheit, das bereits in der RAF angelegt gewesen ist.

Die antisemitische Selektion eines bundesdeutschen Terroristen

Wilfried Böses Weg von Bamberg nach Frankfurt und von Frankfurt nach Entebbe

Wenn in den letzten Jahrzehnten von einem linken Antisemitismus der jüngeren Zeit die Rede war, dann fielen regelmäßig zwei Namen, von denen der eine in Bamberg geboren und der andere in Bamberg aufgewachsen ist.

Es handelt sich mit Dieter Kunzelmann, 1939 als Sohn eines Sparkassendirektors geboren, um eine Schlüsselfigur der 68er-Bewegung. Er war der Kopf der berühmt-berüchtigten und auch im Nachhinein in den Medien prominent gebliebenen *Kommune I* und der Begründer der ersten terroristischen Organisation, der *Tupamaros Westberlin.*

Und es handelt sich mit Wilfried Böse um einen zehn Jahre später als Sohn eines Siemens-Ingenieurs in Bad Cannstatt geborenen, aber bereits kurz danach mit seiner Familie nach Bamberg umgezogenen Studenten, der als der mutmaßliche Begründer der nach der RAF und der *Bewegung 2. Juni* dritten, aus der Studentenbewegung entstandenen terroristischen Organisation gilt, der *Revolutionären Zellen*, kurz »RZ« genannt.

Der Erstgenannte gilt als der Drahtzieher des am 9. November 1969 versuchten Bombenanschlags auf das jüdische Gemeindehaus in Berlin-Charlottenburg.[15] Das war ein Tabubruch gleich in doppelter Hinsicht. Zum einen weil er sich gegen Holocaust-Überlebende und rund 250 Teilnehmer einer Gedenkfeier richtete. Zum anderen weil er die Erinnerung an die sogenannte Reichskristallnacht, mit der die Vernichtung der europäischen Juden durch ein Pogrom, dem bereits Hunderte zum Opfer fielen, ihren Auftakt fand, in ihr Gegenteil verkehrte und mittels eines Flugblatts explizit zur Fortsetzung des antijüdischen Kampfes aufforderte.

Und der Zweitgenannte war der Kommandochef jener spektakulären Entführung einer Air France-Maschine, die im Sommer 1976 ins ugandische Entebbe führte und in eine Selektion der jüdischen beziehungsweise israelischen Geiseln mündete, von der hier noch genauer die Rede sein wird.

Franken als Hochburg des Antisemitismus

Antijudaismus und Antisemitismus sind gewiss keine fränkische Besonderheit gewesen. Doch in Franken reicht ihre unselige Tradition viele Jahrhunderte zurück. So wurde etwa zum Ende des Mittelalters hin, genauer im Jahr 1298, in der kleinen, in der Nähe von Würzburg gelegenen unterfränkischen Stadt Röttingen ein regelrechtes Massaker an den jüdischen Mitbewohnern verübt, das auf andere Gemeinden übergriff und insgesamt zwischen 4000 und 5000 Opfer gefordert haben soll. Es war durch eine angebliche Hostienschändung ausgelöst worden und ging als »Rintfleisch-Pogrom« in die Annalen ein, benannt nach dem aus dem Adel stammenden Anführer, der sich als besonders aggressiver »Judenschläger« hervorgetan hatte.[16]

In der NS-Zeit war Franken bekanntlich eine Hochburg des Nationalsozialismus.[17] Insbesondere Ober- und Mittelfranken galten als »der braunste Fleck« des Dritten Reiches. Bereits 1922 hatte der Antisemit Julius Streicher, der das berüchtigte Hetzblatt *Stürmer* herausgab, in Nürnberg die erste Ortsgruppe der NSDAP gegründet und in Coburg verfügte die spätere Staatspartei der Nazis schon 1924 mit beinahe 53 Prozent der Wählerschaft über eine deutliche Mehrheit. Wegen des Marsches auf die Feldherrenhalle 1923 galt München zwar aus NS-Perspektive als die »Hauptstadt der Bewegung«, Nürnberg aber seit 1927 als die »Stadt der Reichsparteitage«. Und selbst mittlere oder kleinere fränkische Städte hatten in der NS-Zeit eine besondere Bedeutung. So galt etwa das mittelalterliche Rothenburg ob der Tauber als »Kdf-Stadt«, benannt nach der staatlichen Freizeit- und Reiseorganisation *Kraft durch Freude*, und Bamberg als »BDM-Stadt«, also als Stadt des *Bundes Deutscher Mädel*, dem weiblichen Zweig der auf den »Führer« eingeschworenen *Hitler-Jugend*. Dort hatte 1936 das erste »Reichstreffen« des BDM stattgefunden.

Nicht ohne Grund veranstaltete die 1964 gegründete rechtsextreme NPD zwei ihrer Bundesparteitage in Bamberg. Ganz offensichtlich wollte sie damit zumindest implizit wieder an bestimmte »Traditionen« anknüpfen. Als dort im Juni 1965 der jüdische Friedhof der Stadt geschändet wurde, sorgte das bundesweit für Aufregung. Als eine besondere Hochburg des Rechtsextremismus galt bis in die neunziger Jahre hinein Mittelfranken. In diesem Regierungsbezirk errang die NPD 1966 mit 12,2 Prozent ihr seinerzeit bestes bei Landtagswahlen erzieltes Ergebnis in der gesamten Bundesrepublik.[18] Und wie sich mittels der vergleichenden Wahlgeographie nachweisen lässt, war das eine Gegend, in der bereits die NSDAP nach 1930 große Erfolge hatte erringen können. In den siebziger Jahren machte zudem die antisemitisch eingestellte rechtsterroristische *Wehrsportgruppe Hoffmann* in Franken von sich reden. Als im Dezember 1980 der jüdische Verleger Shlomo Levin zusammen mit seiner Lebensgefährtin ermordet wurde, führten die Spuren der Täter in diese Gruppe hinein, die nach wie vor verdächtigt wird, in das Oktoberfestattentat vom September 1980 verwickelt gewesen zu sein.

Das sind in ihrem Objektivitätsgehalt zunächst einmal kaum zu bezweifelnde Feststellungen. Zugleich könnte ihre bloße Erwähnung einen Zusammenhang mit der Sozialisation jener zweier Bamberger suggerieren, deren Namen zu Beginn genannt worden sind. Derartige Spekulationen grassieren jedenfalls seitdem es eine öffentliche Debatte über die Entstehung des linken Antisemitismus im Gefolge der 68er-Bewegung gibt, zum Teil als Mutmaßung, meistens aber nur in der Form vager Gerüchte. Angesichts dieser offenen oder verdeckten Bezugnahmen gilt es zwei Faktoren zu benennen, die gegen eine derartige kausallogische Verbindung eines über Sozialisationsagenturen vermittelten Wirkungszusammenhanges sprechen.

Zunächst einmal gibt es keine genaueren Untersuchungen über

eine durch die Eltern- auf ihre Kindergeneration weitergegebenen Vorurteilsmuster beziehungsweise Ressentiments, die eine argumentative Handhabe bieten könnten, um eine vor allem familiär bedingte Weitergabe antisemitischer Einstellungen empirisch belegen zu können. Hinzu kommt aber noch ein anderer Faktor, der von Bedeutung ist. Als politische Akteure verstanden sich Kunzelmann und Böse bekanntlich als Exponenten einer radikalen Linken, die sich die Bekämpfung von Ex-Nazis in der Bundesrepublik kaum weniger zum Ziel gesetzt hatte als die der in Vietnam Krieg führenden Militärmacht USA. Im Gegensatz zu Kunzelmann sind Böse nie von irgendeinem seiner Gefährten im Nachhinein Anzeichen einer antisemitischen Gesinnung nachgesagt worden.

Die Bamberger Schulzeit

Wer sich nun eingehender mit Böses Schulzeit in den sechziger Jahren beschäftigt, der wird rasch erkennen, dass sie kaum irgendwelche Besonderheiten aufweist, aus denen sich Fingerzeige für seine spätere Entwicklung ablesen lassen könnten.[19] Als Schüler und Jugendlicher zeigte er in seinen Vorlieben und Interessen sowie seinen ersten Ansätzen zu einem politischen Engagement eher Momente auf, in denen man später Anzeichen für einen allgemeinen Wandel der Jugendkultur glaubte erkennen zu können. Gerade das, was ihn zu einem Außenseiter und in mancher Hinsicht vielleicht sogar zu einem Eigenbrötler abzustempeln schien, war in Wirklichkeit die Rolle eines Vorreiters, wie sie in der Mitte der sechziger Jahre an Universitäten, vermehrt aber auch an Gymnasien auftauchten und das Selbstverständnis der noch jungen Bundesrepublik in unterschiedlichen Graden in Frage stellten und schließlich Akteure einer Protestbewegung wurden, die man irgendwann im Nachhinein als die der 68er zu bezeichnen begann.

Als Böse 1965 von der Oberrealschule, dem späteren Clavius-Gymnasium, auf das neu gegründete Dientzenhofer-Gymnasium wechselte, war er mit seinen 16 Jahren offenbar bereits als ein links orientierter Schüler erkennbar. Wie das Rafael Rempe auf seiner vorzüglichen, in mancher Hinsicht geradezu modellhaften Internetseite zu Böses Biographie detailliert beschrieben hat,[20] galt er als kontaktfreudig und lesebegierig, »als intelligent und redegewandt«, in Bezug auf den Unterrichtsstoff aber auch »als sehr faul«. Er engagierte sich als Klassensprecher und in einer Theatergruppe, gründete eine Beatband, trat in eine Basketballmannschaft ein und lernte unter Anleitung seines Vaters das Segelfliegen. Zu seinen Markenzeichen zählten ein langer schwarzer Mantel und ein Arztkoffer, in dem er seine Schulsachen mit sich führte. Als er im Herbst 1966 vor den Disziplinarausschuss seiner Schule zitiert wurde, weil ihm vorgeworfen wurde, die Unterschrift seiner Eltern gefälscht zu haben, um sich damit vor dem Unterricht zu drücken, entschieden sich die Böses, ihren Sohn von der Schule zu nehmen.

Dieser brach diese jedoch nicht ganz ab, sondern wechselte lediglich ins nahe gelegene Ansbach in das Internat Alumneum, um bis zum Abitur das naturwissenschaftlich orientierte Platen-Gymnasium zu besuchen. Dort intensivierte er einen Teil seiner politischen und kulturellen Interessen, indem er als Redakteur in der Schülerzeitung *Wecker* besonders aktiv wurde. Zusammen mit seinen Kollegen legte er gewisse Ambitionen an den Tag. So wurde in einer Ausgabe etwa der berühmte britische Jazzposaunist Chris Barber interviewt, zu dem er ein Foto beisteuerte. Für die von Böse damals verbreitete Behauptung, er habe es sogar fertiggebracht, eine Jahrhunderterscheinung wie den Jazzpianisten und Bandleader Duke Ellington zu interviewen, hat sich jedoch kein Nachweis erbringen lassen. Möglicherweise handelte es sich um Aufschneiderei, eine Attitüde, die unter geltungsbewussten Schülern ja auch damals schon besonders verbreitet war. Als der Schah von Persien Ende Mai 1967 im Zuge seines Staatsbesuchs auch dem mittelalterlichen Rothenburg ob der Tauber eine Kurzvisite abstattete, gelang es der *Wecker*-Redaktion zwar, dem Machthaber vorgestellt zu werden, das geplante Interview dürfte jedoch eine Enttäuschung gewesen sein, da die Fragen schriftlich eingereicht werden mussten und letztlich nur von einem seiner Begleiter beantwortet wurden. Eine Form der Selbstüberschätzung dürfte hier für die Oberschüler gewiss ebenfalls eine Rolle gespielt haben.

Böse versuchte in seiner Ansbacher Zeit auch weiterhin die Kontakte nach Bamberg aufrechtzuerhalten. Bei jeder sich bietenden Gelegenheit trampte er mit einem Schild in der Hand, auf dem die ebenso provokativ wie sarkastisch anmutende Zeile »Lustmörder nach Bamberg« zu lesen war, in seine Heimatstadt. Die davon ausgehende Thrill-Attitüde soll seinem Erfolg als Anhalter keinen Abbruch getan haben. Seine Versuche, politisch Anschluss zu halten oder gar in gewisser Weise anerkannt zu werden, scheinen jedoch auf eine eher klägliche Weise gescheitert zu sein. Rempe schreibt, dass er von den Wortführern der lokalen APO-Szene, die sich auch in Bamberg, das zu dieser Zeit ja noch keine Universitätsstadt war, herauszukristallisieren begann, als »Babyface« angesehen und insofern nicht ganz ernst genommen worden sei. Es ist schwer zu ermessen, ob das für ihn als eine narzisstische Kränkung wahrgenommen wurde oder eher zu einer Trotzreaktion geführt hat. Jedenfalls dürfte ihm klar gewesen sein, dass er nach dem Abitur mit dem Wechsel an eine Universitätsstadt ganz andere Gelegenheiten zu einer weiteren Radikalisierung bekommen würde.

Das Semester an der Universität Freiburg

Warum er sich schließlich für die im Breisgau gelegene traditionsreiche Universität Freiburg entschied und sich dort im September 1968 zu seinem ersten Semester immatrikulierte, ist nicht klar. Dort existierte zu jener Zeit zwar ebenfalls eine APO-Szene mit dem SDS als ihrem organisatorischen Zentrum, jedoch nichts, was an Radikalität mit der damals bundesweiten Vorreiterrolle Westberlins vergleichbar gewesen wäre. Unter den von Beobachtern als für politisierte Studenten besonders favorisierten Studienfächern wie Soziologie, Politologie und Psychologie scheint er sich besonders für jenes von Arnold Bergstraesser, dem 1964 verstorbenen Gründervater der deutschen Politikwissenschaft, und seinen Schülern geprägten Fach interessiert zu haben. Diese hatten sich zwar für eine normative Ausrichtung ihrer Disziplin stark gemacht, dabei aber auch mit ihrem Interesse für die politischen Systeme der Dritten Welt die Beschränkung auf einen nationalen oder europäischen Horizont durchbrochen.

Als ein solcher ebenfalls normativ orientierter Politikwissenschaftler galt der 1967 von Hamburg nach Freiburg auf den Lehrstuhl für politische Theorie gewechselte Ordinarius Wilhelm Hennis. Den Studienanfänger Böse zog es besonders in die Veranstaltungen jenes Gelehrten, der als einer der Begründer der »Regierungslehre« gilt und in den damaligen Debatten über Parlamentarismus und Parteienstaat ein gewisses Prestige erworben hatte. In einer Vorlesung des Max-Weber-Experten, dem der Ruf eines liberalkonservativen Vertreters seines Faches vorauseilte und der zunächst noch SPD-Mitglied war, sich dann aber der CDU anschloss und später sogar Mitglied in dem als reaktionär verschrienen *Bund Freiheit der Wissenschaft* werden sollte, lernte Böse dann auch den gleichaltrigen Michael Schwarz kennen, mit dem er in den darauffolgenden Jahren einige seiner Entwicklungsschritte teilte.

Im Winter 1968/69 beteiligten sich die beiden auch an einer ersten Protestaktion. Sie richtete sich gegen den Hollywood-Film *The Green Berets* (*Die grünen Teufel*), in dem nicht nur der Western-Haudegen John Wayne die Hauptrolle spielte, sondern der Vietnamkrieg, der nach der Tet-Offensive den Siedepunkt der weltweiten Kritik erreicht hatte, aus einer patriotisch-nationalistischen Perspektive heraus auf heroische Weise verherrlicht wurde.[21] Nachdem der Streifen wegen nachhaltiger Proteste bereits in München und in Frankfurt hatte abgesetzt werden müssen (in West-Berlin hatten es die Warner Brothers gar nicht erst gewagt, ihn in irgendeinem Kino zu zeigen) und die *Internationale der Kriegsdienstgegner* (IdK) Bundesinnenminister Ernst Benda (CDU) sogar aufgefordert hatte, ihn wegen des darin zum Ausdruck gebrachten Aufrufs »zum Rassenhass und Völkermord« zu verbieten, wollte man in Freiburg offenbar nicht abseits stehen.

Die beiden nicht weniger empörten Böse und Schwarz ließen

es sich nicht nehmen, eine Vorstellung von *Die grünen Teufel* zu besuchen. Als sie sahen, in welch anrüchigem Maße die als Kriegsverbrechen gegeißelten Militäreinsätze der USA in der dürftigen Story einer Special-Forces-Einheit, die sich standhaft gegen eine Überzahl kommunistischer Gegner durchzusetzen vermag, verherrlicht wurden, bewarfen sie die Leinwand mit Farbeiern. Da diese so sehr verschmutzt war, musste die Vorstellung abgebrochen und der Action- beziehungsweise Propagandafilm schließlich ganz aus dem Programm genommen werden. Das war aus Sicht der beiden ein Erfolg auf der ganzen Linie und gab ihnen vermutlich Auftrieb, es auch in Zukunft nicht einfach bei Verbalprotesten zu belassen.

Der Wechsel in die 68er-Hochburg Frankfurt

Da Böse und Schwarz die Freiburger Hochschulgruppe des SDS, zu der auch der spätere Schriftsteller Klaus Theweleit zählte, zu langweilig und provinziell erschien, überlegten sie, in eine der beiden SDS-Hochburgen Berlin oder Frankfurt zu wechseln. Die Tatsache, dass in der Main-Metropole das neomarxistisch inspirierte Institut für Sozialforschung seinen Sitz hatte und Theodor W. Adorno, der neben Max Horkheimer und Herbert Marcuse prominenteste Vertreter der Kritischen Theorie, lehrte, gab dann den Ausschlag. Die beiden zogen zu Beginn des darauffolgenden Sommersemesters im April 1969 zusammen mit Böses Freundin Mechthild R. nach Frankfurt und bildeten in der Ostendstraße eine Wohngemeinschaft.

Sie hatten nun allerdings das Pech, dass sich – als sie in der Banken- und Börsenstadt am Main eintrafen – der als besonders theorielastig geltende SDS bereits in Auflösung befand. Zwar besuchten sie regelmäßig dessen in dem nach dem ehemaligen Oberbürgermeister der Stadt, Walter Kolb, benannten Studentenwohnheim am Beethovenplatz abgehaltenen Mitgliederversammlungen, jedoch vermochten sie daraus kaum Anregungen für eine weitere politische Orientierung zu gewinnen. Dieser Mangel wurde jedoch schon bald durch einen Mann kompensiert, der sein Studium an den Nagel gehängt und in einem Verlag zu arbeiten begonnen hatte. Es war der Ex-SDS-Bundesvorsitzende Karl Dietrich Wolff, kurz KD genannt, der sich für die beiden als Anziehungspunkt erwies und ohne dessen Führungsrolle Böses weitere Entwicklung nicht verstanden werden könnte, weder in ideologisch-weltanschaulicher noch in sozialer kontaktvermittelnder Hinsicht.

Wolff war zu dieser Zeit das, was man früher wohl mit einer inzwischen als antiquiert geltenden Bezeichnung als einen »Hans Dampf in allen Gassen« bezeichnet hätte. Zweifelsohne war der 26-Jährige ein außerordentliches Organisationstalent. Innerhalb nur eines Jahres gründete er mit seinen engsten Kampfgefährten zusammen die anarchosyndikalistische *Föderation Neue Linke* (FNL), die Stadtteilgruppe *Roter Gallus*, die Jugendgruppe *Rote Panther*, das *Black-Panther-Solidaritätskomitee* und die Gefangenenhilfsorganisation *Rote Hilfe.* In der Fähigkeit, linksradikale Gruppen und Grüppchen förmlich aus dem Boden zu stampfen, konnte mit ihm in dieser Zeit niemand konkurrieren.

Wolff war von einem überbordenden Aktionismus getragen und preschte mit einer existentiell zugespitzten Entschlossenheit noch in den heikelsten Situationen ganz nach vorne. So zog er etwa im Juni 1969 an der Spitze von mehreren Hundert Demonstranten ins Deutsche Seminar ein, wobei mehrere Glastüren zu Bruch gingen, und forderte die dort anwesenden Professoren ultimativ zur Unterzeichnung einer Resolution gegen ein geplantes Ordnungsrecht auf. Während sich die Ordinarien beharrlich weigerten, der Erpressung nachzugeben, wurde gegen die Eindringlinge Strafanzeige wegen schweren Hausfriedensbruchs erstattet. Die Anlässe wechselten sich ab, die Form war fast immer die gleiche. Seine Hauptattacken richtete er vor allem gegen die als imperialistische Großmacht verschriene USA und Israel als deren angeblichen Vorposten im Nahen Osten.

Eine besondere Gelegenheit schien sich Wolff in dieser Hinsicht zu bieten, als der israelische Botschafter Asher Ben-Nathan angekündigt wurde, im berühmten Hörsaal VI einen Vortrag über den »Frieden im Nahen Osten« zu halten. Doch dazu sollte es nicht kommen. »Es würde«, erhob der Gast angesichts der israelfeindlichen Atmosphäre warnend seine von einem resignativen Unterton geprägte Stimme, »ein geschichtliches Ereignis sein, wenn sie diese Diskussion heute Abend unmöglich machen. Dies nämlich ist in Deutschland das letzte Mal vor 34 Jahren geschehen.«[22] Das nutzte jedoch nichts; die Veranstaltung, an der auch Böse und Schwarz teilnahmen, musste abgebrochen werden. Das war ein bundesweit mit Sorge beobachteter Eklat. Mit einem Megaphon in der Hand war Wolff dabei als der Haupteinpeitscher in Erscheinung getreten.

Nur drei Tage später ging es in einem anderen Hörsaal um die nach dem sogenannten Busen-Attentat über mehrere Wochen ausgesetzte Vorlesung Theodor W. Adornos über dialektisches Denken. Der intellektuelle Kopf der Kritischen Theorie verfügte, seitdem er drei Monate zuvor ein Tabu verletzt hatte, weil er die Polizei geholt hatte, um 70 SDS-Studenten festnehmen zu lassen, über keinen leichten Stand mehr unter seinen Studierenden. Auch diesmal kam es nicht zur Vorlesung. Als Adorno ankündigte, den Hörsaal für fünf Minuten verlassen zu wollen, um dem Plenum Gelegenheit zu geben, sich für eine Fortsetzung der Lehrveranstaltung zu entscheiden,[23] trat ihm ein junger Soziologie-Student, der hinter der Tür bereits gewartet hatte, überraschend entgegen. Es war kein anderer als Wilfried Böse, der ihm voller Empörung Praxisfeindlichkeit vorwarf. Es soll, wie Schwarz schilderte,[24] zu einem heftigen Wortwechsel zwischen beiden gekommen sein. Danach dauerte es nicht lange, bis Adorno in den Hörsaal zurückkam und die Vorlesung erneut absagte. Böses Einstellung zur Kritischen Theorie, so Schwarz heute, hätte sich zu diesem Zeitpunkt bereits maßgeblich verändert. Für Philosophie und Soziologie habe er nur noch Verachtung übrig gehabt. Die Gesellschaft zu verändern sei für ihn nur noch eine Frage der richtigen, möglichst effektiven Organisation gewesen.

Wolff verfügte zur selben Zeit über enge Kontakte zu Gudrun Ensslin, die wegen ihrer Beteiligung an der Warenhausbrandstiftung vom Frankfurter Landgericht zu einer dreijährigen Haftstrafe verurteilt worden war.[25] Er besuchte sie mehrfach in dem im Frankfurter

Stadtteil Preungesheim gelegenen Gefängnis. Als Ensslin am 13. Juli 1969 zusammen mit den drei anderen Brandstiftern vorübergehend Haftverschonung erhielt, übernachtete sie zusammen mit Andreas Baader als Erstes in Wolffs Wohnung.[26] Zwischen 1969 und 1971 war er in Frankfurt die mobilisierende Kraft bei jenen Demonstrationen gegen den Vietnamkrieg, bei denen zugleich auch immer die Einheit aller »Befreiungsbewegungen« gefordert wurde und es häufig zu gewaltsamen Auseinandersetzungen kam. Gegen ihn sollen Ende der sechziger Jahre nicht weniger als 38 Strafverfahren anhängig gewesen sein, die meisten davon wegen des Vorwurfs des Landfriedensbruchs.

Die Gründung des Verlags Roter Stern

Wolff gab sein Jura-Studium auf und wurde Lektor in dem im Frühjahr 1969 von Jörg Schröder gegründeten März-Verlag. Seinen Sitz hatte er in einem Hochhaus des boomenden Frankfurter Westends, eine Etage darunter der von ihm gleichzeitig gegründete Ableger, der Porno-Verlag Olympia Press, für den – selbstverständlich nur unter Pseudonym – als Übersetzer auch der spätere Bundesaußenminister Joschka Fischer arbeitete. Der März-Verlag, der schon mit seiner Namensgebung an den revolutionären Frühling von 1848 erinnern wollte, besaß nichts, was man als Programm hätte bezeichnen können, eher als Attitüde. Denn er war sichtlich von dem Bestreben geprägt, in allem, was dort an Buchpublikationen erschien, der Frechste und Radikalste überhaupt zu sein. Bekannt wurde er vor allem durch das von dem Frankfurter SDS-Wortführer Günter Amendt verfasste Aufklärungsbuch *Sexfront*, Robert Crumbs *Headcomix*, das Orgien-Buch des Wiener Aktionisten Hermann Nitsch und einen Softporno des Münchner Busenwunders Rosy-Rosy. Dem Kulturkritiker Karl Heinz Bohrer etwa erschien das Unternehmen, das schon mit seinen kanariengelben Glanzumschlägen überall für Aufmerksamkeit sorgte, als »der kulturrevolutionäre Verlag« schlechthin.[27]

Einer der Bände war der Wälzer *Roter Stern über China*, in dem Edgar Snow als Zeitzeuge den sagenumwobenen Langen Marsch in

China beschrieb, mit dem Mao Tse-tung es schließlich gelang, seine kommunistische Diktatur zu etablieren. Da es immer wieder zu Spannungen mit Schröder kam und Wolff ohnehin weiterreichende Ambitionen hatte, hob er einen eigenen Verlag aus der Taufe: den Verlag Roter Stern oder – wie er im Handelsregister hieß – die K.D. Wolff KG.[28] Zu den Mitbegründern zählten Wilfried Böse, Johannes Weinrich und Michael Schwarz, der 9000 DM investierte, die er kurz zuvor von seiner Mutter geerbt hatte. Dieses Quartett war zuvor bereits im März-Verlag als Herausgeber eines Reprints aus den zwanziger Jahren in Erscheinung getreten, der den Titel *Das politische Grundwissen des jungen Kommunisten* trug und so offenbar für einen Transfer an Grundkenntnissen an die jüngere Generation sorgen wollte, der sie in gewisser Weise ja selbst noch angehörten.[29]

Zur selben Zeit etwa zogen Böse und Schwarz in ein am Rande der Frankfurter Universität gelegenes Haus in der Adalbertstraße 6 um. Dort hatte bald darauf auch das *Black-Panther-Solidaritätskomitee* seinen Sitz.[30] Symbol der Gruppe war ein im Sprung befindlicher schwarzer Panther. Dasselbe Symbol war bereits zur Illustration der am 5. Juni 1970 unter der emphatischen Überschrift »Die Rote Armee aufbauen!« veröffentlichten RAF-Gründungserklärung verwendet worden.[31] Im Büro des Komitees tauchten dann schon bald erste Schusswaffen auf, die aus Einbrüchen in US-amerikanischen Militärdepots stammten und dort für künftige Kämpfe gebunkert wurden.

Zu den Zeitschriften, die damals im Verlag Roter Stern erschienen, gehörte auch ein im Querformat produziertes Blatt mit dem programmatischen Titel *Antiimperialistischer Kampf*. An dessen Themen sind die Frage- und Problemstellungen ablesbar, die Wolff & Co. bestimmt nicht nur aus verlegerischen Gründen interessiert haben dürften:

Das erste Heft war der Spaltung der *Black Panther Party* und den Problemen der schwarzen Militanten in den USA gewidmet, das Doppelheft 2/3 der Solidarität mit den *Black Panthern*, das sechste beschäftigte sich mit der Palästinenser-Organisation *Schwarzer September*, die 1972 während der Olympiade in München die israelische

Nationalmannschaft überfiel, das siebte mit der japanischen Guerilla-Organisation *Rote Armee*, das achte mit den *Tupamaros* in Uruguay und das zehnte mit der Situation von Palästinensern in den Flüchtlingslagern und dem palästinensischen Widerstand.

Im Grunde genommen war das kaum etwas anderes als die Hinführung zum Thema Terrorismus, selbstverständlich auf einer rein theoretischen Ebene. Nichts von dem, worum es zur gleichen Zeit wohl unter praktischen Vorzeichen gegangen ist, dürfte offen verbalisiert worden sein.

Wolff hatte zwischen 1969 und 1971 um sich eine Gruppe ihm mehr oder weniger ergebener Aktivisten versammelt, von denen später eine ganze Reihe durch die Beteiligung an spektakulären terroristischen Anschlägen von sich reden machten. Neben Böse, Spitzname »Boni« für Bonifatius, und Johannes Weinrich waren dies Magdalena Kopp, Weinrichs langjährige Freundin und spätere Ehefrau des Venezolaners Illich Ramirez Sanchez, der unter seinem Decknamen »Carlos« als weltweit gesuchter »Top-Terrorist« galt, und Brigitte Kuhlmann[32], Böses Freundin, die später eine Liaison mit Gerd Schnepel einging, einem Mitglied der Erlanger SDS-Gruppe, der den »Politladen« im fränkischen Gaiganz gründete und bald ebenfalls in den Untergrund abtauchen sollte. Auch Hans-Joachim Klein,[33] der im Dezember 1975 zusammen mit »Carlos« und anderen den Überfall auf das OPEC-Treffen in Wien verübt hat, verfügte über enge Kontakte. Es dürfte Mitte der siebziger Jahre an keinem anderen europäischen Ort eine größere Dichte von Terroristen gegeben haben, als in dem in der Frankfurter Holzhausenstraße gelegen Verlag. Dass dies den Sicherheitsbehörden auf Dauer nicht verborgen bleiben konnte, zeigte sich an häufigen Hausdurchsuchungsaktionen von Polizei und Staatsanwaltschaft.

So wurde das Verlagsgebäude etwa am 24. März 1975 frühmorgens von starken Polizeikräften umstellt. Zahlreiche Polizisten drangen mit Maschinenpistolen bewaffnet ein und erstürmten ein Stockwerk nach dem anderen. In einer unter dem Dach gelegenen Wohnung stießen sie schließlich auf denjenigen, den sie suchen, den 27-jährigen Johannes Weinrich. Unter dem Verdacht, an einem Anschlag auf eine El-Al-Maschine von der Besucherterrasse auf dem Pariser Flughafen Orly aus beteiligt gewesen zu sein, wurde er festgenommen. Ihm war zum Verhängnis geworden, dass er sich einige Tage vor dem Attentatsversuch zwar unter dem falschen Namen »Fritz Müller« in einem Pariser Hotel einquartiert, jedoch gleichzeitig wahrheitsgemäße Angaben auf dem Anmeldeformular eingetragen hatte. Die Berufsbezeichnung Buchhändler stimmte ebenso wie als Angabe seines Wohnortes die Adresse in der Holzhausenstraße.

Mit anderen Worten, die wichtigsten Mitglieder jener Organisation, die seit 1973 unter dem Namen *Revolutionäre Zellen* serienweise Anschläge verübten und die für die Fahnder lange Zeit ungreifbar wie un*be*greifbar blieb,[34] stammten aus dem Verlag Roter Stern oder standen ihm sehr, sehr nahe. Dessen Chef war KD Wolff und ist es heute, nachdem er längst wegen der ständigen polizeilichen Nachstellungen in Stroemfeld Verlag umbenannt wurde, noch immer.[35] Auffällig ist, dass er sich nie öffentlich zu den zum Teil spektakulären terroristischen Beteiligungen und Taten von Personen seiner eigenen Belegschaft geäußert hat.

Dies wiederum hat März-Verleger Jörg Schröder gewurmt. Im Nachhinein hat er deshalb auf eine sarkastische Weise seine Verwunderung darüber zum Ausdruck gebracht, dass sich Wolff später einmal von seiner radikalen politischen Ausrichtung als Verleger distanzierte. Er zitiert ihn zunächst mit den Worten: »Der rote Stern war für uns immer nur ein Symbol, das in fünf Richtungen zeigt.« Um dann hinzuzufügen: »So plaudert heute mein Karl Dietrich, der SDS-Vorsitzende, Herold der Schwarzen Panther, der Stadtguerilla, und zwar in der FAZ. Und das hat nicht etwa dessen Ausschluss aus der menschlichen Gesellschaft wegen übergroßer Unverschämtheit zur Folge, sondern eher den meinen, weil ich so was erzähle.«[36] Und um diesen ideologischen Purzelbaum, den Schröder als einen Akt der »Entlinksung« bezeichnet, möglichst anschaulich unter Beweis zu stellen, verweist er auf die seinerzeitige Verlagspremiere: »Du musst dir mal den ersten Prospekt ansehen vom Roten Stern, da geht es aber voll ab mit Stadtguerilla und Rumpel und Pumpel, und da weiß man noch, was der Rote Stern bedeutete.«[37] Und besonders habe ihn verwundert, dass jemand wie der »weichknieige« Böse, der bei Wolff immer nur auf dem Sofa gesessen habe, später mit einer Kalaschnikow in der Hand Geiseln in einem Flugzeug genommen und die Geiselnehmer befehligt habe.

Wie viele andere auch besaß Böse in jener Zeit eine besondere Vorliebe für bestimmte Popsongs. Es war insbesondere ein Lied, das es ihm angetan hatte. Kein Protestsong, sondern ein eher melancholisches, auf beinahe deprimierende Art trauriges Lied. Es trug den Titel »American Pie«, war von Don McLean komponiert und gesungen worden und rangierte 1972 wochenlang in den US-amerikanischen Singlecharts auf Platz eins. Böse hatte einen regelrechten Narren an diesem Hit gefressen. Stunde um Stunde, so wird aus seinem unmittelbaren Umfeld berichtet, habe er sich den Song immer wieder angehört und dessen viele Strophen bald auswendig gekonnt.[38]

Darin wird anspielungsreich die Geschichte der US-amerikanischen und britischen Rockmusik geschildert. Sie beginnt mit dem tragischen Tod Buddy Hollys im Februar 1959 bei einem Flugzeugabsturz – »The day the music died« – und endet mit dem Open-Air-Festival vom August 1969 in Woodstock. Ohne dass ihre Namen explizit genannt werden, kommen darin Elvis Presley als »The King«, Connie Francis als »The Queen«, Bob Dylan, Mick Jagger, Janis Joplin, die Byrds und die Beatles vor. Der Refrain endet jedes Mal, durch eine Wiederholung noch zusätzlich betonend, mit »This will be the day that I die«. Ohne an dieser Stelle eine vielleicht triviale Episode überinterpretieren zu wollen – sie wirkt ganz so, als habe sich Böse in sein eigenes Schicksal hineinphantasiert. McLeans »American Pie«, das von Madonna gecovert und bei Barack Obamas Amtsantritt 2009 gespielt wurde, gehörte nach den größten Terrorangriffen, die die USA an 9/11 über sich ergehen lassen mussten, zu jenen Songs, die nach einer von *Clear Channel Communications* herausgegeben Liste von den Rundfunksendern nicht mehr gespielt werden sollten.

Die Nordkorea-Connection

Bemerkenswert ist, dass der Verlag Roter Stern von Anfang an über vielfältige internationale Kontakte verfügte. Sie reichten in die USA, insbesondere zu den *Black Panthern*, in den Nahen Osten, zu den Palästinensern, und nach Ostasien zu den Japanern und den Nordkoreanern. All diese Kontakte, auf die dann auch Böse zurückgreifen konnte, sind ursprünglich von KD Wolff gestiftet worden. Nachdem er 1968 als SDS-Bundesvorsitzender abgelöst worden war, reiste er im Februar 1969 in die Vereinigten Staaten und Kanada, im September 1970 nach Nordkorea und später nach Paris, um sich dort mit dem führenden Mitglied einer palästinensischen Guerillaorganisation zu treffen.

Als besonders überraschend galten in diesem Zusammenhang Wolffs Kontakte zu den geographisch ebenso wie ideologisch besonders weit entfernten Nordkoreanern. Die Verbindung zu der kommunistischen Diktatur war über die Botschaft der Koreanischen Volksdemokratischen Republik (KVDR) in Ost-Berlin zustande gekommen, die auch die Tickets für die aufwendige und komplizierte Flugreise von Berlin-Schönefeld über Moskau, Omsk und Irkutsk nach Pjöngjang bereitgestellt hatte. Er war zu der dreiwöchigen Reise am 25. September 1970 zusammen mit einer 23-jährigen Soziologie-Studentin und einem 18-jährigen Lehrling aufgebrochen.[39] Zur selben Zeit waren in dem Land auch George Habbasch, der Chef der PFLP, und Kathleen Cleaver, die Ehefrau des radikalen Schriftstellers Eldridge Cleaver, der zu den Mitbegründern der *Black Panthers* zählte.[40] Ob es jedoch zu Kontakten mit den beiden kam, ist nicht bekannt. Wolff soll anschließend als ein emphatischer Anhänger der Juche-Ideen zurückgekehrt sein, mit denen Partei- und Staatsführer Kim Il Sung den Marxismus-Leninismus durch ein radikales Autarkiekonzept ersetzen wollte.[41]

Von verschiedenen Angehörigen der Frankfurter Szene wird geschildert, dass Böse diese Besuchskontakte in der Folge für seine eigenen Aktivitäten genutzt habe. So sei er, heißt es, mindestens zweimal in der nordkoreanischen Botschaft in Ost-Berlin gewesen. Und einmal sei er auch selbst zu einer Reise nach Nordkorea aufgebrochen. Das wurde jedenfalls später von Hans-Joachim Klein behauptet, den Böse für die *Revolutionären Zellen* angeworben hatte.[42] Über Ergebnisse von Böses Besuchen in den beiden Hauptstädten liegen jedoch keine genaueren Informationen vor. Allerdings soll er, so heißt es weiter, bei seinem Besuch in Pjöngjang sogar von Staats- und Parteichef Kim Il Sung persönlich empfangen worden sein.

Ein RAF-Logistiker, genannt der »kleine Dicke«

Seine erste systematischere Rolle in einem terroristischen Zusammenhang spielte Böse als Logistiker. Zunächst hatte es offenbar eine engere Involvierung *in* und eine kontinuierliche Kooperation *mit* der RAF gegeben.[43] So erklärte das ehemalige RAF-Mitglied Gerhard Müller, das im Juni 1972 zusammen mit Ulrike Meinhof in Hannover verhaftet und von der Generalbundesanwaltschaft zum Kronzeugen gegen die RAF-Führungsgruppe aufzubauen versucht worden war,[44] am 8. Juli 1976 vor dem Oberlandesgericht Stuttgart, dass Böse für die Beschaffung von Batterien zuständig gewesen sei, die die RAF für die Zündung von Bomben benötigt habe. Er sei so häufig in deren logistische Aktivitäten involviert gewesen, dass man ihm in der RAF sogar einen eigenen Decknamen – »der kleine Dicke« – verpasst habe.

Aus den Protokollen der seit dem Frühjahr 1976 von Mitarbeitern der Abteilung Terrorismus im BKA mit Müller durchgeführten Vernehmungen gehen zahlreiche Einzelheiten über die Beziehungen zwischen ihm und führenden RAF-Mitgliedern hervor.[45] In der südhessischen Kleinstadt Heusenstamm habe er zusammen mit ihm eine Wohnung leergeräumt. Darin seien Waffen, Handgranaten, Wecker, Druckschriften und anderes mehr gewesen. Sie hätten sie gemeinsam in acht Reisetaschen gepackt und mit einem Pkw nach Frankfurt transportiert. Er sei auch im Besitz von mehreren Kilo Plastiksprengstoff gewesen, die er jedoch zunächst nicht habe »herausrücken« wollen. Erst nach der Verhaftung von Baader, Meins und Raspe am 1. Juni 1972 in Frankfurt habe er dann seine Meinung geändert.

Der »kleine Dicke«, der zumeist mit einem älteren VW-Käfer unterwegs gewesen sei, den Margarete Kopp von ihrem Vater geschenkt bekommen hatte, habe neben seiner Rolle als Waffen- und Sprengstoffbeschaffer noch verschiedene andere Aufgaben für die RAF wahrgenommen. So habe er den Kurier zwischen RAF-Gruppen in West-Berlin, Hamburg und Frankfurt gespielt, auf Anweisung Baaders den Transport eines Funküberwachungsgeräts sowie den Druck und den Vertrieb von RAF-Schriften übernommen.

Müller blieb nicht verborgen, dass dieser Mann nicht nur kein Subalterner war, der sich anderen ohne weiteres unterzuordnen bereit war, sondern dass er durchaus eigene, weiterreichende und mit der RAF in Konkurrenz stehende Ziele verfolgte. »Von BAADER wußte ich«, erklärte Müller, »dass der ›kleine Dicke‹ eine eigene Stadtguerilla-Truppe in Frankfurt gründen wollte. Dieses wurde mir durch sein späteres Verhalten erkenntlich. Er hat versucht, Gruppenmitglieder der RAF abzuwerben, so auch mich. Auch bemühte er sich während seiner Tätigkeit für die RAF, einen größtmöglichen Überblick über die Angelegenheiten unserer Gruppe zu bekommen. Er versuchte auch, Informationen über die der RAF nahestehenden Personen zu bekommen. Nach BAADERS Angaben hat er in eigener Regie einen Bombenanschlag auf einen Frankfurter Hochhausrohbau begangen.«[46] Einige der ehemals Beteiligten gehen so weit zu sagen, dass es die RAF *ohne* die logistische Unterstützung jener Kräfte, die später zur RZ gehörten, nicht so lange hätte geben können.

Diese Zusammenarbeit verriet sich vor allem darin, dass von beiden Gruppierungen Waffen benutzt wurden, die aus denselben Einbrüchen in US-amerikanische Militärdepots stammten. Um die Dimension dieser Einbrüche zu markieren, berief sich der *Spiegel* in seiner Darstellung auf geheimdienstliche Informationen: »Zwischen 1971 und 1974 waren in den riesigen Militär-Depots der US-Armee in Miesau und Weilerbach in der Pfalz ›so viele‹ Granaten, Panzerabwehr-Raketen, Munition und Plastiksprengstoff verschwunden,

›dass man damit‹, wie ein Kriminalbeamter in Kaiserslautern unter der Hand zugab, ›fast ein ganzes Kampfbataillon ausrüsten kann‹.«[47]

Einer der folgenreichsten Diebstähle war bereits am 19. November 1970 in der nördlich von Frankfurt, genauer in Kirch-Göns bei Butzbach, gelegenen Ayers-Kaserne verübt worden. Die beiden schwarzen GIs Rodney Sampson und Vernon Branch, beide Mitglieder der *Black Panther Party*, hatten insgesamt siebzehn Schusswaffen entwendet, zehn Colts vom Kaliber 45 und sieben High-Standard-Pistolen vom Kaliber 22. Mit einer dieser Waffen, der High Standard mit der Nummer 1109382, ist zehn Jahre später der bislang einzige Mord an einem bundesdeutschen Politiker, dem hessischen Wirtschafts- und Finanzminister Heinz-Herbert Karry, verübt worden.

Kurze Zeit nach Karrys Ermordung hielt der *Spiegel* rückblickend fest: »Vor allem RZ-Aktivist Wilfried Böse [...] gilt als Aufkäufer der Butzbacher Beute. Böse, heißt es in Verfassungsschutzberichten, habe sowohl deutschen RAF-Kadern wie der japanischen ›Roten Armee Fraktion‹, aber auch Palästinensern als Waffenlieferant gedient.«[48] Und tatsächlich waren Waffen aus dem US-Depot nicht nur bei Aktionen der RAF, sondern auch bei solchen der japanischen *Roten Armee* aufgetaucht, wie z. B. bei der Besetzung der französischen Botschaft in Den Haag durch japanische Terroristen im September 1974. Als noch gravierender gilt allerdings, dass das dreiköpfige Kommando der *Nihon Sekigun*, das am 30. Mai 1972 in der Ankunftshalle des Tel Aviver Flughafens Lod (heute Ben-Gurion-Flughafen) in Kooperation mit der PFLP ein regelrechtes Blutbad verübte, dem 26 Zivilisten, überwiegend aus Puerto Rico stammende Pilger, zum Opfer fielen, zuvor in Frankfurt Zwischenstation gemacht hatte, um dort Waffen entgegenzunehmen. Auch für diese Art terroristischer Handreichung gilt Böse als einer der Hauptverdächtigen.

Der Begründer der Revolutionären Zellen

Wie aber war es eigentlich zur Gründung der *Revolutionären Zellen* (RZ) gekommen? Nachdem die Gründungsmitglieder der RAF im

Juni 1972 verhaftet worden waren, schien das Kapitel »Stadtguerilla« in der Bundesrepublik Deutschland bereits gescheitert zu sein. Baader und Ensslin, Mahler und Meinhof, Meins und Raspe saßen im Gefängnis und warteten von nun an auf ihre Prozesse. Für den damaligen Bundesaußenminister und späteren Bundespräsidenten Walter Scheel war wie für viele andere Politiker auch »das Kapitel Baader-Meinhof« bereits beendet. Doch das war – wie sich nur allzu bald herausstellen sollte – nichts anderes als Wunschdenken. Nicht zuletzt deshalb, weil es mit der *Bewegung 2. Juni* eine zweite terroristische Organisation gab und eine dritte in Vorbereitung war. Mit ihr sollten die Fehler, die der RAF unterlaufen waren und es den Sicherheitsbehörden erlaubt hatten, deren Führungsspitze innerhalb nur weniger Wochen zu inhaftieren, verhindert werden.

Böse verfolgte das Ziel, eine eigene bewaffnete Gruppierung aufzubauen, die nach einem anderen Grundprinzip strukturiert sein sollte. Die ehemalige RAF-Angehörige Margrit Schiller, die mehrfach mit ihm und seiner Freundin Brigitte Kuhlmann zusammengetroffen war, hat in ihren Erinnerungen geschildert, wie das Modell hätte aussehen sollen: »Sie hatten andere politische und organisatorische Vorstellungen als die RAF, sie meinten es sei wichtig, dass alle RZ-Mitglieder so lange wie möglich legal und in ihren gewohnten Zusammenhängen blieben und weiter arbeiten gingen.«[49] Das später als »Feierabend-Guerilla« bezeichnete Alternativ-Modell stieß nicht nur bei Schiller auf starke Ablehnung: »Wir fanden das alles unmöglich, unernst. Wir dachten, sie spielten nur mit dem Gedanken an Revolution, wollten sich jedoch nicht ganz und gar dafür einsetzen. Wir waren überzeugt, dass bei diesem Konzept der Verfassungsschutz viele Chancen hätte, sie zu infiltrieren.«[50] Doch es war nicht allein der Sicherheitsaspekt, der grundlegende Differenzen verriet.

Baader und Ensslin hatten sich nach Müllers Auskunft für das »Prinzip der ›offenen Gruppe‹« entschieden: Demnach sollten alle RAF-Mitglieder vollen Zugang zur RAF-Führung haben, so dass alle RAF-Angehörigen über die gruppeninternen Vorgänge informiert waren. »Das Prinzip der ›Zellenstruktur‹ wurde von BAADER/

ENSSLIN abgelehnt, weil nach ihrer Meinung der Lernprozess innerhalb der RAF behindert würde. Damit standen sie im Gegensatz zur Theorie Marighelas nach der die Zellenstruktur aus Sicherheitsgründen vorgeschlagen wird.«[51] Und genau darin sah Böse den entscheidenden Punkt.

Nach der Zerschlagung der RAF-Spitze im Sommer 1972 hatte er überlegt, wie eine schlagkräftigere Gruppe auf die Beine gestellt und es künftig verhindert werden könnte, dass deren Kommandos durch den mittlerweile von den bundesdeutschen Behörden geschaffenen Fahndungsapparat so einfach zu schnappen waren. Er griff dabei auf eine alte kommunistische Tradition zurück und konzipierte eine Organisation, die die Gefahren, interne Kenntnisse weiterzugeben, auf ein Minimum reduzieren sollte. Die Grundidee bestand darin, ein Geflecht lose miteinander verbundener Zellen aufzubauen, die jeweils mit nur einem einzigen Mitglied untereinander in Verbindung standen. So konnte das Risiko, bei einer Verhaftung durch Druck oder Erpressung gleich die gesamte Organisationsstruktur preiszugeben, gering gehalten werden.

Diese Methode war nicht nur von den während der NS-Zeit im Untergrund operierenden kommunistischen Gruppierungen angewandt worden, sondern – wie in Pontecorvos 1965 gedrehten Film *Schlacht um Algier* genauestens zu beobachten ist – auch während des Algerienkrieges (1954–1962) von den durch Folter bedrohten Aktivisten der sich selbst terroristischer Mittel bedienenden Unabhängigkeitsbewegung *Front de Libération Nationale* (FLN). Diese organisierte vom Untergrund aus den Widerstand gegen die französische Kolonialherrschaft. Sie baute auf ein Höchstmaß an Anonymität. Keiner von ihnen durfte mehr als zwei seiner Mitstreiter kennen. So war es für die französischen Militärs fast aussichtslos, die Drahtzieher der Terroranschläge ausfindig zu machen.

Und genau darin glaubte Böse ein Modell für eine erfolgreichere Organisation der Stadtguerilla erkennen zu können. Sein zeitweiliger Kampfgefährte Hans-Joachim Klein schilderte seine Rolle in der RZ später mit den Worten, es sei ihm von Anfang an klar gewesen, »wer die erste Geige« gespielt habe: »Er war der Motor des Ganzen. Pausenlos im Einsatz, fuhr durch die Gegend, organisierte das und jenes und brachte seine Überlegungen, wie das oder dieses Projekt angegangen und verwirklicht werden könnte.« [52]

Böse im Kontext der Carlos-Connection

Wie weit andererseits der Kenntnisstand reichte, lässt sich einem von der Abteilung Terrorismus des Bundeskriminalamts unter der Überschrift »Der Fall Carlos« am 28. September 1976 fertiggestellten Dossier entnehmen.[53] »Carlos« war, wie bereits erwähnt, der Deckname des venezolanischen Terroristen beziehungsweise Terror-Söldners Illich Ramirez Sanchez, der nicht nur für Journalisten so etwas wie der »Bin Laden der siebziger Jahre« war.

Das Dossier basierte auf Informationen französischer und britischer Sicherheitsbehörden sowie verschiedener Geheimdienste. Angefertigt worden war es offenbar unter dem Eindruck der Geiselnahmen von Wien und Entebbe. Darin werden nicht nur die Verbindungen zwischen der von Wadi Haddad geleiteten PFLP-SpecialCommand, der Carlos-Gruppe und dem mit ihr kooperierenden internationalen Netzwerk nachgezeichnet, sondern auch die Bewegungen des RZ-Chefs Wilfried Böse innerhalb dieses Netzes genau rekonstruiert.

Danach begann »Der Fall Carlos« damit, dass der 34-jährige Libanese Michel Moukarbal[54], der offenbar plante, in Frankreich ein Attentat auf den israelischen Botschafter Asher Ben-Natan zu verüben, zunächst im Juni 1975 mit größeren Geldmengen und Anschlagsplänen im Gepäck in Beirut und nach einem Zwischenaufenthalt in London in Paris verhaftet wurde. Bei seinen Verhören weigerte er sich zunächst, über seine Verbindungen und möglichen Auftraggeber Auskunft zu erteilen.

Als die Polizei jedoch bei der Durchsuchung seiner in der Rue Claude Vellefaux gelegenen Wohnung auf eine Kiste mit 10 Kilogramm Pottaschenchlorat, das für die Herstellung von Sprengstoff verwendet werden kann, und einen einem Schlagbolzen ähnelnden Metallgegenstand stieß, begann sich seine Kooperationsverweigerung zu ändern. Drei Tage später tauchte ein Deutscher in Moukarbals Wohnung auf – kein anderer als Wilfried Böse.

Da dieser sich weigerte, Gründe für seinen Aufenthalt in Paris zu nennen, wurde er noch am selben Tag ausgewiesen. Am Grenzübergang Saargemünd nahmen ihn deutsche Kriminalpolizisten in Empfang. Bei seiner Vernehmung gab er an, dass er im Auftrag eines gewissen »Carlos« unterwegs sei. Dieser habe ihn vor Kurzem in Frankfurt aufgesucht und ihn gebeten, nach Spanien zu fahren und dort Informationen über die Unterdrückung von Oppositionellen durch das Franco-Regime zu sammeln. Da man zu dieser Zeit mit dem Namen »Carlos« noch nichts anfangen konnte, wurde Böse am selben Tag auf freien Fuß gesetzt. Wäre die Vernehmung nur zwei Tage später erfolgt, dann hätte der zuständige Richter ihn wohl nicht einfach laufen lassen.

Denn am Abend des 27. Juni kam es in der im Quartier Latin gelegenen Rue Toullier zu einem blutigen Zwischenfall, der den den deutschen Behörden unbekannten Mann mit einem Schlag in die Schlagzeilen brachte und zu den am häufigsten dargestellten Vorfällen in der Geschichte des Terrorismus zählt.[55] Als Moukarbal drei Beamte des französischen Geheimdienstes *Direction de la surveillance du territoire* (DST), von denen keiner bewaffnet gewesen sein soll, in die Wohnung führte, um Carlos festzunehmen, der dort gerade für eine Freundin eine Abschiedsparty gab, zögerte dieser nicht lange, holte einen Revolver hervor, eine russische Tokarev, und streckte in Sekundenbruchteilen einen nach dem anderen nieder. Zwei von ihnen waren auf der Stelle tot, der dritte wurde schwer verletzt. Danach richtete er die Waffe auf Moukarbal, den er offenbar für einen Verräter hielt, der ihm dieses Debakel beschert hatte. Dieser wusste offenbar, was nun geschehen würde. Er schien wie unter Schock zu stehen und versuchte sich nur noch die Augen zuzuhalten. Doch es gab keinen Ausweg. Ihn traf ein erstes Geschoss mitten zwischen die Augen und ein zweites, während er bereits zu Boden sank, in die Schläfe.

Als Einzelheiten des Blutbades bekannt wurden, machte sich unter den französischen Sicherheitsbehörden Bestürzung breit. Ein polizeilich wegen Terrorismusverdachts Gesuchter hatte sich nicht nur dem Zugriff entziehen können, sondern eindrucksvoll demonstriert, wie sich ein ebenso entschlossener wie kaltblütiger Mann, der bereits in der Falle zu sitzen schien, seiner Haut zu erwehren vermochte. Mit einem Schlag war der Mythos vom »Super-Terroristen Carlos« geboren. Dem Flüchtenden eilte seitdem ein Ruf wie Donnerhall voraus. Insbesondere in der englischen Presse war nach einem Thriller Frederick Forsyths fast nur noch von »Carlos – the Jackal« die Rede. In dem 1971 erschienenen Roman *Der Schakal* war es um einen kaltblütigen Auftragsmörder gegangen, der in den frühen sechziger Jahren ein Attentat auf den französischen Präsidenten Charles de Gaulle geplant hatte.[56]

Nach zahlreichen Recherchen, die die französischen Behörden im Anschluss an den Zwischenfall in der Rue Toullier durchführten und bei denen sich herausstellte, dass Carlos schon seit Längerem für die PFLP agierte und »mit Terroraktionen gegen Juden in Europa beauftragt gewesen« sein soll, kamen die Mitarbeiter des BKA zu dem Ergebnis: »Es ist davon auszugehen, dass BÖSE Mitglied des Untergrundnetzes MOUKARBAL/CARLOS war.«[57] Aus den Notizbüchern einer Geliebten von Moukarbal ging hervor, dass das Paar im Oktober 1974 in Begleitung eines Mannes namens »BESE« im Libanon war. Das BKA ging davon aus, dass es sich um eine nur leicht abweichende Schreibweise von Böse gehandelt haben müsse.

Weiter stellte sich heraus, dass ein *Kommando Mohammed Boudia* der RZ/PFLP für zwei am 26. August 1974 verübte Anschläge verantwortlich war, einen auf das El-Al-Büro in Frankfurt, einen anderen auf die Niederlassung einer Firma in Mannheim.[58] Für die RZ wurden weitere 15 Anschläge in der Zeit zwischen dem November 1973 und dem Juni 1976 aufgelistet, davon insgesamt sechs in West-Berlin.[59]

Überdeutlich wurde, dass die Gruppe um Carlos keineswegs nur über Verbindungen zur RZ verfügte, sondern auch über welche zur RAF und zur *Bewegung 2. Juni*. Es war ein weitgespanntes Netz, in das die verschiedensten terroristischen Organisationen eingespannt waren. Am Ende heißt es: »Der Fall CARLOS beweist ein international verflochtenes Netz von Terroristen mit Verbindungen nach Frankreich, Großbritannien und der Bundesrepublik Deutschland unter Beteiligung von Staatsangehörigen dieser Staaten sowie von Palästinensern, Venezolanern und Angehörigen der sogenannten ROTEN ARMEE Japans.«[60]

Wie wenig selbst einstige Frankfurter Gefährten Böse eine Karriere an der Seite eines sogenannten Super-Terroristen zugetraut hätten, wird im Erinnerungsband eines angesehenen Professors deutlich. Der Erziehungswissenschaftler und einstige Direktor des Frankfurter Fritz Bauer Instituts, Micha Brumlik, schreibt darin: »Hätte man mir damals gesagt, dass unser Kassierer, ein brummiger, rundlicher junger Mann […], den alle nur ›Boni‹ nannten, Wilfried Böse, 1976 eine Maschine der israelischen Fluggesellschaft El Al nach Entebbe entführen und jüdische Passagiere selektieren würde, oder dass jener blonde raffaelitische Pagenkopf, ›der Hannes‹, der riet, sich doch mal mit den Organisationsmodellen des Genossen Durutti und der spanischen Anarchisten auseinanderzusetzen, als Adlatus von Carlos, als Bombenleger Furcht und Schrecken verbreiten würde – ich hätte es nicht geglaubt.«[61] Brumlik war 1970 zusammen mit Böse und dessen Kompagnon, dem späteren Carlos-Vertrauten Hannes Weinrich, Mitglied in der bereits erwähnten *Föderation Neue Linke.*

Entebbe ante

Wohl kein anderer von einem Nachkriegsdeutschen verübter Terrorakt hat im Nachhinein für solches Aufsehen und für nachhaltigere Irritationen gesorgt als die Selektion von Entebbe. Der Name Böse wird immer mit dem Namen dieser ugandischen Stadt aufs Engste in Verbindung bleiben. Er ist so etwas wie das Brandzeichen, das seitdem auf dem ehemaligen Bamberger Schüler und Ansbacher Abiturienten lastet.

Um das Drama, das sich im Sommer 1976 abgespielt hat, angemessen beschreiben und in seinen Implikationen begreifen zu können, ist es erforderlich, auf einige Ereignisse und Zusammenhänge einzugehen, die verraten, dass es sich bei der damaligen Flugzeugentführung keineswegs um einen singulären Vorgang handelte.

Zunächst einmal kann es keinen Zweifel daran geben, dass Dr. Wadi Haddad jener Mastermind des auf die Niederlage im Sechs-Tage-Krieg im Juni 1967 folgenden palästinensischen Terrorismus gewesen ist. Der Christ und Arzt, der anfangs in der PFLP nur die zweite Geige hinter Dr. George Habbasch gespielt hatte, war überhaupt auf die Idee gekommen, mit Flugzeugentführungen den militärisch fortan als unbesiegbar geltenden Israelis von palästinensischer Seite immer wieder empfindliche Niederlagen zu bereiten. Seit 1970 soll er zudem dem sowjetischen Geheimdienst KGB als Agent gedient haben.[62] Die Zentrale seiner maßgeblich auf internationalen Söldnern aufgebauten Terrororganisation war in der irakischen Hauptstadt Bagdad angesiedelt. Er verfügte nicht nur über ein Trainingscamp in der Nähe von Aden, sondern auch über eine Dependance in Mogadischu, in der sich ein Jahr später nicht ganz zufällig die Entscheidung in der die Bundesregierung an den Rand einer Staatskrise bringenden Schleyer-Entführung abspielen sollte. In einer gewissen Parallele zur Befreiungsaktion der Israelis in Entebbe bedurfte es der Erstürmung der Lufthansa-Maschine »Landshut« durch die GSG 9, um die Geiselnahme bundesdeutscher Mallorca-Touristen, die sich in den Händen eines PFLP-Kommandos befanden, zu beenden.

Es begann im Januar 1976 erst einmal mit einem Zerwürfnis zwischen Wadi Haddad und Carlos. Zusammen mit dem immer noch an einer Schussverletzung leidenden Hans-Joachim Klein musste er nach Aden fliegen, um ihrem Chef Rechenschaft über die am 21. Dezember 1975 in Wien durchgeführte OPEC-Aktion abzuliefern. Haddad war stinksauer und warf Carlos nicht nur vor, dort eigenmächtig gehandelt, sondern die gesamte Operation »verraten« zu haben. Er drohte ihm offen, ihn vor ein Tribunal zu stellen und anschließend hinzurichten. Doch das geschah nicht, allerdings schloss Haddad ihn im Mai 1976 wegen Befehlsverweigerung aus der PFLP-SC aus.[63]

Nur kurze Zeit später kam es zu einem weiteren Fehlschlag von Haddads Organisation. Ende Januar verschwand auf einmal eine aus drei Palästinensern und zwei Deutschen bestehende Kommandogruppe der PFLP-SC, die einen Raketenangriff auf eine El-Al-Maschine am Flughafen von Nairobi hätte durchführen sollen, spurlos. Ihre Mitglieder waren, was Haddad zunächst nicht wissen konnte, in Kenia festgenommen und von Mossad-Agenten nach Israel gebracht und dort inhaftiert worden. Unter ihnen befanden sich Brigitte Schulz und Thomas Reuter, zwei mutmaßliche RAF-Mitglieder, und Abu Hannafeh, der als Haddads »rechte Hand« galt.[64]

Das alles änderte jedoch nichts daran, dass Haddad unverändert weitere Terroranschläge plante und in einem seiner Trainingscamps im Südjemen vor allem mit deutschen Terroristen weitere PFLP-SC-Kommandos zusammenzustellen begann.[65] Zu diesem Zeitpunkt hielt sich ein knappes Dutzend von RZ-Mitgliedern dort auf. Zu ihnen gehörten neben Hermann Josef Feiling, Hans-Joachim Klein, Magdalena Kopp, Rudolf Schindler und Gerd Schnepel auch Wilfried Böse und Brigitte Kuhlmann.[66] Die letzteren beiden waren nicht nur Kampfgefährten, sondern pikanterweise auch ein Ex-Liebespaar. Nach zwei, drei Jahren war ihre Beziehung wohl wegen Böses Untreue auseinandergegangen. Kuhlmann hatte sich anschließend mit Gerd Schnepel liiert, für den es eine besondere Herausforderung gewesen sein dürfte, dass nun seine Geliebte zusammen mit ihrem Ex-Lover zu einer besonders außergewöhnlichen Operation ausgewählt worden war. Für Böse und Kuhlmann wiederum schien das kein Problem zu sein. In einem besonderen Ausbildungslager erfuhren sie ein über mehrere Monate dauerndes Sondertraining für Flugzeugentführungen. Alles dafür Notwendige wurde minutiös durchgespielt:

wie es am besten gelingt, Waffen in eine Maschine zu schmuggeln,

wie man sich nicht von einem der Piloten durch technische Unkenntnis übers Ohr hauen lässt,

was die im Cockpit angezeigten Instrumente im Einzelnen bedeuten, wie man ein zuverlässiges Bild vom Kerosinverbrauch und von der noch vorhandenen Flugreichweite gewinnt,

dass es erforderlich sein kann, einen der Piloten bei Nichtbefolgung der Anweisungen zur Abschreckung zu erschießen,

wie man auch ohne Schlaf über Tage und Nächte hinweg durchzuhalten vermag und

wie man Geiseln durch eine Mischung aus Aggressivität und scheinbarem Entgegenkommen unter Kontrolle hält.

Das alles wurde nach anstrengenden Wochen noch einmal am Flughafen von Aden, der Hauptstadt des Südjemens, im Einzelnen durchexerziert.[67] Aus dem Gespann Böse und Kuhlmann waren in einem gewissen Sinne professionelle Highjacker geworden. Haddad hatte dafür gesorgt, dass eigentlich nichts mehr schiefgehen konnte. Ursprünglich hatte übrigens Carlos den Wunsch geäußert, die anstehende Flugzeugentführung zu kommandieren. Doch Haddad hatte das strikt abgelehnt. Da Carlos seinem Befehl, bei der Geiselnahme während der Wiener OPEC-Konferenz zwei Minister zu erschießen, nicht gefolgt war, hatte er kein Vertrauen mehr in ihn. In seinen Augen hatte Carlos Star-Allüren und so jemanden konnte er nicht gebrauchen. Kommandochef sollte Böse werden, dem man das nun nicht gerade zugetraut hätte.

Wie skrupellos Haddad, der längst die Entführung der Air France-Maschine konzipiert hatte, dabei vorzugehen bereit war, zeigte sich am 25. Mai 1976, als ein 25-jähriger Deutscher namens Bernd Hausmann, mit einer Maschine der Austrian Airlines aus Wien kommend, am Flughafen Lod dazu aufgefordert wurde, in einem separaten, für die Gepäckkontrolle reservierten Raum seinen Koffer zu öffnen. Darin befand sich Plastiksprengstoff, der umgehend explodierte und ihn zusammen mit der israelischen Sicherheitsbeamtin Marguerite Ben Yishi in Stücke riss. Hausmann, der einen auf den Namen »Hugo Müller« lautenden gefälschten niederländischen Pass bei sich trug, war jedoch kein Selbstmordattentäter. Haddad hatte den jungen, zuvor in einem seiner Trainingscamps ausgebildeten Deutschen böswillig getäuscht, indem er ihn beauftragte, einen Koffer nach Tel Aviv zu bringen, und ihn damit sozusagen als lebende Bombe in den Tod geschickt.[68] Sein völlig entstelltes Gesicht bildete der *Spiegel* dann zwei Jahre später in einem offenbar zur Abschreckung vor weiteren Söldnerdiensten für die PFLP veröffentlichten Artikel über die Geschichte der *Revolutionären Zellen* ab.[69] Ob Hausmann jedoch tatsächlich Mitglied der RZ war, gilt als ungeklärt.

Die Entführung des Air France-Airbus

Man schrieb den 27. Juni 1976. Mit einem Flug der Singapore Airlines trafen Böse und Kuhlmann, die sich als »Mr. Garcia« und »Mrs. Ortega« ausgaben, frühmorgens um kurz nach 6 Uhr in Athen ein. Sie wurden dort von zwei anderen Kommandomitgliedern mit arabischen Pässen bereits erwartet. Gemeinsam gingen sie im Laufe des Vormittags an Bord einer Air France-Maschine, die aus Tel Aviv gekommen war und nach einem Zwischenstopp nach Paris weiterfliegen sollte. Es war bekannt, dass die Sicherheitskontrollen am Flughafen der griechischen Hauptstadt besonders lasch waren. An diesem Tag kam noch ein Streik des Bodenpersonals hinzu, der dazu geführt hatte, dass auch die sonst obligatorischen Kontrollen nicht durchgeführt wurden. Die vier PFLP-Terroristen konnten also mit ihren Waffen völlig ungehindert an Bord gelangen und ihre Sitzplätze einnehmen.

Kurz nachdem der Airbus der Air France um 12 Uhr mittags gestartet war und über der griechischen Insel Korfu seine Flughöhe erreicht hatte, erhob sich Böse mit einem der Palästinenser, zog seine Waffe und drang durch die Sitzreihen der Ersten Klasse in das Cockpit vor. Die beiden Piloten hatten keine Chance, sich gegen die terroristische Übernahme zu wehren. Es dauerte nur wenige Augenblicke, bis Brigitte Kuhlmann, die mit einem Erste-Klasse-Ticket nur wenige Meter von ihnen entfernt gesessen hatte, sich erhob und über den Bordlautsprecher verkündete, dass nun das »Kommando Che Guevara« der »Gaza-Einheit« der PFLP die Kontrolle übernommen habe. Die 248 Passagiere mussten ebenso wie zehn der insgesamt zwölf Besatzungsmitglieder ihre Hände hochheben, einzeln nach vorne kommen und sich nach Waffen abtasten lassen. Es war bekannt, dass die Israelis seit 1969 aus Sicherheitsgründen zumindest an Bord der El-Al-Maschinen sogenannte Sky Marshals einsetzten, die bewaffnet waren und Terroristen im Notfall auf der Stelle unschädlich zu machen bereit waren. Da es bei einer aus Tel Aviv kommenden Maschine nicht auszuschließen war, dass sich solche Sicherheitskräfte auch an Bord einer anderen Fluggesellschaft befanden, wurde großen Wert auf eine derartige Leibesvisitation gelegt. Doch die Durchsuchung verlief negativ, keine der Geiseln führte Waffen mit sich.

Nachdem die Flugaufsicht des Athener Flughafens den Kontakt zu Flug 139 verloren hatte, herrschte allgemein Ratlosigkeit. Gab es einen Defekt, war sie abgestürzt oder aber etwa entführt worden? Um 13 Uhr 30 erfuhr Ministerpräsident Jitzak Rabin während einer Kabinettsitzung davon. Als sein Sicherheitsdienst die Passagierliste durchgesehen hatte, ahnte er bereits, was geschehen war. Angesichts der Tatsache, dass sich an Bord der Air France-Maschine rund hundert Juden und mindestens zwei Araber befanden, musste er sich auf das Schlimmste gefasst machen. Man kam jedenfalls nicht umhin, einen Krisenstab einzurichten und erste nötige Schritte auf die wohl erforderlichen Maßnahmen in Angriff zu nehmen.

Mittlerweile waren die Entführer längst von der Route abgewichen und hatten Kurs auf die libysche Küste genommen. Die Maschine landete auf dem Flugplatz von Bengasi, nicht ohne die Geiseln zuvor zu warnen, dass alle Türen mit Minen versehen worden waren und Fluchtversuche deshalb zwecklos seien. Während der Airbus aufgetankt wurde, gelang es einer israelischen Geisel, die einen britischen Pass besaß, mit einem Trick freigelassen zu werden. Sie hatte über starke Blutungen durch eine Schwangerschaft geklagt. Offenbar wollten die Entführer nicht für den Tod einer Passagierin verantwortlich sein und ein negatives Präjudiz für Verhandlungen schaffen. Sie ließen sie deshalb kurzerhand frei und nach London fliegen. Dies ermöglichte es dem Mossad wiederum, in Kooperation mit Scotland Yard erste zuverlässige Informationen von der Anzahl der Entführer und der Zusammensetzung ihrer Gruppe zu erfahren. Von diesem Moment an war der israelischen Regierung klar, dass es nur einen geben könne, der hinter einer solchen Aktion steckte: Wadi Haddad, der wohl gefährlichste aller palästinensischen Terroristen.

Der 28. Juni hatte bereits begonnen, als die entführte Maschine mitten in der Nacht Tausende von Kilometern weiter südlich landete. Zielort der Entführungsaktion war offenbar eine Stadt namens Entebbe in Uganda. Die ehemalige Hauptstadt des zentralafrikanischen Landes dürfte kaum jemand gekannt haben, weder von ihrem Status noch von ihrer genaueren geographischen Lage her. Ihre Bedeutung hatte darin bestanden, dass ein britischer Kolonialbeamter die auf einer in den Viktoriasee hineinragenden Halbinsel an Einwohnern nicht sonderlich große Stadt 1893 zum Verwaltungssitz des erst 1962 in die Unabhängigkeit entlassenen britischen Protektorats gemacht hatte. Da dies alles aber nur eine nach innen gerichtete landesspezifische Bedeutung hatte, war die Stadt auch international weitgehend unbekannt. Lediglich die Tatsache, dass dort in den dreißiger Jahren einige Hollywood-Filme gedreht worden waren, hat in cineastischen Kreise für eine gewisse Bekanntheit gesorgt. Im Botanischen Garten waren die Außenaufnahmen für die seinerzeit weltweit populären »Tarzan«-Filme mit dem einstigen Schwimm-Olympiasieger Johnny Weissmüller in der Hauptrolle gedreht worden. Aber das war eigentlich nicht mehr als eine Fußnote in der Geschichte des Trivialfilms.

Auf dem Flugplatz von Entebbe stießen sechs weitere Männer, allesamt Palästinenser, zu den Entführern hinzu. Böse forderte alle Geiseln auf, das Flugzeug zu verlassen und sich in die Empfangshalle des Flughafens zu begeben. Es sei für alles gesorgt und sie sollten sich nicht beunruhigen. Als sie dem Folge leisteten, mussten sie feststellen, dass überall ugandische Soldaten bereit standen, um jeden ihrer Schritte zu überwachen. Dies war ganz offensichtlich Indiz für eine Komplizenschaft des ugandischen Präsidenten mit den Terroristen, einem Militärdespoten namens Idi Amin, der in seinem Land während seiner acht Jahre dauernden Amtszeit über 300 000 Oppositionelle ermorden ließ. Böse, Kuhlmann und die anderen Entführer konnten sich hier auf dem Flughafengelände offenbar völlig sicher fühlen. Einerseits hatten sie die Geiseln in ihren Händen und andererseits sicherte das ugandische Militär alles um sie herum ab. Eine Gefährdung durch irgendeine Gegenaktion war nicht zu befürchten. Dafür lag Entebbe für die Franzosen wie auch für die Israelis einfach viel zu weit weg.

In einer Ansprache erklärte Böse, dass sie die Maschine nur deshalb in ihre Gewalt gebracht hätten, weil sie die internationale Öffentlichkeit damit auf die von Israel an den Palästinensern begangenen Verbrechen aufmerksam machen wollten. Er forderte im Namen seines Kommandos die Freilassung von 53 »Freiheitskämpfern«, die sich, wie es hieß, »für die palästinensische Sache« eingesetzt hätten – 40 in israelischen Gefängnissen, sechs in bundesdeutschen, fünf in kenianischen und jeweils einen beziehungsweise eine in Frankreich und in der Schweiz. Bei den Deutschen handelte es sich um Gefangene der RAF ebenso wie solche der *Bewegung 2. Juni* – genauer um Ingrid Schubert, Werner Hoppe, Inge Viett, Ralf Reinders, Jan-Carl Raspe und den einstigen Kommunarden Fritz Teufel. Auffällig war, dass sich darunter weder Andreas Baader noch Gudrun Ensslin befanden, das Führungsduo der RAF, das seit dem April des Vorjahres in Stammheim vor Gericht stand.

Am 28. Juni wurde in den Abendstunden schließlich im Terminal eine Selektion unter den Geiseln durchgeführt. Auf einem Tisch lagen zwei Stapel von Pässen, die von israelischen und die von nicht-israelischen Passagieren. Der Anführer hielt eine Liste in seinen Händen und rief sie einem nach dem anderen auf. Während durch diesen Trennungsakt die Nicht-Israelis freigelassen wurden und zu ihrem ursprünglichen Zielflughafen nach Paris fliegen konnten, mussten die israelischen Passagiere durch eine zuvor gebrochene Wandöffnung klettern und auf diese Weise separiert als Geiseln den weiteren Verlauf abwarten. Da sich der französische Flugkapitän Michael Bacos weigerte, die Israelis im Stich zu lassen, blieb er zusammen mit seiner Crew allen damit verbundenen Gefahren zum Trotz an ihrer Seite.

Die Geiselnehmer drohten damit, das Flughafengebäude zu sprengen und die restlichen Geiseln umzubringen, wenn ihrer Forderung nach Freilassung der inhaftierten »Kampfgenossen« nicht nachgegeben werde.

Die aus Tel Aviv stammende Sara Davidson, die zusammen mit ihrem Mann und ihren beiden Kindern in die USA fliegen wollte, hat kurze Zeit später beschrieben, wie sie diese Situation erlebte: »Der Deutsche Wilfried Böse, der während des Flugs von Athen nach Entebbe als Chef der Hijacker fungiert hatte, war in der Halle erschienen, ein Megaphon in der Hand. Seine Stimme klang entspannt und beruhigend: ›Ich werde jetzt die Namen der hier Anwesenden verlesen. Wenn Sie Ihren Namen hören, stehen Sie auf und gehen hinüber in den Nebenraum. Wir haben ihn für Sie freigemacht, damit Sie nicht so gedrängt zusammensitzen müssen. Es hat nichts mit der Nationalität zu tun.‹ Eine tödliche Stille lag über dem Terminal. ›Es hat nichts mit der Nationalität zu tun.‹ Da war keine weitere Erklärung mehr nötig. Die 241 Gefangenen verspürten einen kalten Schauer. ›Hana Cohen‹, las Böse aus dem ersten blauen Paß. Hana blickte ihren Mann und ihre Kinder an und ging hinaus. Die Selektion hatte begonnen, und sie dauerte fort bis in die Nacht. 49 Männer, Frauen und Kinder blieben in der Halle zurück, alle übrigen, mit ihnen die Mannschaft des Flugzeugs, traten den unheilvollen Gang in den anderen Raum an, vorbei an der bewaffneten deutschen Terroristin, die der Prozedur ungerührt zusah.

Als Israels Verteidigungsminister Peres am anderen Morgen die Meldung bekam, hatte er Mühe, die Fassung zu bewahren. ›Da seht ihr, wohin es mit dem Zionismus gekommen ist‹, sagte er zu seinen Mitarbeitern. ›Da stehen zwei verdammte Deutsche mit Pistolen und wiederholen die Szene der Endlösung: Juden zur Linken, die andern zur Rechten! Sie machen ›Selektion‹ – mit uns!‹«[70] Das war Ausdruck tiefsitzender Empörung, zugleich aber auch als eine Art Weckruf gedacht, endlich die Dinge in die Hand zu nehmen, die in seinen Augen in einer solchen Situation allein angebracht zu sein schienen.

Peres war von Anfang an im Kabinett als Hardliner aufgetreten.

Er hatte bereits vor Bekanntwerden der Selektion eine militärische Lösung favorisiert. Als sein Gegenspieler war Kabinettschef Itzak Rabin aufgetreten, der sich für eine Lösung auf dem Verhandlungsweg, eine diplomatische Lösung, ausgesprochen hatte. Er wollte, dass Frankreich, dem ja die Verantwortung für den gekaperten Airbus oblag, die Rolle des mit den Entführern in Kontakt tretenden Verhandlungspartners einnehmen sollte. Zu diesem Zweck hatten sich die Aktivitäten zunächst auf die israelische Botschaft in Paris konzentriert, die mit dem von der französischen Regierung eingerichteten Krisenstab in ständiger Verbindung stand. Zu den Kontaktleuten zählte im Übrigen auch Avi Primor, der spätere israelische Botschafter in der Bundesrepublik.

Sara Davidson kam noch ein paar Mal mit Böse ins Gespräch. Die Autoren einer Rekonstruktion, die bereits nach wenigen Monaten in Israel erschien, schildern einen der mit ihm geführten Wortwechsel: »Er lächelte, wenn er sie sah, so als wären sie alte Freunde. Sara hatte keinen Zweifel: Dieser Deutsche war der gefährlichste der Entebbe-Terroristen, gerade wegen seiner Ruhe, seines Lächelns, seiner guten Manieren. Immer wieder in den letzten drei Tagen hatte Sara darüber nachgedacht, was diese besondere Wirkung Böses ausmachte. Jetzt wusste sie die Antwort: Es war leicht, Menschen irrezuführen, die so sehr am Leben hingen. Sie hatte nie ganz begreifen können, warum die Juden nicht gegen ihre Nazi-Unterdrücker zu den Waffen gegriffen hatten – Entebbe und Wilfried Böse, dieser korrekte, liebenswürdige junge Mann, gaben ihr die Antwort. ›Sagen Sie doch bitte‹, sprach sie ihn an diesem Donnerstag an, ›was empfinden Sie, wenn Sie mit einer geladenen Maschinenpistole Frauen und Kinder bedrohen? Warum kämpfen Sie nicht gegen unsere Soldaten?‹ Böse lächelte. ›Glauben Sie mir‹, sagte er, ›ich habe ein sehr schlechtes Gefühl dabei …‹ […] ›Und was werden Sie tun, wenn der Krieg im Nahen Osten vorbei ist?‹, fragte Sara. Wilfried Böse […] errötete. Es war, als scheue er die Antwort. ›Ich weiß‹, sagte er, ›ich werde mein Leben mit einer Kugel im Kopf beenden, oder im Gefängnis. Und ich habe das Gefühl, dass das bald geschieht.‹«[71] Es muss ihm wohl so vorgekommen sein, als könnte die dunkelste Zeile aus seinem Lieblingssong »American Pie« – der im Refrain immer wieder auftauchende Satz »This will be the day that I die« – nun auch für ihn schreckliche Wirklichkeit werden.

Böses Kontroverse mit einem Auschwitz-Überlebenden

Anders noch verlief ein Gespräch, das ein Holocaust-Überlebender mit Böse führte. Fast schien es so, als hätten die beiden eine Debatte geführt, wie sie sich dann erst nach dem Ende des Entebbe-Dramas auch in der Öffentlichkeit Bahn gebrochen hat. Wilfried Böse selbst war es, der sich wohl aus eher moralischen Gründen gezwungen sah, mit einem Auschwitz-Überlebenden über seine Beweggründe als Terrorist zu sprechen. Ilan Hartuv war eine der Geiseln, die sich Jahrzehnte später noch an diese denkwürdige Begegnung erinnern sollte.[72]

»Ich dachte, wir sollten bei der erstbesten Gelegenheit mit Böse sprechen«, hatte Hartuv den Holocaust-Überlebenden Yitzhak David zu ermuntern versucht, »wegen des letzten Satzes, den er während des Fluges in einer Rede an uns gerichtet hatte.« Böse hatte gesagt: »Nun verstehen Sie wie das Hirn eines verrückten deutschen Revolutionärs tickt.« David ließ sich darauf ein. Er zeigte Böse die auf seinem Arm eintätowierte Nummer und sagte zu ihm auf Deutsch: »Ich habe mich getäuscht, als ich meinen Kindern erklärte, mittlerweile gebe es ein anderes Deutschland. Wenn ich sehe, was Sie und Ihre Freunde hier Frauen, Kindern und älteren Menschen antun, dann begreife ich, dass sich in Deutschland gar nichts verändert hat.«[73]

Böse, der bis dahin ruhig und entschlossen gewesen sei, sei in diesem Augenblick bleich geworden und habe sogar gezittert. Die Antwort, die er dann seinem Gegenüber gab, habe gelautet: »Da liegen Sie verkehrt. Ich habe in Westdeutschland Terrorakte durchgeführt, weil das dort herrschende Establishment Nazis und Reaktionäre in ihren Dienst genommen hat. Ich weiß außerdem, dass die Jordanier im September 1970 mehr Palästinenser als die Israelis getötet haben, ebenso wie die Syrer zuletzt in Tel al-Zaatar. Meine Freunde und ich sind hier, um den Palästinensern zu helfen, weil diese die Underdogs sind. Sie sind die Leidtragenden.«[74]

Daraufhin habe ihm Yitzhak David mit einer Mischung aus Ironie und Sarkasmus geantwortet: »Na, wenn die Palästinenser ihr Versprechen erfüllen und uns ins Meer werfen, dann werden wir zu Ihnen kommen, um uns dabei helfen zu lassen, arabische Flugzeuge zu kapern.«[75] Unglaublich, wie ein solcher Mann in einer solchen Situation offenbar noch dazu in der Lage war, auf diesen Rechtfertigungsversuch zu reagieren.

Die »Selektion«

Das Ultimatum sollte am 4. Juli um 12 Uhr mittags ablaufen. Nachdem der israelische Generalstabschef Mordechai Gur seiner Regierung ein detailliertes Programm für eine Befreiungsaktion vorgelegt hatte, willigte das Kabinett trotz erheblicher Zweifel ein. Das Luftlandeunternehmen war formal betrachtet nicht nur illegal, weil es einen Bruch des internationalen Völkerrechts darstellte, es barg auch ein nicht unerhebliches Risiko zu scheitern in sich. Entscheidend dafür, alle Bedenken zu überwinden, war das, was Verteidigungsminister Peres zuvor erklärt hatte: In Entebbe hätten Terroristen eine »Selektion« durchgeführt. Deutsche, dieses Mal Vertreter der Nachkriegsgeneration, »wiederholen die Szene der Endlösung«, führten Auschwitz noch einmal durch. Es ging den Israelis offenbar darum, dies unbedingt zu verhindern.[76]

Doch stimmte das auch? Handelte es sich in Entebbe tatsächlich um eine Wiederholung, genauer ein Reenactment jener »Selektion«, wie sie von der SS zwischen 1941 und 1944 in Auschwitz immer und immer wieder durchgeführt worden war? In einem wortwörtlichen Sinne konnte das nicht zutreffen.

Denn jedem, der sich etwas näher mit der Praxis der SS-Schergen in Auschwitz befasst hatte, musste klar sein, dass dort an der berüchtigten Rampe nach der Ankunft der Deportierten *keine* Selektion zwischen Juden und Nicht-Juden durchgeführt worden war. Das war längst vorher geschehen, im Deutschen Reich, in Frankreich, in Ungarn, in Griechenland oder sonst irgendwo im Herrschaftsbereich der Nazis. Unterschieden wurde in Auschwitz zwischen jenen, die noch arbeitsfähig zu sein schienen und der eindeutigen Mehrzahl jener, die gleich in die Gaskammern getrieben wurden. Die Rampe war, wie das der Soziologe Wolfgang Sofsky einmal auf den Begriff gebracht hat, die »erste Station des fabrikmäßigen Völkermords«.[77] Die dort vorgenommenen Selektionen waren ein funktionales Instrument, um eine möglichst effektive Organisierung der Vernichtungslager zu erreichen. Sie seien der Angelpunkt zwischen dem Lager als einem sozialen System und dem Vernichtungsprozess selbst gewesen.

Das Bild, das die israelische Regierung nach den ersten Nachrichten vom Schauplatz gewonnen hatte, war also nicht ganz zutreffend. Gleichwohl bildete es *das* Narrativ, dem die meisten in den ersten Jahrzehnten folgten. Doch am 35. Jahrestag des Geschehens wurde das vehement in Frage gestellt. In dem bereits zitierten *Haaretz*-Interview mit Ilan Hartuv erklärte dieser, dass es an Bord der Air France-Maschine keine Selektion zwischen Juden und Nicht-Juden gegeben habe. Er stellte deshalb fest: »Entebbe war nicht Auschwitz.«[78]

Nach alledem, was über Hartuvs Darstellung hinaus auch durch weitere Berichte ehemaliger Geiseln bestätigt werden kann, hat Böse in der Tat also israelische von nicht-israelischen Passagieren getrennt. Dazu würde auch passen, dass sich unter den Freigelassenen auch Juden befunden haben sollen. Sie kamen offenbar deshalb rechtzeitig in Sicherheit, weil man bei ihnen keine israelischen Pässe fand. Die Sache dürfte in Wahrheit aber noch komplizierter gewesen sein. Denn es scheint eine Ausnahme und insofern auch einen Beleg für die Durchbrechung des Schemas gegeben zu haben. Wie Hartuv in einem anderen, bereits im März 2008 in Jerusalem geführten Gespräch verriet, war ein orthodoxer Jude französischer Nationalität von Brigitte Kuhlmann der Gruppe der israelischen Geiseln zugerechnet und ebenfalls abgesondert worden.[79]

Damit hätte es mindestens in einem Falle doch eine nach antisemitischen Kriterien von einem deutschen Kommandomitglied vorgenommene Selektion gegeben. Doch selbst wenn es sich in diesem um eine irrtümliche Erinnerung gehandelt haben sollte, dann würde das hier als Allgemeinprinzip wiedergegebene Schema der Selektion qua Staatsbürgerschaft nicht einfach als Ausschließung des Antisemitismus als handlungsanleitend interpretiert werden können. Denn auch bei einer Selektion nach Nationalität ginge es in einem impliziten Sinne immer noch um einen hohen Anteil jüdischer Geiseln. Zwar leben in Israel bekanntlich nicht nur Juden, sondern auch etwa ein Drittel an Bürgern arabischer Herkunft, jedoch versteht sich der drei Jahre nach dem Ende des Zweiten Weltkriegs und dem Holocaust gegründete Staat Israel ganz unmissverständlich als jüdischer Staat. Insofern müssen auch alle in dieser Hinsicht vorgenommenen Unterscheidungen zwischen Antizionismus und Antisemitismus, die von späten Anhängern des bewaffneten Kampfes bis auf den heutigen Tag in die Debatte geworfen werden, als nur zu durchsichtige Versuche zurückgewiesen werden, die in Entebbe durchgeführte Selektion als »bloß« antiisraelisch, anstatt antisemitisch motiviert darstellen und insofern nachträglich zumindest abmildern und entkräften zu wollen.[80] Im Übrigen hat die bereits zitierte Sara Davidson im Sommer 2016 anlässlich einer Ausstellung zum Entebbe-Drama ihre Darstellung noch einmal bekräftigt, dass es dort um eine Trennung zwischen jüdischen und nicht-jüdischen Geiseln gegangen sei. Mit anderen Worten, unter den damals Befreiten herrscht in dieser Frage alles andere als Einigkeit.

Die israelische Befreiungsaktion

Angesichts der knappen Zeit war es unklar, ob eine Befreiungsaktion überhaupt durchgeführt werden konnte. Erst als der Krisenstab erfuhr, dass Radio Uganda die Nachricht verbreitete, die Entführer würden hundert Geiseln freilassen, einerseits zur geforderten Freilassung ihrer Gesinnungsgenossen ein Lösegeld in Höhe von fünf

Millionen Dollar fordern, andererseits aber das Ultimatum noch bis zum 4. Juli verlängern, glaubte man das Unternehmen starten zu können. Die Entscheidung war durch eine Meldung des Geheimdienstes nachhaltig bestärkt worden. Der Mossad hatte ein Telefonat abgefangen, das Haddad von Mogadischu aus mit seinem PFLP-Kommando in Entebbe geführt hatte. Danach soll der Chef der PFLP-SC Böse eingeschärft haben, dass die verbliebenen Geiseln auf jeden Fall zu ermorden seien, selbst dann, wenn die eigenen im Gefängnis sitzenden Kampfgefährten wie gefordert freigelassen worden wären.[81]

Die Befreiungsaktion war trotz der erforderlichen Eile und der Unberechenbarkeit der Terroristen geradezu planstabmäßig vorbereitet worden. Erst einmal hatte man den Terminal des Flughafens am Rande einer Luftwaffenbasis maßstabsgetreu als Modell nachgebaut, um den Einsatz möglichst präzise vorbereiten und in allen erforderlichen Einzelheiten trainieren zu können. Dabei kam ihnen zu Hilfe, dass die Beziehungen Israels zu dem ugandischen Regime und seinem Machthaber bis zum Jahr 1972 ausgesprochen gut gewesen waren und sogar zu einem Empfang Idi Amins durch Ministerpräsidentin Golda Meir geführt hatten. Von besonderem Vorteil war zudem, dass der Flughafen von Entebbe von israelischen Architekten erbaut worden war und diese deshalb auch noch den letzten Schlupfwinkel im Gebäudetrakt kannten.

Für die Erstürmung des Terminals, in dem die Geiseln festgehalten wurden, hatte man einen Zeitraum von nicht mehr als sieben Minuten geplant. Um das schaffen zu können, wurde dieser Akt im Rahmen der Gesamtoperation ein ums andere Mal mit der Stoppuhr trainiert. Als ein geradezu filmreifer Trick wurde vorgesehen, aus dem Bauch eines Transportflugzeugs nach der Landung in Entebbe eine schwarze Mercedes-Limousine herausfahren zu lassen, um die zur Bewachung eingesetzten ugandischen Soldaten zu täuschen. Man hatte zuvor erfahren, dass sich Idi Amin bei seinen Besuchen auf dem Flughafengelände immer mit einem solchen Wagen chauffieren ließ. Und nun sollten sich Angehörige einer Spezialgruppe an seiner und seiner Leibwächter Stelle darin verstecken.

Da Entebbe von Tel Aviv nicht weniger als 3500 Kilometer entfernt ist und diese Distanz nicht in einem Schritt zu bewältigen war, stand man vor dem Problem, irgendwo einen Zwischenstopp zum Auftanken einlegen zu müssen. Da man über gute Beziehungen zum ugandischen Nachbarstaat Kenia verfügte, entschied man sich nach vorherigen Abmachungen für den Flughafen in dessen Hauptstadt Nairobi. Um nicht Gefahr zu laufen, dass auf dem Flug dorthin unbeteiligte Dritte Verdacht schöpften und per Funk in alle Welt verbreiteten, wurden den Piloten zwei Auflagen gemacht: Sie durften auch untereinander keinerlei Funkverkehr üben und sie mussten ihre Maschinen in einer so niedrigen Flughöhe bewegen, dass sie nicht durch die Radarsysteme eines der zu überfliegenden Länder geortet werden konnten.

Am 3. Juli gegen 16 Uhr war es schließlich so weit. Die »Operation Thunderbird« konnte beginnen. Von dem bei Tel Aviv gelegenen Flughafen Lod aus starteten vier mit Tarnfarbe angestrichene Lockheed-Transportmaschinen vom Typ Hercules C-130. Zwei Boeing 707 ohne Hoheitszeichen, eine mit den Offizieren des Generalstabs, folgten ihnen. Gegen 23 Uhr landeten die ersten beiden der wuchtigen Hercules-Maschinen auf dem alten Flugplatz von Entebbe. Aus der ersten rollte wie geplant die Idi Amins Staatskarosse zum Verwechseln ähnelnde schwarze Mercedes-Limousine heraus, in der sich nun Mitglieder der dem militärischen Geheimdienst *Aman* unterstehende Anti-Terroreinheit *Sayeret Matkal* befanden, darunter auch ihr 30-jähriger Kommandeur Jonathan Netanjahu.[82] Dabei trat unerwartet ein überaus ernstes Problem auf. Denn als der Wagen in Richtung Terminal fuhr, tauchte auf einmal ein ugandischer Soldat auf. Um nicht Gefahr zu laufen, von ihm mit dessen Kalaschnikow beschossen zu werden, versuchte ihn Netanjahu durch Schüsse aus seiner mit einem Schalldämpfer ausgestatteten Pistole auszuschalten. Der verwundete Soldat schoss jedoch zurück, bevor er getötet wurde, und alarmierte so die am Terminal postierten Wachen. Damit war der beabsichtigte Überraschungseffekt zwar nicht ganz zunichte, so doch geschmälert worden. Die Schießerei konnte beginnen.

Die Kommandoaktion, die unter der Führung von Brigadegeneral Daniel Shomron stand, soll insgesamt nicht länger als 90 Minuten gedauert haben. An ihr sollen 48 Fallschirmjäger, eine Bezeichnung, mit der offenbar die Beteiligung der erwähnten Anti-Terroreinheit kaschiert werden sollte, und 100 Soldaten beteiligt gewesen sein.

Als die ersten ganz in schwarz gekleideten Männer der Sayeret Matkal in die Empfangshalle vorstießen, brach ein großes Chaos aus. Sie riefen den Geiseln mehrfach kurz hintereinander zu: »Runter! Auf den Boden!« Doch niemand konnte in der Situation sicher sein, wer letztlich auf wen schoss. So konnte es kaum ausbleiben, dass auch Falsche getroffen wurden. So erschoss man mit dem erst 19-jährigen Jean-Jacques Maimoni eine Geisel, weil man ihn fälschlicherweise für einen der Terroristen gehalten hatte. Und als der 52-jährige Holocaust-Überlebende Pasko Cohen ihm zu Hilfe eilen wollte, wurde auch er von Schüssen getroffen und erlag später seinen dabei erlittenen Verletzungen.

Einigen der Palästinenser gelang es, das Feuer für ein paar Minuten zu erwidern. Doch es dauerte nicht lange, bis sie unter dem Kugelhagel der Israelis zusammenbrachen. Auch Wilfried Böse und Brigitte Kuhlmann besaßen angesichts des Überrumpelungseffekts und der geballten Macht der israelischen Spezialeinheit keinerlei Chance.[83] Die Berichte über ihren Tod gehen auseinander. In einem heißt es, dass sie gerade in ein Gespräch mit ugandischen Offizieren verwickelt gewesen seien, als die ersten Elitesoldaten den Terminal erreichten. Während Kuhlmann noch versucht habe, das Magazin in ihre Kalaschnikow zu schieben, bevor sie getroffen worden sei, habe Böse auf eine merkwürdige Art unentschieden, ja paralysiert gewirkt. Er habe die Geiseln zu warnen versucht, als er die ersten Schüsse hörte und mit seiner eigenen Waffe nicht auf sie, sondern auf die Soldaten zu schießen versucht. Das könne jedoch nur ein kurzer Moment gewesen sein, bevor er ebenfalls tödlich getroffen zu Boden gegangen sei.

In eine ganz ähnliche Richtung zielte eine in manchen Einzelheiten jedoch abweichende Beschreibung, die die schwedische Stewardess Ann-Carine Franking, die ebenfalls zu den Geiseln gehörte, nur wenige Tage nach der Rettungsaktion in einem Interview mit dem *Stern* gemacht hat: »Der Deutsche mit Namen Böse war sehr, sehr nett. Als die Schießerei begann, stammelte er: ›Das habe ich nicht gewollt.‹ Er hätte die Sache niemals mitgemacht, wenn er gewusst hätte, dass geschossen werde. Als er dies sagte, hatte er eine Handgranate in der Hand. Unsere Gruppe rief ihm zu, er solle sie zum Fenster hinauswerfen. Das tat er. Wir hörten, wie die Handgranate draußen explodierte, und sahen, wie Böse zur gleichen Zeit von Schüssen getroffen wurde.«[84] Letztlich wurden alle Angehörigen des PFLP-Kommandos erschossen, darunter auch Jagal Naji al Aga, ein enger Freund Wadi Haddads. Dieser soll sich unbestätigten Meldungen zufolge selbst auf dem Flughafen von Entebbe befunden und das dramatische Geschehen von einem nahe gelegenen Hügel aus beobachtet haben.

Die befreiten Geiseln wurden, nachdem zur Sicherung des Rückflugs vorsorglich auch elf Düsenjäger der ugandischen Luftwaffe zerstört worden waren, zunächst zum Flughafen in Nairobi ausgeflogen, wo man die Verwundeten erst einmal medizinisch versorgte, um sie dann von einer als fliegendes Lazarett ausgestatteten vierten Hercules-Maschine nach Israel zurückzubringen. Eine der jüdischen Geiseln, die 75-jährige Britin Dora Bloch, die man zuvor wegen einer Luftröhrenverstopfung in ein ugandisches Hospital gebracht hatte, wurde kurze Zeit später ermordet in einem Wald nahe der Hauptstadt Kampala aufgefunden. Dies soll im Auftrag Idi Amins geschehen sein. Es heißt, er habe sich damit für die israelische Militäraktion, bei der auch eine unbekannte Zahl ugandischer Soldaten – die Rede ist von 20 bis 100 Opfern – zu Tode kam, rächen wollen. Erst während des Rückflugs wurde den Befreiern klar, dass im Zuge ihrer Aktion nicht nur irrtümlicherweise Geiseln, sondern zu aller Tragik auch der bereits erwähnte Kommandeur der Sayeret Matkal, Oberstleutnant Jonathan »Yoni« Netanjahu, ums Leben gekommen war. Auf ihn hatte ein ugandischer Scharfschütze vom Tower aus gezielt und ihn getötet.

Die ersten Reaktionen

Bereits am 5. Juli 1976 wurden erste Reaktionen deutlich, in denen sich die jeweiligen Haltungen manifestierten. In ihnen ging es vornehmlich um die beiden zentralen Punkte des Entebbe-Dramas: die Selektion und als Antwort darauf die israelische Befreiungsaktion:

Verteidigungsminister Schimon Peres erklärte auf einer Pressekonferenz in Tel Aviv, auf der Mordechai Gur, der Oberbefehlshaber der Streitkräfte, eine erste Bilanz zog, in Entebbe habe sich zum ersten Mal gezeigt, dass »[…] ein Staat und ein Präsident, Idi Amin, mit Flugzeugentführern und Terroristen kooperieren, um durch Morddrohungen einen anderen Staat zu erpressen«.[85]

Ministerpräsident Yitzhak Rabin, der 1995 tragischerweise Opfer eines von einem jüdischen Fundamentalisten verübten Attentats werden sollte, erklärte im staatlichen Fernsehen: »Israel hat sich entschlossen, alle Terroristenaktionen mit Gewalt zu beantworten und niemals nachzugeben.«[86] Damit wurde eine kompromisslose Position konstatiert, die bereits vorher zwar schon zu erkennen war, aber in dieser Entschiedenheit stärker als je zuvor formuliert und seitdem nie wieder revidiert wurde. Ein Sprecher der *Fatah* kündigte an, dass seine Organisation in Zukunft Israelis gegenüber rücksichtslos vorgehen werde. Seine Landsleute, glaubte er sich beklagen zu können, hätten lernen müssen, dass die Israelis, wenn sie Verhandlungsbereitschaft zeigten, die Palästinenser in Wirklichkeit hinters Licht führen wollten. Der ägyptische Außenminister Ismail Fachmi erklärte in Kairo, dass die israelische Militäraktion nichts anderes als den »Terrorismus des zionistischen Staates« widerspiegle und UN-Generalsekretär Kurt Waldheim, der 1986 bei Antritt seines Amtes als österreichischer Staatspräsident eine jahrelange Affäre auslösen sollte, weil er unter Verdacht geriet, als Offizier der deutschen Wehrmacht Kriegsverbrechen begangen zu haben, signalisierte keinerlei Anteilnahme mit den Opfern der vom ugandischen Staat unterstützten palästinensischen Geiselnahme, sondern warf Israel eine »flagrante Verletzung der Souveränität« eines UN-Mitgliedsstaates vor und kündigte deshalb die Einberufung des Weltsicherheitsrates an. Er befand sich gerade auf dem Rückflug von der OAU-Gipfelkonferenz in Mauritius, an der vorübergehend auch Idi Amin teilgenommen hatte.

Das sind vier besonders wichtige Statements aus einem umfangreichen Spektrum spontaner Reaktionen. Wichtiger ist es allerdings, auf eine terroristische Gegenreaktion und die längerfristigen Folgen insgesamt zu verweisen.

Es war naheliegend, dass entweder die Palästinenser oder aber die *Revolutionären Zellen* nach Rache rufen würden. So war es zumindest für die israelischen Sicherheitskräfte nicht überraschend, dass es am 11. August 1976 zu einem erneuten Terroranschlag kam, der mit der Entebbe-Aktion in Verbindung gebracht wurde. Zwei palästinensische PFLP-SC-Mitglieder eröffneten auf dem Flughafen in Istanbul mit Maschinengewehren das Feuer und warfen Handgranaten auf Passagiere, die auf den Aufruf ihres El-Al-Fluges nach Tel Aviv warteten. Vier Personen kamen dabei ums Leben, über 20 wurden verletzt. Die Täter, die als Mehdi Mohammed Zihl und Hussein Mohammed al-Raschid identifiziert werden konnten, sagten bei ihrer Vernehmung durch die türkische Polizei aus, dass ihre Waffen und Pässe aus Libyen stammten und ihr Ziel »Rache für Entebbe« gewesen sei.[87]

Die Folgen

Längerfristig waren – und sind es zum Teil noch immer – fünf ganz unterschiedliche, aber höchst gravierende Folgen des Entebbe-Dramas, die die damalige Flugzeugentführung zeitigte. Dabei stechen die Israel und seine Haltung gegenüber dem Terrorismus betreffenden besonders hervor:

1. Eine allgemeinpolitische Folge, die den Staat Israel in eine rechtsnationalistische Richtung drängte und eine friedliche Lösung des Nahostkonflikts trotz des 1978 abgeschlossenen Camp-David-Abkommens und des ersten Oslo-Abkommens von 1993 sowie des zweiten von 1995 dauerhaft unterminierte und auf unabsehbare Zeit unmöglich gemacht hat. Das hing nicht zuletzt damit zusammen,

dass der drei Jahre jüngere Bruder des bei der Befreiungsaktion ums Leben gekommenen israelischen Oberstleutnants Jonathan Netanjahu noch im selben Jahr in Jerusalem das »Jonathan Institute« zur Erforschung des internationalen Terrorismus gegründet und mit diesem 1979 und 1984 zwei Konferenzen organisiert hat, an denen zahlreiche westliche Experten, aber auch führende Politiker wie der damalige US-Außenminister George P. Shultz, teilnahmen. Nach einem längeren Aufenthalt in den USA entschloss sich Benjamin Netanjahu schließlich 1988, in die Politik zu gehen. Im Jahr 1993 wurde er Vorsitzender des Likud-Blocks, profilierte sich mit einer »Politik der Stärke« gegenüber den Palästinensern und wurde drei Jahre später, nachdem er mit knapper Mehrheit die israelischen Parlamentswahlen gewonnen hatte, Ministerpräsident seines Landes. Da er 1999 die Wahlen gegen Ehud Barak verlor, zog er sich eine Zeit lang aus der Politik zurück. Inzwischen ist der Mann, der auch in Israel selbst als nationalistischer Hardliner, als sogenannter Falke gilt, seit 2009 zum zweiten Mal Regierungschef. Kurzum, ohne Entebbe, ohne den Tod seines Bruders »Yoni« hieße der gegenwärtige israelische Ministerpräsident vermutlich nicht Netanjahu.

2. Eine maßgebliche Verschärfung des Terrorismusverständnisses, das nicht zuletzt Auswirkungen auf die Sicherheits- und Verteidigungspolitik der USA hatte. Die im Zuge der Jonathan-Konferenzen entwickelte Terrorismus-Definition, derzufolge solche Gewalttäter einerseits prinzipiell nicht als »Freiheitskämpfer oder Revolutionäre« angesehen werden könnten und andererseits die Existenz von staatlichen Formen des Terrorismus kategorisch auszuschließen sei, machte sich in der Folge das State Department in Washington zu eigen. Sie wurde bereits unter dem 1981 an die Macht gekommenen US-Präsidenten Ronald Reagan zu einer der zentralen Voraussetzungen des in seiner Amtszeit ausgerufenen Kampfes gegen den internationalen Terrorismus. Die dieser Haltung zugrunde liegende Ideologie wird von dem Freiburger Politikwissenschaftler Marcel Baumann als »Jonathan-Syndrom« bezeichnet: »Es besagt, dass Terrorismus als das schlechthin Böse zu betrachten ist und dass Terroristen morali-

sche Nihilisten sind, die man eliminieren muss.«[88] Zur Eröffnung der ersten Jonathan-Konferenz im Jahre 1979 hatte der damalige israelische UN-Botschafter und spätere israelische Staatspräsident Chaim Herzog in entgrenzender Manier bereits festgestellt, dass Terrorismus als die größte Bedrohung der Zivilisation überhaupt angesehen werden müsse.[89]

3. Eine massenmediale Folge, indem sich Hollywood der an Dramatik kaum zu überbietenden Geschichte annahm und gleich drei Actionfilme darüber produzierte. Die Tatsache, dass es dem israelischen Militär in Entebbe gelungen war, die Entführer zu töten und die Geiseln mit wenigen Ausnahmen zu befreien, führte nicht nur in Israel selbst zu Begeisterungsstürmen. Die Rettungsaktion löste ein exzeptionelles Medienecho aus. In Hollywood wurden in den Monaten darauf nicht weniger als drei mehr oder weniger eilig zusammengeschusterte, aber hochkarätig besetzte Spielfilme gedreht.

Im ersten, *Victory at Entebbe* (*Unternehmen Entebbe*), spielten Richard Dreyfuss, Anthony Hopkins, Kirk Douglas, Burt Lancaster und Elizabeth Taylor mit.[90] Im zweiten, *Raid on Entebbe* (*… die keine Gnade kennen*), traten Peter Finch, Eddie Constantine und Charles Bronson auf. Und im dritten, *Operation Thunderbolt* (*Operation Donnerschlag*), Sybil Danning, Shmuel Rodensky, Rolf Eden und der Sohn des israelischen Generals und langjährigen Verteidigungsministers Moshe Dayan. »Thunderbolt« meint eigentlich einen Blitz und war der Deckname der Befreiungsaktion.

Wenn etwas vom Signalement dieser drei Streifen vermitteln werden soll, müssen nur ein paar Zeilen zitiert werden, mit denen auf den Plakaten um Besucher geworben wurde. Beim ersten Film ist zu lesen: »Sie spielten alle Möglichkeiten durch – und dann taten sie das Unmögliche!« Beim zweiten: »Die kühnste Rettungsaktion in der Geschichte.« Und beim dritten: »Die Welt schaute zu …, die Welt wartete … und dann jubelte die Welt.«

Noch interessanter ist allerdings, wer ausgewählt wurde, um Wilfried Böse in der Rolle des nicht weiter hinterfragten terroristischen Schurken zu spielen. Es dürfte wenig verwunderlich sein, dass diese Aufgabe in allen drei Fällen von deutschen beziehungsweise deutschsprachigen Schauspielern übernommen wurde. Im erstgenannten Film war das Helmut Berger, der durch seine zynisch doppelbödigen Rollen in Visconti-Filmen Weltruhm errungen hatte, im zweiten Horst Buchholz, der nach seiner Hauptrolle in *Die Halbstarken* jahrelang als »der deutsche James Dean« gegolten hatte, und im dritten – sozusagen als nicht mehr weiter optimierbare Figur eines Finsterlings – niemand anders als Klaus Kinski. Das Resultat war eine ausgesprochene Dämonisierung. Vom jeweiligen Narrativ her betrachtet, bildete Böse – als sei schon sein Name eine Art schicksalhafter Fügung – das negative Zentrum des Geschehens.

Es wäre natürlich vermessen, nach dem historischen Wahrheitsgehalt in diesen drei mehr oder weniger trivialen Filmen fragen zu wollen. Schließlich handelte es sich ganz eindeutig um Actionfilme, die einer kommerziellen Logik folgten, ein Massenpublikum erreichen und international möglichst extensiv verbreitet werden sollten. Dass dabei einerseits Pathos im Spiel war und man andererseits vor Klischees und Stereotypen nicht zurückschreckte, kann nicht weiter überraschen.

4. Eine Heroisierung der gesamten als »Unternehmen Donnerschlag« bezeichneten Befreiungsaktion und insbesondere des dabei zu Tode gekommenen Jonathan »Yoni« Netanjahu. 1979 erschien ein richtungweisender, von Max Hastings verfasster Band mit dem Titel *Yoni: Hero of Entebbe.*[91] Seine Brüder veröffentlichten posthum eine Sammlung von ihm verfasster Briefe, die sie *Self-Portrait of a Hero* nannten.[92] Und Iddo Netanjahu, der ebenfalls der Eliteeinheit Sayeret Matkal angehörte, strickte den Helden-Mythos 2003 in einer Publikation, die vorwiegend auf den Berichten der an der Befreiungsaktion beteiligten Soldaten basierte, noch ein weiteres Mal fort.[93] Der kanadische Verlag, in dem *The Jonathan Netanjahu Story* erschien, warb für das Buch mit den Worten, dass der in Entebbe zu Tode Gekommene ein »neuer Joshua« sei, der mit seiner Aktion nicht nur Israel, sondern die »ganze freie Welt« inspiriert habe. Durch die Bezugnahme auf Joshua, der die Israeliten als Nachfolger Moses bei der

Eroberung von Kanaan angeführt haben soll, wird der auf tragische Weise umgekommene Oberstleutnant endgültig in den Rang einer biblischen Gestalt zu erheben versucht.

5. Eine strukturelle Änderung der terroristischen Vorgehensweise zumindest der bundesdeutschen Akteure, indem die RZ nach dem Tod ihres Begründers und seiner Kampfgefährtin darauf verzichteten, weiterhin mit den Palästinensern zusammenzuarbeiten und sich überhaupt noch an internationalen Kooperationen zu beteiligen.[94] Der Tod von Wilfried Böse und Brigitte Kuhlmann hatte damit zugleich zum Ende des internationalen Flügels der RZ geführt.

War Wilfried Böse ein Antisemit, ein Antizionist oder ein deutscher Terrorist, der sich hatte instrumentalisieren lassen?

Zurück zu der eingangs aufgeworfenen Frage: War der bundesdeutsche Terrorist Wilfried Böse, ein bekennender Linksradikaler und Palästinenser-Freund, nun auch tatsächlich ein Antisemit und war das, was er als Selektion in Entebbe durchgeführt hat, auch eine antisemitische Tat?

Um darauf eine angemessene Antwort geben zu können, ist es erforderlich, zwischen zwei Dimensionen grundsätzlich zu unterscheiden: zwischen Intentionalität und Faktizität. Denn nach allem, was bislang bekannt ist, hat sich nicht nur Böse selbst nicht als Antisemit verstanden, sondern er wird auch von jenen, die seine politischen Anfänge mit ihm geteilt haben und seinen weiteren Weg an der Seite der Palästinenser scharf verurteilen, nicht als ein solcher beschrieben. Es lassen sich von ihm offenbar keine unmittelbar antisemitischen Äußerungen belegen. Wenn nicht alles täuscht, dann war der in Bamberg aufgewachsene Wilfried Böse kein intentionaler, aber ein faktischer Antisemit. Warum?

Trotz der eindrücklichen Schilderung von Geiseln wie Ilan Hartuv und der schwedischen Stewardess kann zunächst einmal natürlich nichts darüber hinwegtäuschen, dass Wilfried Böse ein Terrorist war, der ein Flugzeug entführt hat, und dass er, ein junger Nachkriegsdeutscher, eine Selektion durchgeführt und damit innerhalb einer verbrecherischen Aktion eine weitere vorbereitet beziehungsweise eingeleitet hat, deren Signatur – Hartuvs Einwand zum Trotz – eine nationalsozialistische gewesen ist.[95] Selbst wenn in Rechnung gestellt wird, dass vermutlich nicht er es gewesen sein dürfte, der die Idee zu dieser Selektion hatte – Mitglieder der PFLP hatten eine solche Praxis bereits im September 1970 im Zusammenhang mit einer Mehrfachentführung am sogenannten Highjack-Sunday an den Tag gelegt – ändert das daran nichts. Ebenso wenig ist das der Fall, wenn man bedenkt, dass er nicht einfach auf eigene Faust oder nur im Namen der von ihm gegründeten RZ gehandelt hat, sondern nur ein Ausführender war, der – aus welchen Gründen auch immer – bereit war, einen Auftrag Wadi Haddads, des PFLP-SC-Chefs, durchzuführen. So versuchte Magdalena Kopp etwa in ihren Erinnerungen nachträglich selbst noch das Verhalten von Brigitte Kuhlmann zu rechtfertigen, indem sie behauptete, dass diese »bestimmt keine Antisemitin«, sondern eine überzeugte Gegnerin von Neonazismus und Rassismus gewesen sei. Im Grunde genommen sei allein Haddad der Verantwortliche für das gewesen, was die Flugzeugentführer getan hätten: »Es war seine Taktik, dass die Israelis palästinensische Gefangene nur gegen israelische Geiseln austauschen sollten, der Konflikt bestand schließlich zwischen den Palästinensern und Israel.«[96] Haddad, betonte sie, dürfte nur zu genau gewusst haben, was es bedeutete, für einen solchen Schritt Deutsche einzusetzen.

Doch aus dieser, seiner eigenen Verantwortung kommt Böse nicht heraus. Wenn es darum geht, jenen zum Zeitpunkt seines Todes erst 27-jährigen jungen Mann angemessen zu beurteilen, dann darf auch sein schlechtes Gewissen, das er in einem Moment unmittelbarer Bedrohung verriet, und der Rest an Menschlichkeit in einer an sich juden- und menschenfeindlichen Aktion nicht fehlen. Böse hatte sich mit seiner objektiv antisemitischen Aktion in eine Falle manövriert, aus der es für ihn keinen Ausweg mehr gab.

Horst Mahler und das Kontinuum der Schuldabwehr

Im April 1969 erscheint in dem Polit-Magazin *konkret*, das seinerzeit so etwas wie das insgeheime Zentralorgan der 68er-Bewegung war, eine doppelseitige Abbildung, die Leonardo da Vincis berühmtem, in der Mailänder Dominikanerkirche Santa Maria delle Grazie befindlichen Wandgemälde »Das letzte Abendmahl« nachgebildet ist.[97] Die Imitation, in die die Köpfe von bekannten 68ern montiert sind, ist mit dem Titel »Gastmahl im Republikanischen Club zu Westberlin« unterschrieben, das angeblich am Gründonnerstag, dem Jahrestag des Dutschke-Attentats, stattgefunden haben soll – allerdings nicht in der Wirklichkeit, sondern nur in der Einbildung.[98]

An der langen Tafel ist mitten zwischen seinen zwölf Aposteln ein jesusgleicher Che Guevara zu sehen, zu dem es heißt, dass er im Jahr zuvor bereits auf vielen Plakaten »auferstanden« sei, damit der Mailänder Verleger Giangiacomo Feltrinelli hätte »absahnen« können. Umgeben ist er von dem Frankfurter Soziologen Günter Amendt, der bald darauf mit seinem Buch *Sexfront* zu einem Vorkämpfer der Sexualaufklärung aufstieg, dem aus Paris vertriebenen Daniel Cohn-Bendit, der einstigen Ikone des Pariser Mai, dem aus der DDR stammenden Rudi Dutschke, der wie kein Zweiter die Revolte der Studenten personifiziert und nach dem auf ihn verübten Attentat im Exil lebte, dem Theoriepapst des Frankfurter SDS, Hans-Jürgen Krahl, der ein Jahr später bei einem Autounfall ums Leben kam, dem Kommunarden Rainer Langhans, dem Berliner SDS-Altvorderen Wolfgang Lefèvre, dem Rechtsanwalt Horst Mahler, der früher selbst einmal dem SDS angehörte und nun vor allem vor Gericht wegen Landfriedensbruchs und anderer Delikte angeklagte Demonstranten verteidigte, dem ebenfalls aus der DDR stammenden Dutschke-Freund Bernd Rabehl, der ganz dem Typus des Berufsrevolutionärs entsprach, dem Hamburger SDS-Wortführer Karl Heinz Roth, der seit dem Mai 1968 untergetaucht war, weil er sich so der Verhaftung durch die Polizei entziehen wollte, der aus Chile stammende Dutschke-Gefährte Gaston Salvatore, der aus einer Münchner Prominenten-Familie stammende Christian Semler, der gerade dabei war, eine Arbeiterpartei zu gründen, und der Kommunarde Fritz Teufel, der seines Situationswitzes wegen den Medien meist nur als Clown galt, ergänzt von einem etwas unvermittelt am rechten Tischkopf sitzenden Mao Tse-tung, dem chinesischen Staats- und Parteichef, der bereits Abermillionen seiner Landsleute auf dem Gewissen hatte, von den meisten Aktivisten aber als Anführer der »Kulturrevolution« verherrlicht wurde. Selbst in ihrer Körperhaltung sind die Wortführer der 68er-Bewegung ihren berühmten Vorbildern nachempfunden. Da Vinci wollte in seinem Wandgemälde Jesus ja gerade in jenem dramatischen Moment zeigen, als er erklärt hatte, dass sich unter ihnen, seinen zwölf Jüngern, einer befände, der ihn verraten würde. Die Stelle des Verräters Judas Ischariots nimmt in der Nachbildung der von der Presse allgemein als »APO-Anwalt« apostrophierte Horst Mahler ein. Der einflussreiche, von vielen Gerüchten umrankte Jurist hält ein hinter seinem Rücken verborgenes Messer in der Hand. Doch warum, werden sich aufmerksamere Leser wohl gefragt haben, ist gerade er für die Rolle des Verräters ausgewählt worden? Betreibt er angeblich ein doppeltes Spiel und hat die von den zu ihrem letzten gemeinsamen Mahl Versammelten so sehnsüchtig erwartete »Revolution« verraten? Arbeitet er hinter der Fassade einer gut funktionierenden Anwaltskanzlei vielleicht für einen westlichen oder gar östlichen Geheimdienst? Auf jeden Fall erscheint die in dem Gruppenbild von ihm eingenommene Rolle als ein Seitenhieb, vielleicht sogar aber als eine gezielte Denunziation.

Die Bildunterschrift, die von dem Maler und Autor Peter Homann verfasst ist, gibt auf all diese Fragen keine Antwort. In ihr werden die Porträtierten lediglich mit mehr oder weniger kalauernden Sprüchen charakterisiert. Das Ganze vermittelt jedenfalls von den Versammelten nicht den Eindruck huldvoller Gläubigkeit, eher den der Beteiligung an einer Groteske. Über Mahler heißt es lediglich, dass er dem neben ihm sitzenden Langhans Rechtsbeistand geben wolle.

Der Anwalt und der Kommentator begegnen sich bald darauf unter ganz besonderen Vorzeichen und geraten in der Folge in eine Situation, in der sie sich auf zwei diametral entgegengesetzten Seiten gegenüberstehen werden, worauf noch zurückzukommen sein wird.

Wer sich heute Aufnahmen von den bewegten Tagen, Wochen und Monaten jener Zeit anschaut, der wird auf nicht wenigen der bei Versammlungen und Demonstrationen gemachten Fotos und Filmsequenzen auf zwei Personen stoßen, die von ihrem Habitus wie von ihrer Kleidung her nicht zu den Aufrührerischen und Empörten zu passen scheinen. Der eine trägt ein Hütchen zu seinen Arbeitsklamotten und wirkt eher wie ein Spießbürger, der andere hat eine Halbglatze, trägt eine dunkle Hornbrille, einen grauen Einreiher und ausnahmslos Krawatte, dazu blank polierte schwarze Schuhe, nicht ohne bei unsicherer Wetterlage auch einmal einen Stockschirm mit sich zu führen. Der Erstgenannte wird in der Szene nur »S-Bahn-Peter« genannt, ist Undercoveragent des Berliner Landesamtes für Verfassungsschutz, der Kerngruppen der militanten Szene wie etwa die *Kommune I* ausspioniert und ihnen gelegentlich auch Waffen und Sprengstoff unterjubelt. Der Zweitgenannte ist der zumindest in der zitierten *konkret*-Ausgabe als Judas-Figur der Bewegung angeprangerte Staranwalt, der unter den während der APO-Zeit über 1800 gegen sogenannte Demonstrationsstraftäter angestrengten Gerichtsverfahren mehr Mandanten vertreten hat als irgendeiner seiner Kollegen.

Im Kontext der 68er-Bewegung dürfte es wohl kaum jemanden gegeben haben, dessen Biographie mehr Rätsel aufgeworfen hat, als die von Horst Mahler – des einstigen Rechtsanwalts und späteren Mitbegründers der RAF, der sich zur allgemeinen Überraschung im Jahre 1998 als Rechtsextremer exponiert hat und in der Folge als völkischer Nationalist, bekennender Antisemit und Holocaust-Leugner in Erscheinung getreten ist.

Die Frage, wie es zu einem derartigen Wechsel von der extremen

Linken zur extremen Rechten kommen konnte, hat seitdem frühere Kollegen und Gefährten ebenso wie Publizisten und Wissenschaftler beschäftigt. Insbesondere mit der Überlegung, ob es sich in Mahlers Fall tatsächlich um eine Konversion gehandelt hat oder aber ob seinem angeblichen Seitenwechsel nicht doch ein eher kontinuitätsstiftendes Muster zugrunde liegt, haben sich die Vertreter verschiedener Disziplinen befasst. Der Chemnitzer Politikwissenschaftler Eckhard Jesse etwa hat in einem 2001 publizierten Porträt für das von ihm gemeinsam mit Uwe Backes herausgegebene *Jahrbuch für Extremismus & Demokratie* Mahler als einen »ideellen Universalextremisten« deklariert, der sich wegen seiner angeblich narzisstischen Grunddisposition schon immer für die jeweils extremste Position im Spektrum politischer Weltanschauungen entschieden habe.[99] Seitdem überwiegen in der Debatte über die Konversion des einstigen APO-Anwalts Formeln wie die von den »Extremen, die sich berühren« oder von den Seitenwechslern, die »einmal Extremisten« gewesen seien und deshalb angeblich »immer Extremisten« bleiben müssten. Dass damit das Beunruhigende an Mahlers Fall nicht erklärt, vielleicht nicht einmal in seiner Phänomenologie angemessen beschrieben werden kann, ist danach mehrfach festgestellt worden.

Wer sich näher mit Mahlers politischer Biographie befasst, dem fällt zunächst einmal auf, wie abenteuerlich bereits seine wechselnden Organisationszugehörigkeiten anmuten, für die er sich im Laufe der Jahrzehnte entschieden hat.

Es begann 1949 mit dem Eintritt in die *Freie Deutsche Jugend* (FDJ), die staatliche Jugendorganisation der DDR, deren Schulgruppe im sächsischen Roßlau ihn alsbald zu ihrem Vorsitzenden machte, obwohl er das mit seinen 13 Jahren der Satzung nach überhaupt nicht hätte werden dürfen. Aber offenbar legte er schon damals ein rhetorisches Geschick an den Tag, das ihn für eine künftige Funktionärskarriere zu empfehlen schien. Auf einer Kreisdelegiertenversammlung in Zerbst durfte er als »Junger Pionier« eine von ihm verfasste Rede halten, die offenbar so gut ankam, dass er zum nächsten Landeskongress der FDJ nach Halle delegiert wurde. Mahler selbst versuchte seine vorübergehende Zugehörigkeit zur FDJ später mit rein opportunistischen Überlegungen zu erklären. Er habe dort nur deshalb mitgemacht, weil er in der DDR auf jeden Fall hätte studieren wollen. Das aber wäre für ihn als jemanden, der aus einer bürgerlichen Familie stammte und insofern zum Klassenfeind gehörte, nur durch die Profilierung in einer kommunistischen Organisation möglich gewesen.

Nachdem er mit seiner Familie nach West-Berlin gezogen war und 1955 als Jahrgangsbester an der Friedrich-Ebert-Oberschule in Wilmersdorf sein Abitur gemacht hatte, schrieb er sich an der Freien Universität für das Studium der Rechtswissenschaft ein und wurde im Jahr darauf Mitglied in der *Landsmannschaft Thuringia*, einer schlagenden studentischen Verbindung, der bereits sein Vater angehörte. Dieser Schritt war auch deshalb nicht unproblematisch, weil die Zugehörigkeit zu Korporationen seit 1949 laut Universitätssatzung verboten war und dieser Passus erst 1958 – nachdem zuvor bereits das Berliner Oberverwaltungsgericht 1954 die Zulassungsbeschränkung für verfassungswidrig erklärt hatte – durch eine Entscheidung des Bundesgerichtshofes aufgehoben wurde.

Zum Zeitpunkt seines Studienbeginns will sich Mahler, der ideologischen Linie seiner Eltern folgend, die beide bekennende Anhänger des Nationalsozialismus waren, noch als Antikommunist verstanden haben. Sein geistig-weltanschauliches Ziel habe deshalb zunächst auch noch darin bestanden, »den Marxismus zu widerlegen«. Daraus sei jedoch nichts geworden, weil Marx ihn ebenso wie in der Folge auch Lenin überzeugt hätten. »Sie gaben mir die Möglichkeit«, erklärte er im Nachhinein den ideologischen Richtungswechsel um 180 Grad, »die jüngste deutsche Geschichte als Fäulniserscheinung des zum Untergang verurteilten Kapitalismus zu sehen. Das war für mich zugleich der Freispruch von der Kollektivschuld.«[100] Wie prägend die Einflüsse des Marxismus-Leninismus für ihn gewesen sein müssen, geht auch aus Mahlers erst vor Kurzem geöffneter Akte bei der Studienstiftung des deutschen Volkes hervor.[101] So schreibt etwa der Historiker Christian Friese, einer der für den Stipendienantrag zuständigen Gutachter im Januar 1955, dass sich der 19-jährige Mahler bereits seit anderthalb Jahren mit dem Studium des Marxismus befasst habe. Durch eine sorgfältige Lektüre der von Marx verfassten *Kritik der politischen Ökonomie* sei er nun bewusst dessen Anhänger geworden. Dadurch wiederum erhalte auch die von ihm angestrebte Auseinandersetzung mit dem Bolschewismus »ein ernsteres Gesicht«.[102] Die am Ende des Gutachtens formulierte Prognose, dass der talentierte förderungswürdige Abiturient nicht Berufspolitiker, sondern Rechtsanwalt werden wolle, war zu diesem Zeitpunkt bereits überholt. Denn in seinem für die Studienstiftung verfassten Lebenslauf hatte dieser geschrieben, dass sein vorläufiges Berufsziel zwar der Beruf des Rechtsanwalts sei, sein »eigentlicher Wunsch« jedoch darin bestehe, »[…] im politischen Leben tätig zu werden«.[103] Und dieser Wunsch scheint sich im Rückblick, auf seine gesamte Biographie bezogen, letztlich auch durchgesetzt zu haben.

Nachdem er nach einer nur einjährigen Mitgliedschaft aus der Thuringia wegen fehlender Übereinstimmung mit ihren Idealen »ehrenvoll« ausgetreten war, nicht ohne zuvor all die für ihn dort erforderlichen Mensuren gefochten zu haben, trat er kurz darauf im Kreisverband Schöneberg in die SPD ein, für die er später im Bezirk Charlottenburg als Vorsitzender der Jungsozialisten aktiv war. Dort geriet er rasch in den Bann des linken Harry Ristock, der Mahlers Talente auf Anhieb erkannte und ihn tatkräftig unterstützte. Sein Engagement in der sozialdemokratischen Partei reichte ihm aber offenbar nicht ganz aus; denn er schloss sich 1959/60 dem radikaleren SDS an, der zu dieser Zeit noch eine akademische Nachwuchsorganisation der SPD war.[104] Ideologische Reibungspunkte zwischen Mahler und der im geteilten Berlin ohnehin antikommunistisch eingestellten und auf den Staatsapparat fixierten SPD blieben in der Folge nicht aus. Die Trennung von seiner Partei erfolgte allerdings erst, nachdem diese im November 1961 einen Unvereinbarkeitsbeschluss mit dem SDS erlassen hatte, weil es Anzeichen dafür gab, dass dieser immer stärker unter den Einfluss der SED geriet. Da sich Mahler diesem Oktroi nicht beugen wollte, erhielt er im Februar 1962 ein Einschreiben, mit dem ihm mitgeteilt wurde, dass er wegen seiner weiteren Mitgliedschaft im SDS aus der SPD ausgeschlossen werde. Während der Kuba-Krise im Oktober desselben Jahres machte Mahler auch das erste Mal mit der Polizei Bekanntschaft. Als er auf einer über den Kurfürstendamm führenden Demonstration ein Transparent mit der Aufschrift »Die Kubakrise gefährdet den Weltfrieden« entrollte und deshalb von empörten Passanten angegriffen worden war, nahmen ihn Uniformierte fest, ob zu seinem Schutz oder weil sie selbst etwas gegen die Losung hatten, blieb unklar.

Nach der immerhin über fünf Jahre andauernden Mitgliedschaft in der SPD beteiligte sich Mahler an einer politischen Neuausrichtung des ganz auf eigene Beine gestellten SDS, der sich nun als Teil einer »Neuen Linken« begriff, die den Stalinismus ebenso wie die Sozialdemokratie ablehnte. Da er mit seinen Positionen dort aber nicht auf die gewünschte Unterstützung stieß, gab er seine Mitarbeit im SDS bald auf. Vorübergehend schloss er sich dem *Sozialistischen Bund* (SB) an, den er aber schon zum Jahreswechsel 1962/63 wieder verließ, und dann der *Vereinigung Unabhängiger Sozialisten* (VUS), bevor er im November 1966 die sogenannte Novembergesellschaft, einen Zirkel altvorderer SDS-Mitglieder, mitbegründete, die vergeblich den Einfluss des sich um Rudi Dutschke herauskristallisierenden antiautoritären Flügels zu neutralisieren versuchte. Seitdem er im September 1963 vom Amtsgericht Charlottenburg als Rechtsanwalt zugelassen worden war und seine überaus erfolgreiche berufliche Karriere begonnen hatte, traten seine politischen Aktivitäten eine Zeit lang in den Hintergrund.

Das änderte sich erst mit den Ereignissen des 2. Juni 1967, als durch den Tod des Germanistikstudenten Benno Ohnesorg bei den Protesten gegen den Staatsbesuch des Schahs von Persien immer größere Teile der Studentenschaft sich politisch aktivierten und der Funke auch von West-Berlin auf die Bundesrepublik übersprang. Da sich Mahler in der Öffentlichkeit ein ums andere Mal als brillant argumentierender Jurist zu profilieren verstand, der die prominentesten Angehörigen der außerparlamentarischen Bewegung vor Gericht vertrat, wurde er in der Presse und den Medien insgesamt schon bald als *der* »APO-Anwalt« apostrophiert. Als er dann zusammen mit Klaus Eschen und Hans-Christian Ströbele am 1. Mai 1969 als Ausdruck eines neuen Selbstverständnisses praktizierender links eingestellter Anwälte das *Sozialistische Anwaltskollektiv* gründete, war ein Schritt vollzogen, mit dem die berufliche Praxis mit seiner politischen Überzeugung eine Art Symbiose einging. Doch das war keineswegs, wie sich nur allzu bald zeigen sollte, das Ende der Fahnenstange.

Im Frühjahr 1968 sorgten einige wenige Ereignisse dafür, dass im Zuge einer Ausweitung der außerparlamentarischen Bewegung bei einer gleichzeitigen Radikalisierung ihrer organisatorischen Kerne nichts mehr beim Alten blieb. Während Anfang April in Frankfurt ein Quartett junger Leute mit ihrer Brandstiftung in zwei Kaufhäusern für ein irritierendes Fanal gesorgt hatten und die Empörung der studentischen Aktivisten durch das von einem Rechtsradikalen auf ihren Wortführer Rudi Dutschke verübte Attentat eskaliert war, zeigte sich zugleich, dass alle Versuche der APO, die Gewerkschaften zu einem Bündnis gegen die von der Großen Koalition beabsichtigte Verabschiedung der Notstandsgesetze zu ermuntern, im Ansatz stecken bleiben und die Welle der bundesweit ablaufenden Demonstrationen letztlich wirkungslos verpuffen würde. Durch die im Bundestag am 30. Mai 1968 erfolgte Abstimmung mit dem von der Koalition von CDU/CSU und SPD erwünschten Ergebnis war klar, dass der Zenit der im Nachhinein in ihrer Benennung auf das Jahr 1968 fixierten Bewegung überschritten war, ohne dass sich ein Königsweg für eine Fortsetzung der von den Mobilisierten bis dahin angezeigten gesellschaftspolitischen Optionen gezeigt hätte.

Auch wenn die APO ein Konglomerat verschiedenster sich als links oder sozialistisch begreifender Strömungen, Gruppen und Organisationen gewesen sein mochte, so hatte sie sich bis dahin als eine widersprüchliche Einheit gezeigt. Doch damit war es nun vorbei. Nach dem Sommer 1968 zeigten sich die Zerfallsprozesse, die auch vor dem SDS, dem eigentlichen Motor der von der Bewegung an den Tag gelegten Dynamik, nicht Halt machten. Auch wenn es bis zu seiner formellen Auflösung noch bis zum März 1970 dauern sollte, so zeigte doch schon die letzte im November 1968 in Hannover veranstaltete Delegiertenkonferenz unverkennbare Zerfallserscheinungen. Während die Frauen im SDS rebellierten und ihre Ansprüche geltend machten, fielen die einzelnen Ortsgruppen, die zwischen Marxismus-Leninismus und Maoismus auf der einen und Bakuninschem Anarchismus auf der anderen Seite oszillierten, übereinander her. Zu diesem Zeitpunkt hatte sich für Mahler eine weitere Gelegenheit geboten, sich ins Rampenlicht der Öffentlichkeit zu stellen.

Im Oktober 1968 verteidigte er zusammen mit Otto Schily, Hans-Christian Ströbele und Ernst Heinitz vor dem Frankfurter Landgericht die vier im Warenhausbrandstifterprozess Angeklagten, darunter Andreas Baader und Gudrun Ensslin, die beiden späteren Mitbegründer der RAF. Im Hinblick auf ihre als unabwendbar angesehene Verurteilung zu Gefängnisstrafen ging Mahler in seiner Solidarisierung mit ihnen so weit, das Zuchthaus als den einzigen Ort in der Gesellschaft zu bezeichnen, in dem ein anständiger Mensch leben könne, »ohne schuldig zu werden«. Diese Identifikation verriet, wie weit er sich bereits auf die vier Brandstifter zubewegt hatte.

Nur wenige Tage nach der Urteilsverkündung, in der die Angeklagten wegen menschengefährdender Brandstiftung zu Freiheitsstrafen von jeweils drei Jahren ohne Bewährung verurteilt wurden, obwohl der Richter ihnen eingeräumt hatte, dass sie keine gewöhnlichen Kriminellen seien und bei ihrer Tat durchaus respektable Gründe für sich in Anspruch genommen hätten, erfuhr Mahler eine Solidarisierung auf der Straße, wie er sie weder zuvor erlebt hatte noch danach erleben würde.

Weil er vom Generalstaatsanwalt beim Kammergericht des Landes Berlin beschuldigt wurde, wegen seiner Teilnahme an der nach dem Dutschke-Attentat erfolgten Protestaktion gegen das Verlagshaus Axel Springer als Anwalt seine Standesehre und seine Berufspflichten verletzt zu haben, erwartete ihn am 4. November 1968 vor dem Landgericht am Tegeler Weg ein Ehrengerichtsverfahren. Das wollte sich der harte Kern der Berliner APO, von denen nicht wenige Gerichtsverfahren und den Verlust ihres fähigsten Verteidigers zu befürchten hatten, nicht bieten lassen. Mit wehenden roten Fahnen und dem Sprechchor »Hände weg von Mahler« rannten deshalb etwa 1000 Studenten ab 9 Uhr morgens gegen die von der Polizei vor dem Landgericht errichteten Absperrgitter an. Rund 400 noch ihre antiquierten Tschakos tragende Polizisten waren von dem in seiner Massivität unerwarteten Angriff so überrascht, dass sie unter dem Hagel roter Farbeier, detonierender Knallkörper und Unmengen von Pflastersteinen nur noch versuchen konnten, in Deckung zu gehen. Gegen 11 Uhr war die Straßenschlacht zu Ende. Das Fazit lautet: 130 verletzte Polizisten, 22 verletzte Demonstranten, mehrere lädierte Polizeipferde und über 2000 umherliegende Pflastersteine. In der Zwischenzeit hatte das Ehrengericht der Berliner Anwaltskammer den Antrag des Generalstaatsanwalts beim Kammergericht zurückgewiesen. Der Versuch, gegen Mahler ein Berufsverbot zu verhängen, war damit vorerst gescheitert.

So sehr der »Sieg in der Schlacht am Tegeler Weg« unter den Aktivisten anschließend auch gefeiert wurde, so wenig mangelte es wegen der Gewaltoffensive an kritischen, zum Teil auch warnenden Stimmen. Der *Extra-Dienst*, ein in West-Berlin erscheinendes linkes Wochenblatt, sah in dem aggressiven Vorgehen der Demonstranten einen Versuch, »den ›individuellen Terrorismus‹ zum legitimen Bestandteil einer neuen Strategie und Taktik der Außerparlamentarischen Opposition« machen zu wollen.[105] Damit war nicht ohne Grund ein Stichwort gefallen, das die linke Szene polarisierte. Die Zeitungsverleger, von denen sich später herausstellte, dass einige ihrer führenden Leute für die Staatssicherheit der DDR arbeiteten, wollten damit vor allem den antiautoritären Flügel des SDS diskreditieren, dem sie nicht zu Unrecht unterstellten, dass er mit dem Anarchismus sympathisiere. Doch noch war es mit dem, was der verlängerte Arm der SED in West-Berlin unkte, nicht ganz so weit. Die ersten Gruppierungen, die sich als Vorhut einer »Stadtguerilla« verstanden, schienen nur noch darauf zu warten, in Aktion treten zu können.

Seit 1969 gab es verschiedene Keimzellen für eine solche Entwicklung in Richtung Terrorismus. Die meisten von ihnen stammten aus Kommunen wie der publizitätsträchtigen *Kommune I* und der *Wieland-Kommune* im Bezirk Charlottenburg, deren ganz in der Nähe des *Republikanischen Clubs* gelegene Wohnung von Rechtsanwalt Otto Schily gemietet worden war. Doch während dieser mit derartigen Ambitionen nichts im Sinn hatte, begann sein zu dieser Zeit noch weitaus bekannterer Kollege Mahler damit, seine Fühler auszustrecken, um Kontakte mit Leuten aufzunehmen, die ihm für sein Projekt »bewaffneter Kampf« am ehesten geeignet zu sein schienen.

Erstaunlicherweise gehörte zu den Ersten, bei denen er vorstellig wurde, der von den gesundheitlichen Folgen des am Gründonnerstag auf ihn verübten Attentats noch immer nicht ganz hergestellte und nach Zwischenstationen in der Schweiz und in Norditalien mittlerweile mit seiner Familie in London lebende Rudi Dutschke. Als Mahler im September 1969 nach London flog, um ihn zur Teilnahme am Aufbau einer bewaffneten Organisation zu gewinnen, handelte er sich jedenfalls eine Abfuhr ein. Zwar war Dutschke Vorstellungen einer »Sabotage- und Verweigerungsguerilla«, wie er das noch auf einer SDS-Delegiertenkonferenz im September 1967 in Frankfurt genannt hatte, durchaus nicht abgeneigt, von dem Plan, nun eine Kaderorganisation nach leninistischem Vorbild aufzubauen, hielt er aber offenbar nichts. Mehr Erfolg hatte Mahler jedoch bei einem seiner nächsten Kontaktversuche. Diesmal flog er drei Monate später nach Rom, um sich dort mit Baader und Ensslin zu treffen, die sich der Restverbüßung ihrer Haftstrafe durch eine Flucht, die sie im November zunächst nach Frankreich und dann nach Italien geführt hatte, zu entziehen versuchten. Sie brachten mehr Verständnis für Mahlers Projekt auf, entschieden sich aber erst im Februar 1970 dafür, nach West-Berlin zurückzukehren, als sich herausgestellt hatte, dass der hessische Justizminister eine Begnadigung abgelehnt hatte. Damit waren die Würfel gefallen. Mahler konnte die beiden mit Ulrike Meinhof zusammenbringen und weitere praktische Schritte angehen.

In der Zwischenzeit hatten Kommunarden um Dieter Kunzelmann und Georg von Rauch mit den *Tupamaros Westberlin* zwar eine erste bewaffnete Gruppierung ins Leben gerufen, die, seitdem sie am 9. November 1969 das Kapitel »Stadtguerilla« mit einem Bombenanschlag auf das in der Charlottenburger Fasanenstraße gelegene jüdische Gemeindehaus begonnen hatten, keine Woche ohne Anschläge verstreichen ließen, Mahler aber, der mit dem im Untergrund befindlichen Kunzelmann einen engen Kontakt hatte, ließ sich davon nicht beeindrucken. Er hielt die ehemaligen Haschrebellen für unfähig, dem durch ihre Aktionen ausgelösten Fahndungsdruck auf Dauer standzuhalten. Was ihm vorschwebte, war eine Kaderorganisation, die mit entsprechend ausgebildeten Berufsrevolutionären den Untergrundkampf eröffnen sollte. Doch dafür war er noch nicht bereit.

Nachdem Baader beim Versuch, nachts Waffen auf einem Friedhof aufzutreiben, von der Polizei geschnappt worden war und man sich entschlossen hatte, ihn notfalls mit Waffengewalt zu befreien, kam die Geschichte der *Roten Armee Fraktion* früher als ursprünglich geplant ins Rollen. Als Baader am 14. Mai 1970 aus der Bibliothek eines sozialwissenschaftlichen Instituts freigeschossen worden war, wobei ein Angestellter schwer verletzt wurde, blieb auch Ulrike Meinhof und anderen daran nicht unmittelbar Beteiligten kaum etwas anderes übrig, als in den Untergrund zu gehen.

Was nun folgte, war in den Sommermonaten Juni und Juli 1970 der Besuch eines Ausbildungslagers und anschließend eine lang anhaltende Phase der logistischen Vorbereitung auf die »Mai-Offensive«, mit der die RAF dann erst zwei Jahre später mit Aktionen gegen das in der Bundesrepublik stationierte US-Militär, die Justiz und ein Hochhaus des Axel Springer Verlags beginnen konnte, die ihre politischen Zielsetzungen hervorheben sollten. Doch als es so weit war, befand sich Mahler schon lange im Gefängnis.

Die hochfliegenden Ambitionen, die er verfolgt hatte, waren bereits in der Anfangszeit zunichte gemacht worden. Schon während ihrer Ausbildung in Jordanien war klar geworden, dass er sich als Führungskraft nicht würde durchsetzen können. Den Ausschlag hatte wohl gegeben, dass sich dort auch Ulrike Meinhof der Führung von Andreas Baader angeschlossen hatte. Dass dies Gudrun Ensslin tun würde, konnte ihn nicht überraschen; schließlich waren sie ein Paar. Aber dass auch die in der Linken einst gefeierte Journalistin es ihr gleichtun würde, dürfte Mahler ihr nicht verziehen haben. Für ihn, der der RAF ja eine möglichst klare marxistisch-leninistische Grundform hatte geben wollen, war nicht nachvollziehbar, dass sich zwei so kluge Frauen nun nach den Launen eines Mitkämpfers richten würden, der nicht ganz zufällig als ein Gelegenheitskrimineller betrachtet wurde.

Doch für den mit rationaler Kälte agierenden Mahler sollte es noch viel schlimmer kommen. Nachdem auch er sich an den ersten Banküberfällen hatte beteiligen und damit den anderen gegenüber etwas von seiner praktischen Entschlossenheit hatte beweisen wollen, war er am 8. Oktober 1970 zusammen mit vier seiner engsten Gefährtinnen verhaftet worden. Irgendjemand musste sie verraten haben. Wer es war, konnte nie geklärt werden. Eigentlich hätte dieser Nackenschlag ihm bereits zu diesem Zeitpunkt sagen müssen, dass er besser hätte aufgeben sollen. Doch er setzte alles daran, nun aus dem Gefängnis heraus, auf den weiteren Kurs seiner Untergrundgruppe einzuwirken. Da er wegen der beschriebenen Führungsstruktur, die sich im Wesentlichen auf das Trio Baader-Ensslin-Meinhof reduzierte, so gut wie keine Chance mehr besaß, strategisch in einer praktisch relevanten Weise Gehör zu finden, verlegte er sich darauf, konzeptionelle Schriften zu verfassen.

Auf diese Weise kam die theoretisch wohl anspruchsvollste Schrift der gesamten RAF-Geschichte zustande. Nachdem sie im Juni 1971 zunächst unter dem merkwürdig anmutenden, offenbar der Tarnung dienenden Umschlagtitel *Die neue Straßenverkehrsordnung* verbreitet worden war,[106] wurde sie unter ihrem später bekannt gewordenen Titel *Über den bewaffneten Kampf in Westeuropa* vom Klaus Wagenbach Verlag als *Rotbuch* 29 publiziert.[107] Obwohl im Titel ein »Kollektiv RAF« als Verfasser angegeben war, kamen rasch Zweifel auf, ob es sich dabei überhaupt um eine Publikation der RAF handeln könne. Bei öffentlichen Veranstaltungen des mit ihr sympathisierenden Umfelds wurde jedenfalls verschiedentlich behauptet, dass es sich bei der Publikation um einen nicht abgestimmten Alleingang Mahlers handle. Dies wurde später auch von RAF-Mitgliedern verbreitet, von Mahler selbst jedoch immer bestritten.

Diese Gerüchte, die offenbar von Kreisen gesät worden waren, die Mahler vollständig aus der RAF hinausdrängen wollten, änderten aber nichts daran, dass die von Mahler verfasste Kampfschrift neben einer anderen von Ulrike Meinhof unter dem Titel *Das Konzept Stadtguerilla* verfassten als die einzigen in Ansätzen ernst zu nehmenden Begründungsschriften des linken Terrorismus wahrgenommen werden können.[108] Auf der Suche nach dem eigentlichen Adressaten terroristischer Aktionen, der in der Terrorismusforschung gemeinhin »als interessiert unterstellter Dritter« bezeichnet wird, wurden beide Texte als Versuche wahrgenommen, auf je eigene Weise »das revolutionäre Subjekt« zu ergründen.[109] Dabei war evident, dass beide sich in einer ganz zentralen Hinsicht unterschieden. Während sich Meinhof meinte weiter an dem Industrieproletariat als dem in Frage kommenden revolutionären Subjekt orientieren zu können, war Mahler davon überzeugt, dass dieses in Wirklichkeit zu einer »Arbeiteraristokratie« erstarrt sei und deshalb nur in der Dritten Welt gefunden werden könne.[110] Das war ein so zentraler und weitreichender Widerspruch, dass man allen zu dieser Zeit verbreiteten Animositäten zum Trotz den Eindruck hätte gewinnen können, dass es einen rationalen, bis in ihre theoretische Begründung hinein nachvollziehbaren Grund für den Dissens in der Gruppe gebe. Doch eher das Gegenteil war richtig. Es gab jedenfalls keinerlei Anzeichen dafür, dass diese in den beiden grundlegenden Schriften niedergelegte Differenz für den sich mehr und mehr abzeichnenden Ausschluss Mahlers aus der von ihm maßgeblich begründeten Organisation auch tatsächlich irgendeine Relevanz besessen hätte. Zu vermuten ist vielmehr, dass es nach dem Machtkampf, der sich im Sommer 1970 im jordanischen Ausbildungslager zwischen Mahler und Baader abgespielt hat, allein Letzterer gewesen sein dürfte, der seitdem alles unternommen hat, seinen Widersacher in der Führungsfrage loszuwerden.

Im September 1974 war es schließlich so weit. Im Prozess um Baaders gewaltsame Befreiung trat mit Monika Berberich eine von Mahlers einstmals engsten Vertrauten als Zeugin auf, die nun offenbar im Auftrag Mahlers Ausschluss aus der RAF verkündete. Sie erklärte, dass Mahler »vor einiger Zeit und zwar einstimmig« aus der RAF »rausgeflogen« sei.[111] Zur Begründung führte sie aus, er hetze »legale Linke« gegen die Gruppe auf und versuche sich auf diesem Wege einen Freispruch zu erschleichen. Wegen seines Dünkels, seiner Allüren und seines Herrschaftsanspruches sei er ausgeschlossen worden. Mahler sei nichts anderes als »ein belangloser Schwätzer und eine lächerliche Figur«. In der Vergangenheit habe er eigene Äußerungen, Aktionen und Erklärungen als solche der RAF ausgegeben und damit die Gruppe verraten. Die erste Reaktion auf diese wüsten Beschimpfungen, zumal sie vor einem Gericht und damit auf einer Plattform der sonst so vehement abgelehnten »Klassenjustiz« vorgebracht worden war, bestand darin, dass sich ein Teil der Besucher mit dem Attackierten solidarisierte und wütend den Saal verließ. Mahler selbst hatte zu diesem Zeitpunkt bereits eine neue politische Heimat für sich gefunden, indem er durch Vermittlung Dieter Kunzelmanns in die Gefangenenhilfsorganisation *Rote Hilfe e.V.* der von seinen früheren SDS-Genossen Jürgen Horlemann und Christian Semler geleiteten KPD-Aufbauorganisation aufgenommen worden war.

In der Folge hatte Mahler keine Probleme mehr, die RAF nun auch selbst scharf anzugreifen. So erklärte er etwa, dass die Rede von der »Isolationsfolter« in Wahrheit nichts anderes als ein Mythos sei, ein RAF-Propagandainstrument, das vor allem der Rekrutierung neuer Mitglieder dienen solle. An den in der Justizvollzugsanstalt Werl einsitzenden Peter-Paul Zahl, der einer anderen bewaffneten Gruppierung – der *Roten Ruhrarmee* – zugerechnet wurde, schrieb er: »Das Geschrei über die Haftbedingungen war und ist der Stoff, mit dem Mitleidskampagnen gefüttert werden, die nichts anderes sind als Rekrutierungsunternehmen für die RAF und ihre Ableger. Daran will ich mich in keiner Weise beteiligen. Ob Du an den gegebenen Haftbedingungen kaputt gehst oder nicht, hängt nicht von diesen Bedingungen ab, sondern allein von dir.«[112] Man habe mit der »Folterkampagne« eine »schwere Schuld« auf sich geladen, die Menschen draußen, die ihnen geglaubt und vertraut hätten, seien schlichtweg »belogen« worden.[113] Diese Form einer rückhaltlosen Entmythologisierung traf einerseits unter Sympathisierenden der RAF auf heftigen Widerspruch, andererseits aber unter linksliberalen Kritikern, die nicht mit dem von konservativer Seite erhobenen Verdikt, dass es sich bei der sogenannten Baader-Meinhof-Gruppe um reine Kriminelle handle, in einen Topf geworfen werden wollten, auf zunehmenden Zuspruch. Zum Ende der siebziger Jahre hin galt der einst so ideologisch festgefahren erscheinende Protagonist des bewaffneten Kampfes auf einmal als eine Stimme, die es zu beachten galt. Nun ließ er sich sogar zusammen mit einem seiner einstigen RAF-Kampfgenossen, dem 1971 verhafteten und im Juni 1974 zu einer neunjährigen Haftstrafe verurteilten Hans-Jürgen Bäcker interviewen, obwohl dieser in Verdacht stand, ihn im Oktober 1970 verpfiffen zu haben und insofern schuld an seiner Inhaftierung gewesen zu sein.[114]

Als Mahler 1980 nach Verbüßung von zwei Dritteln seiner Haftstrafe auf freien Fuß kam, war das Bild des Ex-Terroristen zunächst einmal durchaus positiv konnotiert. Er galt in Teilen der linksliberalen Öffentlichkeit als schuldeinsichtiger, geläuterter und durchaus rationaler Kopf. Der damalige Bundesinnenminister Gerhart Baum führte seinerzeit das weit rezipierte Gespräch »Der Minister und der Terrorist« mit der als reumütig erscheinenden Gründerfigur der RAF,[115] die für jene namhaften Sozialwissenschaftler, die das vierbändige Standardwerk *Analysen des Terrorismus* erstellten, als der theoretisch einzig ernst zu nehmende ehemalige RAF-Kämpfer galt.[116] Einer der Mitherausgeber und Autoren war im Übrigen jener Philosoph, den Mahler vorübergehend als seinen theoretischen Lehrer betrachtete, der rechtskonservative Günter Rohrmoser.[117]

Doch Mahler war kein Rechtskonservativer geworden, dem von nun an Begriffe wie »Gott«, »Volk« und »Staat« wieder etwas galten, sondern schon bald ein besonders extremer Neofaschist und Antisemit. Er griff nun in Traktaten Ignatz Bubis, Jonathan Goldhagen und Michel Friedman persönlich an und wurde nicht müde, das Verbot jüdischer Gemeinden zu fordern. Im Jahr 2000 wurde Mahler NPD-Mitglied, vertrat die Partei in dem Verbotsverfahren vor dem Bundesverfassungsgericht in Karlsruhe, das von der Bundesregierung beantragt worden war,[118] und schied aus der rechtsextremen Partei schließlich mit der Begründung wieder aus, dass sie »auf dem Weg zum IV. Reich« zu parlamentarismusfixiert sei. Inzwischen hatte er nicht nur vergeblich den Versuch unternommen, internationale Konferenzen von Holocaust-Leugnern, das eine Mal in Beirut, das andere in Teheran, zu besuchen, sondern 2003 auch eine eigene Organisation mit dem monströs anmutenden Namen »Verein zur Rehabilitierung der wegen Bestreiten des Holocausts Verfolgten« gegründet. So sehr Außenstehenden dieser wechselhafte Kurs auch als Zick-Zack-Kurs erscheinen mochte, so plausibel erschien es andererseits, die Verlaufsform dieser vermeintlichen Odyssee als eine in sich nicht ganz unlogische Abfolge politischer Aktivitäten herauszuarbeiten, die einem insgeheimen Kompass der Schuldabwehr folgen.

Seit dem November 2006 saß Mahler wegen Verbreitung judenfeindlicher Äußerungen mehrere Monate in verschiedenen Justizvollzugsanstalten ein. Er hatte im September 2002 auf einer in Räumlichkeiten der NPD in Berlin-Köpenick durchgeführten Veranstaltung Pressevertretern gegenüber einen Schriftsatz vorgestellt, in dem er ganz unverblümt den Hass auf Juden als »etwas ganz Normales« und als »das untrügliche Zeichen eines intakten spirituellen Immunsystems, also von geistiger Gesundheit« dargestellt hatte. Im Dezember 2006 ließ Mahler es sich nicht nehmen, dem iranischen Ministerpräsidenten Ahmadineschad aus seiner Gefängniszelle heraus zur Durchführung einer Konferenz der Holocaust-Leugner zu gratulieren.

Die Frage, die sich angesichts seiner politischen Biographie stellt, lautet: Dreht es sich bei Mahlers Links-Rechts-Wechsel um eine spektakuläre Konversion oder doch eher um eine möglicherweise lange Zeit verdeckt gebliebene Kontinuität?

Aus verschiedenen Gründen dürfte die zweite Erklärungsvariante plausibler sein. Denn im Falle Mahlers sind es im Wesentlichen drei Kontinuitätselemente, die seine linksradikale Vergangenheit mit seiner neofaschistischen Gegenwart verbinden: der Antiamerikanismus, der Antizionismus beziehungsweise Antisemitismus sowie der Antiliberalismus und die damit verbundene Ablehnung des Rechtsstaates und seiner Institutionen.

Die Kontinuitätslinie, die am ehesten die sechziger mit den neunziger Jahren verbindet, ist evident. Für Mahler waren und sind noch immer die USA der Hauptfeind Nummer eins. Die Vereinigten Staaten verkörpern für ihn die imperialistische Großmacht schlechthin, sie stehen aber auch für Komsumterror, Kulturimperialismus und nicht zuletzt für eine Besatzungsmacht, die die Deutschen angeblich am meisten gedemütigt hat. Und in den letzten Jahren – insbesondere nach den Terrorangriffen vom 11. September 2001 – ist noch eine andere Komponente hinzugetreten, die antisemitische. Nun ist bei ihm von der Wall Street und der »Herrschaft der Ostküste« die Rede, um damit das Gespenst einer jüdischen Weltverschwörung zu insinuieren.

Zu welchen bizarren Situationen das mitunter führen konnte, wurde etwa im Februar 2003 vor dem Landgericht Mainz deutlich. Mahler war dort angeklagt worden, die Angriffe von 9/11 gebilligt zu haben, indem er in einem ZDF-Interview die Position vertreten hatte, dass sie »rechtens« gewesen seien. Er hatte darin nicht nur Respekt, sondern sogar Hochachtung vor den *Al-Qaida*-Terroristen zum Ausdruck gebracht, weil sie »eine Armee« vertreten hätten, die nichts anderes »als einen Feind« angegriffen habe. Vor Gericht vertrat er nun die Ansicht, dass es in Wirklichkeit gar keine Anschläge gegeben habe und er insofern auch nichts habe billigen können. Mit Hilfe eines Dia-Vortrages versuchte er das Gericht davon zu überzeugen, dass es nicht Flugzeuge gewesen seien, die die Twin Towers zum Einsturz gebracht hätten, sondern an den Fundamenten der beiden Hochhäuser angebrachte Sprengladungen. Die weltweit verbreiteten TV-Bilder stellten nichts anderes als »eine stümperhafte Fälschung« dar. Die Wahnhaftigkeit seines antiamerikanischen Weltbildes ist selten so deutlich zu Tage getreten wie bei diesem Gerichtsauftritt des Ex-Anwalts.

Mahlers judenfeindliche Einstellung ist früher von einem Antizionismus ummäntelt gewesen. Weiterreichende Implikationen sind in der Öffentlichkeit nicht erkannt worden. Auch als das RAF-Mitglied Mahler 1972 von einer »Symbiose von Zionismus und Imperialismus« sprach und den Überfall der mutmaßlichen PLO-Suborganisation *Schwarzer September* auf die israelische Olympiamannschaft als modellhafte antiimperialistische Aktion feierte, fiel das offenbar kaum jemandem auf. Vor dem Ersten Strafsenat des Moabiter Kammergerichts hatte Mahler erklärt: »Die mutige Kommandoaktion der Opferbereiten des ›Schwarzen September‹ gegen die israelische Olympiamannschaft im besonderen und gegen die Olympiade als imperialistische KdF-Show im allgemeinen ist vollendet Ausdruck dieser richtigen strategischen Linie […] Die Verantwortung für den Tod der israelischen Sportler liegt einzig und allein bei den Regierungen Israels und der Bundesrepublik.«[119] Nicht nur die Linke, sondern auch große Teile der liberalen Öffentlichkeit müssen für diesen Zusammenhang einer nur notdürftig verbrämten judenfeindlichen Einstellung blind gewesen sein.

So wie ein Teil der außerparlamentarischen Opposition den Parlamentarismus abgelehnt und – als hätte sich dieses historisch mit der Räte-Republik Sowjetunion nicht bereits hinreichend als totalitäre Macht blamiert – auf ein Rätemodell spekuliert hat, so richteten sich die Attacken der RAF gegen die Institutionen des Verfassungsstaates. An diese Radikalität knüpfte Mahler nun offenbar auf der äußersten Rechten wieder an.

Sein Antiamerikanismus, sein Antisemitismus und seine konstitutive Gegnerschaft gegenüber dem demokratischen Verfassungsstaat sind nicht vom Himmel gefallen und auch nicht einfach als das Resultat eines Einstellungswandels zu verstehen, der sich erst in den letzten Jahren vollzogen hat. Mahler ist ideologisch betrachtet ein bekennender Marxist-Leninist gewesen und hat sich inzwischen als Rechtshegelianer entpuppt. Mit allen Mitteln will er zurück zu einer

Ganzheitsphilosophie, für deren avancierteste Form er den deutschen Idealismus und darin wiederum die hegelsche Philosophie meint halten zu können. Zentral ist für ihn das Volk und die Idee der Volksgemeinschaft. Das Judentum identifiziert er mit Trennung und Aufspaltung, Hegelianismus hingegen mit der konkreten Einheit des absoluten Geistes (Gott) und dem endlichen Geist (Mensch). Da Marx dem »jüdischen Geist« verhaftet geblieben sei, komme es darauf an, die Trennung von Gott und Mensch in der Philosophie zu überwinden. Ein Jude, der Hegel begreife, so Mahler, höre auf, ein Jude zu sein. An dieser rechtshegelianischen Ideologie wird deutlich, dass Mahler offenbar Geist und Volk als Einheiten denkt, die es in ihrer vermeintlichen Ursprünglichkeit wiederherzustellen gelte.

Die meisten von Mahlers ehemaligen Kampfgenossen haben auf dessen Outing als Neonazi mit einer Mischung aus Ungläubigkeit und Empörung reagiert. Da es mit Bernd Rabehl, Günter Maschke und Reinhold Oberlercher noch andere ehemalige SDS-Mitglieder gab, die sich ähnlich geäußert hatten, schlossen sich einige in Berlin zusammen und veröffentlichten unter dem Titel »Nationalisten waren wir nie« eine Abgrenzungserklärung.[120] Doch kaum einer schien so aus allen Wolken gefallen zu sein wie der ehemalige Bundesinnenminister Gerhart Baum. Insbesondere Mahlers Leugnung der Judenvernichtung erschütterte ihn. Für ihn war es schlicht unerklärlich, dass sich der Ex-Anwalt und RAF-Begründer zum Holocaust-Leugner hatte entwickeln können. »Herr Mahler hat mir in dem damaligen Gespräch gesagt«, bezog er sich in dem bereits zitierten, 2013 erschienenen Interviewband auf den Gedankenaustausch, den er 1980 mit ihm geführt hatte, »eine der Hauptmotivationen für ihn, der RAF beizutreten, also RAF-Aktivist zu werden, war der Holocaust.«[121] Das war also das glatte Gegenteil. Damit schien für Baum nun im Nachhinein eine Interpretation zusammengebrochen zu sein, die in seinen Augen eines der Hauptmotive, das die Gründung einer terroristischen Gruppe wenn auch nicht legitimierbar, so doch in einem übergeordneten Sinne verstehbar gemacht hatte, auf einen Schlag zunichte machte. Wenn eine irrende Hypermoral für den Gang in den

Untergrund und den von dort aus zielstrebig geführten Krieg gegen den Verfassungsstaat nicht mehr in Frage kam, was dann?

Im Jahr 2015 ist die Dissertation eines Karlsruher Promovenden erschienen, die den Versuch unternimmt, die extremismustheoretischen Herleitungen zu unterlaufen und Mahlers auf den ersten Blick bizarr anmutende Entwicklungssprünge mit Hilfe einer einzigen theoretischen Figur zu erklären.[122] Die Hypothese lautet, dass es in der politischen Entwicklung Horst Mahlers deshalb eine Kontinuität gegeben habe, weil er in ihrem Verlauf immer wieder aufs Neue den Versuch unternommen habe, »das identitäre Kollektiv« der Deutschen von seiner Schuld an den nationalsozialistischen Verbrechen, insbesondere der Vernichtung der europäischen Juden, zu entlasten. Um dies zu erreichen, habe er sich solcher in der jüngeren deutschen Geschichte auf so verheerende Weise in Stellung gebrachter Ressentiments wie dem des Antiamerikanismus und des Antisemitismus bedient. Für die monokausale Geltung des Schuldabwehrantisemitismus kann Michael Fischer einen Selbsterklärungsversuch Mahlers aus dem Jahre 2007 ins Feld führen. In einem Aufsehen erregenden Gespräch mit dem Publizisten Michel Friedman, dem damaligen Vizepräsidenten des Zentralrats der Juden in Deutschland, hatte Mahler erklärt, dass »das Schuldgefühl« sein zentrales Problem gewesen sei: »Diese ganze Geschichte bestimmte mein ganzes Leben, und mein Leben ist nur zu verstehen aus dieser Geschichte heraus.«[123] Das mutet in mancher Hinsicht wie eine überzogene Generalisierung an. Doch vielleicht ist diese Selbstexplikation ja nicht nur subjektiv glaubwürdig, sondern auch in analytischer Weise überzeugend.

Dieser Schlüsselbegriff geht auf eine 1955 vom Frankfurter Institut für Sozialforschung unter dem Titel »Gruppenexperiment« publizierte empirische Studie über das Bewusstsein der Nachkriegsdeutschen zurück, genauer über das mit der Überschrift »Schuld und Abwehr« versehene theoretische Kapitel, in dem Theodor W. Adorno die unterschiedlichsten Strategien zur Abwehr der Schuldgefühle analysiert hat, die von der strikten Leugnung der Verbrechen bis zu ihrer Verschiebung, Verharmlosung, Relativierung und einer Inanspruchnahme der Opferfigur reichten.[124] Die Quintessenz dieses sozialpsychologischen Ansatzes bestand darin, die für den nach 1945 wirksamen sekundären Antisemitismus charakteristische Täter-Opfer-Umkehr herauszuarbeiten. In dieser Logik werden nicht die Juden als Opfer angesehen, sondern die Deutschen. Ihnen wird angeblich die Herausbildung eines mit anderen Nationen vergleichbaren und nicht minder gerechtfertigten Nationalbewusstseins dadurch verwehrt, dass ihr Kollektiv mit massiven Schuldvorwürfen, nicht zuletzt der Juden selbst, traktiert wird.

Um diese Blockade zu durchbrechen, bedarf es diverser Aktivitäten, die sich sowohl auf der rechten wie auf der linken Seite des politischen Spektrums abspielen können. Um nicht nur verbale Aussage- sondern auch praktische Stoßkraft zu gewinnen, müssen sie umso radikaler auf der einen wie auf der anderen Seite in Erscheinung treten. Entscheidend ist nicht ihre jeweilige politische Ausrichtung, sondern allein ihre psychologische Funktion.

Fischer zeichnet anhand der einzelnen Stationen in Mahlers politischer Biographie minutiös nach, wie schuldrelativierend und -abwehrend dieser seine oppositionellen Vorstöße vorangetrieben hat. So etwa 1968, als er den Vietnamkrieg der USA in einem Brief an den damaligen Bundesjustizminister Gustav Heinemann als »organisierten Massenmord am vietnamesischen Volk« angeprangert oder aber 1972, als er den Zionismus und damit Israel als Staat wegen der Vertreibung der Palästinenser bezichtigt hat, »das Erbe des deutschen Faschismus angetreten« zu haben.

Ein ums andere Mal sei es ihm darum gegangen, so Fischer, sich von den Vorwürfen der NS-Vergangenheit zu lösen, um sich erneut als »identitäres Kollektiv« verstehen zu können. Aus dieser Perspektive erscheint es alles andere als überraschend, dass Mahler im Herbst 1998 just in dem Moment, als mit Gerhard Schröder, Joschka Fischer und Otto Schily einstige Weggefährten auf dem Gipfel ihrer politischen Karriere angekommen waren, sein Outing als Rechtsradikaler hatte, in dessen Verlauf er sich auf dem direktesten Weg als Neonazi entpuppte. Auch wenn sich das für ihn letztlich als eine politische Sackgasse erwies, die ihn nicht an die Spitze staatlicher Macht, sondern in eine Gefängniszelle der Justizvollzugsanstalt Brandenburg an der Havel führte, so schien es ganz so zu sein, als wäre er damit in gewisser Weise zu sich selbst gekommen.

Warum das vielleicht tatsächlich auch so betrachtet werden kann, hängt möglicherweise mit einem Familiendrama zusammen, das zugleich einen Schlüssel für die Interpretationsfigur eines Kontinuums der Schuldabwehr bieten könnte. Es geht dabei um seinen Vater und das nach 1945 in der Familie Mahler offenbar vorhandene Problem, sich nicht von der nationalsozialistischen Vergangenheit lösen zu wollen oder zu können.

Der 1900 geborene Vater, der im schlesischen Haynau als Zahnarzt arbeitete, war Mitglied der NSDAP. Die gesamte Familie und die nähere Verwandtschaft war vom Nationalsozialismus geprägt. Als Sohn Horst 1936 geboren wurde, sollte ihm durch die Wahl seines Vornamens offenbar zweierlei mit in die Wiege gelegt werden: eine Verbindung zu dem von den Nazis als »Märtyrer« verehrten Horst Wessel als dem angeblichen Vorkämpfer ihrer Bewegung, sowie die Assoziation mit einem »Adlerhorst«, dem Nest des als Herrschaftssymbol dienenden Raubvogels.[125] Die Familie war zugleich sehr gläubig. Vor jeder Mahlzeit wurde ein Tischgebet und vor dem Einschlafen mit jedem der Kinder ein Abendgebet gesprochen. Dabei wurde der »Führer« durch die Bitte mit einbeschlossen, dass Gott Adolf Hitler beschützen möge. Das soll insbesondere für den kleinen Horst, der dann auch der Hitler-Jugend beitrat, in der sein älterer Bruder Klaus bereits als Scharführer mitmachte, ein einzigartiges Vorbild gewesen sein. Er hat demnach versucht, seinem Vorbild nacheifernd »Reden ans Volk« zu halten.[126] Dazu kämmte er sich die Haare so, dass er Hitler möglichst ähnlich sah, stellte sich vor den Spiegel und begann damit, dessen über den Volksempfänger verbreitete Reden zu intonieren.

Für den jungen Horst änderte sich an der Identifikation mit Hitler und den anderen Nazi-Vorbildern nichts, als die Familie vor der Roten Armee geflüchtet war und im sächsischen Roßlau eine Zuflucht gefunden hatte. Der Vater, der nach einer vorübergehenden Trennung wieder zu seiner Frau und ihren gemeinsamen Kindern gestoßen war, wollte seine nationalsozialistischen Überzeugungen trotz Krieg, Zerstörung und Vertreibung auf keinen Fall aufgeben. Das ermöglichte es dem Schüler Horst, seinen eigenen Machtphantasien noch immer anzuhängen. Doch eines Tages wurde er abrupt aus seinen Träumen gerissen.

Da sein Vater die Situation in der Sowjetischen Besatzungszone, die sich kurz vor der Gründung eines eigenen Staates, der DDR, befand, nicht mehr ertrug und in eine tiefe Depression geriet, beging er Selbstmord. Das war für seine Frau und die Kinder ein ungeheurer Schock und ein tiefer Einschnitt. Schließlich hatte man nicht nur den Vater und Ernährer verloren, sondern auch die weltanschaulich dominante Figur. Als Horst Mahler 1954 für die Studienstiftung des deutschen Volkes seinen Lebenslauf verfasste, konnte er offenbar nicht umhin, auf dieses Familiendrama einzugehen. Über den Suizid seines Vaters heißt es dort: »Er starb am 12. Februar 1949 von eigener Hand und nur dem Zufall und der Geistesgegenwart meines ältesten Bruders verdanken wir vier Kinder unser Leben. Über Nacht rückte alles, was ich einst für selbstverständlich hielt, in unerreichbare Ferne.«[127] In Wirklichkeit war die Sache also noch viel schlimmer. Denn der Vater hatte versucht, seine Kinder mit in den Tod zu nehmen. Nur der Aufmerksamkeit des ältesten Bruders Klaus, der die Sache durchschaute, war es zu verdanken, dass die wegen einer angeblich drohenden Grippeinfektion einzunehmenden Tabletten nicht geschluckt wurden. Es war insofern also nicht nur um einen Selbstmord, sondern zugleich auch um einen versuchten Mehrfachmord gegangen, der erst in letzter Sekunde hatte verhindert werden können.

Im Grunde hatte Sohn Horst, der sich mit seinen 13 Jahren mitten in der Pubertät befand und sich ohnehin den dabei üblichen Problemen eines Selbstfindungsprozesses ausgesetzt gesehen haben dürfte, gleich zwei Vaterfiguren verloren – neben Vater Willy, seinem leiblichen Vater, auch Adolf Hitler, die imaginierte Vaterfigur des deutschen Volkes. Wie sollte er sich in einer Situation behelfen, in der ihm auf einen Schlag die Hauptfiguren seiner psychosozialen Identifikation und Orientierung geraubt worden waren?

Auch wenn es angesichts einer solchen Familienkonstellation nicht ganz einfach sein dürfte, im Nachhinein die entwicklungspsychologisch angemessenen Schlussfolgerungen zu ziehen, so ist nicht auszuschließen, dass der Suizid seines Vaters für Horst Mahler ein untergründiges, über weite Strecken seines Lebens nie völlig verschwundenes Trauma geblieben ist, das die für seine politische Biographie hypostasierte Kontinuität der Schuldabwehr noch in einer ganz anderen, familienpsychologisch angelegten Weise interpretierbar macht.

Im Frühjahr 1970 waren Horst Mahler und Peter Homann Mitglieder in ein und derselben Gruppe geworden – in der RAF. Beide waren in West-Berlin zusammen mit Baader, Ensslin, Meinhof und all den anderen in den Untergrund gegangen. Um sich militärisch ausbilden zu lassen, flogen sie im Juni in den Nahen Osten zu den Palästinensern. In einem ganz in der Nähe der jordanischen Hauptstadt Amman gelegenen Trainingscamp der *Fatah* kam es jedoch fortlaufend zu Reibereien. Eines Tages führte das dazu, dass Baader und Homann so sehr aneinander gerieten, dass sie sich miteinander prügelten. Um Schlimmeres zu verhindern, mussten die Palästinenser dazwischengehen und die beiden voneinander trennen. Das gelang zwar, doch dabei sollte es nicht bleiben.

Baader konnte sich immer noch nicht beherrschen und beschimpfte seinen Kontrahenten als »Verräter«. Angeblich, so Homann später, habe er kurzen Prozess mit ihm machen und die Angelegenheit mit einer als »Schießunfall« deklarierten Liquidierung erledigen wollen. Mahler jedoch habe das nicht gewollt, jedenfalls nicht in einer solchen formlosen Weise. Als Jurist habe er sich einen Prozess mit einer entsprechenden Verurteilung gewünscht. Das sei dann auch geschehen. Sie hätten ein »Volksgericht« einberufen, mit Mahler als seinem Vorsitzenden und über ihn, Peter Homann, die Todesstrafe verhängt.[128] Das »Volk« habe aus etwa zwanzig »Bandenmitgliedern« bestanden. Alle hätten dafür gestimmt, sogar Ulrike Meinhof, seine einstige Geliebte. Wortführer des Verfahrens sei Baader gewesen, der wie ein Chefankläger aufgetreten sei. Astrid Proll sei dann zum Fenster des Hauses gekommen, in dem er aus Sicherheitsgründen untergebracht worden war, und habe ihm als Zeichen des Unabwendbaren wortlos eine Patrone gezeigt. Doch es sollte nicht so weit kommen. Der erste Fall einer Selbstjustiz in den Reihen der RAF blieb aus.

Dass dies verhindert werden konnte, lag an ihrem Ausbilder Abu Hassan, dem damaligen Zögling Jassir Arafats, der eigentlich Ali Hassan Salameh hieß, meistens nur der »Rote Prinz« genannt wurde und neun Jahre später in Beirut von einem Mossad-Kommando mit seinem Auto in die Luft gesprengt wurde. Salameh alias Hassan wollte einen solchen Liquidierungsakt offenbar vermeiden, weil nicht abzuschätzen war, was das für Folgen hätte haben können. Die ihm am heftigsten widersprach, war Gudrun Ensslin, die insgeheime Anführerin der Gruppe. »He is an Israeli spy«, giftete sie Hassan an, »shoot him.«[129] Homann habe mit einem Transistorradio, lautete ihr Vorwurf, einen israelischen Rundfunksender empfangen. Und da das ja wohl ein »Feindsender« gewesen sei, bliebe doch wohl nichts anderes möglich, als den Verräter in den eigenen Reihen hinzurichten. Der Palästinenser sorgte jedoch dafür, dass die deutschen Terrorismus-Aspiranten entwaffnet wurden und der auf diese Weise Davongekommene von seinen einstigen Kampfgefährten getrennt nach West-Berlin zurückfliegen konnte.

Homann kam zwei Jahre später noch einmal auf Mahlers Rolle zurück. Für ihn und einige andere in der damaligen Gruppe, wusste er in einem *Spiegel*-Porträt zu berichten, sei Mahler nichts anderes als der »Little Berija« gewesen.[130] Sie hätten keine Hemmungen gehabt, ihn nach dem seinerzeit überaus gefürchteten sowjetischen Geheimdienstchef Lawrenti Berija zu benennen, der im Stalinismus zu einer Schlüsselfigur der Säuberungen geworden war und sich maßgeblich an der Organisierung von Massenverbrechen beteiligt hatte. Den Beinamen ergänzte Homann anderthalb Jahrzehnte später um einen weiteren, um den des nicht weniger berüchtigten Präsidenten des nationalsozialistischen Volksgerichtshofes – Roland Freisler.[131]

Der Vergleich mit dem Nazi-Juristen, der für nicht weniger als 2600 Todesurteile verantwortlich gewesen sein soll, könnte sich ihm aber auch deshalb aufgedrängt haben, weil Mahler 1997 die ersten Anzeichen seiner Hinwendung zum Neonazismus verraten hatte.

Nicht Homann sah sich also als Verräter an der Idee einer besseren Gesellschaft an, sondern glaubte einen solchen stattdessen in dem einstigen APO-Anwalt zu erkennen. Für ihn war er offenbar zu jener Judas-Figur geworden, als die er im Kollektivporträt des »Gastmahls im Republikanischen Club zu Westberlin« bereits im Frühjahr 1969 charakterisiert worden war.

5.
Beendigung

Die RAF und ihre Opfer

Zwischen Selbstheroisierung und Fremdtabuisierung

»Der Tod ist jedem beschieden, aber nicht jeder Tod hat die gleiche Bedeutung. In alten Zeiten gab es in China einen Schriftsteller namens Sima Tjiän. Dieser sagte einmal: ›Es stirbt allerdings ein jeder, aber der Tod des einen ist gewichtiger als der Tai-Berg, der Tod des anderen hat weniger Gewicht als Schwanenflaum.‹ Stirbt man für die Interessen des Volkes, so ist der Tod gewichtiger als der Tai-Berg; steht man im Sold der Faschisten und stirbt für die Ausbeuter und Unterdrücker des Volkes, so hat der Tod weniger Gewicht als Schwanenflaum.«[1]

Diese Zeilen stammen von Mao Tse-tung und sind einer der wichtigsten RAF-Schriften vorangestellt, einem Text, der 1972 unter der Mao-Parole »Dem Volke dienen« verbreitet wurde. Danach folgt eine denkwürdige Aufzählung von üblicherweise als alltäglich angesehenen Todesopfern in der damaligen Bundesrepublik:

»20 000 Menschen sterben jedes Jahr – weil die Aktionäre der Automobilindustrie nur für ihre Profite produzieren lassen und dabei keine Rücksicht auf die technische Sicherheit der Autos und den Straßenbau nehmen.

5000 Menschen sterben jedes Jahr – am Arbeitsplatz oder auf dem Weg dahin oder auf dem Heimweg, weil es den Produktionsmittelbesitzern nur auf ihre Profite ankommt und nicht auf einen Unfalltoten mehr oder weniger.

12 000 Menschen begehen jedes Jahr Selbstmord, weil sie nicht im Dienst des Kapitals hinsterben wollen, machen sie selber Schluss mit allem.

1000 Kinder werden jedes Jahr ermordet, weil die zu kleinen Wohnungen nur dazu da sind, dass die Haus-und Grundbesitzer eine hohe Rendite einstreichen können.

Den Tod im Dienst der Ausbeuter nennen die Leute einen natürlichen Tod. Die Weigerung, im Dienst der Ausbeuter zu sterben, nennen die Leute einen ›unnatürlichen Tod‹. Die Verzweiflungstaten der Menschen wegen der Arbeits-und Lebensbedingungen, die das Kapital geschaffen hat, nennen die Leute ein Verbrechen. Sie sagen: dagegen kann man nichts machen.

Damit diese falschen Ansichten der Menschen nicht von richtigen Ansichten abgelöst werden, haben der Bundesinnenminister, die Innenminister der Länder und die Bundesanwaltschaft jetzt Exekutionskommandos der Polizei aufgestellt. Ohne die falschen Ansichten von Verbrechen und Tod kann das Kapital nicht herrschen.

Petra, Georg, Thomas starben im Kampf gegen das Sterben im Dienst der Ausbeuter. Sie wurden ermordet, damit das Kapital ungestört weitermorden kann und damit die Leute weiterhin denken müssen, dass man nichts dagegen machen kann. Aber der Kampf hat erst begonnen!«[2]

Gemeint sind die Ersten, die 1971/72 bei Fahndungsaktionen durch Polizeikugeln zu Tode gekommen sind: Petra Schelm, Georg von Rauch und Thomas Weisbecker. Deren Tod war in der von der RAF für sich in Anspruch genommenen chinesischen Diktion »gewichtiger als der Tai-Berg«. Doch im Unterschied zu den beiden Männern geriet die Erstgenannte schon bald in Vergessenheit. Sie eignete sich offenbar nicht besonders dazu, das Image des todesmutigen, ja todesbereiten Kämpfers zu pflegen. »Meine wirklichen Geschwister sind Thomas Weisbecker und Georg von Rauch«, schrieb etwa Gudrun Ensslin in einem Brief an ihre leiblichen Geschwister.[3] Dadurch, dass sie sich bewaffnet hatten und auf offener Straße erschossen worden waren, besaßen sie im Rahmen des spezifischen, innerhalb der RAF gepflegten Totenkults einen anderen Nimbus als jene Kombattanten, die später im Hungerstreik zu Tode kamen oder aber sich in ihren Zellen umbrachten. Sie waren sozusagen »im bewaffneten Kampf gefallen«. Damit waren sie von Anfang an von einer Aura umgeben, die sich bei den meisten späteren Todesopfern der RAF nicht mehr einstellen wollte. Wer sich auf die beiden berief, zitierte zugleich ein bestimmtes Pathos, das sie mit ihrem Untergrundkampf verbunden sehen wollten. Von dem Polizisten Norbert Schmid jedoch, der zur selben Zeit von der RAF erschossen wurde, findet sich in dem Pamphlet kein einziges Wort.

Was bedeuten, so scheint die RAF zu fragen, schon ein paar Tote auf Seiten des Staates, wenn deren Liquidation mit dazu beiträgt, das ausbeuterische, menschenunwürdige System des Kapitals, das angeblich so viele Menschenleben auf dem Gewissen hat, selbst zu liquidieren? Der Tod der »Ausbeuter und der staatlichen Handlanger des Kapitals« hat, in der eingangs zitierten zynischen Poesie formuliert, »weniger Gewicht als Schwanenflaum«. Gegen »die falschen Ansichten von Verbrechen und Tod« werden hier die vermeintlich »richtigen« gestellt. Die Aneinanderreihung der Todeszahlen wirkt wie eine vorgezogene Rechtfertigung künftiger RAF-Morde.

Die RAF betrieb einen ausgiebigen Opferkult. Bei ihren Kommandos benutzte sie durchweg die Namen von Toten aus ihren eigenen Reihen. So benannte sich etwa ihre Kommandogruppe

beim Bombenanschlag auf das Offizierscasino des V. US-Corps in Frankfurt nach Petra Schelm,

beim Überfall auf die Deutsche Botschaft in Stockholm nach Holger Meins,

beim Mordanschlag auf Generalbundesanwalt Siegfried Buback nach Ulrike Meinhof,

bei der Entführung und Ermordung des Arbeitgeberpräsidenten Hanns Martin Schleyer nach Siegfried Hausner,

beim Mordanschlag auf den Treuhandchef Detlef Karsten Rohwedder nach Ulrich Wessel,

beim Mordanschlag auf den Chef der Deutschen Bank, Alfred Herrhausen nach Wolfgang Beer und

beim Sprengstoffanschlag auf die Justizvollzugsanstalt Weiterstadt nach der während ihrer Haftzeit einer Krebserkrankung erlegenen Katharina Hammerschmidt. Die Liste erweckt den Eindruck, als habe man durch die Serie von Anschlägen, Überfällen, Geiselnahmen und Mordaktionen zugleich eine Art Nekrolog stiften wollen.

Die RAF hat auf diese Weise versucht, drei verschiedene Aspekte miteinander zu verknüpfen:

die ums Leben gekommenen Mitglieder posthum zu heroisieren,

ihre terroristischen Aktionen durch das Blut ihrer eigenen Kämpfer in gewisser Weise zu »weihen« und

den Anschein zu erwecken, es handle sich dabei nur um eine Reaktion auf eine bereits existierende, dem kapitalistischen beziehungsweise imperialistischen System inhärente strukturelle Gewalt.

Indem sich die RAF auf die Todesopfer aus ihren eigenen Reihen berief, um in deren Namen Gewaltaktionen durchzuführen, die auf Todesopfer in den gegnerischen Reihen angelegt waren oder aber diese zumindest billigend in Kauf nahmen, unternahm sie den Versuch einer revolutionären, ja quasi-religiösen Rechtfertigung ihrer Terrorakte.

Bekanntlich spielt der Totenkult, der häufig nach fehlgeschlagenen Rebellionen und erfolglosen Revolutionen einsetzt, eine geradezu konstitutive Rolle für die Entstehung neuer Bewegungen. Was bereits für das 19. Jahrhundert – etwa die gewaltsam niedergeschlagene Revolution von 1848 – Geltung besaß, das lässt sich auf das Selbstverständnis von Guerillakämpfern in den letzten Jahrzehnten des 20. Jahrhunderts übertragen. Ein Historiker, der den Totenkult der 48er-Bewegung untersucht hat, schreibt: »Nur der Tod des eigenen Mitglieds, das als Kämpfer für die neue Ordnung getötet wurde, vermochte sinnstiftend zu sein. Die Bedeutung des ›Opfers‹ lag im Aufgeben des Eigenen. Indem man das eigene Leben gab, beschwor und legitimierte man eine neue politische Einheit, eine neue politische Ordnung.«[4] Die Berufung auf eine dem Opfer innewohnende transzendente Kraft spielte hier ganz offensichtlich die maßgebliche Rolle.[5]

Besonders deutlich zu erkennen war das auch an der wichtigsten »Schwesterorganisation« der RAF – der *Bewegung 2. Juni.* Diese aus den *Tupamaros West-Berlin* hervorgegangene Gruppierung verstand schon ihren Namen als Hinweis auf die Opferrolle. Mit dem Datum hatte sie sich den Tod eines Unschuldigen eingravieren wollen, des bei einer Demonstration gegen das Schah-Regime in West-Berlin von einem Polizisten erschossenen Germanistikstudenten Benno Ohnesorg. Mit der Namensgebung sollte von vornherein klargestellt werden, dass der Staat nicht nur zuerst geschossen, sondern zugleich auch den ersten politischen Toten auf dem Gewissen hatte.[6] Unter dieser Voraussetzung, der Eröffnung einer Art Negativkonto, sollte eine grundsätzliche Legitimität für den bewaffneten Kampf und die Inkaufnahme von Todesopfern gestiftet werden.

Die von den RAF-Kommandos Ermordeten spielten hingegen keinerlei Rolle in der Kanonisierung der eigenen Toten.[7] Sie waren nichts anderes als Störfaktoren, die es möglichst auszublenden galt. Es ist deshalb aufschlussreich, einen Blick zurückzuwerfen und konkreter nach jenen Opfern zu fragen, die bei Angriffen der RAF, der *Bewegung 2. Juni* oder der *Revolutionären Zellen* ihr Leben verloren haben. Denn auf diesem Wege entsteht eine Art soziologisches Diagramm, das verrät, gegen wen sich diese Attacken vor allem richteten.

Ohne Anspruch auf Vollständigkeit erheben zu wollen, seien nur einige Berufsfunktionen der damals Getöteten genannt: Industriemanager, Bankchef, Fabrikdirektor, Generalbundesanwalt, Kammergerichtspräsident, Wirtschafts- und Militärattaché, Wirtschafts- und Finanzminister. Es sind also vor allem Angehörige bestimmter Funktionseliten, auf die es die RAF abgesehen hatte. Sie entstammten dem Wirtschafts- und dem Finanzkapital, dem diplomatischen Dienst, der Politik und der Justiz.

Als die RAF vor vierzig Jahren zur sogenannten »Offensive 77« blies, um ihre seit einem halben Jahrzehnt gefangenen Kernmitglieder freizupressen, ermordete sie mit Generalbundesanwalt Siegfried Buback, dem Bankier Jürgen Ponto und dem Präsidenten des Arbeitgeberverbandes Hanns Martin Schleyer drei führende Repräsentanten von Staat, Finanzkapital und Großindustrie. Die Angriffe dienten einerseits zwar der Freipressung, andererseits richteten sie sich aber auch gegen die drei Säulen des bundesdeutschen Staats- und Gesellschaftssystems.

Anders sieht es dagegen mit einer Berufsgruppe aus, die die meisten Opfer zu verzeichnen hatte – der Polizei. Es waren insgesamt zehn Polizeibeamte, durchweg niedrige Ränge, die bei der Bekämpfung des Terrorismus ihr Leben verloren. Sie waren nicht die Hauptzielscheibe, jedenfalls keine aus rein ideologischen Gründen. Da es aber ihre Aufgabe war, das Gewaltmonopol des Staates durchzusetzen und die innere Sicherheit aufrechtzuerhalten, liefen sie am ehesten Gefahr, bei bewaffneten Auseinandersetzungen mit der RAF getroffen zu werden. Ulrike Meinhof hatte überdies in ihrem berüchtigten Interview, das der *Spiegel* am 15. Juni 1970 unter dem Titel »Natürlich kann geschossen werden« veröffentlichte, jeden Zweifel ausgeräumt und Polizisten kurzerhand als »Schweine« bezeichnet, die zum Abschuss freigegeben werden könnten.[8]

Woran liegt es, dass die Namen der Polizeibeamten Reinhold Brändle, Hans Eckhardt, Walter Pauli, Roland Pieler, Fritz Sippel, Norbert Schmidt, Anton Tischler und Helmut Ulmer oder die der Fahrer Wolfgang Göbel, Eckard Groppler, Heinz Marcisz und Georg Wurster in der öffentlichen Debatte kaum eine Rolle spielen? Und schon gar nicht der Name von Edith Kletzhändler, einer Hausfrau, die 1979 in Zürich ganz zufällig bei einem Schusswechsel zwischen RAF-Leuten und der Polizei ums Leben kam. Es sind die Namen einiger weniger Prominenter, die im Zentrum der medialen Aufmerksamkeit stehen: Buback, Ponto, Schleyer, Beckurts, von Braunmühl, Herrhausen, Rohwedder. Es ist keine Übertreibung, daher von einer Art »Zweiklassengesellschaft der RAF-Opfer« zu sprechen.

Dieser Anschein verstärkt sich bei der Lektüre eines Buches, das vor einem Jahrzehnt auf großes Interesse gestoßen ist. So verdienstvoll der von Anne Siemens verfasste Band mit dem Titel *Für die RAF war er das System, für mich der Vater* einerseits auch ist, so wenig wird darin andererseits die unsichtbare Grenze zwischen diesen beiden Opfer-Klassen überschritten.[9] Die Interviews werden ausschließlich mit den Hinterbliebenen der prominenten RAF-Opfer geführt, die der Nichtprominenten werden dagegen einfach ignoriert. Die gesellschaftliche Ungleichheit, die für die Opfer der RAF im realen Leben galt, reicht im Hinblick auf die Fokussierung öffentlicher Aufmerksamkeit offenbar auch über den Tod hinaus.

Es wäre allerdings simplifizierend zu unterstellen, die RAF hätte in Bezug auf ihre Anschlagsziele beziehungsweise Opfer ein völlig homogenes Bild gehabt. Denn es hat unter ihren Mitgliedern in der Frage, ob die Opfer ihrer Gewaltpolitik legitim seien, durchaus Differenzen gegeben. Insbesondere drei Fälle waren es, die in ihren eigenen Reihen zu Kontroversen führten:

die Verletzung des Bibliotheksangestellten Georg Linke bei der sogenannten Baader-Befreiung in West-Berlin am 14. Mai 1970,

die Verletzung von Arbeitern und Angestellten bei dem Bombenanschlag auf das Springer-Hochhaus in Hamburg am 19. Mai 1972 und nicht zuletzt

die kaltblütige Ermordung des GI Edward Pimental am 8. August 1985 in Wiesbaden, die allein dem Zweck diente, sich dessen Ausweispapiere zu beschaffen, um damit auf ein Militärgelände zu gelangen und dort einen Anschlag auf US-amerikanische Einrichtungen zu verüben.

Bereits in der von Ulrike Meinhof verfassten Gründungsschrift *Das Konzept Stadtguerilla* setzte sich die RAF mit dem Vorwurf auseinander, ob sie in ihrer Praxis tatsächlich so rücksichtslos und brutal sei, wie das von großen Teilen der Presse behauptet wurde. Meinhof räumt zunächst ein: »Die Frage, ob die Gefangenenbefreiung auch dann gemacht worden wäre, wenn wir gewusst hätten, dass ein Linke dabei angeschossen wird […] kann nur mit Nein beantwortet werden.«[10] Die Eindeutigkeit dieser Aussage erweist sich jedoch nur wenige Zeilen weiter als weitgehend gegenstandslos. Denn die Feststellung wird mit der Behauptung relativiert, dass es nichts bringe, nach dem »Was wäre wenn« zu fragen, um die Überlegungen dann mit dem markigen Satz zu übertrumpfen: »Der Gedanke, man müsste eine Gefangenenbefreiung unbewaffnet durchführen, ist selbstmörderisch.«[11] Sie beendet ihre Verteidigung schließlich mit dem Satz:

»Wir schießen, wenn auf uns geschossen wird. Den Bullen, der uns laufen lässt, lassen wir auch laufen.«[12]

Der Bombenanschlag auf die Hamburger Springer-Zentrale galt nicht nur innerhalb der mit der RAF sympathisierenden radikalen Linken als einer der umstrittensten. Die Tatsache, dass die telefonischen Warnungen für die Räumung eines derartig weitläufigen Gebäudes mit 3000 Mitarbeitern viel zu spät eingegangen waren und es vor allem Arbeiter und Angestellte getroffen hatte, für deren Interessen die RAF angeblich zu den Waffen gegriffen haben wollte, löste auch innerhalb der RAF-Führung massive Kontroversen aus.

Wie groß das Ausmaß der Ablehnung ausfallen konnte, lässt sich etwa an einer späteren Äußerung des RAF-Mitbegründers Horst Mahler erkennen, für den dieser Anschlag offenbar eine Art Wendepunkt in seinem Verhältnis zur RAF darstellte: »Da wurde völlig klar, dass die Praxis sich völlig loslöste von dem, was wir mal gemeinsam uns unter Praxis vorgestellt haben. Denn jetzt wendeten sich diese militärischen oder militanten Aktionen ja gegen den Teil des Volkes, für den man vorgab, diesen Kampf zu führen, nämlich für Arbeiter und Angestellte, für die Lohnabhängigen [...]«[13] Ähnlich ablehnend äußerte sich Irmgard Möller: »Wenn man Springer angreifen will, kann man das unmöglich in seinem Verlagshaus machen, in dem Menschen arbeiten, die für die Politik des Konzerns und auch für die Inhalte in den Blättern nicht verantwortlich sind. [...] Das war wirklich ein böses Beispiel, wie man militante Politik auf gar keinen Fall machen kann.«[14] Und Hans-Joachim Klein, das einstige Mitglied der *Revolutionären Zellen*, bezeichnete den Anschlag als einen »üblen politischen Fehler«.[15]

Für Möller stellte die Kritik an dem Bombenanschlag jedoch kaum mehr als eine taktische Angelegenheit dar. Hätte das RAF-Kommando statt der Korrektoren einen der Redakteure oder gar Mitglieder der Geschäftsleitung getroffen, dann wäre von ihr vermutlich Zustimmung zu hören gewesen. Als sie im selben Interview gefragt wurde, ob sie die Ermordung von Hanns Martin Schleyer im Nachhinein als Fehler ansehen würde, antwortet sie ganz unmissverständlich mit: »Nein.[…]Wenn man nicht bereit ist, jemanden wie Schleyer zu töten, darf man ihn gar nicht erst entführen.«[16] Und auf die Zusatzfrage, warum sie den Fahrer erschossen hätten, um anschließend seinen Chef entführen zu können, erklärt sie in derselben unerbittlichen Konsequenzlogik: »Der ist doch nicht zufällig und willkürlich einen Tag vorher ausgesucht worden. Der sitzt mit im Wagen und weiß, was er für ein Risiko eingeht, wenn er diesen Job macht.«[17] Die ehemalige RAF-Angehörige, die die Nacht vom 17. auf den 18. Oktober 1977 überlebt hat und deshalb am ehesten bezeugen könnte, dass es kein gedungenes staatliches Exekutionskommando war, das für den Tod von Baader, Ensslin und Raspe verantwortlich war, verteidigt auf diese Weise noch Jahrzehnte später die Mordpraxis und Opferlogik der RAF.

Auf die heftigste Kritik stieß die Ermordung des zwanzigjährigen US-Soldaten Edward Pimental. Die zu dieser Zeit in einem Lübecker Gefängnis einsitzenden RAF-Terroristinnen, darunter Irmgard Möller, konnten sich nur einen ganz bestimmten Reim auf diese Mordtat machen und erklärten kurzerhand: »Das war eine Counter-Aktion!«[18], also eine vom Staatsschutz oder einem Geheimdienst organisierte und mit dem Ziel durchgeführte Operation, die RAF bloßzustellen und ihre Ziele zu diskreditieren. Doch auch dieser paranoid anmutende Gedanke erwies sich bald darauf als Hirngespinst. Da sie sich der Massivität der in der linken Öffentlichkeit vorgetragenen Kritik nicht länger erwehren konnte, ruderte die RAF zurück und räumte ein: »Wir sagen heute, dass die Erschießung des GIs in der konkreten Situation im Sommer ein Fehler war, der die Wirkung des Angriffs gegen die Air Base und so die Auseinandersetzungen um die politisch-militärische Bestimmung der Aktion, wie der Offensive überhaupt, blockiert hat.«[19] Aber auch das war nichts anderes als eine taktische Kritik, die auf äußeren Druck zustandegekommen ist. Es sollte ein ganzes Jahrzehnt andauern, bis sich das ehemalige RAF-Mitglied Birgit Hogefeld in der gebotenen Eindeutigkeit von der Hinrichtungsaktion distanziert hat, die wiederholt mit der Genickschusspraxis der SS verglichen wurde.

Die 1993 beim Einsatz der GSG 9 im mecklenburgischen Bad Kleinen verhaftete Hogefeld erklärte später in ihrem Prozess vor dem Frankfurter Oberlandesgericht: »Wenn Menschen hergehen und einen jungen Mann erschießen, weil er Soldat der US-Armee ist und einen Ausweis besitzt, den sie haben wollen, dann empfinde ich das als grauenhaft und zutiefst unmenschlich – anders kann ich das nicht bezeichnen.«[20] Doch sie selbst war jene junge Frau mit den »schönen Augen«, die das Opfer in einer Wiesbadener Diskothek gezielt »abgeschleppt« hatte, damit es das »Kommando George Jackson« auf einem Waldweg mitten in der Nacht mit einem Schuss in den Hinterkopf liquidieren konnte. Hogefeld, die zusammen mit Eva Haule dem Killerkommando angehörte, ist inzwischen, nachdem sie zu einer lebenslänglichen Haftstrafe verurteilt worden war, im Juni 2011 auf Bewährung entlassen worden.

Die drei genannten Fälle zeigen, wie sehr sich die RAF-Kommandos in den Rechtfertigungsstrategien ihrer Gewalt- und Mordaktionen verfangen hatten und wie schwer sie sich damit taten, auch nur solche Fehler einzuräumen, die bestimmte Operationen ihrer eigenen immanenten Handlungslogik nach zweifelsohne darstellten. Das Wort Schuld ist dabei keinem von ihnen über die Lippen gekommen.

Am 20. April 1998 ging bei der Nachrichtenagentur Reuters ein acht Seiten umfassendes Schreiben der RAF ein, in dem es ultimativ hieß: »Heute beenden wir dieses Projekt.«[21] Zunächst einmal herrschte Ungläubigkeit vor, doch schon bald legte sich das über Jahrzehnte angewachsene Misstrauen und wich der Erleichterung, dass der »Spuk« nun offenbar vorüber war. Bei genauerer Lektüre des Papiers, dessen oder deren Verfasser auch den Behörden bislang unbekannt geblieben sind, stellte sich bei den ersten Kommentatoren jedoch Verwunderung über die immer noch vorherrschende mentale Starrheit und weiter anhaltende ideologische Verblendung ein. Einerseits war der vielleicht nachvollziehbare Gestus unübersehbar, zwar geschlagen, aber mit erhobenem Haupt den Platz des Geschehens verlassen zu wollen, andererseits jedoch überwogen Passagen einer ungebrochen phrasenhaften Subjekt- und Befreiungsrhetorik.

Die RAF, so heißt es, vom Ton her fast an den antinapoleonischen Duktus preußischer Partisanen erinnernd, habe »den Befreiungskrieg in der Bundesrepublik aufgenommen«. Der Tenor des gesamten Papieres folgt der gespaltenen Maxime: sich einerseits zwar verabschieden, andererseits aber doch nicht ganz aufhören zu wollen.

In dem Abschnitt »Wir stehen zu unserer Geschichte« heißt es etwa: »Die RAF war der revolutionäre Versuch einer Minderheit [...] Wir sind froh, Teil dieses Versuchs gewesen zu sein. Das Ende dieses Projekts zeigt, dass wir auf diesem Weg nicht durchkommen konnten. Aber es spricht nicht gegen die Notwendigkeit und Legitimation der Revolte. Die RAF ist unsere Entscheidung gewesen [...] Für uns ist diese Entscheidung richtig gewesen [...] Wir haben die Konfrontation gegen die Macht gewollt. Wir sind Subjekt gewesen, uns vor 27 Jahren für die RAF zu entscheiden. Wir sind Subjekt geblieben, sie heute in die Geschichte zu entlassen. Das Ergebnis kritisiert uns. Aber die RAF – ebenso wie die gesamte bisherige Linke – ist nichts als ein Durchgangsstadium auf dem Weg zur Befreiung.«[22] Ganz nach dem von Ernst Bloch ein ums andere Mal aus den Bauernkriegen zitierten Motto: »Geschlagen ziehen wir nach Haus, unsere Enkel fechtens besser aus.«[23] Konkret stellt die Erklärung zwar eine Aufgabe dar, abstrakt jedoch immer noch ein Kontinuitätsbegehren.

Eingeständnisse von Fehlern kommen vor, doch sie fallen weitgehend taktisch aus. So sei die Schleyer-Entführung zwar richtig gewesen, um »die Gefangenen aus der Folter zu befreien«, jedoch nicht die sich daran anschließende Entführung der Lufthansa-Maschine nach Mogadischu; so hätten die bewaffneten Aktionen »die politischen und gegenkulturellen Prozesse« unterbewertet; so sei es insgesamt ein strategischer Fehler gewesen, »neben der illegalen, bewaffneten keine politisch-soziale Organisation« aufgebaut zu haben. Aus diesem Hauptfehler resultiere das Eingeständnis, dass das RAF-Konzept künftig »in den Befreiungsprozessen keine Gültigkeit mehr« für sich beanspruchen könne.

Manches hätte zwar anders gemacht werden können, es sei jedoch trotz der eingeräumten Fehler »grundsätzlich richtig gewesen, [...] die

Kontinuitäten der deutschen Geschichte mit Widerstand zu durchkreuzen«. Nach Faschismus und Krieg habe die RAF etwas Neues in die Gesellschaft gebracht, »das Moment des Bruchs«. Einen Sieg will sich die RAF, wie sie ganz unmissverständlich zum Ausdruck bringt, im Moment ihrer Niederlage nicht nehmen lassen: »Die RAF hat nach dem Nazi-Faschismus mit diesen deutschen Traditionen gebrochen und ihnen jegliche Zustimmung entzogen.«[24] Das ist vermessen und klingt ganz so, als habe die RAF persönlich für eine neue Gesellschaftsordnung gesorgt.

Durch »alle Härten und Niederlagen hindurch«, heißt es, das eigene Durchhaltevermögen belobigend weiter, habe sie mit Entschiedenheit gezeigt, dass sie »im Gang der Geschichte unkorrumpierbar« geblieben sei. Kein Wort über die Aussteiger, über die politischen Frontenwechsler wie Horst Mahler etwa, keines über die als »Verräter« denunzierten Kronzeugen und vor allem keines über die Opfer – kein Wort an deren Angehörige, keine Geste der Entschuldigung, kein Bitten um Vergebung, rein gar nichts.

Und als sollten letzte Zweifel ausgeräumt werden, wer allein für Tod und Terror verantwortlich gewesen sein kann, heißt es: »Der tatsächliche Terror besteht im Normalzustand des ökonomischen Systems.«[25] Damit ist alles wieder im Lot. Alle Eingeständnisse sind mit diesem einen Satz nivelliert. Hier schließt sich der Kreis. Ideologisch ist man dort wieder angelangt, wo man 1972 mit der Erklärung »Dem Volke dienen« aufgehört hatte. Was man selber tat, waren offenbar nichts anderes als Akte »revolutionärer Gewalt«, Akte, die lediglich von ihren Feinden durch die Etikettierung »Terror« stigmatisiert und denunziert worden seien. Das kapitalistische System als solches sei demnach terroristisch und nicht diejenigen, die es stürzen wollten.

Zum Schluss gedenken sie jener palästinensischen Terroristen, die im Oktober 1977 die Lufthansa-Maschine mit den Mallorca-Urlaubern an Bord entführten. Für die RAF waren sie nichts anderes als Märtyrer, die letztlich für eine gute Sache gestorben seien. Im christlichen Kulturraum ist der Märtyrer, wie das der Historiker Manfred Hettling einmal betont hat, eine Konkretisierung des Opfers, das die Zuversicht, ja Sicherheit auf eine zukünftige Erlösung einschließt: »Während das Opfer mehr die Bereitschaft zur Hingabe zum Ausdruck bringt, ist im Begriff des Märtyrers sowohl die gegenwärtige Niederlage als auch die Gewissheit der künftigen Heilsgewinnung enthalten.«[26] Dieses transzendente Moment in der Figur derjenigen, die bereit sind, sich im Kampf selbst zu opfern, ist damit jedenfalls von jenen in Anspruch genommen worden, die die RAF beerdigt haben.

Die Auflösungserklärung endet schließlich mit der Auflistung jener 26 Namen, die im Laufe der 28 Jahre andauernden Existenz ihrer Organisation als RAF-Angehörige ihr Leben verloren haben, ohne jedoch irgendein Wort über die von ihr selbst verursachten Opfer zu verlieren.[27] Zuletzt folgt ein trotzig zitierter Ausspruch Rosa Luxemburgs, der bereits wie ein utopisches Motto über ihrem eigenen, tragisch geendeten Leben gestanden hatte: »Die Revolution sagt: ich war, ich bin, ich werde sein.«[28]

Rosa Luxemburg wollte mit diesem Satz auf die Niederlage ihrer eigenen revolutionären Bewegung reagieren. Nach der Niederschlagung des *Spartakus*-Aufstandes hatten die Sozialdemokraten Friedrich Ebert und Gustav Noske erklärt, dass nun in Berlin diese Ordnung wiederhergestellt sei. Luxemburg hielt ihnen in einem letzten, am Abend vor ihrer Ermordung verfassten Artikel entgegen, dass ihre Ordnung in Wirklichkeit auf Sand gebaut sei. Nach ihrem Tod wurde die Zeile »Ich war, ich bin, ich werde sein« unter Kommunisten zu einer Art Vermächtnis. Sie sollte mit dem Verweis, dass die Revolution auch weiterhin eine historische Notwendigkeit sei, in aussichtslos erscheinenden Situationen – wie der NS-Zeit – Zuversicht bieten und Trost spenden. In diesen durch die Ikone der undogmatischen Linken gestifteten, seit Jahrzehnten von Parteigängern des Kommunismus strapazierten, durch dessen Totalitarismus beschädigten und in sich gebrochenen Traditionszusammenhang klinkt sich die RAF bedenkenlos ein. Indem sie ihr eigenes Ende in dem Rosa Luxemburgs spiegelt, versucht sie zum Schluss deren moralisch unbestechlichen Ruf zu okkupieren und sich damit noch einmal mythisch zu erhöhen. Mit dieser Verlautbarung hat sich die RAF selbst ein Denkmal zu setzen versucht. Die Sätze sind von einem unerträglichen Pathos der Selbstgerechtigkeit getragen und wirken erstarrt, fast wie in Stein gehauen.

Nirgendwo sonst ist das manichäische, existentiell aufgeladene Weltbild der RAF so deutlich hervorgetreten wie in ihrem Opferverständnis. Dem Kult um die eigenen Opfer, der unablässigen Heroisierung ihrer zu Tode gekommenen Aktivisten, wurde die Verachtung der fremden Opfer und ihre weitgehende Tabuisierung entgegengesetzt. Ein ehemaliges RAF-Mitglied, Klaus Jünschke, ein RAF-Mann der ersten Generation, kommentierte die Erklärung in einem Interview ernüchtert mit den Worten: »Das alte Tabu – kein Wort über die Opfer – wird nicht gebrochen.«[29] Die strikte Selektivität der Opferwahrnehmung hörte also auch nach der Einstellung des bewaffneten Kampfes keineswegs auf. Das extreme Missverhältnis zwischen Fremdopfer und Selbstopfer dürfte zudem grundlegend dafür gewesen sein, dass sich innerhalb der deutschen Linken der Mythos RAF über so viele Jahre hat erhalten und ein derartiges Echo erzeugen können.

Als sich im Oktober 1977 nach den Selbstmorden im Stammheimer Hochsicherheitstrakt eine heftige Debatte über die Frage entzündete, ob die toten Terroristen auf einem Stuttgarter Friedhof beerdigt werden dürften, nahm sich schließlich das Stadtoberhaupt dieser Frage an und entschied sie mit der dafür offenbar nötigen Autorität. Oberbürgermeister Manfred Rommel sorgte dafür, dass die drei Toten in einem Gemeinschaftsgrab auf dem Dornhaldenfriedhof beerdigt werden konnten.

Der CDU-Politiker, der sein Amt in der baden-württembergischen Landeshauptstadt nicht weniger als 22 Jahre lang bekleidet hat und im Übrigen lange Zeit Referent des noch nach seinem Tod in die Schlagzeilen geratenen baden-württembergischen Ministerpräsidenten Hans Filbinger war, musste wegen seiner Entscheidung heftigste Reaktionen über sich ergehen lassen. Im Jahre 2003 hatte der Autor Gelegenheit, ihn zu besuchen. Es ging um einen Beitrag für die RAF-Kunstausstellung in Berlin, die bald darauf für eine Kontroverse sorgen sollte. Mit dabei war mit Felix Ensslin auch der Sohn der RAF-Mitbegründerin, die sich 1977 im »Deutschen Herbst« das Leben genommen hatte. Rommel sprach von ihr nicht etwa als Ex-Terroristin, sondern nur als seiner »Frau Mutter«. Er wollte damit offensichtlich deutlich machen, dass es im Angesicht des Sohnes den Tod der Mutter und die Priorität der Elternbeziehung zu respektieren gelte.

Die gegen das Ausstellungsprojekt erhobenen, im Kern freilich gegenstandslosen Vorwürfe, hier hätte man mit staatlichen Geldern einem »Mythos RAF« erneut Nahrung geben wollen, hielten ihn nicht davon ab, für den Katalog einen eigenen Beitrag zu verfassen. Am Ende seines Aufsatzes über »Die Zeit der RAF« heißt es: »Die drei Terroristen, deren Freilassung aus dem Stammheimer Gefängnis erzwungen werden sollte und die jetzt in Stuttgart auf dem Dornhaldenfriedhof begraben sind, haben wohl bis zu ihrem gemeinsamen Selbstmord an ihren Überzeugungen festgehalten. Ob Gott ihnen vergibt? Er ist gütiger als wir glauben. Die Stadt Stuttgart wollte durch die Genehmigung der von Pfarrer Ensslin beantragten Bestattung in drei nebeneinander liegenden Gräbern dartun, dass die Feindschaft jedenfalls mit dem Tod ein Ende hat und dass der demokratische Staat nicht jene Bestie ist, als welche die drei Terroristen und ihre Gesinnungsfreunde ihn dargestellt haben.«[30] Rommels Credo war also ebenso knapp wie überzeugend. Es lautete schlicht: »Nach dem Tod endet jede Feindschaft.«

Auch dem Konzeptkünstlers Hans-Peter Feldmann sind wegen der »Die Toten« benannten Installation, die bereits den Zentralraum der im Jahr 2005 in den Berliner Kunst-Werken gezeigten Ausstellung bildete, bekanntlich Vorwürfe gemacht worden. Der Haupteinwand gegen die Bilder der zwischen 1967 und 1993 zu Tode Gekommenen lautete, die grundlegende Differenz zwischen Tätern und Opfern würde hier – ganz im Sinne des schaurigen Diktums »Im Tod sind alle gleich – Leich für Leich« – eingeebnet und damit deren Rolle auf eine unakzeptable Weise relativiert. Aufnahmen des entführten und dann ermordeten Hanns Martin Schleyer neben dem im Hungerstreik gestorbenen Holger Meins, alle im gleichen Format, auf wenige Informationen reduziert und chronologisch nebeneinander angeordnet – das wurde und wird zum Teil noch immer als anstößig empfunden. Der Einwand der Nivellierung jedoch dürfte vordergründiger Natur sein.

Wenn im Tod tatsächlich jede Feindschaft endet, wie das der Stuttgarter Oberbürgermeister vor vierzig Jahren formuliert hat, dann verbindet sich damit jener Gedanke, der auch Feldmanns Installation als Künstler zugrunde gelegen haben dürfte. Indem er *die Gräben zwischen den Gräbern* überwindet, fordert er zugleich dazu heraus, über die zivilisatorischen Minima der Gesellschaft nachzudenken. Diejenigen, die im Herbst 1977 in Stuttgart gefordert haben, man solle die Leichen Baaders, Ensslins und Raspes auf eine Müllkippe werfen, dürften der menschenverachtenden Einstellung des Terrorismus näher gewesen sein, als sie es selbst vermutlich hätten wahrhaben wollen.

Das Ende der RAF

Ein gescheitertes identitätspolitisches Projekt

Als am 20. April 1998 bei der Nachrichtenagentur Reuters ein acht Seiten umfassendes Schreiben der RAF eintraf, in dem es ultimativ hieß, »Heute beenden wir dieses Projekt«, war die Überraschung groß.[31] Der ehemalige BKA-Präsident Horst Herold etwa konnte sich nicht vorstellen, dass die RAF, die einst einen solchen Wert auf ihre antifaschistische Gesinnung gelegt hatte, ausgerechnet an Hitlers Geburtstag von der Bühne abtreten würde.[32] Doch schon bald legte sich das über Jahrzehnte angewachsene Misstrauen und wich der Erleichterung, dass der »Spuk« nun endlich vorüber war.

Mit dieser Verlautbarung hat sich die RAF selbst ein Denkmal zu setzen versucht. Aus der Erklärung lassen sich einige axiomatische Behauptungen herausdestillieren: Die RAF steht zu ihrer Geschichte; ihre Mitglieder glauben, dass die RAF ein Bruch in der Kontinuität zum Nationalsozialismus gewesen sei; sie halten die Entscheidung, die RAF gegründet und an ihr mitgewirkt zu haben, auch nachträglich für grundsätzlich richtig; sie glauben dabei trotz aller Bedrängungen Subjekt geblieben zu sein, Durchhaltevermögen bewiesen und bei alledem keinerlei Korrumpiertheit an den Tag gelegt zu haben.

Diese Erklärung fiel nicht einfach vom Himmel. Ihr war ein jahrelanger Zerfalls- und Zersetzungsprozess vorausgegangen, der am Ende offenbar selbst den Hartgesottensten in der Gruppe keine andere Möglichkeit mehr übrig gelassen hatte, als der Kapitulation zuzustimmen. Ob es dazu ohne den nach dem Fall der Berliner Mauer 1989 in Gang gekommenen Zusammenbruch des Ostblocks gekommen wäre, darf bezweifelt werden. Denn damit waren jene poststalinistischen Regime weggebrochen, die terroristische Organisationen wie die RAF mehr als nur geduldet hatten. Insbesondere die

DDR und die UdSSR hatten, wie sich nur allzu rasch zeigen sollte, die Rolle von regelrechten Terrorpaten gespielt. Mit dem Ende des Ost-West-Konflikts war innerhalb der RAF eine Binnendynamik in Gang gekommen, die eine Kumulation von Krisenprozessen auslösen sollte.

Es hatte zunächst damit begonnen, dass im Juni 1990 zur allgemeinen Überraschung zehn ehemalige RAF-Mitglieder, nach denen ein Jahrzehnt lang von Interpol gefahndet worden war, verhaftet, vor Gericht gestellt und zu mehrjährigen Haftstrafen verurteilt wurden. Zur selben Zeit saß mit Karl-Heinz Dellwo ein Mitglied des *Kommandos Holger Meins*, das 1975 die Deutsche Botschaft in Stockholm überfallen und dabei zwei Diplomaten erschossen hatte, in der JVA Celle und verfasste ein 77 Seiten umfassendes Papier, in dem er die RAF in einer für ihre Mitglieder bis dahin ungekannten Weise problematisierte. Es sollte sich zeigen, dass er zusammen mit seinen beiden Mithäftlingen Lutz Taufer und Knut Folkerts zur treibenden Kraft im Auflösungsprozess werden sollte.[33] Die Kritik von innen stieß bei Hardlinern wie Brigitte Mohnhaupt, Christian Klar und Helmut Pohl, die auch weiterhin gegenüber dem verhassten Staat keinen Zentimeter nachgeben wollten, auf massive Gegenwehr.[34]

Nachdem die deutsche Einigung vollzogen war, wurden auch innerhalb der Bundesregierung Überlegungen angestrengt, wie es gelingen könnte, die RAF zu entschärfen. Wie gefährlich sie noch immer war, hatte sie mit der Ermordung von Deutsche-Bank-Chef Alfred Herrhausen im November 1989 und Treuhandchef Detlef Karsten Rohwedder im April 1991 nachdrücklich unter Beweis gestellt. Nun wollte man offenbar einen Schritt unternehmen, sie von innen her auszuhöhlen. Als der damalige Bundesjustizminister Klaus Kinkel auf dem Dreikönigstreffen der FDP im Januar 1992 in Stuttgart erklärte, dass der Staat dort, »wo es angebracht« sei, »zur Versöhnung bereit sein« müsse, war die sogenannte Kinkel-Initiative geboren.

Erstaunlicherweise stieß sie auf ein positives Echo. Denn im April 1992 machte die RAF mit einer Erklärung von sich reden, in der es hieß, dass sie die »Eskalation zurücknehmen« und auf weitere »Angriffe auf führende Repräsentanten aus Wirtschaft und Staat« verzichten wolle.[35] Angesichts dieser »Antwort« konnte der erste praktische Schritt der Bundesregierung nicht ausbleiben. Zwischen Januar und September 1993 wurden neun RAF-Häftlinge vorzeitig freigelassen. Damit kam ein Prozess in Gang, der in den beiden Jahrzehnten zuvor als undenkbar gegolten hatte.

In der Zwischenzeit hatten sich die Spannungen innerhalb der RAF-Kommandoebene so weit verschärft, dass es zu einer Spaltung der Gruppe kam. Am 28. Oktober 1993 erschien in der *Frankfurter Rundschau* ein Brief Brigitte Mohnhaupts, in der die einstige Frontfrau, der 1977 Baader und Ensslin die Führung der RAF für den Fall ihres Todes anvertraut hatten, erklärte, dass sie zusammen mit anderen den »Bruch« gegenüber Dellwo, Folkerts und Taufer sowie der in Bad Kleinen verhafteten Birgit Hogefeld vollzogen habe. »Der Inhalt der Beziehung«, hieß es dort in einem ultimativen Tonfall, »ist zerstört, eine andere Entscheidung als die Trennung nicht mehr möglich.«[36] Worin lag der Grund für diesen Schritt?

Dellwo und seine beiden Gefährten hatten es unabgesprochen gewagt, sich vermittelt durch Rechtsanwalt Hans-Christian Ströbele, Dellwos Verteidiger, an Edzard Reuter, den damaligen Vorstandsvorsitzenden der Daimler-Benz-AG, und an Ignatz Bubis, den seinerzeitigen Zentralratsvorsitzenden der Juden in Deutschland, zu wenden und sie darum zu bitten, eine Vermittlerrolle zwischen RAF und Staat wahrzunehmen, um eine politische Lösung des Konflikts zu ermöglichen. Dazu konnte es nun nicht mehr kommen. Dellwo wies auch im Namen seiner beiden Mitstreiter Mohnhaupts Kritik postwendend zurück. In einem von der *tageszeitung* publizierten Brief erklärte er offen: »Dass die alte Konzeption der RAF nicht zu halten ist, wussten und wissen wir alle.«[37] Damit war die Spaltung der RAF vollzogen. Was sie zu diesem Zeitpunkt allerdings noch nicht wissen konnten, war, dass es auch auf der anderen Seite eine Weigerung gegeben hatte, sich auf einen Vermittlungsprozess einzulassen. Bundeskanzler Helmut Kohl hatte dem bereits am 10. September mit den Worten eine klare Absage erteilt, dass dies für einen solchen Vorstoß »nicht der richtige Zeitpunkt« sei.[38] Er hatte damit Reuter wie Bubis, der von dem inzwischen ins Amt des Bundesaußenministers gewechselten Kinkel noch ausdrücklich zu diesem Schritt ermuntert worden war, die rote Karte gezeigt.

Ein Pressekommentator sprach aus, wohin das Zerwürfnis der RAF-Häftlinge mit hoher Wahrscheinlichkeit führen musste: »Der ›Bruch im Zusammenhang der Gefangenen und in der politischen Beziehung zur RAF‹, den Brigitte Mohnhaupt […] öffentlich machte, markiert womöglich das Ende der ›Rote Armee Fraktion‹.«[39] Schon jetzt also war kaum noch etwas anderes als die Auflösung übrig geblieben.

Als Dellwo im April 1995 nach 20 Jahren Haft entlassen wurde, setzte er seinen Kurs auch außerhalb der Gefängnismauern unbeirrt weiter fort. Im Mai 1997 nahm er ebenso wie Knut Folkerts, Roland Mayer, den die Bundesanwaltschaft einst vergeblich als »Rädelsführer« an der Seite von Siegfried Haag aufzubauen versucht hatte, und Gabriele Rollnik, einem ehemaligen Mitglied der *Bewegung 2. Juni*, mit dem Dellwo inzwischen zusammenlebte, an einer Veranstaltung in Zürich teil. Die sogenannte *Rote Fabrik* hatte Mitglieder der RAF und der *Roten Brigaden* ebenso wie einige ihrer einstigen schweizerischen Unterstützer eingeladen, um mit ihnen gemeinsam eine Art Rückblick auf die Verlaufsgeschichte des »bewaffneten Kampfes« zu werfen und ein wie auch immer vorläufiges Ergebnis zu formulieren. Ihr Tenor lautete, dass der Aufbruch zwar »berechtigt« gewesen, die RAF aber gescheitert sei.[40] Und genau das entsprach der in der Auflösungserklärung an den Tag gelegten Linienführung, die dann ein knappes Jahr später erscheinen sollte.

Was hatte die RAF eigentlich gewollt – fragten sich im April 1998 nicht wenige – und was war aus ihr und ihren Zielen eigentlich geworden? Im Rückblick von mehr als weiteren anderthalb Jahrzehnten ist es unverzichtbar, an die von ihren Kombattanten deklarierten Ansprüche zu erinnern. Die entscheidende politische Klammer bestand für die RAF-Gründergeneration in der subjektiven Verknüpfung der

NS-Vergangenheit mit der Gegenwart des Vietnamkrieges. Gegenüber den von den USA in Südostasien im Namen der westlichen Freiheit begangenen Verbrechen nicht nur nicht zu schweigen, sondern handeln zu wollen, lautete das Ursprungsmotiv für den bewaffneten Kampf. Damit sollte zugleich ein Beispiel dafür geliefert werden, wie sich die eigene Elterngeneration gegen die Ermächtigung der Nazis hätte zur Wehr setzen sollen. Auch wenn diese Zielsetzung bei Aktionen zu Beginn der siebziger Jahre einige Male geäußert wurde, so kann doch kein Zweifel daran bestehen, dass die Geschichte der RAF stattdessen von einem außerordentlich hohen Maß an Selbstbezüglichkeit geprägt gewesen ist. Bereits die blutig verlaufene Befreiung Andreas Baaders, bei der am 14. Mai 1970 ein Bibliotheksangestellter schwer verletzt wurde, war eine von ziemlich infantilen Zügen bestimmte Trotzreaktion. Wie ein Menetekel stand sie über dem, was in den Jahren und Jahrzehnten darauf alles folgen sollte.

Worum ging es? In erster Linie war es der RAF zunächst um bloße Logistik gegangen – um Banküberfälle, Waffenbeschaffung, Autodiebstahl und anderes mehr. Der brasilianische Untergrundkämpfer Carlos Marighela hatte dafür mit seinem 1969 verfassten *Handbuch des Stadtguerillero* eine Art Blaupause geliefert. Dort hieß es in einer Passage, die später in mehreren RAF-Verfahren vor Gericht verlesen wurde: »Die Logistik des Stadtguerillero, der bei Null anfängt und zunächst über keine Stütze verfügt, kann mit der Formel M-G-W-M-S beschrieben werden, die folgendes ausdrückt: M (Motorisierung), G (Geld), W (Waffen), M (Munition), S (Sprengkörper und Sprengstoff).«[41] So kreiste die RAF schon von Anfang an technizistisch verbrämt nur um sich selbst.

Dann folgten Versuche zur Befreiung gefangener Mitglieder und – nachdem dies immer aussichtsloser geworden war – eine Kette von aufreibenden Hungerstreiks, mit denen die Zusammenlegung der Häftlinge erreicht werden sollte. Politische Motive wurden so weit zurückgedrängt, dass seit Mitte der siebziger Jahre kaum noch jemand auf die Idee gekommen ist, danach zu fragen. Die RAF war insofern in ihren Grundzügen weitgehend autistisch. Zu keinem einzigen Zeitpunkt hatte sie wirklich zu der von ihr so pathetisch beanspruchten »antiimperialistischen Politik« gefunden. Politische Erklärungen und Begründungen wirkten von Anfang an aufgesetzt, wenig glaubwürdig und ihrer ideologischen Pathosformeln wegen zu einem erheblichen Teil austauschbar.

In den ersten Jahren nach der Auflösung tauchte immer wieder die beunruhigende Frage auf, ob sich nicht doch insgeheim eine »vierte Generation« der RAF gebildet haben könnte. Doch es gab nichts, was diese Befürchtung hätte bestätigen können. Zwar kam es im September 1999 in Wien im Rahmen einer Personenkontrolle noch zu einer Schießerei, in deren Verlauf der mutmaßliche RAF-Mann Horst Ludwig Meyer erschossen und dessen Begleiterin Andrea Klump verhaftet wurde, niemand jedoch ist seit dem April 1998 angetreten, der auch praktisch in die Stapfen von Baader, Meinhof und Co. hätte treten wollen.

Der 28 Jahre dauernde Kampf mit dem RAF-Terrorismus ist nicht spurlos an der Bundesrepublik vorübergegangen. Das gilt insbesondere für den »Deutschen Herbst«. Die im Herbst 1977 von einem RAF-Kommando durchgeführte Entführung des als »Boss der Bosse« apostrophierten Arbeitgeberpräsidenten Hanns Martin Schleyer[42] war vermutlich die größte innenpolitische Herausforderung, die die alte Bundesrepublik jemals erlebt hat. Sie war jedoch zugleich auch eine Sonde, mit der die Belastbarkeit und Stabilität der zweiten deutschen Republik ausgelotet worden ist. Die damals durchlebte Krise war für die parlamentarische Demokratie eine Art Lackmus-Test. Im Nachhinein lässt sich sagen, dass sie zwar nicht zu Fall gekommen ist, jedoch nicht unerhebliche Blessuren davongetragen hat.

In dem 44 Tage dauernden Ausnahmezustand wurde schmerzhaft deutlich, wo die Bundesrepublik im Zweifelsfall stand: mit einem Bein in einem autoritären Regime, das von einer vom Bundestag unkontrollierten fraktionsübergreifenden Exekutive getragen wurde.[43] Mit den Abwehrmaßnahmen, die die Bundesregierung damals unter dem Eindruck einer kollektiven Hysterie traf, wurden rechtsstaatliche Errungenschaften, die nach der Erfahrung mit der Bedrohung individueller Freiheitsrechte durch den totalitären Staatsapparat des Nationalsozialismus eingeführt worden waren, wieder suspendiert. Explizit zu nennen sind hier: die Einschränkung der Verteidigerrechte, die Verabschiedung des Kontaktsperregesetzes, das Versagen der parlamentarischen Kontrollmechanismen, die Einschränkung der Pressefreiheit und die mutmaßliche Ergreifung illegaler Abhörmaßnahmen. Auch wenn angesichts des Ausmaßes ganz konkreter Bedrohungslagen für Exponenten der politischen und anderer Eliten das tatsächliche Gefährdungspotential im Nachhinein nicht zu leicht zu nehmen ist, so spricht doch vieles dafür, dass der damalige Staat, insbesondere die von Helmut Schmidt geführte Bundesregierung, überreagiert hat.

Auf der anderen Seite ist danach zu fragen, ob – und wenn ja, wie – sich die einstigen RAF-Mitglieder mit ihrer Geschichte, insbesondere aber mit den gegen sie erhobenen Anschuldigungen auseinandergesetzt haben. Ganz allgemein betrachtet sind zwei Typen von Ehemaligen in Erscheinung getreten, wobei die einen im Vergleich zu den anderen nur eine kleine Minderheit darstellen. Es sind vor allem die Namen von Peter-Jürgen Boock und Michael »Bommi« Baumann, die hier zu nennen sind. Beides Randgruppenvertreter, Letzterer allerdings kein RAF-Mitglied, sondern eines der *Bewegung 2. Juni*. Ausnahmefiguren sind sie allein schon deshalb, weil sie sich dem von der RAF geübten Schweigekodex nicht unterworfen haben und seit Jahren reden – der Presse gegenüber, zuweilen auch gegenüber Historikern. Der Erstere hat eine Zeit lang auch absichtlich gelogen, »dass sich die Balken bogen«.[44] Der Zweite gilt zwar nicht als Lügner, so doch als notorischer Maulheld. Nicht wenige haben den Eindruck, er würde übertreiben, bestimmte Dinge immer wieder aufbauschen. Als seriöse Quellen jedenfalls sind die beiden weder von Journalisten noch von Zeithistorikern zu gebrauchen. Dennoch kommt man auf sie immer wieder zurück. In einer Szene beinhart Schweigender erscheinen sie bis heute als mehr oder weniger alternativlos. Es gibt ja nach wie vor sonst niemanden, der redet. Und falls sich doch jemand – wie etwa Silke Maier-Witt – zu Wort meldet, dann erweist sich ihre Zeugenschaft einfach als zu begrenzt.

Die Phalanx derjenigen, die schweigen und offenbar vorhaben, ihre Geheimnisse mit ins Grab zu nehmen, erscheint demgegenüber als schier übermächtig. Diese Front wäre allerdings wohl bei Weitem nicht so eisern, wenn es nicht auch Kräfte gegeben hätte, die alles unternommen haben, um das Schweigegebot aufrechtzuerhalten. An der Spitze wieder einmal Brigitte Mohnhaupt, die 2007 zusammen mit Rolf Heißler offenbar dafür gesorgt hat, am Kurs Zweifelnde auch weiterhin auf die einstmals eingeschlagene Linie einzuschwören.[45] Und als müsse das noch einmal bekräftigt werden, hat es im Mai 2010 in einer gemeinsamen Erklärung von Ehemaligen im einstigen FDJ-Organ *junge welt* geheißen: »Wir machen keine Aussagen, weil wir keine Staatszeugen sind, damals nicht, heute nicht.«[46] Punkt. Jede weitere Nachfrage überflüssig.

Wichtiger jedoch als die wenigen Risse in dieser Phalanx scheint die Tatsache zu sein, dass während des Prozesses gegen Verena Becker vor dem Stuttgarter Oberlandesgericht einer der Schweigenden im März 2011 so aufgetreten ist, als wollte er von der Gerichtsbühne aus sehr wohl eine Nachricht in die Welt setzen. Als Stefan Wisniewski, Sohn eines polnischen Zwangsarbeiters, im Gerichtssaal erschien, präsentierte er auf seinem T-Shirt eine Zeile auf Polnisch und unmittelbar darunter eine Nummernkolonne – die Ziffern »8179469«. Das war den Prozessbesuchern nicht nur unverständlich, sondern kam ihnen reichlich kryptisch vor. Man fragte sich, was der eisern schweigende Mann, der bis heute im Verdacht steht, im April 1977 Siegfried Buback und fünf Monate später Hanns Martin Schleyer erschossen zu haben, damit eigentlich sagen wolle.

Doch Journalisten lösten das Rätsel schon bald darauf. Die Zeile lautete auf Deutsch: »Folgt dieser Spur!« Und hinter der Zahlenreihe verbarg sich nichts anderes als die NSDAP-Mitgliedsnummer des erschossenen Generalbundesanwalts Siegfried Buback. Das war eine offene Provokation. Wisniewski forderte dazu auf, sich nicht weiter – wie vom Sohn des Ermordeten, Michael Buback, gefordert – um eine Beantwortung der Frage zu kümmern, wer damals die tödlichen Schüsse auf seinen Vater abgegeben hatte. Stattdessen, so musste man die Nachricht ganz offensichtlich verstehen, sollte man besser der NS-Vergangenheit des obersten Staatsanwaltes der Bundesrepublik nachgehen. Auch diese Symbolaktion verriet, worum es der bundesdeutschen »Metropolenguerilla« in Wahrheit gegangen war: eine Mordaktion durch eine Bezugnahme auf den Nationalsozialismus nachträglich zu legitimieren.

Die RAF war in erster Linie kein politisches, sondern ein *identitätspolitisches* Projekt – für ihre Mitglieder ebenso wie für einen nicht unerheblichen Teil der damaligen radikalen Linken.[47] Nicht ohne Grund heißt eines der in den einschlägigen RAF-Texten am häufigsten verwendeten Worte »Identität«. Oder wie es Andreas Baader in der ihm eigenen burschikosen Diktion einmal im September 1974 in einem seiner schlicht mit »a.« gekennzeichneten Briefe formuliert hat: »die identität der guerilla, alles andere ist – so – erstmal sülze.«[48] Dass mit einer solchen Einstellung kein Land in Sicht kommen würde, hätte selbst seinen eigenen Kombattanten schon vor vier Jahrzehnten klar sein müssen.

Wenn heute vom Terrorismus die Rede ist, dann spielt der Verweis auf die RAF zumeist nur noch popkulturell oder erinnerungspolitisch eine Rolle. Selbst ein langwieriges Gerichtsverfahren wie der Verena-Becker-Prozess in Stuttgart hat daran nichts geändert. Die RAF ist ebenso wie die *Roten Brigaden*, die ETA und die IRA weitestgehend untergegangen und für die Gegenwartspolitik bedeutungslos geworden. Von kaum einer dieser Organisationen geht noch irgendein Schrecken aus. Inzwischen werden sie allesamt von den verschiedenen Spielarten des Dschihadismus in den Schatten gestellt. Spätestens seit 9/11 beherrscht ein an Monstrosität kaum zu überbietender, religiös begründeter Terrorismus das Feld. Doch weder *Al-Qaida*, der *Islamische Staat* noch irgendeine andere Terrormiliz haben in der Bundesrepublik Deutschland jene Stelle zu besetzen vermocht, die einst die RAF eingenommen hat. Die Rolle des »Staatsfeindes«, die in den Anfangsjahren der Nachkriegsrepublik noch von der KPD besetzt und seit 1970 von der *Roten Armee Fraktion* gespielt wurde, ist seit den 1990er Jahren immer noch vakant. Daran haben bislang auch erste, aus Deutschland stammende Dschihadisten nichts zu ändern vermocht.

Zur zeitgeschichtlichen Bedeutung der Justizvollzugsanstalt Stammheim (Bau 1)

Gutachten im Auftrag des baden-württembergischen Landesamtes für Denkmalpflege im Regierungspräsidium Stuttgart

I. Die Kriterien

Die Frage nach der zeitgeschichtlichen Bedeutung eines Teils der JVA Stammheim ist nicht allgemeiner, sondern spezifischer Natur. Sie ist in erster Linie bezogen auf Erwägungen in denkmalpflegerischer Hinsicht. Sie kann deshalb auch nicht abstrakt und damit losgelöst von ihrem Bestimmungszusammenhang aufgeworfen werden, sondern nur in Bezug auf ihre mögliche Rolle in diesem Zusammenhang. Im Zentrum geht es um ein Votum zu der Frage, ob der sanierungsbedürftige Bau 1 der JVA abgerissen oder seiner zeithistorischen Rolle wegen bewahrt, zum Erinnerungsort erklärt und dementsprechend präsentiert werden soll.

Ausgelöst hat die Debatte vor einigen Jahren der damalige baden-württembergische Justizminister Prof. Dr. Ulrich Goll. Anlässlich eines Richtfestes für die neue Torwache der JVA erklärte er am 1. August 2007, dass sein Ministerium den Abriss »dieses dringend sanierungsbedürftigen Gebäudes« in Erwägung ziehe.[49]

An dessen Stelle sollten, begründete er diesen Gedanken, weitere Unterkunftsgebäude für einen auf demselben Gelände bereits zweieinhalb Jahre zuvor errichteten Bau geschaffen werden. Der Zeitpunkt dieser Absichtserklärung legt den Gedanken nahe, dass es dabei wohl nicht nur um die Ersetzung eines maroden Teils der Gebäudeanlage ging, sondern zugleich auch um die Beseitigung eines in kritischen Teilen der Öffentlichkeit als Makel wahrgenommenen Zellentrakts.

Denn in dem Hochhaus (Bau 1) befand sich der berühmt-berüchtigte 7. Stock, den vier führende Terroristen der linksextremen *Rote Armee Fraktion* dreißig Jahre zuvor unter nie ganz geklärten Umständen als Leichname verlassen hatten. Der Justizminister wollte mit diesem Schritt offenbar erreichen, dass die JVA Stammheim aus dem übermächtigen Schatten des einstigen Hauptverfahrens gegen führende RAF-Mitglieder würde heraustreten und ein anderes, den Aufgaben einer Justizvollzugsanstalt angemesseneres Ansehen zurückgewinnen können.

Unter dieser Voraussetzung ist zuerst nach den Definitionskriterien für das öffentliche Interesse an der Erhaltung und Pflege eines baulichen Objektes zu fragen, das nicht länger mehr in den Zusammenhang seiner Funktionsbestimmung eingebettet ist. Die Pflege des kulturellen Erbes ist in der Bundesrepublik Deutschland seiner föderalen Struktur wegen anders als in vergleichbaren europäischen Staaten geregelt. Ausgehend von der im Grundgesetz verankerten Kulturhoheit der Bundesländer existieren jeweils spezifische Denkmalschutzgesetze für jedes einzelne Bundesland.[50] Dies ist auch für Baden-Württemberg der Fall.

Nach dem baden-württembergischen Denkmalschutzgesetz gibt es drei Merkmale, die die »Denkmalfähigkeit einer Sache« begründen können: ihre wissenschaftliche, ihre künstlerische und/oder ihre heimatgeschichtliche Besonderheit.[51] Diese Faktoren können einzeln oder kumulativ vorliegen. Die Seltenheit oder Einzigartigkeit eines Bauwerkes allein begründet, wie es weiter heißt, allerdings noch nicht die »Kulturdenkmaleigenschaft«. Es müssen weitere Umstände hinzutreten, um die Denkmalfähigkeit rechtfertigen zu können. Hervorgehoben wird dabei das »öffentliche Interesse an der Erhaltung«, das über subjektive Einzelinteressen hinausgehend hinzukommen müsse, um einen »auf der Ebene der Allgemeinheit bestehenden Bedeutungsgrad« zu fordern.[52]

Zu fragen ist also auch im Falle der Justizvollzugsanstalt Stammheim nach dem seitens der Öffentlichkeit beanspruchten Erhaltungsinteresse, genauer nach der Abwägung seitens ihrer in der Allgemeinheit postulierten oder aber in Abrede gestellten Bedeutung. Diese Frage zielt auf die gesellschaftliche Verallgemeinerungsfähigkeit der Relevanz dieses Bauwerks aus der Perspektive seiner Erhaltung als Denkmal beziehungsweise Erinnerungsort ab. Sie ist in einer pluralistischen Gesellschaft insbesondere deshalb nicht einfach zu beantworten, weil eben dieses bauliche Objekt einst in der öffentlichen Wahrnehmung zu einer extremen Polarisierung geführt hat. Auch wenn die Heftigkeit, mit der Mitte der siebziger Jahre in Politik, Presse, Medien und großen Teilen der Bevölkerung über die Angemessenheit der Durchführung eines Terroristen-Prozesses in jenem Gebäudeteil gestritten worden ist, in den letzten Jahrzehnten nicht nur deutlich abgenommen, sondern sich immer stärker auf das Terrain der Erinnerungskultur verlagert hat, so sind die Entgegensetzungen und die mit ihr verbundenen Emotionalisierungseffekte immer noch spürbar.

Die genauere Bestimmung der zeithistorischen Bedeutung von Bau 1 der JVA Stammheim wird im Folgenden durch die Erörterung jener Faktoren herausgearbeitet, die als kontrovers bereits in der Konstellation des Gebäudes, der Durchführung des Gerichtsverfahrens gegen die führenden Mitglieder der linksterroristischen *Roten Armee Fraktion* und der Umstände, unter denen es zur sogenannten »Todesnacht« im Oktober 1977 kommen konnte, angelegt waren. In dieser zeitgeschichtlichen Zuspitzung liegt im Kern jedenfalls die Quelle für die meisten der in der Gegenwart noch immer zu registrierenden Differenzen in der Kommentierung und Beurteilung der zeitgeschichtlichen Bedeutung der über viele Jahre hinweg skandalisierten Justizvollzugsanstalt.

II. Das Gebäude

Stammheim ist ein Stadtteil der baden-württembergischen Landeshauptstadt Stuttgart. Er liegt am weitesten im Norden und ist durch eher ländliche Züge geprägt. Die Justizvollzugsanstalt, die dort ganz am Rand zwischen 1959 und 1963 auf einem Acker errichtet und ein Jahr später eingeweiht wurde, bot 821 Häftlingen Platz. Sie war aufgeteilt in einen Vollzugs-, einen Verwaltungs- und einen Werkstattbereich. Ursprünglich war sie ausschließlich für männliche Strafgefangene vorgesehen, die dort Freiheitsstrafen, Untersuchungshaft und Strafarrest abzusitzen hatten. Die JVA umfasste ein Gelände von 49600 Quadratmetern und kostete 21,6 Millionen DM.

Weil die Architekten bei der Planung des nüchternen Betonbaus auf all jene für frühere Jahrzehnte typischen Insignien einer repräsentativen Staatsautorität verzichteten, galt das Gebäude als modern und zukunftweisend. In der Presse war gar von einem »Hotel für Gangster und Ganoven« die Rede, das »Menschlichkeit auch hinter Gittern« ermögliche. Eine Besucherdelegation aus dem Nachbarland Frankreich war sich im Jahr der Eröffnung darin einig, dass die JVA insbesondere ihrer räumlichen Grundausstattung wegen als ein »bedeutender Fortschritt auf dem Wege zur Humanisierung der Strafvollstreckung« anzusehen sei.[53] Ein größerer Gegensatz zu dem ein Jahrzehnt später in Teilen der Öffentlichkeit verbreiteten Bild war kaum denkbar.

Dass sich dieser Eindruck so extrem hat verschieben, ja letztlich in sein Gegenteil umschlagen können, hängt vor allem mit der Errichtung des sogenannten Mehrzweckgebäudes zusammen. Als die Entscheidung gefallen war, das Hauptverfahren gegen die Spitze der RAF vor dem Oberlandesgericht Stuttgart durchzuführen, wurde für diesen Prozess ein eigenes Gebäude errichtet. Es hatte mehrere Aufgaben zu erfüllen. Zunächst sollte es den besonderen Sicherheitsanforderungen genügen, dann sollte es durch die unmittelbare Nachbarschaft von Gefängnis- und Gerichtsgebäude die Durchführung des Strafverfahrens möglichst effektivieren. Um dies zu erreichen, wurden keine Kosten gescheut. Die in nur wenigen Monaten weitgehend aus Fertigbauteilen geschaffene Erweiterung kostete zwölf Millionen DM.

Wie weit man im ersten Punkt ging, wurde jedem Prozessbesucher schon bei der Annäherung an das Gelände bewusst. Das gesamte, 750 Quadratmeter betragende Areal wurde von einer fast sechs Meter hohen Mauer gesichert. Um Ausbruchsversuche bereits im Ansatz zu verunmöglichen, errichtete man eine Alarmanlage, die bereits bei einer Annäherung auf einen halben Meter akustische wie optische Warnsignale auslöste. Selbst Befreiungsversuche von der Luft aus – etwa mit einem Hubschrauber – sollten durch die Installation eines die gesamte Halle überspannenden Stahlnetzes unterbunden werden.

Noch gespenstischer wirkte der fensterlose Sitzungssaal im Innern des Gebäudes. Zunächst einmal ähnelte er den für die späten sechziger und frühen siebziger Jahre so typischen Betonbauten, die in einem unverbrüchlich anmutenden Vertrauen auf Wachstum und Fortschritt als Bürgerhäuser, Sporthallen oder Gesamthochschulen überall in der Republik für eine nun auch architektonisch vorwärtsgewandte Ära standen. Diese auf Funktionalität reduzierten Eigenschaften wurden in diesem Fall jedoch geradezu auf die Spitze getrieben. Alles war karg und nackt. Selbst die unter der Decke befindlichen Rohre für die Heizungs- und Belüftungsanlage wurden nicht verkleidet. Während das Gericht ebenso wie die Angeklagten hinter weißen Tischen Platz nahmen, mussten die Prozessbesucher mit gelben Plastiksitzen Vorlieb nehmen. Am bedrückendsten war in der 610 Quadratmeter umfassenden und acht Meter hohen Halle jedoch, dass auf einer Art Empore Bereitschaftspolizisten mit gezogenen, aber durch eine Blende verdeckten Waffen saßen, um für alle Eventualitäten gewappnet zu sein. Die Journalisten, die bei der Eröffnung des Hauptverfahrens dabei waren, griffen zu einem Ausdruck, der die unmenschlich anmutende Atmosphäre auf einen Nenner bringen sollte, und bezeichneten das Gerichtsgebäude schlicht als »Prozessbunker«.

Einer von ihnen hat seine damaligen Eindrücke vor dem Betreten des Sitzungssaals genau festgehalten: »Wir passierten eine weitere Drehtür aus Stahl und Panzerglas, die nur maschinell bewegt werden konnte, so schwer war sie. In einem kleinen Raum sahen wir in einem schusssicheren Glaskasten verschiedene elektrische Bedienungselemente, kleine Bildschirme, die Bilder von Überwachungskameras zeigten, einen Stuhl für einen Polizeibeamten, der die Ausweise der Besucher durch eine Panzerglasschublade unter einem Schlitz im Kasten in Empfang nehmen konnte. Das System wirkte wie jenes von

Kassen in Banken. Rechts und links gab es Durchsuchungskabinen für die Besucher. Wer alle Kontrollen erfolgreich hinter sich hatte, durfte durch ein weiteres gesichertes Stahldrehkreuz endlich in einen großen Vorraum des eigentlichen Verhandlungssaales gehen.«[54] Das Schleusensystem erinnerte viele Besucher an die Drangsalierung von Transitreisenden an den Grenzanlagen der ehemaligen DDR. Als später das RAF-Mitglied Peter-Jürgen Boock 1983 in Stammheim einsaß, meinte er sogar: »kafka wird von stammheim um längen geschlagen.«[55] Die Assoziation »kafkaesk«, die laut Duden »in der Art der Schilderungen Kafkas, auf rätselhafte Weise unheimlich, bedrohlich« bedeutet,[56] brachte die nur schwer zu fassende Atmosphäre vielleicht am besten zum Ausdruck. Sie stand für das Gefühl einer diffusen Angst und Unsicherheit, das sich in undurchschaubaren Gebäudekomplexen bis zum Ausgeliefertsein steigern konnte.

Bedenken kamen jedoch nicht nur von RAF-Häftlingen und aus journalistischen Kreisen. Später wurden sie auch von einem führenden Beamten des zuständigen Wachpersonals geäußert. Der Vollzugsbeamte Horst Bubeck, der von 1972 bis 1986 stellvertretender Vollzugsdienstleiter war und dem die Aufsicht des 7. Stocks oblag, in dem mit Baader, Ensslin, Meinhof und anderen die führenden RAF-Mitglieder einsaßen, störte sich vor allem daran, dass in Stammheim eine enge, vielleicht zu enge »Nachbarschaft von Haftanstalt und Gerichtsgebäude« vorlag.[57] Zwar konnte niemand direkt behaupten, dass hier – was nach dem Gerichtsverfassungsgesetz unzulässig gewesen wäre – ein Strafverfahren in einer Haftanstalt durchgeführt wurde, die Tatsache jedoch, dass das Gerichtsgebäude direkt an eine Gefängnismauer grenzte, fand er höchst problematisch. Und die Bezeichnung »Mehrzweckgebäude« hielt er mit verächtlichem Unterton für reinen »Schmus«. Dieser Bau habe in Wirklichkeit keinen verschiedenartigen Zwecken gedient. Durch das so funktionalistisch klingende Wort habe »nur verschleiert werden« sollen, dass es allein für die Abwicklung der Hauptverhandlung der im 7. Stock untergebrachten RAF-Gefangenen habe dienen sollen.

III. Der Prozess

Die Hauptverhandlung gegen Baader, Ensslin, Meinhof und Raspe in dem speziell für diesen Zweck errichteten »Mehrzweckgebäude« durchzuführen, war insofern schon von der Gebäudekonstellation her nicht unproblematisch. Der niederländische Rechtsanwalt Pieter H. Bakker Schut fasste die sich dagegen richtenden Bedenken mit den Worten zusammen: »Vom strafrechtlichen Standpunkt aus gesehen muss die Verhandlung eines Strafprozesses auf dem Areal eines Gefängnisses, in einem für ihn gebauten und eingerichteten Gerichtsgebäude, das paramilitärisch abgesichert ist, die Frage aufwerfen, ob ein solcher Prozess noch den Anforderungen an ein ›fair and public hearing‹, an eine faire und öffentliche Verhandlung, genügen kann.«[58] Als der Prozess dann am 21. Mai 1975 begann, stellte die Verteidigung aus diesem Grunde gleich zu Beginn den Antrag, die Verhandlung in ein normales Gerichtsgebäude in Stuttgart zu verlegen. Dies wurde jedoch mit der Begründung abgelehnt, dass dafür kein geeigneter Verhandlungssaal zur Verfügung stehe. Sie seien für den zu erwartenden Medien- und Publikumsandrang zu klein und würden zudem den gestiegenen Sicherheitsanforderungen nicht genügen.

Zu den architektonischen Abträglichkeiten für die Durchführung eines fairen und rechtsstaatlichen Grundsätzen verpflichteten Verfahrens war aber noch etwas anderes, in seiner Konsequenz vermutlich noch Gravierenderes hinzugekommen. Unmittelbar vor Prozessbeginn war die Strafprozessordnung so einschneidend verändert worden, dass sich für dieses Gesetzesbündel unter Juristen die Bezeichnung »Lex Baader-Meinhof« eingebürgert hat.[59] Die Mehrfachverteidigung war verboten (§ 146 StPO), die Anzahl der Wahlverteidiger auf höchstens drei beschränkt (§ 137 StPO) und die Verhandlung in Abwesenheit der Angeklagten (§ 231a StPO) unter der Voraussetzung, dass diese ihre Verhandlungsfähigkeit »vorsätzlich und schuldhaft« unmöglich machten, erlaubt worden. In der Wochenzeitung *Die Zeit* wurden die Ad-hoc-Gesetze ganz unverblümt als eine »legislative Fehlleistung« bezeichnet. Das Verfahren leide »unter dem Geruch der

Manipulation« und würde ihn wohl auch nicht mehr los.[60] Das Verbot der Mehrfachverteidigung hatte zur Folge, dass mit Klaus Croissant, Kurt Groenewold und Hans-Christian Ströbele drei der aktivsten RAF-Verteidiger, die allerdings auch unter dem Verdacht standen, mit dem »info« ein von der RAF-Spitze in Stammheim gesteuertes Kommunikationssystem in Gang zu halten, kurz vor Prozessbeginn ausgeschlossen wurden.[61]

Holger Meins, einer der ursprünglich fünf Angeklagten, war infolge eines Hungerstreiks am 9. November 1974 in der in der Eifel gelegenen JVA Wittlich gestorben. Angeklagt waren nun Andreas Baader, Gudrun Ensslin, Ulrike Meinhof und Jan-Carl Raspe wegen vierfachen Mordes, versuchten Mordes in 54 Fällen und zahlreichen anderen Delikten wie der Verübung von Bombenanschlägen, Banküberfällen und anderem mehr. Die Anklageschrift umfasste 354 Seiten und die Prozessakten besaßen einen Umfang von annähernd 50 000 Seiten. Hinzu kamen Tausende Beweismittel wie Schusswaffen, Sprengkapseln und Sprengstoff. Ihrer ursprünglichen Planung nach hatte die Bundesanwaltschaft vor, nicht weniger als 997 Zeugen, darunter engste Familienangehörige und Verwandte der Angeklagten, vorzuladen.

Unter welchem Stern das Verfahren stand, wurde spätestens in dem Moment klar, als die Angeklagten erklärten, dass sie sich im »Krieg gegen den Staat« befinden würden. Den von ihnen als gerecht empfundenen Kampf wollten sie nun offenbar – diesmal allerdings ohne Waffen – auch im Gerichtssaal fortsetzen. Hier prallten nicht nur die für ein ordentliches Gerichtsverfahren üblichen konträren Rollenträger aufeinander, sondern zwei diametral entgegengesetzte Rechtsauffassungen. Während die Verteidigung mit Otto Schily an der Spitze darum bemüht war, politische Beweggründe als Legitimitätsquelle für die Gewalttaten ihrer Mandanten darzulegen,[62] sah die Staatsanwaltschaft ihre Aufgabe darauf beschränkt, nach Möglichkeit die reine Kriminalität im Handeln der Angeklagten unter Beweis zu stellen.

Die dabei von den Angeklagten im verbalen Krieg eingesetzten

Kampfbegriffe lauteten »Isolationshaft«, »Folter«, »Vernichtungshaft« und »Hochsicherheitstrakt«. Diese propagandistisch aufgeladenen und gezielt zur Mobilisierung ihrer Anhängerschaft eingesetzten Vokabeln konnten jedoch nicht verfangen. In Wirklichkeit genossen sie im 7. Stock eine Reihe von Privilegien, von denen andere Häftlinge nur träumen konnten. Dazu zählten die Benutzung von Dreierzellen, die Aufhebung der sonst im Strafvollzug völlig unantastbaren Geschlechtertrennung, der sogenannte Umschluss, der es ihnen erlaubte, sich mit den anderen zusammen täglich anderthalb Stunden lang, ohne eine wirksame Kontrolle befürchten zu müssen, in einer Zelle einschließen zu lassen, und die Ausstattung mit Plattenspielern, Rundfunk- und Fernsehempfängern. Hinzu kamen Hunderte von Büchern und der regelmäßige Bezug von Fachzeitschriften. Während für die üblichen Häftlinge maximal zehn Titel erlaubt waren, hortete Baader in seiner Zelle allein 974 Bücher, darunter so einschlägige Titel wie das *NATO-ABC* und das *Deutsche Militärwörterbuch*. Während er außerdem 75 Langspielplatten sein eigen nannte, besaß Ensslin sogar eine Violine.[63] Der Journalist Kurt Oesterle, der später Bubecks Berichte in Buchform zusammenfasste, bezeichnete die Stammheimer RAF-Gefangenen »als äußerst fürsorglich behandelte und hoch begünstigte Sondergefangene«.[64] Das war das glatte Gegenteil der von ihnen verbreiteten und von einer Reihe ihrer Anwälte bereitwillig unterstützten Propaganda. Zugleich wird damit aber auch die Frage aufgeworfen, warum der RAF-Spitze von Seiten der Anstaltsleitung derart exorbitante Privilegien eingeräumt worden sind. Eine Möglichkeit könnte darin bestanden haben, ihnen auch selbst den Eindruck einer Sonderbehandlung zu vermitteln, damit sie sich in einer tendenziellen Sicherheit fühlten, um sie abhören und dadurch etwas über ihre weitere Planung in Erfahrung bringen zu können. Denn über eins waren sich die Sicherheitsbehörden im Klaren: Die Anweisungen für die weiter auf freiem Fuß befindlichen RAF-Mitglieder wurden immer noch von Stammheim aus erteilt, aus dem 7. Stock und in der Regel von Baader persönlich.

Die Tatsache, dass der baden-württembergische Justizminister

Traugott Bender und sein für Inneres zuständiger Kabinettskollege Karl Schiess am 17. März 1977 auf einer Pressekonferenz die Durchführung illegaler Abhörmaßnahmen einräumen und in der Folge ihren Rücktritt erklären mussten, bestätigte zumindest, dass in Stammheim abgehört worden war. Die eingeräumten Fälle bezogen sich allerdings auf Lauschangriffe, mit denen Gespräche zwischen Verteidigern und Mandanten in den Besucherzellen abgehört wurden. Der erste war bereits im März 1975 vor Prozessbeginn während der Entführung des Berliner CDU-Politikers Peter Lorenz durch Mitglieder der *Bewegung 2. Juni* erfolgt. Der zweite Lauschangriff wurde am 1. Juni 1975 ermöglicht und der dritte im Dezember 1976. Anlass war die Vermutung, dass weitere Anschläge von der RAF-Spitze aus der Haft heraus geplant worden sein könnten. Der Einbau der Abhöranlagen war im ersten Fall von Technikern des Bundesamtes für Verfassungsschutz (BfV) und im zweiten von solchen des Bundesnachrichtendienstes (BND) vorgenommen worden. Letzteres war gleich ein doppeltes Vergehen, da der BND als Auslandsgeheimdienst nicht befugt ist, sich im Inland operativ zu betätigen. Die Genehmigung für diese illegale, als »Amtshilfe« firmierende Aktion stammte von Manfred Schüler, dem damaligen Chef des Bundeskanzleramtes. Weitergehende Überlegungen, dass auch die Zellen im 7. Stock hätten verwanzt worden sein können, schienen verschiedener Indizien wegen naheliegend zu sein, ließen sich jedoch nicht eindeutig belegen.[65]

Als nach 192 Verhandlungstagen am 28. April 1977 das Urteil gesprochen werden sollte, glich der Abschluss des Gerichtsverfahrens einer Ruine. Der Vorsitzende Richter Theodor Prinzing war nach dem 85. gegen ihn gerichteten Befangenheitsantrag durch einen seiner bisherigen Beisitzer ersetzt worden. Mit Ulrike Meinhof hatte sich eine der Angeklagten durch Selbstmord entzogen. Die drei anderen, die wegen mehrfachen Mordes und anderen Delikten zu lebenslangen Freiheitsstrafen verurteilt wurden, waren bei der Urteilsverkündung nicht mehr zugegen. Und die Anwälte hielten ihre Plädoyers von einem Stuttgarter Hotel aus. Für ein ordentliches Gerichtsverfahren war das ein regelrechtes Desaster. Andreas Baader schien mit seinem apodiktischen Satz, dass die RAF »nicht justiziabel« sei, recht behalten zu haben. Doch es sollte für den Rechtsstaat noch weitaus schlimmer kommen.

IV. Die Todesnacht

Der größte Schatten fiel auf die JVA Stammheim durch die bis auf den heutigen Tag nur unzulänglich aufgeklärten Vorgänge, die sich in der Nacht vom 17. auf den 18. Oktober 1977, der sogenannten Todesnacht, abgespielt haben. Sie stellt den dramatischen Schlusspunkt einer 44 Tage andauernden Krise der inneren Sicherheit dar, die nicht nur ihrer Komplexität im Ablauf der Ereignisse wegen seitdem zumeist mit der suggestiven Metapher »Deutscher Herbst« bezeichnet wird.[66] Das düstere Wort wirkt nicht nur schwermütig-romantisierend, sondern zugleich auch wie eine Art Drohung; es scheint Unheimliches anzudeuten und gar Assoziationen an einen Todesboten wecken zu wollen.

Diese Zeitspanne begann am 5. September 1977 mit der Entführung des Präsidenten des Bundesverbandes der Arbeitgeberverbände, Hanns Martin Schleyer, in Köln. Das RAF-Kommando, zu dem Peter-Jürgen Boock, Sieglinde Hoffmann, Willy-Peter Stoll und Stefan Wisniewski gehörten, erschoss bei der Geiselnahme Schleyers den Chauffeur Heinz Marcisz und die drei in einem zweiten Fahrzeug folgenden Polizeibeamten Reinhold Brändle, Roland Pieler und Helmut Ulmer. Am Tag darauf forderte das RAF-Kommando »Siegfried Hausner« die Bundesregierung auf, elf RAF-Gefangene gegen Schleyer auszutauschen.[67] In seiner konstituierenden Sitzung beschloss daraufhin der Große Krisenstab in Bonn, die Forderung nicht zu erfüllen, den Entführten zu befreien und die Entführer zu ergreifen.[68]

Die Situation spitzte sich zu, als am 13. Oktober auf dem Rückflug von Palma de Mallorca eine Lufthansa-Maschine mit 86 bundesdeutschen Touristen an Bord von einem palästinensischen Kommando entführt wurde. Seine Mitglieder forderten ebenfalls die Freilassung der elf RAF-Häftlinge sowie zweier in der Türkei inhaftierter Palästinenser. Nach einer Zwischenlandung in Aden erschossen sie Flugkapitän Jürgen Schumann. Kurz nach Mitternacht vom 17. auf den 18. Oktober stürmte dann eine Einheit der Grenzschutzgruppe 9 die inzwischen nach Mogadischu, der Hauptstadt Somalias, weitergeflogene Maschine. Drei der Entführer wurden dabei erschossen, alle Passagiere und Besatzungsmitglieder befreit.

Am Morgen des 18. Oktober fanden Justizbeamte in Stuttgart-Stammheim Andreas Baader und Gudrun Ensslin tot, Jan-Carl Raspe sterbend und ihre Mitgefangene Irmgard Möller verletzt in ihren Zellen auf. Es war zunächst nicht klar, ob sie sich selbst das Leben genommen hatten oder ob sie Opfer eines Mordanschlages geworden waren. Einen Tag später teilte das RAF-Kommando »Siegfried Hausner« in einem an die Deutsche Presseagentur gerichteten Schreiben mit, dass es die »klägliche und korrupte Existenz« Schleyers beendet habe.[69] Der Leichnam des Präsidenten der Arbeitgeberverbände wurde wenige Stunden darauf in einem in der Rue Charles Péguy im elsässischen Mulhouse geparkten grünen Audi 100 aufgefunden. Am 20. Oktober rechtfertigte Bundeskanzler Helmut Schmidt in einer Regierungserklärung vor dem Bundestag die Weigerung, auf die Forderung der Entführer einzugehen und die RAF-Häftlinge gegen Schleyer auszutauschen, mit dem Verweis auf die Schutzfunktionen des Staates gegenüber seinen Bürgern.[70]

Die öffentliche Diskussion über die Vorgänge im 7. Stock der JVA Stammheim spitzte sich nicht nur unter Anhängern der RAF in der Frage zu: Selbstmord oder Mord?[71] Verschiedene RAF-Anwälte, darunter Otto Schily und Hans-Christian Ströbele, traten in der Folge zumindest zeitweilig als Verfechter der Mordthese auf. Auch wenn die Spekulationen über die Todesumstände nicht verstummen wollten, so ließen sich bei der von den Ermittlungsbehörden in Auftrag gegebenen Obduktion keinerlei Anhaltspunkte für Fremdeinwirken feststellen. Beweise für eine Ermordung der drei führenden RAF-Häftlinge ließen sich nicht beibringen.

Dennoch blieb eine ganze Reihe von Fragen offen. Die wichtigsten lauteten: »Wie konnten drei Schusswaffen in das angeblich sicherste Gefängnis der Welt gelangen? Wie konnten die drei prominenten Gefangenen zu Tode kommen, ohne dass ihre Bewacher das sofort bemerkten? Wurden die RAF-Kader auch in der Todesnacht über die illegalen Abhöranlagen belauscht?«[72]

Zumindest die erste konnte durch das ehemalige RAF-Mitglied Volker Speitel beantwortet werden. Er hatte erklärt, dass er die Pistolen nicht nur besorgt, sondern sie auch zwei Stuttgarter RAF-Anwälten ausgehändigt habe, die sie dann zerlegt und in dafür eigens präparierten Aktenordnern versteckt und sie so in die JVA eingeschmuggelt hätten.[73] Die beiden anderen Fragen sind bis auf den heutigen Tag nicht befriedigend beantwortet worden und stellen insofern eine nicht versiegende Quelle für Spekulationen dar.

Während die Anhänger der RAF brennend an der Schaffung, Verbreitung und Aufrechterhaltung der Mord-These interessiert waren und es zum Teil noch immer sind, erwiesen sich die staatlichen Behörden andererseits als unfähig, diese durch die Beseitigung der wichtigsten Ungereimtheiten aus der Welt zu schaffen. Dieses Manko hat zur Folge, dass immer wieder aufs Neue Nachuntersuchungen zu den Vorgängen in der JVA Stammheim verlangt werden.

So trat etwa am 18. Oktober 2012, dem 35. Jahrestag der »Todesnacht«, mit Gottfried Ensslin der Bruder Gudrun Ensslins auf einer Pressekonferenz in Berlin auf und forderte »eine ergebnisoffene Untersuchung« der Umstände, die zum Tod der drei RAF-Gefangenen geführt haben. Ihm zur Seite stand der Buchautor Helge Lehmann, der in seiner Publikation über *Die Todesnacht in Stammheim* insgesamt 31 Punkte aufgelistet hatte, die er für ungeklärt hält.[74] Es gibt allerdings keinerlei Anzeichen, dass sich die Vertreter staatlicher Behörden bemüßigt fühlten, dem weiter nachzugehen.

Die »Stammheimer Todesnacht« stellte nicht nur den Endpunkt der von der RAF einst propagierten »Offensive 77« dar, mit der sie durch eine Serie von terroristischen Gewaltaktionen ihre in Stammheim einsitzenden Gefangenen auf Biegen und Brechen freipressen wollte. Zugleich war sie auch das Indiz für ihr Scheitern. Die damalige Bundesregierung unter Kanzler Helmut Schmidt hatte sich nicht erpressen lassen. Der bundesdeutsche Rechtsstaat war standhaft geblieben und hatte die Krise des »Deutschen Herbstes« überstanden, allerdings mit einer Reihe von Blessuren, unter denen die Einführung des Kontaktsperregesetzes hervorsticht, mit dem im konkreten Fall die Kommunikation zwischen den RAF-Verteidigern und ihren Mandanten abgeschnitten werden sollte.[75]

V. »Stammheim« als Mythos

Jeder Mythos lebt aus einem Grundwiderspruch heraus: Die Phänomene, in denen er in Erscheinung tritt, sind weder einfach der Realität zuzuschlagen noch umgekehrt aus dieser auszuschließen. Seine Grundstruktur ist in jeder seiner Erscheinungsformen aporetisch. Ein Mythos leistet in einer Kultur das, was in der Wirklichkeit ausgeschlossen ist – die Versöhnung des Unversöhnlichen. Ein Mythos ist jedoch keine reine Einbildung; er ist »weder eine positive Realität noch eine reine Fiktion«, er ist eine »wirksame Fiktion«.[76] Die Wirksamkeit des Mythischen ist abhängig von der Form seiner Wiedergabe, ihm ist eine bestimmte Erzählstruktur inhärent.

Der Mythos ist vor allem eine Geschichtserzählung, allerdings ohne einen individuell identifizierbaren Geschichtenerzähler und ohne eine genauer bestimmbare Zuhörerschaft. Der Mythos als Narration lässt sich in dreierlei Hinsicht definieren – durch seine Rollen ebenso wie seine Situationsungebundenheit, durch die Unabänderlichkeit seiner Erzählfiguren und durch seine Tendenz zur Überzeitlichkeit, ja zur Ewigkeit. Historisierung und Entmythologisierung stehen demnach in einem engen Zusammenhang. Je mehr das historische Bewusstsein anwächst, desto stärker büßt der Mythos auch an Energie, an Lebenskraft ein. Ob er jedoch im Zuge der historischen Aufklärung auch völlig erlöscht, scheint eher zweifelhaft. Die Langlebigkeit gehört nicht zuletzt deshalb zu seiner Natur, weil sich zu seiner Erneuerung immer wieder neue Quellen erschließen.

Das alles gilt auch für den Mythos »Stammheim«.[77] Dieser schöpft zu erheblichen Teilen aus einer bestimmten politischen Ideologie, die seinerzeit in der radikalen Linken dominierte und auf vielfältige Weise mit den Grundüberzeugungen der RAF verbunden war. Der *Spiegel*-Redakteur und RAF-Experte Michael Sontheimer hat diesen Zusammenhang auf den folgenden Punkt gebracht: »Stammheim wird für Linksradikale zum in Beton gegossenen Symbol des verhassten ›Modell Deutschland‹ von Bundeskanzler Helmut Schmidt, für manche von ihnen zum Beweis dafür, dass im Vaterland des Holocaust schon wieder ein ›neuer Faschismus‹ heranwachse.«[78] Doch das ist nur die eine Seite. Denn die JVA Stammheim ist durch den RAF-Prozess gleich in doppelter Weise zum Mythos geworden: In negativer Hinsicht als Synonym für den Überwachungsstaat, einen Rechtsstaat, bei dem in Zweifel gezogen worden ist, ob seine eigenen Vertreter auch immer Recht und Gesetz respektiert haben, und in positiver Hinsicht als Synonym für einen wehrhaften Staat, der sich das Gesetz des Handelns nicht von Terroristen aufzwingen lässt.

Vor diesem Hintergrund kann es nicht überraschen, dass »Stammheim« längst emblematisch geworden ist. Bereits Mitte der siebziger Jahre war die Parole »Stammheim ist überall« als Graffito allerorten auf Betonwände gesprüht worden. Und später wurde »Stammheim« zu einem Label für alle möglichen kulturellen Artefakte. Hinter dem Namen verbergen sich nicht nur unzählige Zeitungsartikel, Bücher und wissenschaftliche Abhandlungen; er steht auch für einen semidokumentarischen Spielfilm, ein Theaterstück, eine Diskothek und eine Band, die ausschließlich Stücke der Musikgruppe Rammstein spielt. Am Stammheim-Mythos, seiner düster-bedrohlichen Aura, haben sich offenbar viele zu bedienen versucht. Wie allerdings Gerhard Richters mittlerweile ins New Yorker Museum of Modern Art abgewanderter Bilderzyklus »18. Oktober 1977« beweist, gibt es auch beeindruckende Gegenbeispiele der künstlerischen Be- und Verarbeitung des mythologisch so aufgeladenen Stoffes.

VI. Die zeithistorische Bedeutung

Die außerordentliche zeitgeschichtliche Bedeutung des von 1975 bis 1977 durchgeführten Stammheim-Prozesses gegen die Führungsspitze der RAF und der damit in Verbindung stehenden Folgeereignisse ist unbestreitbar. Das Hauptverfahren gegen die linksterroristische RAF und die sich während der Schleyer-Entführung mit ungeheurer Wucht zuspitzenden Vorgänge führten zu der wohl größten innenpolitischen Krise, die die alte Bundesrepublik jemals erlebt hat. Die im Herbst 1977 durchlebte Herausforderung kann aber auch als eine Art Lackmus-Test der parlamentarischen Demokratie betrachtet werden. Die RAF ist in diesem Zusammenhang – wie das der Rechtswissenschaftler Ulrich K. Preuß einmal festgehalten hat – vielleicht nur der Seismograph und nicht das Erdbeben gewesen, wofür sie sich irrtümlicherweise hielt.[79]

Durch die von der Bundesregierung ergriffenen Maßnahmen, die unter dem Druck einer in Frage gestellten inneren Sicherheit getroffen wurden, waren eine Reihe rechtsstaatlicher Errungenschaften der Nachkriegsdemokratie wieder aufgekündigt worden: wie etwa die Einschränkung der Verteidigerrechte, die blitzartige Verabschiedung des Kontaktsperregesetzes, die zeitweilige Außerkraftsetzung verschiedener parlamentarischer Kontrollmechanismen, die Einschränkung der Pressefreiheit und möglicherweise sogar die Ergreifung illegaler Abhörmaßnahmen.

Das Hochhaus ebenso wie das Mehrzweckgebäude in der JVA Stammheim ist noch immer die in Beton gegossene Manifestation jener Zeit. Es ist architektonischer Ausdruck einer wehrhaften, in Bedrängnis geratenen Demokratie, die vorübergehend sichtliche Mühe hatte, sich ihrer rechtsstaatlichen Grundlagen zu versichern, die letztlich aber gestärkt aus diesem Konfliktszenario hervorgegangen ist. Wie in einem Brennglas lässt sich am Beispiel Stammheim jedenfalls studieren, worin die Probleme im Umgang mit der terroristischen Herausforderung und einer demokratisch kontrollierten Wahrung der inneren Sicherheit gelegen haben.[80] Das kann als lästig und historisch überholt betrachtet werden, es kann aber auch als eine Art Verpflichtung angesehen werden.

Schließlich ist die terroristische Bedrohung unter islam-fundamentalistischen Vorzeichen auch hierzulande zu einem Dauerzustand geworden. Die RAF hat sich 1998 nicht nur aufgelöst, sie ist selbst längst Geschichte geworden. Nach einhelligem Experten-Urteil stellt der Linksterrorismus inzwischen keine Gefahr mehr dar. Er ist seit den monströsen Terroranschlägen vom 11. September 2001 in New York und Washington längst von einem islamisch begründeten Terrorismus in den Schatten gestellt worden. Und damit ist zugleich die Bestimmung des Verhältnisses von Freiheit und Sicherheit für demokratische Staaten zu einer dauernden Herausforderung geworden. Und dieses gilt in einem besonderen Maße für den Rechtsterrorismus, der seit der Aufdeckung der über Jahre hinweg im Verborgenen begangenen NSU-Morde im Zentrum der öffentlichen Aufmerksamkeit steht. Vor diesem Hintergrund könnte es sich als eine durchaus lohnenswerte Aufgabe herausstellen, sich des Stammheimer Exempels in Sachen Terrorismus-Abwehr, der Bewahrung rechtsstaatlicher Prinzipien und des Konzepts einer wehrhaften Demokratie zu vergewissern.

Das zu formulieren, muss allerdings nicht gleichbedeutend damit sein, einen Teil der JVA Stammheim auch gleich zu einem Denkmal erklären und deshalb künftig weiter bewahren zu wollen. Es legt aber nahe, den zuletzt von berufener Seite geäußerten Plänen gegenüber, es abreißen lassen zu wollen, Bedenken zu äußern. Denn ein solcher Akt könnte nur zu leicht als der Versuch wahrgenommen werden, sich eines Stücks einer ebenso schwierigen wie schmerzlichen Geschichte zu entledigen, vielleicht sogar sie regelrecht auszuradieren.

VII. Das Votum

Stammheim ist zweifelsohne ein historischer Ort. Das gilt insbesondere für das Hochhaus, in dessen 7. Stock die RAF-Häftlinge untergebracht waren, aber in einem kaum geringeren Maße für die Mehrzweckhalle, in der das RAF-Hauptverfahren durchgeführt worden ist. Das Problem aber besteht nicht nur darin, dass sich die zeitgeschichtliche Bedeutung auf unterschiedliche Gebäude des gesamten Anlagekomplexes bezieht, sondern dass »Stammheim« ein ununterscheidbares Gemisch von Mythos und Geschichte geworden ist. Und diese Geschichte ist zudem keineswegs abgeschlossen. Es gibt immer noch zu viele blinde Flecken, die der historischen Erforschung bedürfen. Demnach müsste es um eine produktive Wendung im Verhältnis von Mythologisierung und Historisierung gehen.

Wenn das Hochhaus nicht abgerissen werden sollte, dann lautet die entscheidende Frage, ob mit seiner Umwandlung in eine Stätte der Erinnerung der Aufklärung gedient werden kann oder ob damit eher der Verklärung und Mythologisierung Vorschub geleistet wird. Der ehemalige Mitarbeiter der Bundesanwaltschaft und spätere württembergische Generalstaatsanwalt Klaus Pflieger hat den Zwiespalt mit den Worten auf den Punkt gebracht: »Einerseits will man dem Terror kein Denkmal setzen, andererseits steht Stammheim für mich auch für den Erfolg von Demokratie und Rechtsstaat im Umgang mit dem Terror.«[81] Doch es erscheint kaum denkbar, das eine von dem anderen trennen zu können. Jedenfalls nicht, wenn es um eine Gedenk- oder Erinnerungsstätte gehen würde. Denn wem oder was sollte in Stammheim gedacht werden? Der Opfer der RAF, der Häftlinge der RAF, also der Täter, oder der angeblich selbst zu Opfern gewordenen RAF-Täter? Die Gefahr, dass damit einem Baader-Meinhof-Kult Vorschub geleistet werden könnte, ist zumindest im letzten Punkt nicht von der Hand zu weisen.

Den Bau 1 der JVA in ein Denkmal, ein Museum oder eine Gedenkstätte verwandeln zu wollen, kann deshalb schon keine ernsthaft in Erwägung zu ziehende Lösung darstellen, weil in jeder dieser drei Erinnerungsformen die mythologisierenden Momente klar erkennbar sind und in der Folge vermutlich die Überhand gewinnen würden. Das jedoch wäre für eine Bewahrung des historischen Ortes in aufklärerischer Absicht kontraproduktiv. Der erste Teil des Votums stellt insofern ein Plädoyer für einen Abriss des Hochhauses dar.

Gleichwohl ist aber zu fragen, ob nicht doch noch ein Kompromiss denkbar wäre. Wäre es etwa ein Ausweg aus dem Dilemma, wenn man »wenigstens Teile einer ehemaligen RAF-Zelle« erhalten würde, wie das die Fraktionsvorsitzende der Grünen im Stuttgarter Gemeinderat, Silvia Fischer, gefordert hat? Ihrer Vorstellung nach sollten die Raumteile einer Zelle vollständig herausgetrennt und in das baden-württembergische Haus der Geschichte integriert werden. Aber was wäre damit gewonnen und vor allem was würde damit bezweckt?

Zunächst einmal wäre es ja nicht mehr als das Gehäuse der Zelle, das es hier aufzubewahren gälte. Jede einzelne der Zellen ist in den vergangenen 35 Jahren von unzähligen anderen Strafgefangenen benutzt worden und von den Utensilien, die sich einst etwa in der Zelle 719 befanden, in der sich zunächst Ulrike Meinhof erhängt und Andreas Baader anderthalb Jahre später erschossen hat, ist nichts mehr vorhanden. Und was für Assoziationen sollte die Betrachtung einer solchen Zelle beim Museumsbesucher auslösen? Würde das der Aufklärung oder der nachträglichen Verklärung dienen oder ließe sich das ohnehin nicht vorherbestimmen, weil es von der Perspektive der jeweiligen Person abhängt? Auch diese Lösungsvariante erscheint unbefriedigend zu sein. Sie hätte zwar den Vorteil, dass Bau 1 letztlich abgerissen werden könnte, um Platz für die bereits geplanten Erweiterungsbauten zu machen, jedoch würden auch für diese Alternative die gleichen, wenn auch etwas abgeschwächten Bedenken gelten, die bereits im Zusammenhang mit den drei Typen von Gedächtnisstätten geltend gemacht worden sind. Die Mythologisierung würde sich nun auf ein Überbleibsel aus dem berüchtigten 7. Stock der JVA konzentrieren können.

Doch vielleicht gibt es eine Alternative, die das legitime Aufklärungsinteresse bewahren könnte, ohne zugleich Mythologisierungstendenzen ungewollt zu befördern – das wäre der Abriss des Hochhauses bei gleichzeitiger Umwandlung des einstigen im Mehrzweckgebäude gelegenen Gerichtssaales in eine Dokumentationsstätte. Das wäre dazu geeignet, den sich mit dem Abriss möglicherweise einstellenden Negativeffekt, dass auf diese Weise »Geschichte entsorgt« werden sollte, zu kompensieren. In dem umgewandelten Gerichtssaal ließen sich die im vorliegenden Text herausgearbeiteten Grundelemente »Gebäude«, »Prozess« und »Todesnacht« im Sinne einer Historisierung des Stammheim-»Stoffes« präsentieren:

Der Bau der JVA,
die Entstehung der RAF,
ihre polizeiliche und strafrechtliche Verfolgung,
die Errichtung der Mehrzweckhalle,
die Verabschiedung von Sondergesetzen vor Prozessbeginn,
der Prozess gegen die Spitze der RAF,
die Rolle der RAF-Verteidiger,
die Abhöraffäre,
die Schleyer-Entführung,
die Verabschiedung des Kontaktsperregesetzes,
die Entführung der Lufthansa-Maschine nach Mogadischu,
die Todesnacht im 7. Stock,
die Ermordung Hanns Martin Schleyers,
die Ermittlungen zu den Todesumständen und
das kulturelle Echo zu diesen einzelnen Kapiteln.

Das würde am historischen Ort die Möglichkeit bieten, sich mit einem der wichtigsten Kapitel bundesdeutscher Geschichte auseinanderzusetzen, ohne dass die Besucher sich zugleich animiert fühlen müssten, wie Voyeure nach letzten Spuren in den Todeszellen der einstigen Anführer der RAF zu suchen. Ergänzend zu der Dauerausstellung könnten zudem Wechselausstellungen, Vorträge und Filmvorführungen angeboten werden.

Eine derartige Dokumentationsstätte wäre Denkmals-, Erinnerungs- und Informationsort in einem. Sie würde die eingangs erörterten Kriterien für die »Denkmalfähigkeit einer Sache« – ihre wissenschaftliche, ihre (heimat-)geschichtliche und vielleicht sogar ihre künstlerische Besonderheit – vermutlich erfüllen können. An der Einmaligkeit der Einrichtung könnte sicher nicht gezweifelt werden. Allerdings müsste noch das geförderte »öffentliche Interesse an der Erhaltung« des Gebäudes unter Beweis gestellt werden. Dieses zu erreichen, wäre nicht zuletzt auch eine Aufgabe möglicher Initiatoren, die für die *Dokumentationsstätte Stammheim* werben müssten und sie angemessen zu präsentieren hätten.

Anhang

Anmerkungen

Einleitung

1 Wobei das Risiko, durch einen terroristischen Anschlag auf öffentlichen Plätzen, Flughäfen, Bahnhöfen und sonstigen Verkehrsknotenpunkten getroffen zu werden, gewiss um Einiges höher sein dürfte.

2 Bemerkenswert ist, dass der Begriff »Islamismus« vor zwanzig Jahren noch so gut wie ungebräuchlich war. Wer einen gewalttätigen Islam brandmarken wollte, der bediente sich dabei zumeist des Begriffs »Fundamentalismus«. Dieser Terminus, der ja im Sinne einer Steigerung zu verstehen ist und insofern keine Abspaltung von einer Weltanschauung als Ganzer, in diesem Fall dem islamischen Glauben, vornimmt und nach der Gründung des sogenannten Gottesstaates im Iran verwendet wurde, kam irgendwann außer Gebrauch. Wer etwa den Informationsdienst LexisNexis benutzt, in dem systematisch Presseerzeugnisse ausgewertet werden, der erfährt dort, dass die erste Nennung des Ausdrucks »Islamismus« in der deutschsprachigen Presse am 15. Februar 1993 im Nachrichtenmagazin *Focus* erfolgt ist. Dennoch hat es ziemlich lange gebraucht, bis sich der Pseudologismus schließlich etablieren konnte. Bis 2001 waren es kaum mehr als 250 Nennungen, die sich bei LexisNexis nachweisen lassen. Das änderte sich erst, dann aber explosionsartig, mit dem infernalischen Terroranschlag vom 11. September 2001. Danach wurden die Grenzen geradezu gesprengt. Wegen der zahllosen Nennungen weigerte sich der Informationsdienst in der Folge, mehr als 3000 Nennungen gleichzeitig anzuzeigen. Seitdem ist der Kanal dort in gewisser Weise hoffnungslos verstopft. Seit 9/11 scheint es jedenfalls ein riesiges Bedürfnis nach Verwendung dieser Vokabel gegeben zu haben. Wer Wert darauf legt, nicht Teil einer hierzulande besonders weit verbreiteten Appeasementhaltung zu sein, der sollte den Ausdruck künftig vermeiden oder ihn in Anführungszeichen setzen.

3 Vgl. etwa: Mathieu von Rohr/Britta Sandberg, Terror, *Der Spiegel* vom 30. Dezember 2016, 70. Jg., Nr. 1, S. 92–97. Darin wird der am Londoner King's College lehrende Terrorismusexperte Peter Neumann sogar mit den Worten zitiert, er könne sich durchaus vorstellen, dass sich ein abenteuerlustiger RAF-Mann wie Andreas Baader heute dem IS anschließen würde.

4 »Es gibt viele übereinstimmende Punkte zwischen den französischen Attentätern und den Terrorgruppen der 70er-Jahre wie Baader-Meinhof.

[…] Für Baader-Meinhof war es die globale Revolution, für diese jungen Leute ist es der globale Dschihad. Sie verfolgen hierbei, in einer extremeren Variante, denselben Ansatz: Sie suchen gezielt Menschen für Hinrichtungen aus und suchen den Kontakt zum Dschihad anderer revolutionärer Bewegungen, so wie damals die Baader-Meinhof-Bande mit den palästinensischen radikalen Gruppen kooperierte, als sie versuchte, die palästinensische Revolution zu unterstützen.« Der islamistische Terror ist wie die RAF. Gespräch von Michael Hesse mit dem Islamismus-Experten Olivier Roy, *Berliner Zeitung* vom 11. Januar 2015.

5 Wobei man hinzufügen muss, dass die Geltung politischer Motive damals schon auf eine ähnliche Weise in Zweifel gezogen worden sind wie die religiöser in der heutigen Zeit.

6 Am 11. September 2001 sollen nach Angaben der Rand Corporation innerhalb weniger Minuten mehr Menschen umgekommen sein als bei allen Terroranschlägen seit 1968 zusammengenommen.

7 Vgl. Brian M. Jenkins, The Organization Men: Anatomy of a Terrorist Attack, in: James F. Hoge/Gideon Rose (Hg.), How Did This Happen? Terrorism and the New War, New York 2001, S. 5.

8 Vgl. David Tucker, What's New About the New Terrorism and How Dangerous Is It?, Terrorism and Political Violence, Bd. 13, Herbst 2001, S. 1–14, S. 4f.

9 Das entsprach dem 1981 von einem Soziologen bei einer vom Bundesinnenministerium in Auftrag gegebenen Untersuchung konstatierten Ergebnis einer »Kontrakultur der RAF«. Deren Wertsystem sei nicht einfach »normen- und prinzipienlos«, sondern »ein Normensystem anderer Art« gewesen. Friedhelm Neithardt, Soziale Bedingungen terroristischen Handelns. Das Beispiel der »Baader-Meinhof-Gruppe« (RAF), in: Wanda von Baeyer-Katte/Dieter Claessens/Hubert Feger/Friedhelm Neithardt, Gruppenprozesse, Band 3 der vom Bundesministerium des Inneren herausgegebenen Analysen zum Terrorismus, Opladen 1982, S. 318–391; hier: S. 358.

10 Vgl. Heribert Prantl, »Das sind unsere künftigen Mörder, Herr Buback«, *Süddeutsche Zeitung* vom 6. April 2002.

11 Im Grunde genommen gibt es nur zwei, drei Vertreter des einst so heroisch verklärten bewaffneten Kampfes, die hier eine Ausnahme machen oder gemacht haben: Peter-Jürgen Boock seitens der RAF, Hans-Joachim Klein von den *Revolutionären Zellen* und der 2016 verstorbene Michael »Bommi« Baumann von der *Bewegung 2. Juni.*

12 Carolin Emcke, Stumme Gewalt. Nachdenken über die RAF, Frankfurt am Main 2008.

13 Vgl. Wolfgang Kraushaar, Auf der Suche nach dem Narrativ, in: Carolin Emcke, Stumme Gewalt, ebenda, S. 171–190.

14 Vgl. Michael Buback, Der zweite Tod meines Vaters, München 2008.

15 Tobias Wunschik, Baader-Meinhofs Kinder: die zweite Generation der RAF, Opladen 1997, S. 158.

16 Ebenda, S. 159.

17 Der Bombenleger vom 9. November 1969 wusste offenbar von den Unzulänglichkeiten und arbeitete sich an dem Sprengkörper ab, um ihn scharf zu machen. Vgl. Wolfgang Kraushaar, Die Bombe im Jüdischen Gemeindehaus, Hamburg 2005, S. 248f.

18 In einem am 2. Februar 1978 von der für Spionage zuständigen Hauptabteilung II angefertigten Aktenvermerk zur »BRD-Terroristin Becker, Verena« hatte es geheißen: »Es liegen zuverlässige Informationen vor, wonach die B. seit 1972 von westdeutschen Abwehrorganen wegen der Zugehörigkeit zu terroristischen Gruppierungen bearbeitet bzw. unter Kontrolle gehalten wird. Diese Informationen wurden durch Mitteilungen der HVA von 1973 und 1976 bestätigt.« Von Major Siegfried Jonas unterzeichneter Aktenvermerk der Hauptabteilung II/2 vom 2. Februar 1978 des ehemaligen Ministeriums für Staatssicherheit, Archiv der Bundesbeauftragten für die Unterlagen des Staatssicherheitsdienstes der ehemaligen Deutschen Demokratischen Republik (BStU).

19 Dass diese kriminalistische Leistung möglich war, hatte vor allem verfahrenstechnische Gründe. Die DNA einer Person wird ja aus Zellen gewonnen, die aus Gewebeteilen oder aus körpereigenen Sekreten stammen. Nachdem es im Falle von Haarspuren zunächst nur möglich gewesen war, eine DNA festzustellen, wenn auch die entsprechende Haarwurzel vorhanden war, so wurde das Verfahren im Laufe der Jahre so sehr verbessert, dass von einem bestimmten Zeitpunkt an auch bloß abgerissene oder abgeschnittene Haare ausreichten, um die Identität einer Person mit außerordentlich ho-her Wahrscheinlichkeit festzustellen.

20 »Leistung liegt im Deutschen drin« – Interview mit Bundeskanzler Helmut Schmidt, in: *Der Spiegel* vom 15. Januar 1979, 33. Jg., Nr. 3, S. 42.

21 Ebenda.

22 Wenn in diesem Zusammenhang auch mit einem eigenen Beitrag auf Wilfried Böse, dem in Entebbe von einer israelischen Kommandoeinheit erschossenen Begründer der *Revolutionären Zellen* (RZ), eingegangen wird, dann fällt das keineswegs aus dem Rahmen der RAF. Denn Böse hatte unter seinem Decknamen »der kleine Dicke« nicht nur schon vor 1972 für die RAF gearbeitet, sondern war 1998 auch in der Auflösungserklärung der RAF in der Liste ihrer Toten aufgeführt worden.

1. Anfänge

1 Auslöser war der vom Autor verfasste Beitrag: Rudi Dutschke und der bewaffnete Kampf, in: Wolfgang Kraushaar/Karin Wieland/Jan Philipp Reemtsma, Rudi Dutschke, Andreas Baader und die RAF, Hamburg 2005, S. 13–50. Das löste im Februar 2005 unter dem Titel »Erkundungen für die Präzisierung der Gefühle rund um einen Aufstand: Über Voraussetzungen und Chancen einer konsequenten Historisierung der 68er-Bewegung« in der *tageszeitung* eine eigene, über Wochen anhaltende, polemisch geführte Debatte aus.

2 Das Konzept Stadtguerilla, in:

ID-Verlag (Hg.), Rote Armee Fraktion. Texte und Materialien zur Geschichte der RAF, Berlin 1997, S. 36.

3 Vgl. Herfried Münkler, Die neuen Kriege, Reinbek 2002, S. 175.

4 Nicht ohne Grund lautete eines der in den einschlägigen RAF-Texten am häufigsten verwendeten Worte »Identität«. Baader hat das in der ihm eigenen burschikosen Diktion einmal so formuliert: »die identität der guerilla, alles andere ist – so – erstmal sülze.« Andreas Baader, Brief vom 3. September 1974, in: das info. Briefe der Gefangenen aus der RAF 1973–1977, hrsg. von Pieter H. Bakker Schut, Kiel 1987, S. 158.

5 Über den bewaffneten Kampf in Westeuropa, in: ID-Verlag (Hg.), Rote Armee Fraktion, Texte und Materialien zur Geschichte der RAF, Berlin 1997, S. 83.

6 Dutschke schildert den Zusammenhang, aus dem heraus es zu der illegalen nächtlichen Klebeaktion kam, folgendermaßen: »Im Dezember 1965 fanden innerhalb und außerhalb des SDS Diskussionen statt, wie man dem neuesten Versuch der Amerikaner, ihre Aggressionen in Vietnam zu steigern, einigermaßen effektiv entgegentreten könne. Wir entschlossen uns zu einer Nacht-und-Nebel-Klebeaktion für München und West-Berlin, wo die organisatorischen und politischen Vorbedingungen vorhanden waren. Die zwischen München und Berlin koordinierte Plakataktion fand in der Nacht zum 4. Februar 1966 statt. […] Bei dieser Aktion wurden einige Mitglieder des SDS festgenommen. […] Die neue Dimension politischer Aktionen, die sich in der illegalen Plakataktion ausdrückte, löste im SDS hysterische Reaktionen aus.« Rudi Dutschke, Die Widersprüche des Spätkapitalismus, die antiautoritären Studenten und ihr Verhältnis zur Dritten Welt, in: Uwe Bergmann u.a., Rebellion der Studenten oder Die neue Opposition, Reinbek 1968, S. 33–93, 66 f. Vgl. Siegward Lönnendonker/Bernd Rabehl/Jochen Staadt, Die antiautoritäre Revolte. Der Sozialistische Deutsche Studentenbund nach der Trennung von der SPD, Bd. 1: 1960–1967, Wiesbaden 2002, S. 226–243.

7 »Die ›Propaganda der Schüsse‹ (Che) in der ›Dritten Welt‹ muß durch die ›Propaganda der Tat‹ in den Metropolen vervollständigt werden, welche eine Urbanisierung ruraler Guerilla-Tätigkeit geschichtlich möglich macht. Der städtische Guerillero ist der Organisator schlechthinniger Irregularität als Destruktion des Systems der repressiven Institutionen.« Rudi Dutschke/Hans-Jürgen Krahl, Organisationsreferat, *diskus – Frankfurter Studentenzeitung*, 30. Jg., Nr. 1–2, Februar 1980, S. 6–9; unter dem nicht autorisierten Titel »Sich-Verweigern erfordert Guerilla-Mentalität« wiederveröffentlicht in: Rudi Dutschke, Geschichte ist machbar, West-Berlin 1980, S. 94 ff.

8 Die Bezugnahme auf Carl Schmitts »Theorie des Partisanen« dürfte auf Hans-Jürgen Krahl zurückzuführen sein. Denn nur bei ihm lässt sich der Nachweis erbringen, dass mit dem Begriff der »Irregularität« ein zentrales Schmittsches Wesensmerkmal für den Partisanenkampf aufgegriffen worden ist. Krahl notiert sich bei der Lektüre von Lenins organisationstheoretisch entscheidender Schrift *Was tun?*: »Partisanenstrategie in den

Metropolen beinhaltet die Organisierung der großen Weigerung, der schlechthinnigen Irregularität. Die Partisanen verweigern die Reaktion auf die administrativ gesetzten Signale. Es gilt die Bewegung von innen her aufzurollen.« Hans-Jürgen Krahl, Ausgewählte Werke, Helsinki 1970, S. 53. In der Einleitung zur *Theorie des Partisanen* heißt es: »Der Partisan kämpft irregulär.« Für Schmitt ist die Irregularität das erste von vier Kriterien zur Definition des Partisanen. Carl Schmitt, Theorie des Partisanen. Zwischenbemerkung zum Begriff des Politischen, West-Berlin 1963, S. 11, 21.

9 Im Mittelpunkt der Kontroverse stand ein Streit um den Stellenwert des Anarchismus während der Ersten Internationale, das Verhältnis zwischen Marx und Bakunin, der historischen Angemessenheit der marxistischen Anarchismuskritik und der Rolle Auguste Blanquis in den Pariser Aufständen des 19. Jahrhunderts. Vgl. Wolfgang Kraushaar, Rudi Dutschke und der bewaffnete Kampf, in: Wolfgang Kraushaar (Hg.), Die RAF und der linke Terrorismus, Hamburg 2006, S. 230–232.

10 Zu den Hintergründen vgl. Wolfgang Kraushaar, Die Bombe im Jüdischen Gemeindehaus, Hamburg 2005.

11 Vgl. das biographische Porträt: Martin Jander, Horst Mahler, in: Wolfgang Kraushaar (Hg.), Die RAF und der linke Terrorismus, Hamburg 2006, S. 372–397.

12 Vgl. Klaus Eschen, Das Sozialistische Anwaltskollektiv, in: Wolfgang Kraushaar (Hg.), Die RAF und der linke Terrorismus, Hamburg 2006, S. 957–972.

13 Mahler hat Jahre später, nachdem er einen politischen Frontwechsel vollzogen und sich der extremen Rechten angeschlossen hatte, seinen London-Besuch und Dutschkes Haltung zum bewaffneten Kampf in einem Gespräch mit Franz Schönhuber, dem ehemaligen Angehörigen der Waffen-SS und Parteigründer der *Republikaner*, geschildert: »Ich wusste, dass er in dieser Frage kein orthodoxer Leninist war und bewaffnete Aktionen kleiner Gruppen als Fortsetzung dieser Revolte nicht ausschloss. Deshalb bin ich extra zu ihm nach London, wo er vorübergehend Asyl gefunden hatte, gefahren, um diese Frage mit ihm zu diskutieren. Er hat mir dringend von meinem Vorhaben abgeraten, weil die Voraussetzungen für einen Erfolg nicht gegeben wären. Das hat er richtig gesehen. Aber es war nicht so, dass er aus moralischen Gründen prinzipiell dagegen gewesen wäre, sondern er war halt auch als moralische Persönlichkeit geprägt von diesem Satz Lenins ›Moralisch ist, was der Revolution nutzt‹. Da hätte er keine Schwierigkeiten gehabt. Er gehörte ja in Berlin, und das wird heute immer wieder verdrängt, zum Kreis derjenigen, die zuallererst die Frage aufgeworfen hatten: müssen wir nicht zu militärischen Mitteln des Kampfes greifen?« Horst Mahler/Franz Schönhuber, Schluss mit dem deutschen Selbsthass. Plädoyers für ein anderes Deutschland, Berg am Starnberger See 2000, S. 105f.

14 Vgl. Stefan Aust, Der Baader-Meinhof-Komplex, Hamburg 1985, S. 92–95; Jürgen Serke/Michael Seufert/Walter Unger, Der Spitzel des Senators, *Stern* vom 30. Mai 1971, 24. Jg., Nr. 23, S. 32–36; Verfassungsschützer halfen die APO zu kriminalisieren,

Leserbrief von Tilman Fichter, ehemaliger Berliner SDS-Vorstand, *Der Spiegel* vom 27. Oktober 1980, 34. Jg., Nr. 44, S. 12f.; Wolfgang Kraushaar, Die Bombe im Jüdischen Gemeindehaus, Hamburg 2005.

15 Zitiert nach: Erich Dalldorf, Bomben vom Verfassungsschutz. Wie Berlins Innensenator Neubauer einen V-Mann enttarnte, *konkret* vom 3. Juni 1971, 17. Jg., Nr. 12, S. 17.

16 Vgl. Vom Regenwald der Guerilla in den Mediendschungel. Ein Gespräch mit Lothar Menne über die Anfänge der 68er-Bewegung, *Mittelweg 36*, 17. Jg., Heft 4, August/September 2008, S. 2–29.

17 Tariq Ali, Street Fighting Years. Autobiographie eines 68ers, Köln 1998, S. 158.

18 Vgl. Dieter Kunzelmann, Leisten Sie keinen Widerstand! Bilder aus meinem Leben, Berlin 1998.

19 Bahman Nirumand, Leben mit den Deutschen. Briefe an Leila, Reinbek 1989, S. 112–114.

20 Zitiert nach: Heinz Sünder, Einsam strickt Teufel an der Revolution. Der Ex-Kommunarde lebt versteckt in München, *Abendzeitung* vom 6. Februar 1970.

21 Dieter Kunzelmann, Notizen zur Gründung revolutionärer Kommunen in den Metropolen, in: Frank Böckelmann/Herbert Nagel (Hg.), Subversive Aktion. Der Sinn der Organisation ist ihr Scheitern, Frankfurt/Main 1976, S. 143.

22 In seiner Autobiographie schreibt Kunzelmann, dass seine »schöpferische Begabung in der Produktion öffentlicher Erregung, im Kreieren von Happenings und Aktionen« gelegen habe: Dieter Kunzelmann, Leisten Sie keinen Widerstand!, Berlin 1998, S. 49.

23 Dieter Kunzelmann, Der Kardinal, der Film und die Orgie, in: Böckelmann/Nagel (Hg.), Subversive Aktion, S. 42.

24 Brief von Dieter Kunzelmann an Frank Böckelmann vom 4. Januar 1964, Böckelmann/Nagel (Hg.), Subversive Aktion, S. 129.

25 Kunzelmann, Leisten Sie keinen Widerstand!, S. 49.

26 Attackiert wurden die Beat-Musik, James-Bond-Filme und die Busenfreiheit als »Symptom der Unfreiheit«. Die Absicht bestand darin, die ideologischen Verpanzerungen im sogenannten Massenbewusstsein aufzusprengen. Erschienen sind lediglich drei Ausgaben. Wiederabgedruckt in: Böckelmann/Nagel (Hg.), Subversive Aktion, S. 168–436.

27 »Was die Kommunarden nicht ahnen konnten: Der amerikanische Geheimdienst hatte die Telefone des Ateliers und der Wohnung von Uwe Johnson – in denen sich die Kommunarden breit gemacht hatten – angezapft, im festen Glauben, mit Johnsons Ehefrau Elisabeth eine tschechische Agentin ausgemacht zu haben. Das so erworbene Wissen wurde eilfertig, aber offensichtlich mit gewissen Übertreibungen, dem Berliner Staatsschutz kundgetan.« Marco Carini, Fritz Teufel. Wenn's der Wahrheitsfindung dient, Hamburg 2003, S. 38.

28 *Bild*-Zeitung vom 6. April 1967. Andere Tageszeitungen standen den ungeprüft skandalisierenden Schlagzeilen keineswegs nach. So lauteten die Schlagzeilen der *Nürnberger Nachrichten* »Humphrey sollte ermordet werden« und die des *Düsseldorfer Mit-*

tag fast identisch »Berlin: Humphrey sollte ermordet werden«. Den Vogel schoss allerdings der in West-Berlin erscheinende *Abend* mit der Titelzeile ab: »Maos Botschaft in Ost-Berlin liefert die Bomben gegen Vizepräsident Humphrey«.

29 Vgl. Sara Hakemi, »Burn, Baby, Burn!« Die andere Vorgeschichte der RAF, in: Klaus Biesenbach (Hg.), Zur Vorstellung des Terrors: Die RAF-Ausstellung, Göttingen 2005, S. 69–71.

30 Kommune I (Hg.), Gesammelte Werke gegen uns, West-Berlin 1967, S. 20.

31 Ebenda, S. 21.

32 Ebenda, S. 22.

33 *BZ* vom 26. Mai 1967.

34 Peter Szondi, Aufforderung zur Brandstiftung? Ein Gutachten im Prozess Langhans/Teufel, *Der Monat*, 19. Jg., Heft 227, August 1967, S. 24–29.

35 Jacob Taubes, Surrealistische Provokation. Ein Gutachten zur Anklageschrift im Prozess Langhans-Teufel über die Flugblätter der »Kommune I«, *Merkur*, November 1967, XXI. Jg., Nr. 236, S. 1079.

36 Der Baader-Meinhof-Report. Dokumente – Analysen – Zusammenhänge, Mainz 1972, S. 10.

37 Ebenda, S. 20.

38 Ulrike Meinhof, Warenhausbrandstiftung, *konkret* vom 4. November 1968, 14. Jg., Nr. 14, S. 5.

39 Karl Heinz Bohrer, Surrealismus und Terror oder die Aporien des Justemilieu, in: ders., Die gefährdete Phantasie, oder Surrealismus und Terror, München 1970, S. 37.

40 André Breton, Zweites Manifest des Surrealismus, in: ders., Die Manifeste des Surrealismus, Reinbek 1977, S. 56.

41 »Der *acte gratuit* ist in seiner sprachlichen Ambivalenz unübersetzbar. Gewiß spielt ›gratuit‹ auf etwas Positives, auf Interesselosigkeit an; zugleich hat es jedoch negative Konnotationen wie überflüssig, umsonst, sinnlos, zwecklos.« Elisabeth Lenk, Ethik des Ästhetischen am Beispiel des »acte gratuit«, Bern 1991.

42 André Gide, Die Verliese des Vatikans, München 1975.

43 Zitiert nach: Elisabeth Lenk, ebenda, S. 17.

44 Albert Camus, Der Mensch in der Revolte, Reinbek 1953, S. 98.

45 Ebenda, S. 167.

46 »Die Gewalt ist der Geburtshelfer jeder alten Gesellschaft, die mit einer neuen schwanger geht.« Karl Marx, Das Kapital, Bd. I, in: Karl Marx – Friedrich Engels – Werke, Bd. 23, Ost-Berlin 1970, S. 779.

47 Vgl. W.I. Lenin, Staat und Revolution, in: ders., Werke, Bd. 25, Ost-Berlin 1972.

48 »1. Die Volkskräfte können einen Krieg gegen die Armee gewinnen. 2. Nicht immer muß man warten, bis alle Bedingungen für die Revolution gegeben sind; der aufständische Brennpunkt kann sie schaffen. 3. Im unterentwickelten Amerika müssen Schauplatz des bewaffneten Kampfes grundsätzlich die ländlichen Gebiete sein.« Ernesto Che Guevara, Guerillakrieg – eine Methode, in: ders., Ausgewählte Werke in Einzelausgaben, hrsg. von Horst-Eckart Gross, Bd. 1: Guerillakampf und Befreiungsbewegung, Dortmund 1986, S. 32f.

49 Im Schlussteil seiner Schrift heißt es über »Die Konsequenzen für die Zukunft«: »Man bekämpft die Bourgeoisie nicht siegreich auf dem

Gebiet der Wahlen. In der Mehrzahl der Länder, in denen die Bedingungen für den bewaffneten Kampf gegeben sind, ist es möglich, wenn man mit dem militärischen Focus beginnt, einen politischen ›Focus‹ zu verwirklichen; wenn man dagegen mit dem politischen ›Focus‹ beginnt, ist es beinahe ausgeschlossen, zu einem militärischen Focus zu gelangen.« Régis Debray, Revolution in der Revolution?, München 1967, S. 127f.

50 Rudi Dutschke, Notizen, Mappe 3, Fokustheorie i. d. 3. Welt und ihre Neubestimmung in den Metropolen, Blatt 1–3, undatiert, K 21/48, HIS-Archiv, RUD 240, 04.

51 Vgl. Wolfgang Kraushaar, Die Protest-Chronik 1949–1959. Eine illustrierte Geschichte von Bewegung, Widerstand und Utopie, Bd. I: 1949–1952, S. 603–607.

52 Vgl. Günther Kaiser, Randalierende Jugend. Eine soziologische und kriminologische Studie über die sogenannten »Halbstarken«, Heidelberg 1959; Thomas Grotum, Die Halbstarken: zur Geschichte einer Jugendkultur der 50er Jahre, Frankfurt am Main 1994; Sebastian Kurme, Halbstarke. Jugendprotest in den 1950er Jahren in Deutschland und den USA, Frankfurt/New York 2006.

53 »Nach diesem Rollingstonekonzert in der Waldbühne, wo alles zertrümmert worden ist, da ging es denn richtig los ...« Michael »Bommi« Baumann, Wie alles anfing, München 1975, S. 12. Vgl. Wolfgang Kraushaar, Prügel, die prägen? Wie Gewalt bei Großveranstaltungen Biografien formt, *Indes*, 2. Jg., Heft 3/2012, S. 6–20.

54 Peter Schneider, Rebellion und Wahn. Mein 68, Köln 2008, S. 168f.

55 Rudi Dutschke, »Es kracht an allen Ecken und Enden«, Brief für die Herren der anderen Seite, *Der Spiegel* vom 9. Dezember 1968, 22. Jg., Nr. 50, S. 185.

56 Michael »Bommi« Baumann, Wie alles anfing, München 1975, S. 42.

57 Ulrike Meinhof, Vom Protest zum Widerstand, in: *konkret* vom Mai 1968, S. 5.

58 Sibylle Plogstedt (Red.), Der Kampf des vietnamesischen Volkes und die Globalstrategie des Imperialismus – Internationaler Vietnam-Kongreß 17./18. Februar 1968, West-Berlin 1968, S. 139.

59 Ebenda, S. 140.

60 Ulrike Meinhof, Vom Protest zum Widerstand, ebenda.

61 »Die Eruption von Gewalt erschreckt und fasziniert durch ihre Plötzlichkeit. Ihr ›Ort‹ ist der Augenblick, ihr Werkzeug die Überraschung – und ihre Gegnerin die Dauer: die Veralltäglichung ›der großen Tat‹ in vielen kleinen Handlungen.« Hans-Georg Soeffner, Gewalt als Faszinosum, in: Wilhelm Heitmeyer/Hans-Georg Soeffner (Hg.), Gewalt. Entwicklungen, Strukturen, Analyseprobleme, Frankfurt am Main 2004, S. 62–85; hier: S. 73.

62 Zu den Trauerfeierlichkeiten für den von der Polizei erschossenen Benno Ohnesorg veranstaltete der Dachverband der Studentenschaften in dessen Heimatstadt Hannover den Kongress »Bedingungen und Organisation des Widerstands«. Am Ende dieser Veranstaltung, die durch einen Streit zwischen Jürgen Habermas und Rudi Dutschke über dessen vermeintlichen oder tatsächlichen Aktionismus geprägt war, ergriff der Frankfurter Soziologe noch einmal das Wort und attackierte den bereits abgereisten Protagonisten des Westberliner SDS mit den Worten: »Ich bin der Meinung, er hat eine voluntaristische Ideologie hier entwickelt, die man im Jahre 1848 utopischen Sozialismus genannt hat und der unter heutigen Umständen, jedenfalls ich glaube, Gründe zu haben, diese Terminologie vorzuschlagen, linken Faschismus nennen muss. Es sei denn, dass Herr Dutschke aus dem, was er an Überbau hier entwickelt hat, praktisch keine Konsequenzen zu ziehen wünscht.« Uwe Bergmann (Red.), Bedingungen und Organisation des Widerstandes – Der Kongress in Hannover, West-Berlin 1967, S. 101.

63 Die modisch taillierten, aber abgewetzten Lederjacken waren Importprodukte und stammten in der Regel aus Amsterdam. Eines ihrer Exemplare lässt sich im Bonner Haus der Geschichte betrachten. Bei dessen Neueröffnung im Juli 2001 fiel Pressevertretern auf, dass eine Art Austausch von Textil-Exponaten stattgefunden hatte. Die Strickjacke, die Ex-Bundeskanzler Helmut Kohl bei seinem berühmten Treffen mit Gorbatschow 1990 im Kaukasus getragen hatte, war ausgemustert und in die Asservatenkammer verbannt worden. Im erweiterten 68er-Raum war dagegen die Lederjacke eines anonymen Frankfurter Militanten, eines sogenannten Streetfighters, ausgestellt worden. Auf diese Weise hatte es die *Lederjackenfraktion* mit ihrem wichtigsten Artefakt noch in ein staatstragendes Museum geschafft.

64 Vgl.: Bonn prüft konkrete Maßnahmen gegen die APO – Kiesinger ist über die Frankfurter Zwischenfälle empört/Bilanz: 13 Festgenommene – viele Scheiben zertrümmert, *Frankfurter Rundschau* vom 31. Januar 1969; Zerstörungswut gegen Banken und Konsulatsgebäude – Krawalle in Frankfurt/Ausschreitungen nach vergeblichem Protest gegen Konzert/Erklärung Kiesingers und Bendas, *Frankfurter Allgemeine Zeitung* vom 31. Januar 1969; »Das war ein Skandal!«, *Abendpost Nachtausgabe* vom 1. Februar 1969.

65 Diese Zusammensetzung bot der Presse Gelegenheit zu einer entsprechend tendenziösen Berichterstattung. Vgl. Jochen Steinmayr, Die Revolution frißt ihre Kinder, *Stern* vom 11. Februar 1969, 21. Jg., Nr. 11, S. 28, 30 und 191.

66 Vgl. Klaus Stern/Jörg Herrmann, Andreas Baader. Das Leben eines Staatsfeindes, München 2007, S. 43–49.

67 Sie waren von einer Angehörigen der RAF-Gründergeneration aufgenommen worden, die Baader und Ensslin bei ihrer Flucht nach Frankreich begleitete und später Berufsfotografin werden sollte: Astrid Proll, Hans und Grete/Die RAF 67–77, Göttingen 1998, S. 62–65.

68 Albert Camus, Der Mensch in der Revolte, Hamburg 1953, S. 53.

69 Die Formulierung stammt von Gudrun Ensslins um ein Jahr älterer Schwester Christiane. Der 1981 von Margarethe von Trotta gedrehte Film *Die bleierne Zeit* thematisiert die Beziehung der beiden in einer evangelischen Pfarrersfamilie Aufgewachsenen in dem repressiven Klima der bundesdeutschen Nachkriegszeit.

70 Karin Wieland, a., in: Wolfgang

Kraushaar/Karin Wieland/Jan Philipp Reemtsma, Rudi Dutschke, Andreas Baader und die RAF, Hamburg 2005, S. 51–99; hier: S. 86.

71 Zitiert nach Karin Wieland, a., ebenda, S. 86.

72 Als Anerkennung seiner Autorität sei Baader im Gruppenjargon der RAF »Generaldirektor« genannt worden, erinnert sich der seinerzeit in Stammheim tätige Justizvollzugsbeamte Horst Bubeck. Vgl. Kurt Oesterle, »Nur für Stammheim spreche ich«, *die tageszeitung* vom 27. April 2002.

73 So erinnert sich der ehemalige BKA-Präsident 2005: »Die entscheidende Triebkraft besteht in einem unbändigen, alles ausfüllenden Hass«. Interview mit Dr. Horst Herold, in: Wolfgang Kraushaar (Hg.), Die RAF und der linke Terrorismus, Bd. 2, Hamburg 2006, S. 1389.

74 Ebenda.

75 Albert Camus, Der Mensch in der Revolte, ebenda, S. 57.

76 Fischer hatte seine Ambitionen in Sachen Militanz schon frühzeitig unter Beweis gestellt. Als er kurz vor seinem 20. Geburtstag von Stuttgart nach Frankfurt wechselte, trainierte er bereits zusammen mit seiner damaligen Frau ein möglichst geschicktes Verhalten auf gewalttätigen Demonstrationen. Wie einer ihrer ehemaligen Mitbewohner zu berichten weiß, spielten sie in ihrer Wohngemeinschaft in der Westendstraße Rangeleien mit der Polizei nach, um bei künftigen Auseinandersetzungen besser gewappnet zu sein. Mündliche Mitteilung des Politikwissenschaftlers Dr. Tilman Schulz.

77 Seinen Weg hat er kürzlich mit den Worten beschrieben: »Ich war mit ganzem Herzen das, was man einen ›68er‹ nennt, habe das Haus Springer für gefährlich gehalten, mich Ostern 1968 in Frankfurt/Main an dem Versuch beteiligt, die Auslieferung von Zeitungen des Axel Springer Verlags durch eine Straßenblockade zu verhindern, und war danach noch etliche Jahre in einer linksradikalen Gruppe tätig. Und ich habe andererseits bei Springer gearbeitet, war dort als Redakteur, Chefredakteur sowie Herausgeber tätig und habe von innen erfahren und erlebt, wie das Haus nach wie vor seine Verlagspolitik der 1960er-Jahre verteidigt und wertschätzt […]« Thomas Schmid, So fern und doch so nah, *Die Welt* vom 22. September 2015.

78 My Life as a Terrorist. The Story of Hans Joachim Klein. A film by Alexander Oey Produced in association with VPRO TV Netherlands, 2005.

79 Die Tatsache, dass Joschka Fischer im Dezember 1985 bei seiner Vereidigung als Umweltminister im Hessischen Landtag Turnschuhe trug, war symbolisch zweifelsohne hochgradig aufgeladen, in der Presse aber missverstanden worden. Denn es handelte sich bei diesem performativen Akt nicht um ein allgemeines Bekenntnis zur jüngeren Generation der adidas- und Puma-Träger, sondern um eine selbstironische Reminiszenz an seine einstige Rolle als Straßenkämpfer. Die Message lautete: Seht her, hier könnt Ihr sehen, wie weit es ein Militanter unter Umständen schaffen kann – bis in ein Ministerium und damit an die Schalthebel der Macht. Inzwischen haben Fischers Turnschuhe, mit denen es sich nach einer militanten Aktion besonders gut davonrennen ließ, Platz im Offenbacher Lederwarenmuseum gefunden. Das Artefakt des *Putzgruppen*-Anführers ist damit ein Objekt musealer Betrachtung geworden.

80 Lothar Vetter, Sprache der Gewalt, *Frankfurter Rundschau* vom 9. April 1973.

81 Die Titelgeschichte des *Spiegel* etwa lautete »Joschkas wilde Jahre« und die im Untertitel aufgeworfene Frage: »Wie gewalttätig war der Außenminister?« (Heft 2/2001).

82 Klaus Viedebantt, Neue Dimension, in: *Frankfurter Allgemeine Zeitung* vom 21. September 1975.

83 Frankfurter Spontis: »Uns treibt der Hunger nach Liebe, Zärtlichkeit und Freiheit ...«, *Links*, 11. Jg., Nr. 79, Juli/August 1976, S. 11.

84 Max Weber, Die ›Objektivität‹ sozialwissenschaftlicher Erkenntnis, in: ders., Soziologie, Weltgeschichtliche Analysen, Politik, Stuttgart 1956, S. 255.

85 Vgl. Gertrud Nunner-Winkler, Überlegungen zum Gewaltbegriff, in: Wilhelm Heitmeyer/Hans-Georg Soeffner (Hg.), Gewalt, Frankfurt am Main 2004, S. 21–61, hier: S. 53.

86 Ebenda, S. 54.

2. Stationen

1 Elisabeth Noelle/Erich Peter Neumann/Institut für Demoskopie Allensbach (Hg.), Jahrbuch der öffentlichen Meinung 1968–1973, Allensbach/Bonn 1974, S. 238.

2 So zog der *Spiegel* etwa daraus den Schluss, dass die Bundesbürger unmerklich vom Bonner Staat abrücken würden. Vgl. Politische Überzeugung, *Der Spiegel* vom 26. Juli 1971, 25. Jg., Nr. 31, S. 18.

3 Vgl. Wolfgang Kraushaar, Nachtasyl. Die RAF und ihre Sympathisanten: Was eine Umfrage von 1971 über die Bundesrepublik verrät, *Der Tagesspiegel* vom 12. Mai 2007.

4 Zitiert nach: Wolfgang Kraushaar, Aus der Protest-Chronik, *Mittelweg 36*, Heft 3/2006, S. 87–92; hier: S. 90.

5 Vgl. Jutta Ditfurth, Ulrike Meinhof. Die Biographie, Berlin 2007, S. 344.

6 Oskar Negt, Sozialistische Politik und Terrorismus, *links*, 4. Jg., Nr. 35, Juli/August 1972, S. 15–17.

7 Nach Darstellung seines Bruders soll Fritz Rodewald später der Annahme, dass es sich bei seinem Berater um Negt gehandelt habe, selbst widersprochen haben. Telefonische Mitteilung von Bernd Rodewald am 14. Januar 2010.

8 Vgl. Wolfgang Tersteegen, Mit der Bombe im Handgepäck. Wie Ulrike Meinhof der Polizei in die Falle ging, *Frankfurter Allgemeine Zeitung* vom 19. Juni 1972; Bernd Lampe/Dieter Haasis, Widersprüche um den Hinweis für die Polizei in Hannover, *Die Welt* vom 19. Juni 1972.

9 Zu weiteren, zum Teil auch abweichenden Einzelheiten vgl.: Stefan Aust, Der Baader Meinhof Komplex, Hamburg 2008, S. 359–363; Butz Peters, Tödlicher Irrtum. Die Geschichte der RAF, Berlin 2004, S. 254–256; Jutta Ditfurth, Ulrike Meinhof. Die Biographie, Berlin 2007, S. 344–351; Friedrich Wilke, Von Helden, Anti-Helden und den Menschen dahinter –

Die Geschichte des Fritz Rodewald, Langenhagen 2009; Fabian Vögtle, »Sein Leben geriet komplett durcheinander« – Rodewalds Rolle und die RAF, *General-Anzeiger Bonn* vom 17. November 2015.

10 *Frankfurter Allgemeine Zeitung* vom 31. Juli 1976.

11 Belohnung an die Verteidiger? Der Hannoveraner Lehrer Fritz Rodewald schildert seine Motive, *Frankfurter Rundschau* vom 19. Juni 1972.

12 Vgl. Alles gelaufen, *Der Spiegel* vom 26. Juni 1972, 26. Jg., Nr. 27, S. 70–72.

13 Günter Grass, 1972: Ich bin jetzt er …, in: ders., Mein Jahrhundert, Göttingen 1999, S. 293–295; hier: S. 295.

14 Christiane Schlötzer, Verfolgt vom bleiernen Schatten, *Süddeutsche Zeitung* vom 28. April 2006.

15 Fritz Rodewald, Ich küsse Deinen Schatten, Hamburg 2005, S. 182–188. Spätere Neuauflage auch unter dem erweiterten Titel: Ich küsse Deinen Schatten: Trauertagebuch, hrsg. von Bernd Rodewald, Norderstedt 2012. Vgl. auch die von seinem Bruder herausgegebene Textsammlung: Fritz Rodewald, Von Brüchen und Sprüngen: Biografische Vignetten, Norderstedt 2011.

16 Vgl. Werner Sabitzer, Zwei Tage Angst, *Die öffentliche Sicherheit*, Heft 1–2/2006, S. 31–35.

17 Sartre hatte argumentiert, »einen Europäer erschlagen«, bedeute für den Kolonisierten, »zwei Fliegen auf einmal treffen, nämlich gleichzeitig einen Unterdrücker und einen Unterdrückten aus der Welt schaffen: was übrig bleibt ist ein toter Mensch und ein freier Mensch«. Jean-Paul Sartre, Vorwort zu: Frantz Fanon, Die Verdammten dieser Erde, Frankfurt am Main 1966, S. 18.

18 Vgl. Hartwig Hansen, Den Staat aushungern oder Die zweite Niederlage der RAF, in: Michael Sontheimer/Otto Kallscheuer, Einschüsse. Besichtigung eines Frontverlaufs – Zehn Jahre nach dem Deutschen Herbst, West-Berlin 1987, S. 117–139.

19 Der Titel des von Alexander Oey gedrehten, erstmals 2005 im niederländischen Fernsehen und ein Jahr später in einer erweiterten Fassung auch in der ARD gezeigten Films lautet: »My Life as a Terrorist. The Story of Hans Joachim Klein«.

20 Bundeskriminalamt – Abteilung TE –, Tgb. Nr. 9018/71, Bericht über die Auswertung des am 22. 1. 1975 in den Zellen der Angeklagten BAADER, ENSSLIN, MEINHOF und RASPE in der JVA Stuttgart-Stammheim beschlagnahmten Beweismaterials, Bl. 43–47 Schriftstück mit dem Titel »SOLIDARITÄT und LERNPROZESS« (Ensslin-Mat. Pos. 15–20), Archiv des Hamburger Instituts für Sozialforschung (HIS-Archiv), KOK 04/004.

21 Ebenda, Bl. 46.

22 Die von Meinhof im Alleingang verfasste Erklärung setzte mit einer regelrechten Eloge auf die mit einem Doppelmord begonnenen Geiselnahme und die auf dem Flughafen Fürstenfeldbrück gescheiterte Entführungsaktion ein: »Die Aktion des ›Schwarzen Septembers‹ in München hat das Wesen imperialistischer Herrschaft und des antiimperialistischen Kampfes auf eine Weise durchschaubar und erkennbar gemacht wie noch keine revolutionäre Aktion in Westdeutschland und Westberlin. Sie war gleichzeitig antiimperialistisch, antifaschistisch und internationalistisch. Sie hat eine Sensibilität für historische und politische Zusammenhänge dokumentiert, die immer nur das Volk hat [...] Sie hat einen Mut und eine Kraft dokumentiert, die die Revolutionäre nur aus ihrer Verbundenheit mit dem palästinensischen Volk haben können, [...] eine Menschlichkeit, die vom Bewußtsein bestimmt ist.« Die Aktion des »Schwarzen September« in München. Zur Strategie des antiimperialistischen Kampfes, in: ID-Verlag (Hg.), Rote Armee Fraktion. Texte und Materialien zur Geschichte der RAF, Berlin 1997, S. 151.

23 Vgl. Annie Cohen-Solal, Sartre. 1905–1980, Reinbek 1988.

24 Vgl. Wolfgang Kraushaar, Fischer in Frankfurt. Karriere eines Außenseiters, Hamburg 2001.

25 Diese Einstellung stieß, wie aus Randnotizen Baaders zu einem Positionspapier des RK hervorgeht, innerhalb der RAF auf Ablehnung und Empörung. Sie sei »dümmlich«, »denunziatorisch« und unsolidarisch, letztlich nicht anders als eine bestimmte »sorte verrat« zu verstehen. Fn. 5, Papier der Gruppe »REVOLUTIONÄRER KAMPF« (Meinhof-Mat. Pos. 1–10), Bl. 52–58, hier: Bl. 56.

26 *Der Spiegel* vom 12. Februar 1973, 27. Jg., Nr. 7, S. 91.

27 Wolfgang Harich, Zur Kritik der revolutionären Ungeduld. Eine Abrechnung mit dem alten und dem neuen Anarchismus, Basel 1971.

28 Heinrich Böll, »Will Ulrike Meinhof Gnade oder freies Geleit?«, *Der Spiegel* vom 10. Januar 1972, 26. Jg., Nr. 3, S. 55.

29 So erinnert sich der Schriftsteller 2005: »Sie hatten nie eine politische Forderung ...« Ein Gespräch mit Hans Magnus Enzensberger über die Hintergründe der RAF, in: Wolfgang Kraushaar (Hg.), Die RAF und der linke Terrorismus, Bd. 2, Hamburg 2006, S. 1392.

30 Zitiert nach: Klaus Stern/Jörg Herrmann, Andreas Baader. Das Leben eines Staatsfeindes, München 2007, S. 143.

31 Ebenda, S. 172.

32 »Die entscheidende Triebkraft besteht in einem unbändigen, alles ausfüllenden Hass«. Interview mit dem ehemaligen Präsidenten des Bundeskriminalamtes Dr. Horst Herold, in: Wolfgang Kraushaar (Hg.), Die RAF und der linke Terrorismus, Bd. II, Hamburg 2006, S. 1370–1391; hier: S. 1389.

33 HIS-Archiv, Me. U./015.001.

34 HIS-Archiv, En. G./011, 003.

35 Dr. Klaus Croissant, Gespräch mit Sartre 3. 11. 74 in seiner Wohnung 12:30/13:30, HIS-Archiv, RA 02/064, 12.

36 Übersetzung eines Briefes Jean-Paul Sartres vom 3. November 1974, HIS-Archiv, B 362/3387.

37 Brief von Generalbundesanwalt Siegfried Buback vom 18. November 1974 an Dr. Theodor Prinzing, den Vorsitzenden Richter am Oberlandesgericht Stuttgart, HIS-Archiv, B 362/3387.

38 Wiederabgedruckt unter dem Titel »Für politische Todesstrafe«, *Frankfurter Rundschau* vom 22. November 1974.

39 Antwort Sartres auf die Ablehnung (Brief vom 20. November 1974), in: *Informationsdienst zur Verbreitung unterbliebener Nachrichten* (ID) vom

24. November 1974, 2. Jg., Nr. 58, S. 15.

40 Mit »u« unterzeichnetes Typoskript vom 22. November 1974, HIS-Archiv, RA 02/010, 003.

41 Fn. 5, Bl. 28–33, Unterlagen über Vorbereitungen und Hintergründe des Gesprächs SARTRE/BAADER am 4. 12. 1974 (BAADER/RASPE/MEINHOF-Mat.), hier: Bl. 29.

42 Ebenda, Bl. 31.

43 *Panorama* vom 2. Dezember 1974, HIS-Archiv, Publ. 034, 002, S. 1.

44 Ebenda, S. 6.

45 So stellte ein CDU-Vertreter im Verwaltungsrat des NDR fest, dass Merseburger als *Panorama*-Chef »nicht länger tragbar« sei. Vgl. Die Sünde der Differenzierung. Ein Gespräch mit Peter Merseburger, *Die Zeit* vom 13. Dezember 1974.

46 Friedrich Weigand, Das öffentliche Ja und Nein. Die Verantwortung des Jean-Paul Sartre, *Stuttgarter Zeitung* vom 4. Dezember 1974.

47 Daniel Cohn-Bendit, Es war einmal Jean-Paul Sartre, *die tageszeitung* vom 11. März 2005.

48 Protokoll der Sartre-Pressekonferenz, *Informations-Dienst zur Verbreitung unterbliebener Nachrichten* (ID) vom 8. Dezember 1974, 2. Jg., Nr. 60, S. 20/21.

49 Matthias Walden, Der deutsche Rechtsstaat – am Nasenring herumgeführt, *Welt am Sonntag* vom 8. Dezember 1974.

50 Rolf R. Bigler, Sartre inszenierte sein schlechtestes Stück, *Die Welt* vom 6. Dezember 1977.

51 *Bild*-Zeitung vom 6. Dezember 1977.

52 Jürgen Busche, Sartre erzählt aus der Zelle. Der Auftritt des französischen Philosophen in Stuttgart, in: *Frankfurter Allgemeine Zeitung* vom 6. Dezember 1977; im Tenor ganz ähnlich: Jürgen Offenbach, Der große Philosoph als Werkzeug der Anwälte, *Stuttgarter Nachrichten* vom 5. Dezember 1974.

53 Fn. 5, Bl. 28–33 Unterlagen über Vorbereitungen und Hintergründe des Gesprächs SARTRE/BAADER am 4. 12. 1974 (BAADER/RASPE/MEINHOF-Mat.), hier: Bl. 32.

54 *Stuttgarter Zeitung* vom 12. Dezember 1974.

55 Zitiert in: August Graf Kageneck, Der einsame Sartre und die machthungrigen Deutschen, *Die Welt* vom 11. Februar 1977.

56 *Der Spiegel* vom 9. Dezember 1974, 28. Jg., Nr. 50, S. 27.

57 Kurt Oesterle, Stammheim. Die Geschichte des Vollzugsbeamten Horst Bubeck, Tübingen 2003, S. 98.

58 Ebenda, S. 116.

59 Ebenda, S. 56.

60 Fn. 5, »Info I« vom 15. 8. 1974 (Baader-Mat. Pos. 7–20), Bl. 3–14, hier: Bl. 4.

61 Zitiert nach: Jan Feddersen, Erich Fromm. Die Kunst der Abfuhr, *die tageszeitung* vom 10. September 2007.

62 Ortrud Gutjahr (Hg.), »Ulrike Maria Stuart« von Elfriede Jelinek, Würzburg 2007.

63 Kristin Wesemann, Ulrike Meinhof. Kommunistin, Journalistin, Terroristin – eine politische Biographie, Baden-Baden 2007; Jutta Ditfurth, Ulrike Meinhof. Die Biographie, Berlin 2007.

64 Vgl. Hubertus Knabe, Die unterwanderte Republik, Berlin 1999, S. 80ff.

65 »Ich habe genug angestellt« OPEC-Terrorist Hans-Joachim Klein enthüllt Attentatspläne, in: *Der Spiegel* vom 9. Mai 1977, 31. Jg., Nr. 20, S. 33/34.

66 Hans-Joachim Klein, Rückkehr in die Menschlichkeit. Appell eines ausgestiegenen Terroristen, Reinbek 1979.

67 Jean Marcel Bougeaureau, 1974 Begegnung Sartre – Baader in Stammheim, in: *Pflasterstrand*-Sondernummer zum Tode Sartres, Mai 1980, S. 36.

68 Annie Cohen-Solal, Sartre. 1905–1980, Reinbek 1988, S. 759.

69 Vgl. Bernard-Henri Lévy, Sartre. Der Philosoph des 20. Jahrhunderts, München 2005, S. 432f.

70 Hans Egon Holthusen, Sartre in Stammheim. Zwei Themen aus den Jahren der großen Turbulenz, Stuttgart 1982.

71 Ebenda, S. 173.

72 Ebenda, S. 175.

73 Hans Egon Holthusen, Der unbehauste Mensch. Motive und Probleme der modernen Literatur, München 1952.

3. Faktoren

1 Frauen im Untergrund: »Etwas Irrationales«, *Der Spiegel* vom 8. August 1977, 31. Jg., Nr. 33, S. 22–33; hier: S. 22. Wie sich später herausstellte, waren an der Aktion zwar zwei Frauen beteiligt, darunter neben Albrecht die Todesschützin Mohnhaupt, in der Mehrzahl waren es mit Christian Klar, Peter-Jürgen Boock und Willy-Peter Stoll jedoch drei männliche Mitglieder, die das RAF-Kommando rein numerisch betrachtet dominierten.

2 *Bild*-Zeitung vom 15. Februar 1971.

3 *Bild am Sonntag* vom 14. August 1977.

4 *Bild am Sonntag* vom 25. Juni 1972.

5 *Bild am Sonntag* vom 21. Oktober 1973.

6 Wie sich dann aber herausstellt, sind beide vollständig bekleidet gewesen; sie hatten lediglich ihre Decken bis zum Hals hochgezogen. *Bild*-Zeitung vom 11. August 1977.

7 Entsprechend eindeutig soll sich die RAF-Angehörige Ingrid Schubert über Baader geäußert haben: »Seine Stärke bestand in seiner sexuellen Anziehungskraft auf die ›Damen‹ und kam erst nachts voll zur Geltung. Sie sahen (und hörten, vor allem), nicht ohne Neid, wie Andreas Baader ›mehrmals in der Nacht die Grete zu orgiastischen Schreien brachte‹ (Schubert). ›Grete‹ war der Deckname für Gudrun Ensslin.« *Bild*-Zeitung vom 12. Juni 1972.

8 Der Artikel beginnt mit einer Assoziationskette: »Handgranaten, Gummimatratze, Terror, Pfarrerstochter, Sex, Philosophiestudium, Tellerminen … Beziehungsloser Wirrwarr? Nein. Der Stoff, aus dem die Termädchen sind.« *Bild*-Zeitung vom 6. Februar 1974.

9 *Frankfurter Allgemeine Zeitung* vom 24. November 1972.

10 Die Bildunterschrift lautet: »Szenen aus dem Leben einer Terroristin: Pfarrerstochter Gudrun Ensslin als nackte Darstellerin in einem Pornofilm.« *Bild*-Zeitung vom 6. Februar 1974. Dieses Motiv hatte die Illustrierte *Quick* bereits zwei Jahre zuvor unter Verwendung desselben Fotos auszuschlachten versucht. Vgl. Die Braut der Gewalt/Das verpfuschte Leben der Gudrun Ensslin, *Quick* vom 21. Juni 1972, Nr. 26, S. 16–20.

11 So der aus Rinteln stammende und später als Psychotherapeut in Osterholz-Scharmbeck tätige Dr. Wilfried Dogs in der *Bild*-Zeitung vom 6. Februar 1974. Er geht so weit, die RAF-Frauen mit einer angeblichen KZ-Leiterin zu vergleichen: »Dass Frauen in dieser Situation die Führung übernehmen, ist wissenschaftlich erklärbar. Sie sind für diese Sexübersteigerung weit anfälliger als Männer – entsprechend auch viel grausamer und konsequenter. Denken Sie nur an die KZ-Kommandeuse Ilse Koch und ihre scheußlichen Verbrechen […]« Ebenda. Ilse Koch war die Frau von Karl Otto Koch, dem Kommandanten des Konzentrationslagers Buchenwald. Wegen ihrer Grausamkeit Häftlingen gegenüber wurde sie als »Hexe von Buchenwald« bezeichnet. 1951 wurde sie in Augsburg wegen Anstiftung zum Mord und schwerer körperlicher Misshandlung zu einer lebenslangen Haftstrafe verurteilt. Sie erhängte sich 1967 in ihrer Gefängniszelle.

12 »Wenn wir Männer schlapp wurden, zogen Ulrike und die anderen Mädchen uns ins Bett.« Ebenda.

13 Hans Ilg-Moser, Pfarrerstochter als Feuerteufel vor Gericht, *Quick* vom 30. Oktober 1968, Nr. 40, S. 100.

14 *Quick* vom 28. Juni 1972, Nr. 27, Titelseite.

15 Die Saat der nackten Gewalt, *Quick* vom 5. Juli 1972, Nr. 28, S. 72–77; hier: S. 72/73.

16 Wo sich Sex und Terror trafen, *Quick* vom 12. Juli 1972, Nr. 29, S. 70–73; hier: S. 70.

17 Wer nicht mit uns ist, der wird abgeknallt, *Quick* vom 19. Juli 1972, Nr. 30, S. 64–67; hier: S. 64.

18 Die mörderischen Mädchen/Der feige Mord an Jürgen Ponto, *Quick* vom 4. August 1977, Nr. 33, S. 74–77.

19 Auf Ponto zuerst geschossen hatte Christian Klar mit einem Colt, dann zückte Mohnhaupt eine Pistole und gab fünf Schüsse ab, von denen mindestens zwei tödlich gewesen sein sollen. Vgl. Butz Peters, 1977. RAF gegen Bundesrepublik, München 2017, S. 258.

20 Brigitte Mohnhaupt: Die neue Chefin des Terrors, *Quick* vom 8. Dezember 1977, Nr. 51, S. 14–22.

21 Günther Nollau, *Der Spiegel* vom Februar 1971, 25. Jg., Nr. 9, S. 26./Oder: *Der Spiegel* vom 12. Juli 1976, 30. Jg., Nr. 29, S. 17–26.

22 Christina Thürmer-Rohr, Erfahrungen mit Gewalt, in: Susanne von Paczensky (Hg.), Frauen und Terror. Versuche, die Beteiligung von Frauen an Gewalttaten zu erklären, Reinbek 1978, S. 87–97; hier: S. 95.

23 Werner Jubelius, Frauen und Terror – Erklärungen, Scheinerklärungen, Diffamierungen, *Kriminalistik – Zeitschrift für die gesamte kriminalistische Wissenschaft und Praxis*, 35. Jg., Heft 6/1981, S. 247–255; hier insbesondere der Abschnitt »Feminismus und Terrorismus«: S. 252/253.

24 »Zu viele Gräber sind auf meinem Weg«, *Stern* vom 23. November 1978, Heft 48, S. 26.

25 Zitiert nach: Tanja Stelzer, Die

Waffen der Frauen. Warum zur RAF erstaunlich viele Frauen gehörten. Begegnungen mit drei Terroristinnen, *Die Zeit* vom 27. September 2007, Nr. 40, S. 36–44; hier: S. 43.

26 Zitiert nach: Ute Kätzel, »Die Mädchen fielen aus ihrer Rolle«, *die tageszeitung* vom 25. Oktober 1997.

27 »Man kann nur zurückbrüllen« Beate Sturm über ihre Erfahrungen in der Baader/Meinhof-Gruppe, *Der Spiegel* vom 7. Februar 1972, 26. Jg., Nr. 7, S. 57–63; hier: S. 63.

28 Ebenda, S. 62.

29 Ebenda.

30 Dagegen spricht, dass ein Kriminalpsychologe schon in der Frühzeit der Weimarer Republik festgestellt hatte: »... die Erfahrung lehrt, dass die Frau in Revolutionen den Mann an Entschlossenheit in der Regel übertrifft.« Hans von Hentig, Die revolutionäre Frau, *Schweizerische Zeitschrift für Strafrecht* 26, 1923, S. 29 f.

31 Der Baader-Meinhof-Report. Dokumente – Analysen – Zusammenhänge, Mainz 1972, S. 38.

32 Als derjenige, der maskiert in den Lesesaal der Bibliothek stürmte, mehrere Schüsse abgab und dabei den Institutsangestellten Georg Linke lebensgefährlich verletzte, gilt ein damals 30-jähriges RAF-Mitglied.

33 »In addition to the leading role of Ulrike Meinhof in founding the Baader-Meinhof group, nearly 60 percent of that organization and Movement Two June personnel at large as of August 1976 were women.« Charles A. Russell/Bowman H. Miller, Profile of a Terrorist, Terrorism, Bd. 1/1977, Nr. 1, S. 17–34; hier: S. 22 f.

34 Zur Schwierigkeit, bezüglich der in der RAF und der *Bewegung 2. Juni* herrschenden Geschlechterverhältnisse genauere Zahlenverhältnisse zu ermitteln, vgl. Gisela Diewald-Kerkmann, Frauen, Terrorismus und Justiz. Prozesse gegen weibliche Mitglieder der RAF und der Bewegung 2. Juni, Düsseldorf 2009, S. 51–69.

35 Hans-Josef Horchem, Stadt-Guerilla in Deutschland – Wurzeln und Chancen, in: Rudolf Wassermann (Hg.), Terrorismus contra Rechtsstaat, Neuwied 1976, S. 72–123; hier: S. 93.

36 »Wir fühlten uns einfach stärker« *Spiegel*-Redakteurin Marion Schreiber über Frauen in der Terrorszene, *Der Spiegel* vom 11. Mai 1981, 35. Jg., Nr. 20, S. 82–108; hier: S. 82.

37 Werner Jubelius, Frauen und Terror – Erklärungen, Scheinerklärungen, Diffamierungen, *Kriminalistik – Zeitschrift für die gesamte kriminalistische Wissenschaft und Praxis*, 35. Jg., Heft 6/1981, S. 247–255; hier: S. 247.

38 Frauen im Untergrund: »Etwas Irrationales«, *Der Spiegel* vom 8. August 1977, 31. Jg., Nr. 33, S. 22–33; hier: S. 25.

39 »Je länger der strapaziöse Flug dauert, desto mehr entpuppt sich die Apothekertochter aus Schwelm als die ›Zähere, Widerstandsfähigere‹ (Albertz). Während die anderen nach den hinter ihnen liegenden durchwachten Nächten, nach dem zehnstündigen Flug vor Müdigkeit nicht mehr ansprechbar sind, formuliert Frau Siepmann in englischer Sprache eine Botschaft an die jemenitische Regierung. Sie kündigt sich und ihre Begleiter in Aden als Stadtguerilla im internationalen Kampf gegen den Imperialismus an.« »Wir fühlten uns einfach stärker« *Spiegel*-Redakteurin Marion Schreiber über Frauen in der Terrorszene, *Der Spiegel* vom 11. Mai 1981, 35. Jg., Nr. 20, S. 82–108; hier: S. 82.

40 Vgl. Butz Peters, 1977. RAF gegen Bundesrepublik, München 2017, S. 226.

41 Vgl. Sven Felix Kellerhoff, Kaum war sie frei, übernahm sie das Kommando, *Die Welt* vom 8. Februar 2017.

42 Eileen MacDonald, Shoot the Women First, London 1991. In dem Band werden Terroristinnen der ETA, der IRA und der *Roten Brigaden* porträtiert, unter anderem die Flugzeugentführerin Leila Khaled, die prominenteste Frau der PFLP.

43 Eileen MacDonald, »Erschießt zuerst die Frauen!« Die weibliche Seite des Terrorismus, Stuttgart 1992; gleichnamige Taschenbuchausgabe München 1994.

44 Ebenda, S. 265. An anderer Stelle wird Lochtes Aussage noch pointierter, in einem zynischeren Sinne zitiert. Im selben Band heißt es auf S. 12: »Für jeden, dem sein Leben lieb ist, ist es eine ausgesprochen gute Idee, sich die Frauen zuerst vorzunehmen. Meiner Erfahrung nach haben Terroristinnen einen stärkeren Charakter, mehr Durchsetzungskraft, mehr Energie. Es gibt Beispiele dafür, dass Männer einen Moment zögerten, ehe sie schossen, während Frauen sofort abdrückten.«

45 Lieselotte Süllwold, Stationen in der Entwicklung von Terroristen. Psychologische Aspekte biographischer Daten, in: Herbert Jäger/Gerhard Schmidtchen/Lieselotte Süllwold, Lebenslaufanalysen, Band 2 der vom Bundesministerium des Inneren herausgegebenen Analysen zum Terrorismus, Opladen 1981, S. 79–116, hier: S. 110.

46 Vgl. Stefan Aust, Der Baader Meinhof Komplex, Hamburg 2008, S. 192–197.

47 Mündliche Information von Gretchen Dutschke 1991 in Hamburg.

48 So litten sowohl Ulrike Meinhof als auch Gudrun Ensslin in unterschiedlichen Phasen und Intensitäten an dieser Situation. Von Letzterer finden sich auch einige, zuweilen bizarr anmutende Zeugnisse in Briefen, die an ihre ältere Schwester Christiane gerichtetet sind. So schrieb sie etwa am 28. Juli 1972: »Felix ist kein RAF-Mitglied, Felix ist mein Sohn; weißt Du was von ihm?« Gudrun Ensslin, »Zieht den Trennungsstrich, jede Minute«. Briefe an ihre Schwester Christiane und ihren Bruder Gottfried aus dem Gefängnis 1972–1973, hrsg. von Christiane Ensslin und Gottlieb Ensslin, Hamburg 2005, S. 37.

49 »Es muss vielmehr von einem komplexen Bedingungsgeflecht ausgegangen werden, dessen verschiedene Elemente in jedem Einzelfall unterschiedliche Bedeutung und Gewichtung erlangen können.« Vorwort des Herausgebers, in: Iring Fetscher/Günter Rohrmoser, unter Mitarbeit von Jörg Fröhlich, Hannelore Ludwig und Herfried Münkler, Ideologien und Strategien, Analysen zum Terrorismus, Bd. 1, hrsg. vom Bundesministerium des Innern, Opladen 1981, S. 6.

50 Vgl. in diesem Zusammenhang die auf soziale Bewegungen bezogene und daher nur bedingt auf terroristische Gruppierungen übertragbare Argumentation: Sidney Tarrow, Kollektives Handeln und politische Gelegenheitsstruktur in Mobilisierungswellen. Theoretische Perspektiven, in: *Kölner Zeitschrift für Soziologie und*

Sozialpsychologie, 44. Jg., Heft 4/1991, S. 647–670.

51 Friedhelm Neithardt, Soziale Bedingungen terroristischen Handelns. Das Beispiel der »Baader-Meinhof-Gruppe« (RAF), in: Wanda von Baeyer-Katte/Dieter Claessens/Hubert Feger/Friedhelm Neithardt, Gruppenprozesse, Band 3 der vom Bundesministerium des Inneren herausgegebenen Analysen zum Terrorismus, Opladen 1982, S. 318–391.

52 Frauen im Untergrund: »Etwas Irrationales«, *Der Spiegel* vom 8. August 1977, 31. Jg., Nr. 33, S. 22–33; hier: S. 22.

53 »Wir fühlten uns einfach stärker« *Spiegel*-Redakteurin Marion Schreiber über Frauen in der Terrorszene, *Der Spiegel* vom 11. Mai 1981, 35. Jg., Nr. 20, S. 82–108; hier: S. 87.

54 Gerhard Schmidtchen, Terroristische Karrieren. Soziologische Analyse anhand von Fahndungsunterlagen und Prozessakten, in: Herbert Jäger/Gerhard Schmidtchen/Liselotte Süllwold, Lebenslaufanalysen, Analysen zum Terrorismus, Bd. 2, hrsg. vom Bundesministerium des Innern, Opladen1981, S. 21.

55 Ebenda, S. 98.

56 Zitiert nach: Rolf Zundel, Die Wege zur Gewalt. Kernfrage eines Problems: Wie ist der Terrorismus entstanden? Wie lässt er sich bekämpfen?, *Die Zeit* vom 9. Juni 1978.

57 Der mit dem weiblichen Geschlecht konnotierte Begriff der Hysterie gilt inzwischen nicht nur als antiquiert, sondern auch wegen seiner unbestreitbar pejorativen Implikationen als problematisch. Gleichwohl trifft er von allen Charakterisierungsversuchen den geschilderten Sachverhalt am besten. Mit dem Terminus war ja in der Psychiatrie des 19. Jahrhunderts eine übersteigerte Form der Affektivität gemeint, in der Suche nach Anerkennung, Geltungsbedürfnis und Ich-Bezogenheit zum Vorschein kamen. Und genau um diese Merkmale geht es.

58 Die Bezeichnung stammt von dem später aus der RAF ausgeschlossenen Mitbegründer Horst Mahler.

59 Horst Mahler/Franz Schönhuber, Schluss mit dem deutschen Selbsthass. Plädoyers für ein anderes Deutschland, Berg am Starnberger See 2000, S. 108f.

60 Gebündelt zu sehen in dem von dem französischen Regisseur Jean-Gabriel Périot gedrehten und 2015 in die Kinos gekommenen Dokumentarfilm *Une Jeunesse Allemande – Eine deutsche Jugend.*

61 »Wir fühlten uns einfach stärker« *Spiegel*-Redakteurin Marion Schreiber über Frauen in der Terrorszene, *Der Spiegel* vom 11. Mai 1981, 35. Jg., Nr. 20, S. 82–108; hier: S. 103.

62 Frauen im Untergrund: »Etwas Irrationales«, *Der Spiegel* vom 8. August 1977, 31. Jg., Nr. 33, S. 22–33; hier: S. 26.

63 Der Kassiber wird erstmals, wenn auch mit zahlreichen Schwärzungen, in einer Illustrierten abgedruckt: *Stern* vom 25. Juni 1972, Nr. 27, S. 16f. Auszüge finden sich auch in einer Dokumentation: Der Baader-Meinhof-Report. Dokumente – Analysen – Zusammenhänge, Mainz 1972, S. 120–123. Ensslin versucht darin zu rechtfertigen, warum sie nicht von ihrer Schusswaffe Gebrauch gemacht hat und sich stattdessen widerstandslos festnehmen ließ: »Ich hab gepennt, sonst wäre jetzt eine Verkäuferin tot (Geisel), ich und vielleicht zwei Bullen […]«. Ebenda, S. 123.

64 Meinhofs Deckname lautet »Liesel«. In einer der direkt an sie gerichteten Anweisungen heißt es: »Liesel, die Hauptfehlerquelle kann jetzt nur noch sein: dass Ihr den Druck als RAF da zu sein, nicht auflöst. 2 Monate, in denen Ihr nichts tut, als die Struktur reparieren […] wäre schon 1. Schritt, ein guter. Zelte stabilisieren mit größter Mühe und Sorgfalt und Autos abstoßen, ruhig hochgehen lassen, würde ich sagen. Kann sie nur auf falsche Ideen bringen und Du Liesel bleibst im Loch. Dates machen in der Stadt vom Fass und im Sack sitzen. Wirklich. Kohle: 10 000 bei Marlies deponieren, erst dann die vom Dorf aufbrauchen, zuletzt die vom Onkel holen, die liegt da gut.« Ebenda, S. 121f.

65 Vgl. Butz Peters, Tödlicher Irrtum. Die Geschichte der RAF, Berlin 2004, S. 301–304.

66 Bei den zwischen dem 11. und dem 24. Mai 1972 von der RAF in Frankfurt, Augsburg, München, Hamburg und Heidelberg begangenen Anschlägen hatten vier Menschen ihr Leben verloren, mehr als 70 waren außerdem verletzt worden.

67 Da Müller jedoch am 15. Juni zusammen mit Meinhof verhaftet worden ist, kommt es zu keinem der beiden in Auftrag gegebenen Anschläge.

68 Vgl. Das schockiert, *Der Spiegel* vom 28. August 1972, Nr. 36, S. 63f.; Stefan Aust, Der Baader Meinhof Komplex, Hamburg 2008, S. 357f.; Reinhold Michels, Otto Schily. Eine Biographie, Stuttgart/München 2001, S. 75–77; Stefan Reinecke, Otto Schily. Vom RAF-Anwalt zum Innenminister, Hamburg 2003, S. 135–141; Martin Block/Birgit Schulz, Die Anwälte. Ströbele, Mahler, Schily. Eine deutsche Geschichte, Köln 2010, S. 174–176.

69 Block/Schulz, Die Anwälte, S. 176.

70 Vgl. Alfred Klaus/Gabriele Droste, Sie nannten mich Familienbulle: Meine Jahre als Sonderermittler gegen die RAF, Hamburg 2008.

71 Peters, Tödlicher Irrtum, S. 304.

72 Block/Schulz, Die Anwälte, S. 115.

73 Bundeskriminalamt, Abteilung Terrorismus, Vernehmung des Zeugen Gerhard Müller, Hamburg, 29. April 1976, HIS-Archiv, SO 01/011, 003, S. 141. Vgl. Peters, Tödlicher Irrtum, Fn. 84, S. 766.

74 Vgl. Wolfgang Knapp, Der Verteidiger – ein Organ der Rechtspflege?, Dissertation, Köln 1974, S. 140f.

75 Hans Dahs, Handbuch des Strafverteidigers, Köln 2005, S. 6.

76 So etwa in ihrer Ausgabe vom 21. August 1973.

77 Josef Grässle-Münscher, Kriminelle Vereinigung. Von den Burschenschaften bis zur RAF, Hamburg 1991, S. 147.

78 Sympathisanten II. Terroristen-Anwälte, *Der Spiegel* vom 10. Oktober 1977, 31. Jg., Nr. 42, Cover.

79 Heinrich Hannover, Verteidigung als Menschenrecht, in: 3. Internationales Russell-Tribunal. Zur Situation der Menschenrechte in der Bundesrepublik Deutschland, Bd. 4, Gutachten, Dokumente, Verhandlungen der 2. Sitzungsperiode/Teil 2: Einschränkung von Verteidigungsrechten, Verfassungsschutz, hrsg. von der Jury, dem deutschen Beirat und dem Sekretariat des 3. Internationalen Russell-Tribunals, West-Berlin 1979, S. 9–31; Sebastian Cobler, Strafprozess und Staatsraison. Untersuchung am Beispiel der §§ 231 a StPO, 129, 129a StGB und des Kontaktsperregesetzes, ebenda, S. 32–52.

80 Schlussfolgerungen der Jury, ebenda, S. 177.

81 Ebenda.

82 Nehm, Rolle der Anwälte aufarbeiten, *Stuttgarter Nachrichten* vom 29. Oktober 2007.

83 Das war ganz offensichtlich ein Seitenhieb auf Otto Schily, der während der Zeit der rot-grünen Bundesregierung das Amt des Bundesinnenministers wahrgenommen hatte. Nehm schien ihm damit implizit unterstellen zu wollen, dass er seinen Einfluss geltend gemacht hätte oder noch habe, entsprechende Forschungen zu verhindern.

84 Vgl. Kurt Groenewold, Der RAF-Prozess. Öffentlichkeit und Justiz aus der Sicht der Strafverteidiger, in: Volker Friedrich Drecktrah (Hg.), Die RAF und die Justiz. Nachwirkungen des »Deutschen Herbstes«, München 2010, S. 105–138; hier insbesondere: S. 112–127.

85 Zu diesem Eindruck gelangte auch einer seiner Biographen: »Was einmal als richtig erkannt wurde, wird bewahrt, geschützt und bis an die Grenze des Starrsinns verteidigt.« Stefan Reinecke, Ströbele. Die Biografie, München/Berlin, S. 213.

86 *http://www.stroebele-online.de/dokumente/1021.html,* abgerufen am 23. März 2017.

87 Klaus Croissant/Kurt Groenewold/Ulrich K. Preuß/Otto Schily/Christian Ströbele, Politische Prozesse ohne Verteidigung?, hrsg. von Wolfgang Dreßen, West-Berlin 1976.

88 Frank Rühmann, Anwaltsverfolgung in der Bundesrepublik 1971–1976, Hamburg 1977.

89 Heinrich Hannover, Die Republik vor Gericht 1954–1974. Erinnerungen eines unbequemen Rechtsanwalts, Berlin 1998; ders., Die Republik vor Gericht 1975–1995. Erinnerungen eines unbequemen Rechtsanwalts, Berlin 1999.

90 Stefan Reinecke, Otto Schily. Vom Rechtsanwalt zum Innenminister, Hamburg 2003.

91 Stefan Reinecke, Ströbele. Die Biografie, München/Berlin 2016.

92 Peter O. Chotjewitz, Mein Freund Klaus, Berlin 2007.

93 Hellmut Brunn/Thomas Kirn, Rechtsanwälte – Linksanwälte, Frankfurt am Main 2004.

94 Gisela Diewald-Kerkmann, Frauen, Terrorismus und Justiz. Prozesse gegen weibliche Mitglieder der RAF und der Bewegung 2. Juni, Düsseldorf 2009.

95 Gisela Diewald-Kerkmann/Ingrid Holtey (Hg.), Zwischen den Fronten. Verteidiger, Richter und Bundesanwälte im Spannungsfeld von Justiz, Politik, APO und RAF, Berlin 2013.

96 Andreas Mehlich, Der Verteidiger in den Strafprozessen gegen die Rote Armee Fraktion: Politische Justiz und politische Strafverteidigung im Lichte der Freiheit der Advokatur, Berlin 2012.

97 Vgl. Sven Felix Kellerhoff, Anwälte, die Sprengstoff zu Terroristen trugen, *Die Welt* vom 13. August 2012.

98 Pieter H. Bakker Schut (Hg.), das info. Briefe der Gefangenen aus der RAF 1973–1977, Kiel 1997.

99 Karl-Heinz Weidenhammer, Selbstmord oder Mord? Das Todesermittlungsverfahren: Baader, Ensslin, Raspe, Kiel 1994.

100 So etwa Otto Schily, als er seine Ablehnung an einem vom Autor herausgegebenen umfangreichen wissenschaftlichen Sammelwerk mitzuwirken, im Jahr 2006 mit Mandantenschutz begründet.

101 Vgl. dazu auch die an den Film angelehnte und von der Regisseurin zusammen mit einem Co-Autor verfasste Monographie: Martin Block/Birgit Schulz, Die Anwälte. Ströbele, Mahler, Schily. Eine deutsche Geschichte, Köln 2010.

102 Diewald-Kerkmann/Holtey (Hg.), Zwischen den Fronten, ebenda, S. 271.

103 Zu seinem wechselhaften Lebenslauf vgl.: Michael Fischer, Horst Mahler. Biographische Studie zu Antisemitismus, Antiamerikanismus und Versuchen deutscher Schuldabwehr, Dissertation am Karlsruher Institut für Technologie (KIT), Fakultät für Geistes- und Sozialwissenschaften, Karlsruhe 2015.

104 Zu dessen Geschichte vgl.: Klaus Eschen, Das Sozialistische Anwaltskollektiv, in: Wolfgang Kraushaar (Hg.), Die RAF und der linke Terrorismus, Bd. 2, Hamburg 2006, S. 957–972.

105 »Wir hatten guten Kontakt zu ihm. […] Er war uns hinsichtlich unserer äußeren Lebensumstände behilflich, denn wir lebten die meiste Zeit versteckt und kamen uns schon ganz komisch vor, wenn wir einmal auf die Straße gingen. Mahler gab uns öfter Geld, auch größere Summen […] Mahler war über unsere Tätigkeit hinreichend informiert. Er hat auch oft mit unseren Leuten gesprochen, war aber immer vorsichtig. So stellte er z.B. das Radio immer besonders laut, wenn ich bei ihm war, weil er Angst hatte, dass die Gespräche abgehört werden.« HIS-Archiv, Vernehmung Annekatrin Bruhn, Amtsgericht Tiergarten, Vernehmung am 18. 11. 1970 im Polizeipräsidium Berlin 42, Tempelhofer Damm 1–7, S. 4.

106 Vgl. Dieter Kunzelmann, Leisten Sie keinen Widerstand, Berlin 1998, S. 127f. Vgl. auch: Stefan Aust, Der Baader-Meinhof Komplex, München 1989, S. 89f.

107 Wie recht er mit dieser Einschätzung hatte, sollte sich nur allzu bald zeigen. Denn bereits im Juni 1970 wurde in der bayerischen Landeshauptstadt mit Fritz Teufel der Kopf der *Tupamaros München* (TM) und einen Monat später am Flughafen Tempelhof mit Kunzelmann der Kopf ihrer Berliner Schwesterorganisation verhaftet. Allerdings dürfte Mahler nicht damit gerechnet haben, dass ihm kein besseres Schicksal beschieden und er nur drei Monate später auch selbst der Polizei in die Hände fallen würde.

108 Horst Mahler/Franz Schönhuber, Schluss mit dem deutschen Selbsthass. Plädoyers für ein anderes Deutschland, Berg am Starnberger See 2000, S. 105f.

109 Der Leumund Gerhard Müllers ist nicht unumstritten. Denn zunächst hatte er als der Hauptverdächtige im Falle des am 22. Oktober 1971 in Hamburg von der RAF erschossenen Polizisten Norbert Schmid gegolten. (Zu den Einzelheiten: Peters, Tödlicher Irrtum, S. 254–256.) Mit Margrit Schiller, die zusammen mit Müller und Ulrike Meinhof in die damalige Situation verwickelt war, erklärte ein anderes ehemaliges RAF-Mitglied als Zeugin vor dem Oberlandesgericht Stuttgart: »Ich habe gesehen, wie Müller auf Schmid geschossen hat.« *(Frankfurter Allgemeine Zeitung* vom 31. Juli 1976) Auch die Bundesanwaltschaft ging, wie die Anklageschrift gegen Baader u.a. vom 26. September 1974 ausweist, zunächst davon aus, dass Müller der Todesschütze gewesen sei. Dieser Vorwurf wurde jedoch ohne eine Begründung fallengelassen. Das Landgericht Hamburg wollte später jedenfalls »keine hinreichende Bestätigung« der Verdachtsmomente mehr erkennen und verurteilte ihn am 16. März 1976 wegen Mitgliedschaft in einer kriminellen Vereinigung, Beihilfe zum Mord und verschiedenen anderen Delikten zu einer zehnjährigen Gefängnisstrafe. Die Ermordung des Hamburger Polizeibeamten blieb ungesühnt.

110 Bundeskriminalamt, Abteilung Terrorismus, Vernehmung des Zeugen Gerhard Müller, Hamburg, 12. – 24. April 1976, HIS-Archiv, SO 01/011, 003, S. 98.

111 Vernehmung Müller, ebenda, S. 100–109.

112 Dazu zählten: Andreas Baader, Gudrun Ensslin, Jan-Carl Raspe, Ulrike Meinhof, Holger Meins, Manfred Grashof, Irmgard Möller, Ilse Stachowiak, Gerhard Müller, Bernhard Braun, Klaus Jünschke, Wolfgang Grundmann, Ronald Augustin, Heinrich »Ali« Jansen, Carmen Roll, Christa Eckes, Brigitte Mohnhaupt, Ingrid Schubert, Brigitte Asdonk, Monika Berberich, Irene Goergens, Werner Hoppe, Eberhard Becker, Margrit Schiller, Henning Beer, Helmut Pohl, Kay-Werner Allnach, Siegfried Hausner und anfangs auch Horst Mahler.

113 Dazu zählten: Ingrid »Ina« Siepmann, Verena Becker, Ulrich Luther, Wolfgang Quante, Ekkehard Blenk, Rolf Heissler, Axel Achterrath, Wolfgang Huber, Gabriele Kröcher-Tiedemann u.a.

114 Reinecke, Ströbele. Die Biografie, S. 163f.

115 Vernehmung von Volker Speitel durch den Richter am Bundesgerichtshof, Horst Kuhn, und Oberstaatsanwalt Joachim Lampe am 4. Januar 1978 in Karlsruhe, 1 BJs 110/77, II BGs 7/78, S. 7.

116 Bundeskriminalamt, Abteilung Terrorismus, Vernehmung des Zeugen Gerhard Müller, Hamburg, 12., 20. und 23. April 1976, HIS-Archiv, SO 01/011, 003, S. 94, 101, 106 und 108. Sartre hatte am 4. Dezember 1974 Andreas Baader in Stuttgart-Stammheim besucht, um sich vor Ort nach dessen Haftbedingungen zu erkundigen.

117 Im Zentrum eines Faltblatts, in dem die Vernetzung von RAF-Mitgliedern durch eine Grafik sichtbar gemacht wird, steht das »Büro Croissant«. Bundeskriminalamt, Erkenntnisse über Zusammenhänge von Personen und Ereignissen (Stand Nov. 1977), HIS-Archiv.

118 Aufgelöst und hilflos, *Der Spiegel* vom 21. September 1992, 46. Jg., Nr. 39, S. 15–38; hier: S. 38.

119 Vernehmung Müller, ebenda, S. 130.

120 Ebenda.

121 Bundeskriminalamt – TE 13, Bericht über die Auswertung schriftlichen Beweismaterials, das am 23. Juni 1975 in der Wohnung und Praxis des RA STRÖBELE bzw. bei den RAen

ESCHEN und SPANGENBERG gefunden worden ist, Bonn-Bad Godesberg, 14. Mai 1976, HIS-Archiv, KOK 04/005, HIS-Archiv, S. 1–36; hier: S. 6.

122 Vernehmung Müller, ebenda, S. 105.

123 Beitrag aus ZDF-Magazin am 4. Januar 1978, S. 1–3, hier: S. 1, (Wortprotokoll des von Gerhard Löwenthal mit Ernst Martin geführten Interviews), HIS-Archiv.

124 Vernehmung Müller, ebenda, S. 98, S. 135.

125 Urteil des Hanseatischen Oberlandesgerichts vom 10. Juli 1977 [muss heißen: 1978, d. Verf.] (gegen Rechtsanwalt Kurt Groenewold), *Kritische Justiz*, 12. Jg., Heft 1/1979, S. 80–85.

126 Vgl. Bundeskriminalamt – TE 13, Bericht über die Auswertung schriftlichen Beweismaterials, das am 23. Juni 1975 in der Wohnung und Praxis des RA STRÖBELE bzw. bei den RAen ESCHEN und SPANGENBERG gefunden worden ist, Bonn-Bad Godesberg, 14. Mai 1976, HIS-Archiv, KOK 04/005, HIS-Archiv, S. 1–36.

127 Vgl. Reinecke, Ströbele. Die Biografie, ebenda, S. 205.

128 In Teilen der Presse wurden die gegen Ströbele erhobenen Vorwürfe problematisiert. Vgl. Karl-Heinz Krumm, Neunzehn verdächtige Briefe und eine verwirrte Justiz. Der Fall des Baader-Verteidigers Ströbele, *Frankfurter Rundschau* vom 2. September 1975.

129 Vgl. Croissant auf freiem Fuß, *Der Tagesspiegel* vom 13. August 1975.

130 Vernehmung Müller, ebenda, S. 120.

131 Vernehmung Gerhard Müller, Hamburg, 10. Juni 1975, HIS-Archiv, SO 01/012, 008, S. 3.

132 Funktion der Verteidigung der RAF-Gefangenen, HIS-Archiv, SO 09/004, 004, S. 94.

133 Vernehmung Müller, ebenda, S. 125.

134 Karl Günther Barth, »Ein Schwein nach dem anderen umlegen«, *Stern* vom 29. Mai 1980, Nr. 23, S. 120–124, hier: S. 124.

135 TE 13, Bericht/Betr.: Festnahme HAAG/MAYER am 30. November 1976; hier: Sichergestellte Papiere, BN-Bad Godesberg, 12. 12. 1976, S. 22, HIS-Archiv.

136 Ebenda, S. 25.

137 Vernehmung von Volker Speitel durch den Richter am Bundesgerichtshof, Horst Kuhn, und Oberstaatsanwalt Joachim Lampe am 4. Januar 1978 in Karlsruhe, 1 BJs 110/77, II BGs 7/78, S. 15–17, HIS-Archiv.

138 Butz Peters, 1977. RAF gegen Bundesrepublik, München 2017, S. 414.

139 Vernehmung Speitel, ebenda, S. 15.

140 Ebenda, S. 18.

141 Kayhan Özgenc/Olaf Wilkee, Abschlussbericht der Berliner Staatsanwaltschaft: War Horst Mahler Stasi-Spitzel?, *Bild*-Zeitung vom 31. Juli 2011.

142 BStU, Akte 17489/64.

143 Vgl. Jochen Staadt, Eine deutsche Waffenbrüderschaft, *Frankfurter Allgemeine Zeitung* vom 4. Oktober 2007.

144 Malte Herwig, Zwei links, zwei rechts, *Zeit-Magazin* vom 11. August 2011.

145 Vgl. Hubertus Knabe, Die unterwanderte Republik. Stasi im Westen, Berlin 1999, S. 79–88.

146 Vgl. Cornelia von Wrangel, Der aus der Reihe tanzt, *Frankfurter Allgemeine Zeitung* vom 3. November 2013.

147 Seine gegen den Anführer des realpolitischen Flügels und damaligen Bundesaußenminister gerichtete Parole lautete: »Ströbele wählen heißt Fischer quälen.«

148 Vgl. Dunkle Kapitel der bundesdeutschen Justiz. Zur Geschichte der RAF, *http://www.stroebele-online.de/dokumente/1021.html.*

149 Brief von RA Klaus Eschen an Dieter Kunzelmann, 1. August 1970, HIS-Archiv, SAK 270, 01, 01.

150 Vernehmung Müller, ebenda, S. 114.

151 Vernehmung Gerhard Müller, Hamburg, 10. Juni 1975, HIS-Archiv, SO 01/012, 008, S. 7.

152 Vernehmung Speitel, ebenda, S. 14.

153 Vgl. Thomas Holl, Baaders Bevollmächtigte, *Frankfurter Allgemeine Zeitung* vom 11. Februar 2007.

154 Otto Schily, Aktuelle Probleme des Verteidigers in Prozessen mit politischem Hintergrund, Freiburger Akademiearbeiten 1979–1989, hrsg. von Dietmar Bader, München 1989, S. 124–137; hier: S. 127.

155 Ebenda, S. 129.

156 Ebenda, S. 131.

157 Ebenda, S. 132.

158 Funktion der Verteidigung der RAF-Gefangenen, HIS-Archiv, SO 09/004, 004, S. 77.

159 »Ich habe besprochen: nicht rausschmiss der rattenfraktion, sondern austrocknen. Aber der unverschämte fetzen von stroe gestern beweist, dass rausschmiss richtig ist – sogar notwendig.« Ebenda, S. 92.

160 Ebenda.

161 Block/Schulz, Die Anwälte, S. 176.

162 Urteil des Landgerichts Frankfurt (»Brandstifterurteil«) vom 31. Oktober 1968, in: Reinhard Rauball (Red.), Die Baader-Meinhof-Gruppe, Aktuelle Dokumente, hrsg. von Ingo von Münch, West-Berlin/New York 1972, S. 207.

163 Der Baader-Meinhof-Report. Dokumente – Analysen – Zusammenhänge, Mainz 1972, S. 20.

164 Zitiert nach: Stefan Aust, Der Baader-Meinhof-Komplex, Hamburg 1997, S. 78.

165 Vgl. Lothar Voigt, Aktivismus und moralischer Rigorismus. Die politische Romantik der 68er Studentenbewegung, Wiesbaden 1991.

166 Eschatologisches Programm, in: *Unverbindliche Richtlinien 1*, hrsg. von Christofer Baldeney/Rodolphe Gasché/Dieter Kunzelmann, München 1962, S. 26.

167 Ebenda, S. 27.

168 Rudi Dutschke, Jeder hat sein Leben ganz zu leben. Die Tagebücher 1963–1979, hrsg. von Gretchen Dutschke, Köln 2003, S. 17.

169 Vgl. Gottfried Küenzlen, Der Neue Mensch. Eine Untersuchung zur säkularen Religionsgeschichte der Moderne, Frankfurt am Main 1997.

170 Gerhard Schmidtchen, Terroristische Karrieren. Soziologische Analyse anhand von Fahndungsunterlagen und Prozessakten, in: Herbert Jäger/Gerhard Schmidtchen/Lieselotte Süllwold, Lebenslaufanalysen, Analysen zum Terrorismus, Bd. 2, hrsg. vom Bundesministerium des Innern, Opladen 1981, S. 32.

171 Der Theologe Helmut Gollwitzer, der zu den wichtigsten Mentoren der Studentenbewegung zählte und mit Dutschke eng befreundet war, hatte in einem Vortrag über Vietnam und die Christenheit festgestellt: »Nicht neue Worte, sondern nur neue Taten geben der christlichen Verkündigung neue Relevanz.«

172 Ebenda.

173 Im »Pfaffenspiegel« heißt es über die kaum zu bändigende Religiosität der heiligen Therese: »Schon als Kind wurde sie von der Schwärmerei ergriffen und wollte nach Afrika gehen, um dort den Märtyrertod zu finden. Endlich, als sie siebzehn Jahre alt war, hielten es die Eltern nicht mehr aus und brachten sie in das Karmeliterkloster zu Avila. Sie hatte nun bald Erscheinungen aller Art, und als ihr gar einst eine Hostie aus der Hand des Bischofs von selbst in den Mund flog, da war die Heilige fertig. Sie ward endlich Äbtissin eines eigenen Klosters zu Pastrana, und nun konnte sie ihrer Heiligkeit freien Lauf lassen.« Otto von Corvin, Pfaffenspiegel, Erstausgabe 1845, 43. revid. Ausgabe, Schwerte/Ruhr 1996, S. 73.

174 Martin Greiffenhagen (Hg.), Das evangelische Pfarrhaus. Eine Kultur- und Sozialgeschichte, Stuttgart 1984, S. 7f. Vgl. in diesem Zusammenhang auch: Christine Eichel, Das deutsche Pfarrhaus. Hort des Geistes und der Macht, Berlin/Köln 2012.

175 Über den bewaffneten Kampf in Westeuropa, in: ID-Verlag (Hg.), Rote Armee Fraktion. Texte und Materialien zur Geschichte der RAF, Berlin 1997, S. 86.

176 Bereits in seiner 1912 verfassten Abhandlung »Gesetz und Urteil« hat Schmitt, worauf er in seinem 1969 verfassten Vorwort hinwies, den »Rechtswert der Entscheidung als solcher, unabhängig von ihrem materiellen Gerechtigkeitsgehalt« zur »Grundlage einer Untersuchung der Rechtspraxis« gemacht. Carl Schmitt, Gesetz und Urteil. Eine Untersuchung zum Problem der Rechtspraxis, München 1912, 2. Auflage, München 1969.

177 Christian Graf von Krockow, Die Entscheidung. Eine Untersuchung über Ernst Jünger, Carl Schmitt, Martin Heidegger, Stuttgart 1958. Im Vorwort des Autors zur titel- und textidentischen Neuauflage (Frankfurt am Main/New York 1990) weist von Krockow auf den beunruhigenden Sachverhalt hin, dass die Neue Linke Carl Schmitt »allen Ritualen der Distanzierung zum Hohn« für sich entdeckt habe: »Unter vordergründig veränderten Vorzeichen kehrt wieder, was einmal war, und unvermutet gerät damit eine alte Untersuchung, die eigentlich nur das Vergangene aufklären wollte, in die Auseinandersetzungen unserer Tage hinein. Man kann sie als Warnung lesen.« (S. IX)

178 Ernst Jünger, Der Kampf als inneres Erlebnis, Berlin 1922, S. 76.

179 Carl Schmitt, Politische Theologie, München und Leipzig 1922, S. 31. An anderer Stelle heißt es, die reine Entscheidung sei deshalb so wertvoll, »weil es gerade in den wichtigsten Dingen wichtiger ist, dass entschieden werde, als wie entschieden wird«. Ebenda, S. 50.

180 Martin Heidegger, Sein und Zeit, Halle 1927; hier zitiert nach der 11. unveränderten Auflage, Tübingen 1967, S. 295–301.

181 Christian Graf von Krockow, Die Entscheidung, ebenda, S. 76.

182 *Süddeutsche Zeitung* vom 25. Januar 1972.

183 Pieter H. Bakker Schut (Hg.),

das info. Briefe der Gefangenen aus der RAF 1973–1977, Hamburg 1987, S. 184.

184 Birgit Hogefeld, Zur Geschichte der RAF, in: Hans-Jürgen Wirth (Hg.), Hitlers Enkel – oder Kinder der Demokratie? Die 68er-Generation, die RAF und die Fischer-Debatte, Gießen 2001, S. 106.

185 Vgl. Jörg Herrmann, »Unsere Söhne und Töchter«. Protestantismus und RAF-Terrorismus in den 1970er Jahren, in: Wolfgang Kraushaar (Hg.), Die RAF und der linke Terrorismus, Bd. I/II, Hamburg 2006, S. 644–656.

186 »Wir wollten alles und gleichzeitig nichts«: Ex-Terrorist Volker Speitel über seine Erfahrungen in der westdeutschen Stadtguerilla, *Der Spiegel* vom 31. August 1980, 34. Jg., Nr. 33, S. 36.

187 Rote Armee Fraktion, »Wir beenden das Projekt«, in: *jungle world* vom 29. April 1998.

188 Ebenda. Das Originalzitat lautet: »›Ordnung herrscht in Berlin!‹ Ihr stumpfen Schergen! Eure ›Ordnung‹ ist auf Sand gebaut. Die Revolution wird sich morgen schon ›rasselnd wieder in die Höh' richten‹ und zu eurem Schrecken mit Posaunenklang verkünden: Ich war, ich bin, ich werde sein!« Rosa Luxemburg, Die Ordnung herrscht in Berlin, *Die Rote Fahne* vom 14. Januar 1919, in: dies., Gesammelte Werke Bd. 4: August 1914 bis Januar 1919, hrsg. vom Institut für Marxismus-Leninismus beim ZK der SED, Ost-Berlin 1974, S. 538. Zum historischen Kontext vgl. das Kapitel »Ich war, ich bin, ich werde sein« in: Peter Nettl, Rosa Luxemburg, Köln/West-Berlin 1968, S. 699–747.

4. Vergangenheit

1 Vgl. Rossana Rossanda, Über die Dialektik von Kontinuität und Bruch. Zur Kritik revolutionärer Erfahrungen – Italien, Frankreich, Sowjetunion, Polen, China, Chile, Frankfurt am Main 1971.

2 Dan Diner (Hg.), Zivilisationsbruch – Denken nach Auschwitz, Frankfurt am Main 1988.

3 Dan Diner, Erwägungen zu einer Historik des Nationalsozialismus, in: Siegfried Blasche u.a. (Hg), Zerstörung des moralischen Selbstbewußtseins: Chance oder Gefährdung?, Frankfurt am Main 1988, S. 54.

4 Ulrike Meinhof, Dresden, *konkret*, Nr. 3, März 1965, S. 11.

5 So wurde etwa 1955 am zehnten Jahrestag der Bombardierung die Zerstörung Dresdens vom damaligen Oberbürgermeister Walter Waidauer (SED) als Folge eines »anglo-amerikanischen Bombenangriffs« angeprangert.

6 David Irving, Der Untergang Dresdens, München 1964.

7 Pieter H. Bakker Schut (Hg.), das info. Briefe der Gefangenen aus der RAF 1973–1977, S. 21.

8 Peter Jochen Winters, Ulrike Meinhof lässt sich nur die Stichworte geben, in: *Frankfurter Allgemeine Zeitung* vom 15. Dezember 1972.

9 Rote Hilfe West-Berlin (Hg.), Reden und Mitschriften aus dem Mahler-Prozess, West-Berlin 1973, S. 141.

10 Peter Jochen Winters, Ulrike

Meinhof lässt sich nur die Stichworte geben, in: *Frankfurter Allgemeine Zeitung* vom 15. Dezember 1972.

11 Iring Fetscher, Terrorismus und Reaktion, Köln/Frankfurt am Main 1977, S. 38.

12 In dem vom *Spiegel* veröffentlichten Interview erklärte sie: »Wir sagen natürlich, die Bullen sind Schweine, wir sagen, der Typ in Uniform ist ein Schwein, das ist kein Mensch, und so haben wir uns mit ihm auseinander zu setzen. Das heißt, wir haben nicht mit ihm zu reden, und es ist falsch, überhaupt mit diesen Leuten zu reden, und natürlich kann geschossen werden.« *Der Spiegel* vom 15. Juni 1970, 24. Jg., Nr. 25, S. 74f.

13 Tony Judt, Geschichte Europas von 1945 bis zur Gegenwart, München 2006, S. 533.

14 Ute Frevert, Der lange Schatten des Krieges. Tony Judts opulente Geschichte Europas von 1945 bis zur Gegenwart, *Neue Zürcher Zeitung* vom 2. Oktober 2006.

15 Vgl. Wolfgang Kraushaar, Die Bombe im Jüdischen Gemeindehaus, Hamburg 2005.

16 Vgl. Johannes Heil, Königsschutz, Antijudaismus und Judenfeindschaft. Die Beispiele Bamberg, Nürnberg und Rothenburg ob der Tauber, in: Andrea M. Kluxen/Julia Hecht (Hg.), Antijudaismus und Antisemitismus in Franken, Ansbach 2009, S. 33–59, hier: S. 42.

17 Vgl. Eckart Dietzfelbinger, Antisemitismus in Franken im 20. Jahrhundert, in: Andrea M. Kluxen/Julia Hecht (Hg.), Antijudaismus und Antisemitismus in Franken, Ansbach 2009, S. 141–155.

18 Ebenda, S. 154.

19 Das ist auch der Tenor der Erinnerungen von Dr. Rolf Griebel, einem von Böses Mitabiturienten, und seinem Ansbacher Kunstlehrer Rolf Fütterer. Vgl. Oliver Herbst, »Weg in den Terror war nicht vorgezeichnet«, *Fränkische Landeszeitung* vom 2. Juli 2016.

20 *http://kaindenkmal-boese.jimdo.com/* Dieser Website verdanke ich die meisten der zu Böses Schulzeit verwendeten Informationen.

21 Das propagandistische Machwerk stieß in der liberalen Presse auf zum Teil empörte Ablehnung. In der Hamburger Wochenzeitung *Die Zeit* hieß es etwa: »Ein ekelhaftes Dokument amerikanischer Selbstgerechtigkeit: John Wayne inszeniert sich selbst inmitten edler Rangers, die vietnamesische Kinder hätscheln und widerwillig, aber entschlossen unter den heimtückischen Charlies aufräumen, die es in diesem Film nur darauf abgesehen zu haben scheinen, die Kinder der mit den Besatzern sympathisierenden Vietnamesen aufzuschlitzen.« *Die Zeit* vom 6. September 1968.

22 *Frankfurter Rundschau* vom 11. Juni 1969.

23 Vgl. Aktennotiz über die Störung der Vorlesung Professor Adornos »Einführung in dialektisches Denken«, am 12. Juni 1969, Hörsaal V, Theodor W. Adorno-Archiv.

24 Telefonat mit Dr. Michael Schwarz am 14. Juni 2016.

25 Vgl. Urteil des Landgerichts Frankfurt (»Brandstifterurteil«) vom 31. Oktober 1968, in: Reinhard Rauball (Red.), Die Baader-Meinhof-Gruppe, (Aktuelle Dokumente, hrsg. von Ingo von Münch), West-Berlin/New York 1973, S. 167–210.

26 So jedenfalls die Darstellung des Rechtsanwalts und früheren Mitglieds der Gruppe *Revolutionärer Kampf* (RK) Wilhelm Barabas in: Anne Siemens, Durch die Institutionen oder in den Terrorismus: Die Wege von Joschka Fischer, Daniel Cohn-Bendit, Hans-Joachim Klein und Johannes Weinrich, Frankfurt am Main 2006, S. 265.

27 Karl Heinz Bohrer, Nur vier Jahre. März beantragt Vergleich, *Frankfurter Allgemeine Zeitung* vom 28. Oktober 1972.

28 Die Namensgebung soll auf einen Vorschlag des mit Wolff befreundeten Rechtsanwalts und späteren hessischen Justizministers Rupert von Plottnitz zurückgehen. Vorbild war der von dem US-Journalisten Edgar Snow verfasste Band *Roter Stern über China*, in dem die Geschichte von Mao Tsetungs Langem Marsch geschildert wird und den Wolff 1969 im März-Verlag herausgebracht hatte.

29 März-Verlag (Hg.), Das politische Grundwissen des jungen Kommunisten – nach der Ausgabe der Jungendinternationale von 1927, Frankfurt am Main.

30 Zu dessen Geschichte: Martin Klimke, Black Power, die Black-Panther-Solidaritätskomitees und der bewaffnete Kampf, in: Wolfgang Kraushaar (Hg.), Die RAF und der linke Terrorismus, Hamburg 2006.

31 *Agit 883* vom 5. Juni 1970, 2. Jg., Nr. 62, S. 6.

32 In einer der wenigen Porträtbeschreibungen wird ihr Altruismus besonders hervorgehoben: »Brigitte Kuhlmann, 28, Studentin der Pädagogik aus Hannover, in der Anarchisten-Szene als ›unheimlich sensibler Typ‹ bekannt, schrieb Gedichte und sorgte für spastisch Gelähmte, um ›durch eigenes Handeln Elend zu lindern‹. Ihr Credo: ›Wer nicht für die RAF ist, ist für Genscher.‹«Kontakt mit Kadern, *Der Spiegel* vom 5. Januar 1976, 30. Jg., Nr. 1–2, S. 28.

33 Zu seinem Lebenslauf und seiner politischen Sozialisation vgl. vor allem seine autobiographischen Aufzeichnungen: Hans-Joachim Klein, Rückkehr in die Menschlichkeit. Appell eines ausgestiegenen Terroristen, Reinbek 1979; außerdem: Edith Kohn, Hans-Joachim Klein: Mein falsches Leben, *Stern* vom 17. September 1998, 51. Jg., Nr. 39, S. 48–58.

34 In einem 2001 unter dem Titel »Rauchzeichen« veröffentlichten Papier ehemaliger RZ-Mitglieder heißt es: »Bis heute gibt es keinen authentischen Rückblick über die frühen Jahre der RZ. Selbst nicht in der individualisierten Form einer Autobiographie. Diejenigen, die etwas dazu sagen können, sind entweder tot oder schweigen.« Geschichten des Zorns, *jungle world* vom 21. Juni 2001.

35 1979 hat er »wegen der vielen Hausdurchsuchungen« die Stroemfeld Verlag AG in Basel gegründet. So jedenfalls seine eigene Begründung für diesen Schritt (vgl. Willführ, Der Verleger der Unzeitgemäßen). Wolffs Wohn- und Arbeitssitz ist jedoch auch weiterhin die im Frankfurter Westend gelegene Holzhausenstraße 4 geblieben.

36 Schröder erzählt. Folge 13: Moderne Zeiten, MÄRZ Desktop Verlag, o.Jg., S. 43.

37 Ebenda.

38 Vgl. Magdalena Kopp, Die Terrorjahre. Mein Leben an der Seite von Carlos, Stuttgart 2007, S. 66.

39 Vgl. den Reisebericht, den der Verleger zwei Jahre später in der auflagenstärksten Zeitschrift der Neuen Linken veröffentlicht: K.D. Wolff, Korea und Korea, *Kursbuch* 30, 8. Jg., Dezember 1972, S. 119–128. Die Herausgeber hatten dem Text einen anderen Reisebericht vorangestellt, in dem ein ehemaliges Westberliner SDS-Mitglied über seinen Nordkorea-Besuch im Jahr darauf Auskunft gibt und die Herrschaftsformen des nordkoreanischen Partei- und Staatsapparates unmissverständlich anprangert: Horst Kurnitzky, Chollima Korea. Ein Besuch im Jahre 23, *Kursbuch* 30, 8. Jg., Dezember 1972, S. 87–114. Im Abschnitt über den Personenkult heißt es beispielsweise: »Die Revolution, die Geschichte des Staates und der Führer Kim Il Sung gelten in Korea als identisch.« (Ebenda, S. 89)

40 Cleaver war 1967 durch sein Buch *Soul on Ice* über die Vereinigten Staaten hinaus bekannt geworden; eine deutsche Übersetzung war zwei Jahre später erschienen: Eldridge Cleaver, Seele auf Eis, München 1969. Das am häufigsten aus dem Bestseller wiedergegebene Zitat lautet: »Wir werden Menschen sein. Wir werden es sein, oder die Welt wird dem Erdboden gleichgemacht bei unserem Versuch, es zu werden.« In Wolffs Verlag Roter Stern erscheint im selben Jahr Cleavers Text: Zur Klassenanalyse der Black Panther Party, Frankfurt am Main 1970.

41 Vgl. Magdalena Kopp, Die Terrorjahre. Mein Leben an der Seite von Carlos, Stuttgart 2007, S. 49.

42 »Bonnie [damit ist Wilfried Böse gemeint] […] erzählte mir einiges über Nordkorea, wo er selbst mal auf Einladung der Regierung gewesen war.« »Da bin ich ausgeklinkt« Ex-Terrorist Hans-Joachim Klein über sein Leben im Untergrund, *Der Spiegel* vom 10. Dezember 1979, 33. Jg., Nr. 50, S. 110.

43 Vgl. *Stuttgarter Nachrichten* vom 9. Juli 1976.

44 Müller galt als der Hauptverdächtige im Falle des am 22. Oktober 1971 in Hamburg von der RAF erschossenen Polizisten Norbert Schmid (zu den Einzelheiten: Peters, Tödlicher Irrtum, S. 254–256). Margrit Schiller, die zusammen mit Müller und Ulrike Meinhof verwickelt war, erklärte als Zeugin vor dem Oberlandesgericht Stuttgart: »Ich habe gesehen, wie Müller auf Schmid geschossen hat.« *(Frankfurter Allgemeine Zeitung* vom 31. Juli 1976) Auch die Bundesanwaltschaft ging, wie die Anklageschrift gegen Baader u.a. vom 26. September 1974 ausweist, zunächst davon aus, dass Müller der Todesschütze gewesen sei. Das Landgericht Hamburg wollte jedoch »keine hinreichende Bestätigung« der Verdachtsmomente sehen und verurteilte ihn am 16. März 1976 wegen Mitgliedschaft in einer kriminellen Vereinigung, Beihilfe zum Mord und verschiedenen anderen Delikten zu einer zehnjährigen Gefängnisstrafe.

45 HIS-Archiv, SO 01/011, 002–008.

46 Ebenda, S. 48.

47 *Der Spiegel* vom 13. November 1978, 32. Jg., Nr. 46, S. 108.

48 *Der Spiegel* vom 18. Mai 1981, 35. Jg., Nr. 21, S. 121.

49 Margrit Schiller, Es war ein harter Kampf um meine Erinnerung. Ein

Lebensbericht aus der RAF, Hamburg 2000, S. 131.

50 Ebenda.

51 HIS-Archiv, SO 01/011,002–008, S. 175.

52 Hans-Joachim Klein, Rückkehr in die Menschlichkeit, S. 172.

53 Bundeskriminalamt, Der Fall Carlos, HIS-Archiv, We, J/100,001.

54 Die Schreibweise des Nachnamens weicht in der Literatur geringfügig voneinander ab. Anstatt Moukarbal wird auch Moukharbal, Moukarbel oder Moukharbel verwendet.

55 Bundeskriminalamt, Der Fall Carlos, S. 2, 12–16. Vgl. Kontakt mit Kadern, *Der Spiegel* vom 5. Januar 1976, 30. Jg., Nr. 1–2, S. 29; Colin Smith, »Ich bin der berühmte Carlos«, in: *Der Spiegel* vom 2. August 1976, 30. Jg., Nr. 32, S. 94–97; Christopher Dobson/Ronald Payne, The Carlos Complex: a Pattern of Violence, London 1977, S. 56f.; Edward F. Mickolous, Transnational Terrorism. A Chronology of Events 1968–1979, Westport Connecticut 1980, S. 527; David A. Yallop, Die Verschwörung der Lügner. Die Jagd nach dem Top-Terroristen Carlos, München 1993, S. 141–145; Schröm, Im Schatten des Schakals, S. 42–44.

56 Auslöser für die Bezeichnung war das Gerücht, man habe 1975 bei der polizeilichen Durchsuchung eines der Carlos-Quartiere in Paris ein Exemplar des 1971 erschienenen Romans *The Day of the Jackal* von Frederick Forsyth gefunden (dt. Erstausgabe: ders., *Der Schakal*, München 1972). Der Thriller-Autor hat später selbst einen Artikel darüber verfasst, wie seine Romanfigur zum Synonym für den bekanntesten internationalen Terroristen werden konnte: Frederick Forsyth, Chamäleon im Hinterhalt. Wie Carlos zum Mythos wurde, *Frankfurter Allgemeine Zeitung* vom 18. August 1994.

57 Bundeskriminalamt, Der Fall Carlos, S. 54.

58 Ebenda, S. 63f.

59 Ebenda, S. 65f.

60 Ebenda, S. 111.

61 Micha Brumlik, Kein Weg als Deutscher und Jude. Eine bundesrepublikanische Erfahrung, München 1996, S. 92.

62 Der damalige KGB-Chef Juri Andropow hatte den Stellenwert des palästinensischen Kinderarztes, mit dem bereits 1968 Kontakt aufgenommen worden war und der schließlich unter dem Decknamen »Nationalist« angeworben wurde, in einem an Staats- und Parteichef Leonid I. Breschnew adressierten Bericht mit den Worten umrissen: »Die Natur unserer Beziehung zu W. Haddad versetzt uns in die Lage, die externen Operationen der PFLP bis zu einem gewissen Grad zu kontrollieren, in einer für die Sowjetunion günstigen Weise Einfluss zu nehmen und durch Kräfte der Organisation unter Einhaltung der notwendigen konspirativen Geheimhaltung aktive Maßnahmen zur Unterstützung unserer Interessen ausführen zu lassen.« K-24, 365, § 51, zit. n. Christopher Andrew/Wassili Mitrochin, Das Schwarzbuch des KGB, 2. Moskaus Geheimoperationen im Kalten Krieg, Berlin 2006, S. 361.

63 Vgl. Bassam Abu-Sharif/Mahnaimi, Mein Feind, mein Freund, S. 197–199; Oliver Schröm, Im Schatten des Schakals, S. 100–102.

64 Vgl. Hans-Joachim Klein, Rückkehr in die Menschlichkeit, S. 312–314;

Totale Sonnenfinsternis, *Der Spiegel* vom 21. Januar 1980, Nr. 4, S. 39–45, hier S. 40. Schulz und Reuter sollen in Kenia ebenso wie in Israel gefoltert worden sein. Vgl. Verschwiegener BND, *Der Spiegel* vom 11. April 1977, 31. Jg., Nr. 16, S. 18.

65 Bleicher Begleiter, *Der Spiegel* vom 26. Dezember 1977, 31. Jg., Nr. 53, S. 60; demnach sollen französische Entwicklungshelfer die Ankunft einer größeren Anzahl europäischer Terroristen in einem PFLP-Wüstentrainingslager in Hadramaut beobachtet haben.

66 Vgl. Oliver Schröm, Im Schatten des Schakals. Carlos und die Wegbereiter des internationalen Terrorismus, Berlin 2002, S. 94–100.

67 Ebenda, S. 99f.

68 Vgl. German police name victim of airport blast, *The Times* vom 2. Juni 1976; William Stevenson, 90 Minuten in Entebbe, Frankfurt 1976, S. 64f.; Thomas Riegler, Eine Explosion in Tel Aviv: Der unfreiwillige Selbstmordattentäter Bernd Hausmann, *Deep State Austria* vom 12. April 2015.

69 Sabotage vom Knallfrosch bis zum Hijacking. *Spiegel*-Report über Entstehung und Entwicklung der »Revolutionären Zellen«, *Der Spiegel* vom 21. August 1978, 32. Jg., Nr. 34, S. 36–46, hier: S. 41.

70 Ben Porat/Eitan Haber/Zeev Schiff, Unternehmen Thunderball. Die Geiselbefreiung in Entebbe, *Der Spiegel* vom 25. Oktober 1976, 30. Jg., Nr. 44, S. 185.

71 Ebenda.

72 Hartuv erinnerte sich in einem Interview, das Yossi Melmann 2011 für die israelische Tageszeitung *Haaretz* mit ihm führte, an das Gespräch zwischen Yitzhak David, einem der Wortführer unter den Geiseln, und Wilfried Böse. David, der während der Befreiungsaktion verletzt wurde, war Auschwitz-Überlebender und stellvertretender Bürgermeister von Kiryat Bialik. Er dokumentierte seine Lebensgeschichte mitsamt seiner in Entebbe gemachten Erfahrungen in einem auf Hebräisch verfassten Bericht unter dem Titel *Auch ich entkam aus Entebbe* (Zohar-Verlag, 1978).

73 Yossi Melman, Setting the Record Straight: Entebbe was not Auschwitz, *Haaretz* vom 8. Juli 2011.

74 Ebenda.

75 Ebenda.

76 Mossad-Chef Yitzhak Hofi kommentierte die in dieser Situation an den Tag gelegte Entschlossenheit mit den Worten: »Sonst hätte Hitler aus dem Grab heraus doch noch gesiegt.« *Der Tagesspiegel* vom 3. Juli 2006.

77 Vgl. dessen Kapitel »Die Selektion« in: Wolfgang Sofsky, Die Ordnung des Terrors: Das Konzentrationslager, Frankfurt am Main 1993, S. 276–295, hier: S. 276.

78 Yossi Melman, Setting the record straight: Entebbe was not Auschwitz, *Haaretz* vom 8. Juli 2011.

79 Das Gespräch hatte die Historikerin Shelley Harten geführt. Vgl. Shelley Harten, Reenactment eines Traumas: Die Entebbe Flugzeugentführung 1976. Deutsche Terroristen in der israelischen Presse, Marburg 2012, S. 16, Fn. 42.

80 So etwa ein von einem ehemaligen Linksautonomen herausgegebener Sammelband: Markus Mohr (Hg.), Legenden um Entebbe. Ein Akt der Luftpiraterie und seine Dimension in der politischen Diskussion, Münster

2016. Die ideologischen Komponenten in einer Reihe der darin publizierten Aufsätze sind wiederholt auf heftige Kritik gestoßen. Vgl. Susanne Bressan, Die Selektion von Entebbe?, hagalil.com vom 30. November 2016; Susanne Benöhr-Laqueur/Yael Pule, Neuinterpretation – Uminterpretation – Missinterpretation, hagalil.com vom 7. Februar 2017.

81 Schröm, Im Schatten des Schakals, S. 111.

82 Da die Existenz einer solchen Spezialeinheit der Geheimhaltung unterlag, wurde von israelischer Seite aus viele Jahre behauptet, es habe sich um Fallschirmjäger, eine zwar für besondere Aufgaben ausgebildete, sonst aber übliche Einheit des Militärs gehandelt.

83 Wie wenig zunächst über die beiden deutschen Entführer bekannt war, lässt sich schon daran erkennen, dass in der ersten Buchpublikation, die unter dem Titel *90 Minuten in Entebbe* erschienen war und in der es vor allem um eine Glorifizierung der israelischen Befreiungsaktion ging, Böses Begleiterin fälschlicherweise als Gabriele Kröcher-Tiedemann ausgegeben wurde. Sie war zwar ebenfalls Terroristin und soll ein halbes Jahr zuvor beim Überfall auf eine Konferenz der OPEC-Staaten in Wien zwei der Beteiligten erschossen haben, war jedoch in Entebbe nicht mit dabei. Erst später erkannte man, dass es sich bei dem erschossenen Anführer des PFLP-Kommandos um den mutmaßlichen Gründer der Guerilla-Organisation *Revolutionäre Zellen* handelte, zu der auch die beiden Frankfurter Top-Terroristen Hans-Joachim Klein und Johannes Weinrich gehörten. William Stevenson (in Zusammenarbeit mit Uri Dan), 90 Minuten in Entebbe, Frankfurt am Main/Wien/West-Berlin 1977.

84 Der *Stern* vom 8. Juli 1976, 29. Jg., Nr. 29, S. 17.

85 37-jähriger General leitete Blitzaktion, *Reutlinger General-Anzeiger* vom 5. Juli 1976.

86 Rabin: Israel wird niemals nachgeben, *Frankfurter Rundschau* vom 6. Juli 1976.

87 Vgl. Einzelheiten vom Terroristenüberfall in Istanbul, *Neue Zürcher Zeitung* vom 13. August 1976.

88 Marcel Baumann, Schlechthin böse? Tötungslogik und moralische Legitimität von Terrorismus, Wiesbaden 2013, S. 159.

89 Chairman's Opening Remarks, in: Benjamin Netanjahu, International Terrorism: Challenge and Response. Proceedings of the Jerusalem Conference on International Terrorism, New Brunswick/London 1981, S. 49–57.

90 Als dieser Entebbe-Film in den bundesdeutschen Kinos anlief, entschieden sich einige RZ-Gruppen, Aktionen durchzuführen, mit denen eine weitere Aufführung aus Sicherheitsgründen hätte abgesagt werden müssen. Gerd Albartus und Enno Schwall, zwei ihrer Mitglieder, legten am 4. Januar 1977 eine Brandbombe in den Aachener Gloria-Palast, deren Zeitzünder aber nicht funktionierte. Sie wurden einen Tag später verhaftet und wegen versuchter Brandstiftung und »mitgliedschaftlicher Beteiligung an einer terroristischen Vereinigung« zu Gefängnisstrafen von jeweils vier Jahren und neun Monaten verurteilt. Vgl. ausführlich dazu: Oliver Schröm, Im Schatten des Schakals. Carlos und die Wegbereiter des internationalen Terrorismus, Berlin 2002, S. 126–135.

91 Max Hastings, Yoni: Hero of Entebbe, 1979.

92 Jonathan Netanyahu/Benjamin Netanyahu/Iddo Netanyahu, Self-Portrait of a Hero: From the Letters of Jonathan Netanyahu 1963–1976, London 1998.

93 Iddo Netanyahu, Entebbe: A Defining Moment in the War on Terrorism. The Jonathan Netanyahu Story, Toronto 2003.

94 So jedenfalls die nachträgliche Darstellung des damaligen RZ-Mitglieds Gerd Schnepel. In einem im Jahre 2000 mit ihm geführten Interview schildert er, welche Folgen die in ein beispielloses Desaster gemündete Flugzeugentführung für sie hatte: »Die RZ haben sich danach als Gruppe nicht mehr in solche Zusammenhänge hineinbegeben. Weinrich und ich haben die Trümmer aufgeräumt, also dafür gesorgt, dass nicht noch mehr kaputt geht und die Kommunikation aufrecht erhalten bleibt. Entebbe war ein Einschnitt, der die internationalistische Aktivität der RZ nach meinem Wissen beendet hat.« Christoph Villinger/Wolf-Dieter Vogel, Die Carlos-Haddad-Connection. Ein Interview mit dem ehemaligen RZ-Mitglied Gerd Schnepel, *jungle world* vom 29. November 2000.

95 Böse soll auch die Idee verfolgt haben, den als »Nazi-Jäger« weltbekannten Simon Wiesenthal zu ermorden, weil es ihm gelungen war, Adolf Eichmann in Argentinien aufzuspüren. Zu dem Verbrechen ist es nach Darstellung Kleins allein deshalb nicht gekommen sein, weil Böse in Entebbe erschossen wurde.

96 Magdalena Kopp, Die Terrorjahre. Mein Leben an der Seite von Carlos, München 2001, S. 104.

97 Da Vincis Wandgemälde, das zwischen 1494 und 1498 im Auftrag des Mailänder Herzogs Ludovico Sforza angefertigt wurde, zeigt Jesus inmitten seiner zwölf Apostel am Vorabend seiner Kreuzigung. Es stellt ihre letzte gemeinsame Mahlzeit dar. Es soll genau jener Moment sein, in dem Jesus die düstere Vorhersage getroffen hat: »Einer von euch wird mich verraten.« Matthäus-Evangelium, Kapitel 26, 21.

98 *konkret*, Nr. 8, April 1969, S. 42/43.

99 Eckhard Jesse, Biographisches Porträt: Horst Mahler, Jahrbuch Extremismus & Demokratie, 13. Jg., 2001, S. 183–199; hier: S. 190.

100 Ein *Zeit*-Gespräch mit Ex-Terroristen Horst Mahler über die Apo, den Weg in den Terror und die Versöhnung mit dem Grundgesetz, *Die Zeit* vom 2. Mai 1997.

101 Alexander Gallus (Hg.), Meinhof, Mahler, Ensslin. Die Akten der Studienstiftung des deutschen Volkes, Göttingen 2016, S. 143–184.

102 Gutachten des Vorprüfers Christian Friese, in: Alexander Gallus (Hg.), Meinhof, Mahler, Ensslin, ebenda, S. 153–155; hier: S. 154.

103 Horst Mahler, Lebenslauf vom 25. November 1954, in: Alexander Gallus (Hg.), Meinhof, Mahler, Ensslin, ebenda, S. 150–153; hier: S. 153.

104 Obwohl er offiziell erst am 19. Juli 1960 in den SDS aufgenommen wurde, wie ein entsprechendes Sitzungsprotokoll der SDS-Gruppe an der Freien Universität Berlin ausweist, soll er dort bereits früher aktiv gewesen sein.

105 *Berliner Extra-Dienst* vom 6. November 1968.

106 Der ausführliche Titel lautete sogar: »Verkehrsrechts- und Verkehrsaufklärungsheft. Die neue Straßenverkehrsordnung mit den neuen Verkehrszeichen und Hinweisschildern sowie Bußgeldkatalog«.

107 Kollektiv RAF, Über den bewaffneten Kampf in Westeuropa, West-Berlin 1971. Nachdem das schmale Buch konfisziert worden war, wurde der Westberliner Verleger deswegen vor Gericht gestellt und zu einer Freiheitsstrafe von neun Monaten auf Bewährung verurteilt.

108 Die Schrift wurde unter der Überschrift »Rote Armee Fraktion, Das Konzept Stadtguerilla« seit dem April 1971 in hektographierter Form in linken Buchhandlungen, meist unter dem Ladentisch, als Broschüre verbreitet.

109 So trägt das erste Kapitel, in dem den »Ideologie und Strategien« gewidmeten »Analysen zum Terrorismus«, die den beiden Konzeptschriften Mahlers und Meinhofs gewidmet sind, die Überschrift: »Vom Industrieproletariat zu den Strafgefangenen. Die Suche nach dem revolutionären Subjekt«. Iring Fetscher/Herfried Münkler/Hannelore Ludwig, Ideologien der Terroristen in der Bundesrepublik Deutschland, in: Iring Fetscher/Günter Rohrmoser, unter Mitarbeit von Jörg Fröhlich, Hannelore Ludwig und Herfried Münkler, Ideologien und Strategien, Analysen zum Terrorismus, Bd. 1, hrsg. vom Bundesministerium des Innern, Opladen 1981, S. 15–258; hier: S. 40.

110 Zu den analytischen Differenzen und den strategischen Folgen vgl.: Bernhard Gierds, Das »Konzept Stadtguerilla«. Meinhof, Mahler und ihre strategischen Differenzen, in: Wolfgang Kraushaar (Hg.), Die RAF und der linke Terrorismus, Bd. 1, Hamburg 2006, S. 248–261.

111 Vgl. RAF schloss Horst Mahler aus, *Frankfurter Rundschau* vom 28. September 1974. Der Wortlaut wurde abgedruckt in: Monika Berberich, Erklärung der Gefangenen aus der RAF zum Ausschluss von Horst Mahler aus der RAF, Komitees gegen Folter an politischen Gefangenen in der BRD, Der Kampf gegen die Vernichtungshaft in der BRD, o.O., o.J., S. 24–27.

112 Brief Horst Mahlers an Peter-Paul Zahl vom 14. Oktober 1978, in: Peter-Paul Zahl, Die Stille und das Grelle. Aufsatzsammlung, Frankfurt am Main 1981, S. 142. Mahlers Entzauberung der »Isolationsfolter«, die er kurz darauf in einem *Spiegel*-Interview auch einem größeren Publikum bekannt gemacht hat, war seinerzeit auf heftige Abwehr gestoßen. Vgl. Karl Heinz Roth, Zur Kontroverse Mahler-Zahl, in: ders./Fritz Teufel, Klaut sie! (Selbst-)Kritische Beiträge zur Krise der Linken und der Guerilla, Tübingen 1979, S. 50–56.

113 Mahler an Zahl: »[…] ich sage, dass wir mit der Folterkampagne eine schwere Schuld auf uns geladen haben: wir haben die Menschen draußen, die uns als Genossen geglaubt und vertraut haben, belogen […] Ich wünsche sehr, dass sich die Haftbedingungen für dich und alle anderen Staatsschutzgefangenen schnellstens normalisieren – schon damit sich nicht noch mehr junge Menschen aus Mitleid mit den Gefangenen und Empörung über angebliche Folterhaft in den politischen Untergrund treiben lassen, und auch, weil diese Haftsituation die politischen Irrtümer, die uns ins Gefängnis geführt haben, eher fixiert als überwinden hilft.« In: Zahl, Die Stille und das Grelle, ebenda, S. 142f.

114 Hans-Jürgen Bäcker/Horst Mahler, Die Linke und der Terrorismus. Gespräche mit Stefan Aust, in: Rotbuch Verlag (Hg.), Die Linke im Rechtsstaat, Band 2: Bedingungen und Perspektiven sozialistischer Politik von 1965 bis heute, West-Berlin 1979, S. 174–204.

115 Der Minister und der Terrorist. Gespräche zwischen Gerhart Baum und Horst Mahler, hrsg. von Axel Jeschke/Wolfgang Malanowski, Reinbek 1980.

116 Diesen Punkt betonte der Auftraggeber der *Analysen zum Terrorismus*, der damalige Bundesinnenminister Gerhart Baum, noch Jahrzehnte später: »Mahler war der wichtigste Theoretiker der RAF am Anfang.« Gisela Diewald-Kerkmann/Ingrid Holtey (Hg.), Zwischen den Fronten. Verteidiger, Richter und Bundesanwälte im Spannungsfeld von Justiz, Politik, APO und RAF, Berlin 2013, S. 268.

117 Der der Schule um den Münsteraner Philosophen Joachim Ritter zugeordnete Rechtskonservative, der zeitweilig als Berater der beiden Ministerpräsidenten Franz Josef Strauß und Hans Filbinger tätig war, galt unter den Herausgebern als Vertreter der Christ- und der Frankfurter Politikwissenschaftler als der der Sozialdemokraten: Iring Fetscher/Günter Rohrmoser, unter Mitarbeit von Jörg Fröhlich, Hannelore Ludwig und Herfried Münkler, Ideologien und Strategien, Analysen zum Terrorismus, Bd. 1, hrsg. vom Bundesministerium des Innern, Opladen 1981.

118 Pikanterweise stieß er dort nun auf seinen ehemaligen Anwaltskollegen Otto Schily, der ihn selbst vor Gericht verteidigt hatte und nun vor dem Bundesverfassungsgericht als sein direkter Gegner auftrat.

119 Horst Mahler, Rede vor Gericht, o.O., o.J., S. 14.

120 Nationalisten waren wir nie! Ehemalige 68er SDS-Mitglieder distanzieren sich von Mahler und Rabehl, in: SDS-Website (*www.partisan.net/sds/)*; vgl. »Wir waren nie Nationalisten«, *Junge Welt* vom 15. Februar 1999.

121 Diewald-Kerkmann/Holtey (Hg.), Zwischen den Fronten, ebenda, S. 272. Der von Baum hier ins Spiel gebrachte Holocaust-Bezug sollte sich tatsächlich als zentraler Punkt in Mahlers Entwicklung herausstellen, nur völlig anders als vom damaligen Bundesinnenminister gedacht, nämlich im Sinne einer exakten Negation: Der scheinbar reumütige Ex-RAF-Mann entwickelte sich zu einem der kompromisslosesten Leugner der von den Nazis begangenen Vernichtung der europäischen Juden.

122 Michael Fischer, Horst Mahler. Biographische Studie zu Antisemitismus, Antiamerikanismus und Versuchen deutscher Schuldabwehr, Dissertation am Karlsruher Institut für Technologie (KIT), Fakultät für Geistes- und Sozialwissenschaften, KIT Scientific Publishing, Karlsruhe 2015.

123 Vor Beginn hatte Mahler seinen Gesprächspartner bereits provokativ mit »Heil Hitler, Herr Friedman« begrüßt, bis er dann die systematische Vernichtung der Juden in Auschwitz als »Lüge« und Adolf Hitler als »Erlöser des deutschen Volkes« bezeichnete. Das Gespräch wurde in der deutschen Ausgabe eines US-Magazins veröffentlicht: So spricht man mit Nazis, *Vanity Fair*, 1. Jg., Nr. 45, November 1997.

124 Institut für Sozialforschung (Hg.), Gruppenexperiment – ein Studienbericht, Frankfurt/Main 1955. Das darin von Adorno verfasste Zentralkapitel wurde später auch gesondert publiziert: Theodor W. Adorno, Schuld und Abwehr, in: ders., Gesammelte Schriften, Bd. 9.2, Soziologische Schriften II, Zweite Hälfte, Frankfurt 1975, S. 121–324.

125 Vgl. Fischer, Horst Mahler, ebenda, S. 29.

126 So beschreibt es Mahler vor nicht allzu langer Zeit jedenfalls selbst noch. Vgl. Block/Schulz, Die Anwälte, ebenda, S. 31.

127 Horst Mahler, Lebenslauf vom 25. November 1954, ebenda, S. 151.

128 Vgl. Peter Homann, Volksgericht im Wüstensand, *Der Spiegel* vom 19. Mai 1997, 51. Jg., Nr. 21, S. 52–57. Mahler hat dessen Darstellung im Übrigen kurz darauf mit den Worten dementiert: »Dass ein ›Volksgerichtshof‹ – und der auch noch unter meiner Leitung – zusammengetreten wäre, um die Ermordung Peter Homanns zu beschließen, ist ein Homannsches Märchen.« Offener Brief von Horst Mahler an Stefan Aust, *Die Zeit* vom 30. Mai 1997.

129 Homann kommentierte Ensslins Insistieren auf einer Exekution des angeblichen Verräters mit den Worten: »Die Denunziantin aus dem evangelischen Pfarrhaus zog gegenüber dem Palästinenser-Führer allerlei ›antiimperialistisch‹ verkleidete antisemitische Register. Und Mahler und Baader sekundierten.« Ebenda, S. 56.

130 Vgl. »Little Berija – so nannten wir Horst Mahler« Ex-Genosse Peter Homann über das Training von BM-Mitgliedern in einem arabischen Guerilla-Camp, *Der Spiegel* vom 23. Oktober 1972, 26. Jg., Nr. 44, S. 93–96; hier: S. 96.

131 »Mahler übernahm den Vorsitz bei dieser wahrhaft revolutionären Prozessführung. Der Angeklagte, in dessen Abwesenheit das ›Volksgericht‹ tagte, nannte ihn damals – und nennt ihn auch heute noch so – Little Berija oder auch Roland Freisler.« Homann, Volksgericht im Wüstensand, ebenda, S. 54.

5. Beendigung

1 Dem Volke dienen. Stadtguerilla und Klassenkampf, in: ID-Verlag (Hg.), Rote Armee Fraktion. Texte und Materialien zur Geschichte der RAF, Berlin 1997, S. 112.

2 Ebenda.

3 Gudrun Ensslin, Zieht den Trennungsstrich jede Minute. Briefe an ihre Schwester Christiane und ihren Bruder Gottfried aus dem Gefängnis 1972–1973, hrsg. von Christiane Ensslin und Gottfried Ensslin, Hamburg 2005, S. 7.

4 Manfred Hettling, Totenkult statt

Revolution. 1848 und seine Opfer, Frankfurt am Main 1998, S. 10.

5 Wenn im deutschen Sprachraum von einem Opfer gesprochen wird, gilt es zu bedenken, dann ist diese Rede von einer grundsätzlichen Doppeldeutigkeit belastet. Denn der Opferbegriff ist von einer sakralen ebenso wie von einer profanen Dimension bestimmt. Während etwa in der englischen Sprache zwischen dem heiligen Opfer (»sacrifice«) und dem weltlichen Opfer (»victim«) unterschieden wird, fallen im Deutschen diese beiden Dimensionen ununterscheidbar zusammen. Daraus resultiert eine weltanschaulich-religiöse Aufladung des Terminus auch in solchen Fällen, in denen eigentlich ganz präzise in einem juristischen oder kriminologischen Sinne vom Opfer eines Verbrechens als einer geschädigten, verletzten oder getöteten Person die Rede sein sollte. Das aber macht eine kontrollierte Verwendung dieses Begriffs mitunter so schwierig.

6 »Der Name wurde gewählt, um sich von der RAF abzuheben – erst mal. Außerdem 2. Juni, weil bei Meldungen dann immer gesagt werden muss, der 2. Juni war der Tag, an dem der Student Ohnesorg von dem Bullen Kurras erschossen worden ist. Das müssen sie dann bei jedem Zeitungsartikel auch heute noch immer sagen. Da konnte man klar zeigen, ihr habt den ersten Schuss abgefeuert, wenn hier zurückgeschossen wird, ist das euer Verdienst.« Michael Baumann, Wie alles anfing, München 1975, S. 99 f.

7 Vgl. Butz Peters, Tödlicher Irrtum. Die Geschichte der RAF, Berlin 2004, S. 748–754.

8 »[…] und wir sagen natürlich, die Bullen sind Schweine, wir sagen, der Typ in Uniform ist ein Schwein, das ist kein Mensch, und so haben wir uns mit ihm auseinander zu setzen. Das heißt, wir haben nicht mit ihm zu reden, und es ist falsch, überhaupt mit diesen Leuten zu reden, und natürlich kann geschossen werden.« *Der Spiegel* vom 15. Juni 1970, 24. Jg., Nr. 25, S. 75.

9 Anne Siemens, Für die RAF war er das System, für mich der Vater. Die andere Geschichte des deutschen Terrorismus, München 2007.

10 Rote Armee Fraktion, Das Konzept Stadtguerilla, in: ID-Verlag (Hg.), Rote Armee Fraktion, Texte und Materialien zur Geschichte der RAF, Berlin 1997, S. 30.

11 Ebenda.

12 Ebenda.

13 Hans-Jürgen Bäcker/Horst Mahler, Die Linke und der Terrorismus. Gespräche mit Stefan Aust, in: Die Linke im Rechtsstaat, Bd. 2, West-Berlin 1979, S. 189.

14 Oliver Tolmein, »RAF – Das war für uns Befreiung« Ein Gespräch mit Irmgard Möller über bewaffneten Kampf, Knast und die Linke, Hamburg 1997, S. 65 f.

15 »Die Bomben bei Springer […] fanden nicht den Funken eines Verständnisses bei mir. Die kamen Axel Caesar so zum rechten Zeitpunkt, dass sie von ihm persönlich gelegt sein könnten. Doch nicht er übernahm die Verantwortung dafür, sondern die RAF.« Hans-Joachim Klein, Rückkehr in die Menschlichkeit. Appell eines ausgestiegenen Terroristen, Reinbek 1979, S. 166.

16 Tolmein, S. 145.

17 Ebenda, S. 180.

18 Zitiert nach Butz Peters, Tödlicher Irrtum. Die Geschichte der RAF, Berlin 2004, S. 612f.

19 ID-Verlag (Hg.), Rote Armee Fraktion, Texte und Materialien zur Geschichte der RAF, Berlin 1997, S. 349.

20 Birgit Hogefeld, Ein ganz normales Verfahren, Schlußwort im Prozeß, S. 160f.

21 Rote Armee Fraktion, »Wir beenden das Projekt«, in: *jungle world* vom 29. April 1998.

22 Ebenda.

23 Ernst Bloch, Tübinger Einleitung in die Philosophie, Gesamtausgabe Bd. 13, Frankfurt am Main 1970, S. 151.

24 Rote Armee Fraktion, »Wir beenden das Projekt«, ebenda.

25 Ebenda.

26 Hettling, Totenkult statt Revolution, S. 12.

27 Anderthalb Jahre nach ihrer Auflösung hat übrigens noch ein weiteres RAF-Mitglied den Tod gefunden. Am 15. September 1999 wurde Horst Meyer in Wien von der österreichischen Polizei erschossen. Aus Rache verübten daraufhin Unbekannte unter dem Namen »Verfechter von Horst Ludwig Meyer« mit Molotow-Cocktails einen Anschlag auf die österreichische Botschaft in Kopenhagen.

28 Das Originalzitat lautet: »›Ordnung herrscht in Berlin!‹ Ihr stumpfen Schergen! Eure ›Ordnung‹ ist auf Sand gebaut. Die Revolution wird sich morgen schon ›rasselnd wieder in die Höh' richten‹ und zu eurem Schrecken mit Posaunenklang verkünden: Ich war, ich bin, ich werde sein!« Rosa Luxemburg, Die Ordnung herrscht in Berlin, *Die Rote Fahne* vom 14. Januar 1919, in: dies., Gesammelte Werke Bd. 4: August 1914 bis Januar 1919, hrsg. vom Institut für Marxismus-Leninismus beim ZK der SED, Ost-Berlin 1974, S. 538. Zum historischen Kontext vgl. das Kapitel »Ich war, ich bin, ich werde sein« in: Peter Nettl, Rosa Luxemburg, Köln/West-Berlin 1968, S. 699–747.

29 Klaus Jünschke, in: *die tageszeitung* vom 22. April 1998.

30 Manfred Rommel, Die Zeit der RAF, in: Klaus Biesenbach (Hg.), Zur Vorstellung des Terrors: Die RAF-Ausstellung, Bd. 2, Göttingen 2005, S. 185.

31 »Wir beenden das Projekt«. Die Abschiedserklärung der Roten Armee Fraktion (RAF), *jungle world* vom 29. April 1998. Der Text wurde kurz darauf vermutlich absichtlich mit einem anderen Datierungshinweis verbreitet: Die Auflösungserklärung der RAF vom März 1998, in: IG Rote Fabrik (Hg.), Zwischenberichte. Zur Diskussion über die Politik der bewaffneten und militanten Linken in der BRD, Italien und der Schweiz, Berlin 1998, S. 217–237.

32 Herold hatte sein Erstaunen mit den Worten zum Ausdruck gebracht: »An einem solchen Tag löst sich eine RAF, wie ich sie kenne, nicht auf.« *Spiegel-Online* vom 18. April 2008.

33 Vgl. Karl-Heinz Dellwo, Das Projektil sind wir. Der Aufbruch einer Generation, die RAF und die Kritik der Waffen. Gespräche mit Tina Petersen und Christoph Twickel, Hamburg 2007; Karl-Heinz Dellwo, Kein Ankommen, kein Zurück, in: Angelika Holderberg (Hg.), Nach dem bewaffneten Kampf. Ehemalige Mitglieder der RAF und Bewegung 2. Juni sprechen mit Therapeuten über ihre Vergangenheit, Gießen 2007, S. 97–129.

34 Vgl. Christian Kämpfer, Untergang der Roten Armee Fraktion, Bremen 2012; dort insbesondere: S. 26–49.

35 Rote Armee Fraktion, An alle, die auf der Suche nach Wegen sind, wie menschenwürdiges Leben hier und weltweit an ganz konkreten Fragen organisiert und durchgesetzt werden kann, ID-Verlag (Hg.), Rote Armee Fraktion. Texte und Materialien zur Geschichte der RAF, Berlin 1997, S. 410–414.

36 Brigitte Mohnhaupt, Bruch im Zusammenhang der Gefangenen und in der politischen Beziehung zur RAF, *Frankfurter Rundschau* vom 28. Oktober 1993.

37 Karl-Heinz Dellwo, Die Simulation einer Wirklichkeit, *die tageszeitung* vom 1. November 1993.

38 Vgl. Ausstieg im Knast, *Der Spiegel* vom 1. November 1993, 47. Jg., Nr. 44, S. 34–36.

39 Hans-Helmut Kohl, Wem gehört die RAF? *Frankfurter Rundschau* vom 2. November 1993.

40 Der Aufbruch war berechtigt. Über die Entwicklung der Stadtguerilla in der BRD in den 1970er Jahren. Diskussion mit Gabriele Rollnik, Karl-Heinz Dellwo, Roland Mayer, Knut Folkerts, in: IG Rote Fabrik (Hg.), Zwischenberichte. Zur Diskussion über die Politik der bewaffneten und militanten Linken in der BRD, Italien und der Schweiz, Berlin 1998, S. 23–38.

41 Carlos Marighela, Handbuch des Stadtguerillero, in: Márcio M. Alves/Conrad Detrez/Carlos Marighela, Zerschlagt die Wohlstandsinseln der Dritten Welt – Mit dem Handbuch der Guerilleros von São Paulo, Reinbek 1971, S. 52.

42 Das Etikett war dem Spitzenfunktionär der Industrie 1974 von einem Reporter in einer Home-Story verpasst worden: Kai Herrmann, »Der Boss der Bosse«, *Stern* vom 12. Dezember 1974, S. 76 ff.

43 Vgl. Wolfgang Kraushaar, Der nicht erklärte Ausnahmezustand. Staatliches Handeln während des sogenannten Deutschen Herbstes, in: ders. (Hg.), Die RAF und der linke Terrorismus, Bd. 2, Hamburg 2006, S. 1011–1025.

44 Jost Müller-Neuhof, »Für Reue gibt es keine Vorschrift«, *Der Tagesspiegel* vom 27. Juni 2012.

45 Vgl. Michael Sontheimer, Schweigen bis ins Grab, *Der Spiegel* vom 2. August 2010, 64. Jg., Nr. 31, S. 46.

46 Von uns keine Aussagen. Neue Prozesse, Zeugenladungen und Beugehaftandrohungen: Etwas zur aktuellen Situation von einigen, die zu unterschiedlichen Zeiten in der RAF waren, *junge welt* vom 7. Mai 2010.

47 Vgl. Dorothea Hauser, Deutschland, Italien und Japan. Die ehemaligen Achsenmächte und der Terrorismus der 1970er Jahre, in: Wolfgang Kraushaar (Hg.), Die RAF und der linke Terrorismus, Bd. 2, Hamburg 2006, S. 1272–1298; darin insbesondere der Abschnitt »Die RAF als Identitätsprojekt«: S. 1294–1298.

48 Brief Andreas Baaders vom 3. September 1974, Pieter Bakker Schut (Hg.), das info – briefe von gefangenen aus der raf. Aus der Diskussion 1973–1977, Kiel 1987, S. 158.

49 Justizministerium Baden-Württemberg, JVA Stuttgart-Stammheim erhält 30 Jahre nach dem »Deutschen Herbst« ein neues Gesicht, *http://sg-ulm.de/servlet/*PB/menu/1209859/index.html?ROOT=1153239&ARC

HIV=1153564, abgerufen am 16. März 2013.

50 Vgl. Vereinigung der Landesdenkmalpfleger (Hg.), Leitbild Denkmalpflege. Zur Standortbestimmung der Denkmalpflege heute, Petersberg 2011, S. 4.

51 Heinz Strobl/Heinz Sieche, Denkmalschutzgesetz für Baden-Württemberg. Kommentar und Vorschriftensammlung, 3. Auflage, Stuttgart 2010, S. 71.

52 Ebenda, S. 72.

53 *Stuttgarter Zeitung* vom 27. April 1963.

54 Ulf G. Stuberger, Die Tage von Stammheim. Als Augenzeuge beim RAF-Prozess, München 2007, S. 53 f.

55 Peter-Jürgen Boock/Peter Schneider, Ratte – tot … Ein Briefwechsel, Darmstadt 1986, S. 30.

56 Duden. Das Große Fremdwörterbuch. Herkunft und Bedeutung der Fremdwörter, Mannheim/Leipzig/Wien/Zürich 1994, S. 685.

57 Kurt Oesterle, Stammheim. Die Geschichte des Vollzugsbeamten Horst Bubeck, Tübingen 2003, S. 31.

58 Pieter H. Bakker Schut, Stammheim. Der Prozeß gegen die Rote Armee Fraktion, Kiel 1986, S. 174.

59 Burkhard Schulz, Bericht aus Bonn: »Lex Baader-Meinhof«, in: *Zeitschrift für Rechtspolitik* 8 (1975), S. 19–21.

60 Hans Schueler, Leiden am Recht. Die Panne im Baader-Meinhof-Prozeß, *Die Zeit* vom 30. Mai 1975.

61 Croissant wurde am 23. Juni 1975 verhaftet; nachdem sein Haftbefehl außer Vollzug gesetzt worden war, flüchtete er am 11. Juli 1977 nach Frankreich, wurde nach einem monatelangen Tauziehen und unter anhaltenden Protesten am 17. November in die Bundesrepublik ausgeliefert. Am 16. Februar 1979 wurde er schließlich wegen Unterstützung einer terroristischen Vereinigung zu einer Gefängnisstrafe von zweieinhalb Jahren verurteilt. In Groenewolds Hamburger Anwaltskanzlei befand sich die Zentrale des »info«-Systems. Er wurde ebenfalls wegen Missbrauchs seiner Verteidigerrechte angeklagt und im Juli 1978 vom Hamburger Oberlandesgericht zu einer Freiheitsstrafe von zwei Jahren auf Bewährung verurteilt. Das Gleiche geschah auch mit Ströbele, der 1980 aus den gleichen Gründen vom Landgericht Berlin zu einer anderthalbjährigen Freiheitsstrafe auf Bewährung verurteilt wurde.

62 Rechtsanwalt Schily sieht noch immer, wie er einer Tageszeitung gegenüber zu verstehen gegeben hat, den Kardinalfehler des Stammheimer Verfahrens darin, dass der Staat dort der politischen Auseinandersetzung ausgewichen sei. Deshalb sei es »so schiefgegangen«. Vgl. Stefan Klein, Die Gefangenen. Stammheim – die Haftanstalt, in der vier RAF-Terroristen starben, soll abgerissen werden, *Süddeutsche Zeitung* vom 6. Dezember 2012.

63 Erst durch die 2003 veröffentlichten Erinnerungen Horst Bubecks wurde das wahre Ausmaß der exklusiven Haftbedingungen deutlich. Der stellvertretende Vollzugsleiter besaß wie kaum ein anderer Einblick in die Vorgänge des 7. Stocks. Vgl. Oesterle, Stammheim, S. 86–89.

64 Ebenda, S. 86.

65 Vgl. Stefan Aust/Helmar Büchel, Der letzte Akt der Rebellion, *Der*

Spiegel vom 10. September 2007, 61. Jg., Nr. 37, S. 52–78.

66 Zur Verbreitung der problematischen Bezeichnung trugen ein Film mit dem Titel *Deutschland im Herbst* und ein Buch mit dem Titel *Ein deutscher Herbst* nicht unerheblich bei: Deutschland im Herbst, Regie: Alf Brustellin, Bernhard Sinkel, Rainer Werner Fassbinder, Alexander Kluge, Beate Mainka-Jellinghaus, Peter Schubert, Maximiliane Mainka, Edgar Reitz, Katja Rupé, Volker Schlöndorff, Hans-Peter Cloos; Kommentare: Alexander Kluge, Alf Brustellin, Bernhard Sinkel, Maximiliane Mainka, Peter Schubert; Bundesrepublik Deutschland 1977/78. Tatjana Botzat/Elisabeth Kiderlen/Frank Wolff, Ein deutscher Herbst. Zustände 1977, Frankfurt am Main 1978; erweiterte Neuausgabe: 1997.

67 RAF-Kommando Siegfried Hausner, Erklärung vom 6. 9. 77 zur Entführung von Hanns-Martin Schleyer, in: ID-Verlag (Hg.): Rote Armee Fraktion. Texte und Materialien zur Geschichte der RAF, Berlin 1997, S. 270 f.

68 Presse- und Informationsamt der Bundesregierung (Hg.), Dokumentation zu den Ereignissen und Entscheidungen im Zusammenhang mit der Entführung von Hanns-Martin Schleyer und der Lufthansa-Maschine »Landshut«, Bonn 1977, S. 18.

69 Kommando Siegfried Hausner, Erklärung vom 19. 10. 77 zur Entführung von Hanns-Martin Schleyer, in: ID-Verlag (Hg.): Rote Armee Fraktion. Texte und Materialien zur Geschichte der RAF, Berlin 1997, S. 273.

70 Regierungserklärung von Bundeskanzler Helmut Schmidt, in: Verhandlungen des Deutschen Bundestags, 8. Wahlperiode, Stenographische Berichte, Bd. 102, Bonn 1977, S. 3756 ff.

71 So lautete später auch der Titel einer von einem RAF-Verteidiger verfassten Publikation: Karl-Heinz Weidenhammer, Selbstmord oder Mord? Das Todesermittlungsverfahren: Baader, Ensslin, Raspe, Kiel 1988.

72 Michael Sontheimer, Das Rätsel der Stammheimer Todesnacht, *Spiegel-Online* vom 19. Oktober 2012.

73 Vgl. Butz Peters, RAF-Terrorismus in Deutschland, Stuttgart 1991, S. 268–270.

74 Helge Lehmann, Die Todesnacht in Stammheim. Eine Untersuchung: Indizienprozess gegen die staatsoffizielle Darstellung und das Todesermittlungsverfahren, Bonn 2012.

75 Vgl. Wolfgang Kraushaar, Der nichterklärte Ausnahmezustand. Staatliches Handeln während des sogenannten Deutschen Herbstes, in: ders. (Hg.): Die RAF und der linke Terrorismus, Bd. II, Hamburg 2006, S. 1011–1025.

76 Jeanne Hersch: Mythos und Politik, in: Kurt Hoffman (Hg.): Die Wirklichkeit des Mythos, München/Zürich 1965, S. 79–91, hier: S. 86.

77 Vgl. hierzu insbesondere das Kapitel »Mythos Stammheim« in: Cordia Baumann, Mythos RAF. Literarische und filmische Mythentradierung von Bölls »Katharina Blum« bis zum »Baader Meinhof Komplex«, Paderborn/München/Wien/Zürich 2012, S. 82–116.

78 Michael Sontheimer, Stammheim. Die Gefangenen der Roten Armee Fraktion in der Justizvollzugsanstalt Stuttgart, in: Andreas Magdanz, Stammheim. Eine Gebäudemonografie, Ostfildern 2012, S. 8–22 u. 110–125, hier: S. 9.

79 Preuss hatte 1987 in einem Gespräch über die RAF festgestellt: »Meine These ist: Diese Gruppe ist mehr ein Seismograph gewesen als das Erdbeben selber.« Rechtsstaat auf Stammtischniveau. Ein Gespräch mit Ulrich K. Preuß, in: Der blinde Fleck. Die Linke, die RAF und der Staat, Frankfurt am Main 1987, S. 71.

80 Vgl. dazu das zeithistorische Standardwerk zur Sicherheitsproblematik in der Bundesrepublik, in dem die Auseinandersetzung um die »Innere Sicherheit und die Herausforderung des Terrorismus«, wie der Titel eines eigenen Kapitels lautet und in dem es zentral um die Stammheimer Ereignisse geht, breiten Raum einnimmt: Eckart Conze, Die Suche nach Sicherheit. Eine Geschichte der Bundesrepublik Deutschland von 1949 bis zur Gegenwart, München 2009, S. 472–486.

81 Zitiert nach: Michael Isenberg, Grüne wollen RAF-Zelle ins Museum bringen, *Stuttgarter Nachrichten* vom 10. Januar 2013.

Drucknachweise

1968 und die Anfänge des bundesdeutschen Linksterrorismus
(*Einsichten und Perspektiven*, Nr. 1/2008, S. 4–17.)

Sympathie und »Verrat«
(*Mittelweg* 36, 18. Jg., Heft 6, Dezember 2009, S. 100–107)

Sartre in Stammheim
(*Lettre International*, Heft 80, Frühjahr 2008, S. 50–56)

Die RAF und ihre Opfer
(Wolfgang Kraushaar (Hg.), Die RAF. Entmythologisierung einer terroristischen Organisation, Bonn 2008, S. 356–367)

Das Ende der RAF
(*Indes. Zeitschrift für Politik und Gesellschaft*, 5. Jg., Heft 1/2015, S. 105–112)

Die blinden Flecken der
68er
Wolfgang Kraushaar